纺织服装高等教育“十四五”部委级规划教材
纺织科学与工程一流学科本硕博一体化教材

Fiber-reinforced Composite and Lightweight Technology of Automotive

纤维增强复合材料与汽车轻量化技术

阳玉球 主编

東華大學出版社
·上海·

内 容 提 要

本书主要面对纺织、高分子、复合材料、汽车工程、工业品设计等专业，介绍汽车轻量化的背景和目的，以及利用高分子材料和纤维材料等制备复合材料并应用于汽车轻量化结构必需的基础知识，包括基体材料、纤维/织物组织结构、复合材料的加工技术、轻量化结构设计和装配、车用复合材料的评价方法等方面。通过学习本书，读者可较为全面地了解汽车轻量化复合材料体系和高效低成本加工技术的现状与发展趋势，掌握其中的关键共性技术、前沿引领技术、现代工程技术和重大颠覆性技术。本书也可在汽车产业用材料的技术创新、推动创新资源的优化配置活动中为专业人士提供参考。

本书内容共分十一章，可作为高等院校相关专业学生的教材或参考书，也可供轻量化领域的科研人员及工程技术人员参考。

图书在版编目(CIP)数据

纤维增强复合材料与汽车轻量化技术 / 阳玉球主编.
上海 ：东华大学出版社，2025. 6. — ISBN 978-7-5669-2555-8

Ⅰ. U462.2

中国国家版本馆 CIP 数据核字第 2025ZC1052 号

责任编辑 张 静
封面设计 魏依东

出　　版 东华大学出版社(上海市延安西路 1882 号，200051)
本 社 网 址 http://dhupress.dhu.edu.cn
天猫旗舰店 http://dhdx.tmall.com
营 销 中 心 021-62193056　62373056　62379558
印　　刷 上海龙腾印务有限公司
开　　本 787 mm×1092 mm　1/16
印　　张 15.25
字　　数 343 千字
版　　次 2025 年 6 月第 1 版
印　　次 2025 年 6 月第 1 次印刷
书　　号 ISBN 978-7-5669-2555-8
定　　价 75.00 元

前　言

纤维增强复合材料是传统纤维纺织技术应用于先进材料的重要部分，其中汽车轻量化是被期待的应用领域之一。尤其是中国正在大力发展的节能与新能源汽车，是汽车产业未来转型升级的重要方向，是全球汽车产业应对气候变化、保障能源安全、促进社会可持续发展的重大战略举措和共同选择。随着对汽车高续航的要求越来越强烈，整车轻量化已成为各大车企的一个重要突破口。在《中国制造2025》中，关于我国汽车发展的整体规划也强调了"轻量化仍然是重中之重"，"轻量化"已然成为国家的重要战略。虽然我国的新能源汽车及其关键零部件已取得长足发展，但整体上与国际先进水平之间仍有差距，存在不少瓶颈和短板。同时，随着新一轮网联化和智能化科技变革在汽车领域的集中体现，新产品、新技术的发展越来越快。在此背景下，具备系统专业知识以及工程应用能力的人才极为缺乏，人才输送远远跟不上我国汽车事业发展的需求。本书针对以汽车轻量化设计为就业方向的学生，旨在为纺织工程及汽车工程非金属材料方面的人才培养提供系统的教学内容。

本书内容共分十一章，各章的编写人员如下：

第一章：绪论（孟宪明，中国汽车技术研究中心有限公司）；

第二章：基体树脂材料（虞鑫海，东华大学）；

第三章：增强型纤维材料（马岩，南通大学）；

第四章：纤维增强结构（于利超，嘉兴大学；阳玉球，东华大学）；

第五章：纤维增强复合材料的制备技术（权震震，东华大学）；

第六章：纤维增强复合材料的力学特性评价方法（阳玉球、许福军，东华大学）；

第七章：纤维增强复合材料的无损检测（张振，同济大学）；

第八章：纤维增强复合材料的连接技术（阳玉球，东华大学）；

第九章：纤维增强复合材料的修复与回收（阳玉球、许福军，东华大学）；

第十章：纤维增强复合材料在汽车应用的案例（高聪，重庆长安汽车股份有限公司；阳玉球，东华大学）；

第十一章：碳纤维复合材料在赛车中的研发案例（李新起，智己汽车科技有限公司；阳玉球、孙泽玉，东华大学）。

本书获得东华大学首批荣誉课程“纤维增强复合材料与汽车轻量化技术”以及专创融合课程建设的立项资助。由于非金属轻量化领域发展迅速，编者水平也有限，书中难免存在不足与错误。敬请读者批评指正。

编 者

2024 年 11 月

目 录

第一章 汽车轻量化的背景和轻量化技术的动向

一、汽车产业外部环境及汽车轻量化目的

（一）环境保护及能源制约

如表 1-1 所示，全球汽车产销量及保有量的不断增加，极大地推动了世界经济的发展，但同时也对日益短缺的能源状态以及日益恶化的环境状况产生了重大的影响及压力。环境保护与能源安全已经成为汽车产业面临的重要问题。

表 1-1　2019—2023 年中国及世界汽车产量

年份	世界汽车产量/万辆	中国汽车产量/万辆	中国汽车产量占比/%
2019	9 178.7	2 572.1	28.02
2020	7 278.9	2 531.1	34.77
2021	7 896.7	2 605.7	33.00
2022	8 249.6	2 699.7	32.73
2023	9 276.0	3 016.1	32.52

随着全球能源危机的不断恶化，世界各国越来越重视能源安全，纷纷出台相应政策，以应对日益严重的原油进口依赖程度，并加大对国内节能减排技术的研发与投资力度。当前，美国、欧盟、日本以及中国对石油的进口依赖程度均超过 60%，其中日本完全依赖进口。虽然各国能源压力因国情不同而不同，但环境污染，特别是二氧化碳排放引起的全球变暖等环境问题，是全人类需要共同面对的关乎生存的问题。

根据国际汽车制造商协会（OICA）的调查统计结果（2020 年度），在全球范围内，道路运输约占人造二氧化碳（CO_2）排放量的 16%，而在一些工业发达国家或地区，汽车排放的二氧化碳占全部人造二氧化碳排放量的比重则逼近 25%，汽车工业面临着严峻的环保低碳压力（图 1-1）。

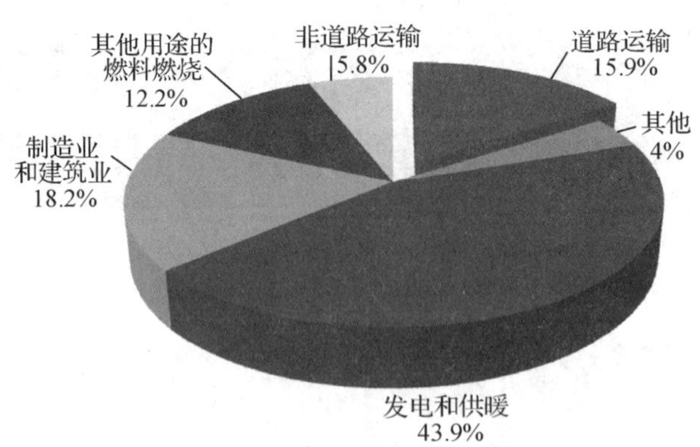

图 1-1　主要人造二氧化碳排放来源

表 1-2 汇总了近年来国内外新能源汽车材料及应用技术相关政策。

表 1-2　电动汽车发展战略和发展方向

类别		主要战略	发展方向
国家战略	美国	《电动汽车大挑战蓝图》	新能源
		《智能交通系统战略计划 2015—2019》	汽车智能化
	欧洲	《欧盟 2020 年战略创新计划》	低二氧化碳排放
	日本	《下一代汽车战略 2010》	新能源
		《日本汽车战略 2014》	低能耗
企业战略	福特	《移动出行蓝图 2050》	低碳
		《气候战略 2030》	移动出行服务
	丰田	《气候挑战 2050》	零二氧化碳排放
		《智慧出行社会》	智慧出行社会

1. 美国汽车材料及应用技术相关政策

1990 年开始，美国加州实施零排放汽车政策，要求在加州汽车年销售量达到一定规模及以上的企业必须承担零排放责任，即具备一定的零排放车辆积分。企业可以通过销售零排放汽车和清洁汽车来达标，也可以购买其他企业的富余积分，否则必须向政府缴纳每个积分 5000 美元的罚款。

2007 年 12 月 18 日，美国众议院通过了自 1975 年以来的首个能源法案，以提高汽车燃油效率，降低燃油消耗。该能源法案要求美国汽车行业在 2020 年前，把汽车燃油效率提高 40%，并大幅增加乙醇等生物燃料的添加比例。同一年，美国能源局和运输部共同规定，到 2016 年，美国在售车型的 CO_2 排放量须达到 155 g/km 以下；到 2020 年，美国汽车工业必须使汽车油耗降低 41%，使汽车油耗水平达到 6.35 L/(100 km)。

美国建立了轻型汽车企业平均燃料经济性管理制度和积分制度，并从 2011 年开始允

许企业进行积分交易，推动美国轿车燃料经济性从1978年到2014年提升了82.9%。

同时，美国是世界上第一个强制执行油耗标准的国家，对其影响最大的轻量化相关政策为“平均燃油效率标准”(CAFÉ)。美国政府在控制汽车油耗和二氧化碳排放量及资助新能源汽车发展方面的举措，无疑会极大地推动汽车轻量化技术的发展和应用。

2. 欧盟汽车材料及应用技术相关政策

由于环境污染日益严重化，欧洲各国提出了严格的尾气排放标准，纷纷研制、投产电动汽车，而且针对电动汽车销售推出种种补贴政策，以此提高电动汽车销量。同时，欧洲控制汽车油耗的方式与美国不同，主要是控制CO_2排放。欧洲没有颁布过强制性的油耗法规标准。

从1991年开始，欧盟不断地调整新能源政策，先后发布了《欧盟能源政策绿皮书》《欧盟未来能源：可再生能源白皮书》《发展可再生能源指令》等法律法规，把可再生能源在欧盟的消耗比例从1998年的6%提高到2010年的12%。

2014年，欧盟宣布收紧排放标准。欧盟碳排放控制政策的变化已经成为汽车企业推动轻量化技术发展的直接动力，更多的轻量化技术不断涌现，多种技术并用成为主流。

欧洲各国也出台了不同的法规政策。部分国家如德国、法国、挪威、荷兰、瑞典等表示，在2025—2040年将推行全面禁售燃油汽车的政策。

3. 日本汽车材料及应用技术相关政策

日本由于其地理条件方面的局限，各种资源自身的供给率更低，大部分产品需要从他国进口。面对日益严峻的能源形势和巨大的减排压力，2009年4月，日本开始实施“绿色税制”，其适用对象包括纯电动汽车、混合动力车、清洁柴油车、天然气车，以及获得认定的低排放且燃油消耗量低的车辆。前三类车被日本政府定义为“下一代汽车”，购买这类车可以享受免除多种税负的优惠。日本还将低排放轿车的认定标准纳入法律规范制度，规定：不管是哪种类型的轿车，都可以向日本交通省提出申请，接受低排放车认定；对于消费者，可以根据汽车排放水平的不同，享受不同的减税待遇。此外，地方公共团体购置低公害车辆时，能得到政府补助金。

另外，日本政府制定了燃油经济性标准，对汽车生产厂商与进口经销商加以管理，同时建立企业平均燃油经济性管理制度。企业如违反政府命令，将面临经济性处罚。在法规的管束下，日本的燃油经济性已在2013年提前达到2020年的目标要求。

4. 我国汽车及应用技术相关政策

作为国民经济的重要支柱产业，我国汽车工业一直以来都在努力减少碳排放，包括车企自发建设绿色工厂、加强新能源汽车的普及与推广、采用智能网联技术提高交通效率以及完善动力电池的回收再利用体系等，在数十年的不懈努力下，取得了明显成效。但不可否认，我国汽车产业依然是能源消费和温室气体排放的重要领域，面临较高的碳减排压力。

2021年1月5日，生态环境部公布了《碳排放权交易管理办法(试行)》，自2021年2月1日起施行；2020年12月举行的中央经济工作会议也明确了我国要抓好的八项重点任务，其中之一是做好碳达峰和碳中和工作，力争我国二氧化碳排放在2030年前达到峰值，2060 年前实现碳中和。按照《节能与新能源汽车技术路线图 2.0》，我国汽车产业的碳排放将力争在 2028 年前后达峰，到 2035 年，全产业的碳排放量将比峰值降低 20%。

根据国际能源署发布的全球碳排放报告，2019 年全球碳排放总量约为 330 亿 t，其中包括欧盟、美国、日本在内的发达经济体的碳排放总量约占全球碳排放总量的 1/3。作为世界上最大的新兴经济体，截至 2019 年底，我国的碳排放强度比 2005 年约下降 48%。

在节约能源方面，2004 年，我国开始实施《乘用车燃料消耗量限值》；2013 年，《乘用车企业平均燃料消耗量核算办法》发布；2020 年 10 月，工信部组织并完成《乘用车燃料消耗量限值》这一强制性国家标准的报批稿编制工作。随着油耗法规的日益严苛，根据工信部发布的数据，2019 年我国境内 144 家乘用车企业共生产/进口乘用车 2093 万辆，平均燃料消耗量为 5.56 L/(100 km)，而 2017 年，我国乘用车的平均燃料消耗量约为 6.05 L/(100 km)，说明单车减碳已取得突破。

（二）汽车产业面临的技术课题

能源与环境问题作为我国乃至全球汽车产业长期稳定发展必须面对的巨大挑战，是全世界共同关注的难题。目前，汽车产业实现节能减排的主要措施，一般来说，国际上普遍认同从以下五个方面进行：

(1) 车辆技术。改善车辆性能，减少其平均二氧化碳排放量。

(2) 代用燃料。支持可持续燃料的生产及基础设施的建设交付。

(3) 驾驶员行为。对驾驶员进行培训，以减少燃料消耗和二氧化碳排放，同时亦可改善道路安全。

(4) 基础设施措施。改善交通流通量，避免拥堵及能源浪费。

(5) 与人造二氧化碳排放有关的税收。税收会影响消费者选择，并做出购买决定，从而降低碳排放。

针对第一点，即车辆技术，业内主要从两大方向进行改善：一是轻量化技术，在满足车辆多目标性能的前提下，有效减轻车体质量，从而减少能量消耗，达到减排目的；二是大力发展催化剂技术，提升燃油效率以及减低排放物有害物质含量，从而达到减碳减排的环保节能目的。针对第二点，即代用燃料技术，主要体现为使用新能源技术替代传统燃油技术，国际上现行的成熟新能源技术主要有氢燃料电池技术、甲醇燃料电池技术、动力电池技术等。针对第三点，即驾驶员行为，当前国内外快速兴起和发展的智能驾驶技术，对驾驶员专业能力的良莠不齐做出了很好的补充。针对第四点，即基础设施措施，要求在发展新能源汽车产业的同时做好基础设施设备的配套，以达到产业化的目的，从而真正实现减排节能。针对第五点，即税收政策，作为与消费者关系最为直接及密切的一点，国家政府对于新能源汽车的税收补贴政策，能够极大地引导消费者选择新能源汽车，从而实现消费端的减排节能。

当前我国正处在民族复兴的关键阶段，我国汽车化进程与能源短缺、环境恶化的矛盾日益突出，节能减排不仅关系到我国的汽车产业可持续发展，而且与我国的能源安全息息相关，还深刻地影响着我国民族复兴大业。但是，现阶段，由于我国汽车工业起步较晚，虽

有国家政策大力扶持新能源汽车的发展，以解决日益尖锐的能源与环境问题，但新能源汽车的核心技术仍未完全掌握，在继续大力推进新能源汽车开发向前发展的同时，要大力发展和加强节能技术。

目前世界各国应对能源和环境挑战的侧重点及意图虽有不同，但仍具有多项共性。图 1-2 显示了各项技术能达到的节能潜力比例，由此可见轻量化是汽车实现节能减排最有效的一条技术路径。在当今我国动力电池与发动机技术提升难度日益增大的技术背景下，大力发展轻量化技术是实现节能减排的重要途径。我国已经把轻量化作为节能减排的重要途径而放在了战略的高度来对待。

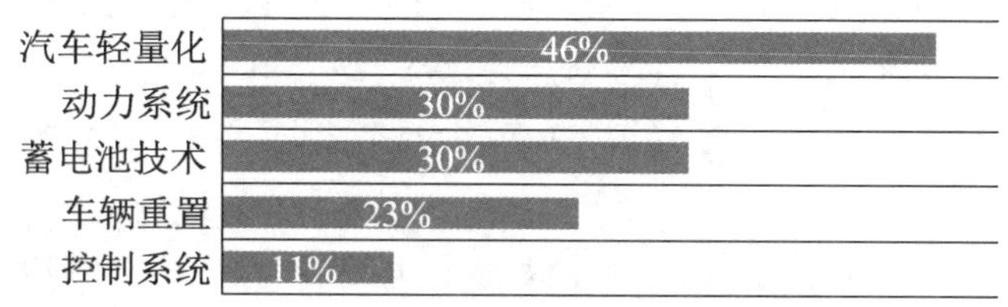

图 1-2 各项技术能达到的节能潜力比例

《中国制造 2025》、制造业创新中心建设工程实施指南（2016—2020 年）、高端装备创新工程实施指南（2016—2020 年）、智能制造工程实施指南（2016—2020 年）、工业强基工程实施指南（2016—2020 年）都涉及轻量化技术创新工作。2020 年 6 月 15 日，国家工业和信息化部、财政部、商务部、海关总署、国家市场监督管理总局联合颁布关于修改《乘用车企业平均燃料消耗量与新能源汽车积分并行管理办法》的决定，加速推进汽车轻量化工作。

目前国内外常用汽车轻量化技术路径如图 1-3 所示，主要分为三种：(1)车身结构的优化；(2)轻量化材料的应用；(3)新工艺和连接技术的应用。一般而言，通过优化的钢质白车身可减重 7%左右，部分部件采用铝合金替代可以减重 30%～50%，而要取得更大的减重效果，只能求助于碳纤维等复合材料。上述三种轻量化方法并不是独立的，而是相互关联、相互补充的，但无论采用何种轻量化方式，都不应该影响汽车的性能，不能过多地增加生产和维修成本，并且要与公司的实际技术能力一致。

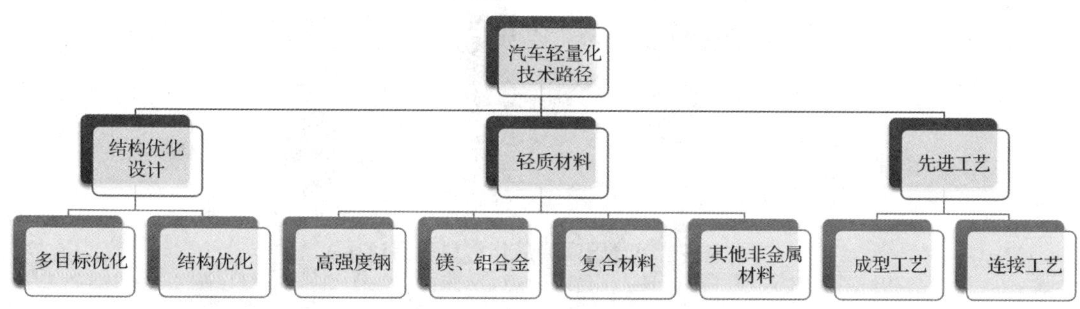

图 1-3 汽车轻量化技术路径

（1）车身结构的优化。主要利用有限元法和多目标优化方法进行汽车总体结构及零部件的分析和优化设计，实现车身结构和零部件的精简及一体化、轻质化，以减少整车质量，实现轻量化，同时保证整车的其他各项性能。由此可以看出轻量化设计的关键核心在于：第一，结构优化设计；第二，多目标性能目标的达成。

在现代汽车工业中，CAD/CAE/CAM 一体化技术贯穿着汽车设计和制造的各个环节。运用 CAD/CAE/CAM 一体化技术，可以准确实现车身实体结构和布局设计，对各构件的开头配置、中空化、一体化、变厚度等方面的减重措施进行分析，并且可结合外部数据库直接分析优化后结构的刚度、强度等关键性能信息，达到结构优化设计的目的。

通常来讲，零部件及车身结构的改变势必会引起整车其他性能的改变，整车轻量化设计的前提与核心是必须在满足整车各项性能的指标要求下实现质量的减轻。因此，运用多目标优化的技术手段对整车进行分析是整车实现真正意义上的轻量化必不可少的一项工作。

（2）轻量化材料的应用。随着材料技术的飞速发展，汽车用材的种类及比例不断地发生变化。传统用材中的普通钢铁逐渐被高强钢材、高超强钢材替代，工程塑料逐渐被性能更优的塑料、复合材料等其他非金属材料替代，而更为突出的是钢铁材料由轻合金材料、复合材料、高性能工程塑料替代，如铝合金、镁合金、玻纤、碳纤等。轻量化材料的开发与应用作为整车轻量化技术路径中最容易实现也最容易达到明显轻量化效果的技术路径，对全球汽车行业产生了广泛深刻的影响。从图 1-4 可以看出：德国的汽车轻量化材料应用占比为 34%左右，是全球使用轻量化材料最多的国家。德国的巴伐利亚机械制造厂股份公司（宝马）、奥迪公司，美国的电动车及能源公司（特斯拉）、通用汽车公司、福特汽车公司，日本的丰田汽车公司、本田株式会社，是目前全球汽车轻量化材料使用比例相对较高的汽车企业。但总体来看，从 2015 年至 2020 年，汽车工业发达国家的整车轻量化材料应用占比都在增加。

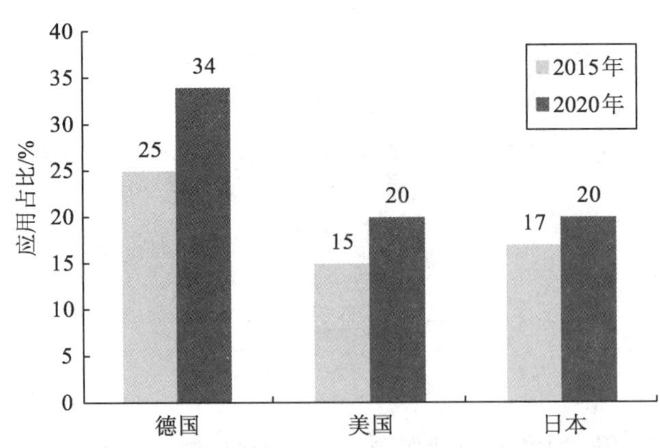

图 1-4　部分国家轻量化材料应用对比

在国内，当前汽车轻量化材料以高强钢为主，伴随着少量铝、镁合金及高性能工程塑料的应用。以能够代表我国汽车工业水平的自主品牌汽车用材比例为例，如图 1-5 所示，

可以看出，汽车用材种类仍以钢材为主，在商用车上，铝镁合金等其他轻质金属尚未得到成熟应用。目前，我国在超高强度钢、铝合金、镁合金等材料的应用及零部件结构设计工艺等方面，也存在很多不足，这些问题同样制约着新能源汽车轻量化的发展，“轻质材料的应用”依然是未来我国汽车轻量化发展的主要方向。

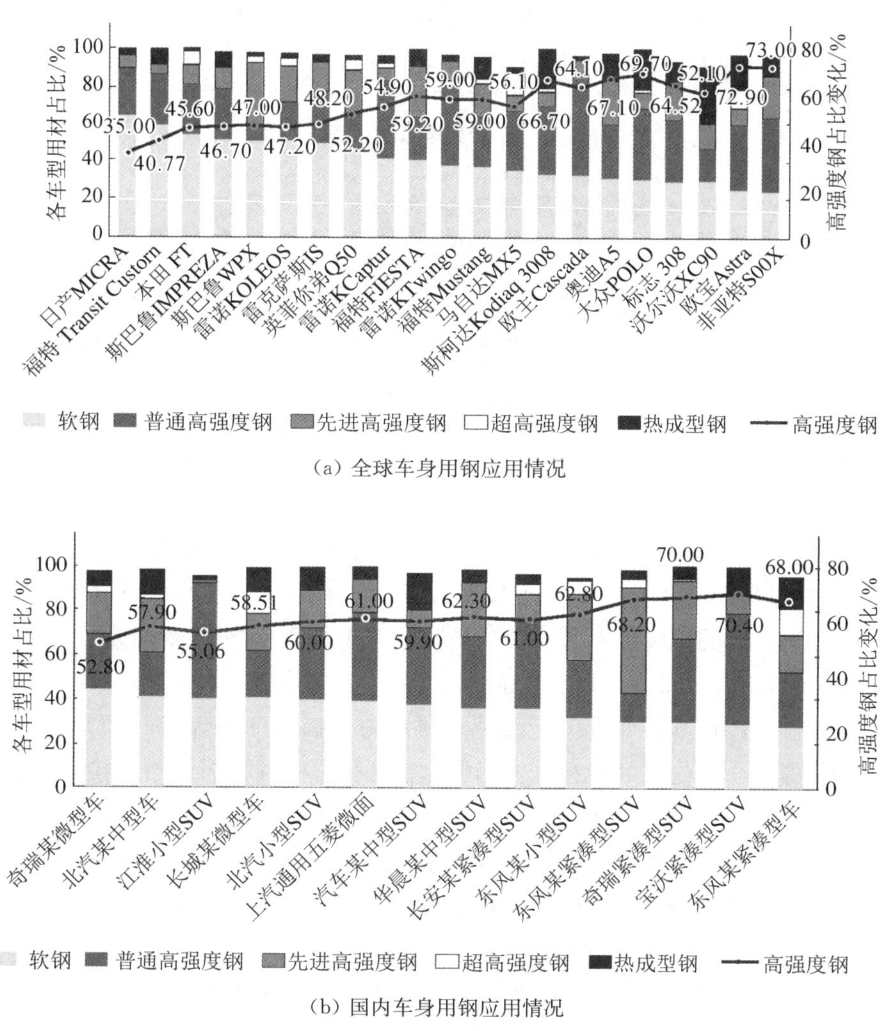

(a) 全球车身用钢应用情况

(b) 国内车身用钢应用情况

图 1-5　汽车用钢情况

但是，值得肯定的是，近年来，我国汽车用钢的发展较为迅速，尤其是汽车用高强度钢板，现已形成 340～2000 MPa(2 GPa)全系产品，基本上每年都有标志性成果产出。2016 年，本钢(本钢集团有限公司)开发出 2 GPa 高强度钢，2017 年首次在北汽新能源汽车上应用，这在国际上属于重大突破；2018 年，宝钢(宝山钢铁股份有限公司)开发出 1500 MPa辊压成型高强度钢；2019 年，鞍钢(鞍钢集团有限公司)与东北大学、通用中国(通用汽车中国)等联合开发出低密度高强度钢，并完成了首卷材料的生产；2019 年，东北大学与马钢(马鞍山钢铁集团)、塔高(山东塔高矿业机械装备制造有限公司)等单位联合开发出新型 AL-Si 涂层材料，突破了热成型表面处理技术，打破了国外十余年在该技术上的垄断。这些技术的突破为我国汽车轻量化的发展做出了重要贡献。与此同时，汽车工程学会及汽车轻量化技术创新战略联盟等组织也积极开设开放课题，在行业内设立了明确的整车轻量化用材目标(表 1-3)，鼓励和引导行业内相关技术的发展。

表 1-3　由轻量化联盟设立的整车轻量化用材目标

类别	2016—2020 年	2021—2025 年	2026—2030 年
车辆整备质量	较 2015 年减小 10%	较 2015 年减小 20%	较 2015 年减小 35%
高强度钢	强度在 600 MPa 以上的 AHSS 钢应用比例达到 50%	第三代汽车钢的应用比例达到白车身质量的 30%	强度在 2 000 MPa 以上的钢材应用达到一定的比例
铝合金	单车铝合金用量达到 190 kg	单车铝合金用量超过 250 kg	单车铝合金用量超过 350 kg
镁合金	单车镁合金用量达到 15 kg	单车镁合金用量达到 25 kg	单车镁合金用量达到 45 kg
碳纤维增强复合材料	碳纤维有一定量的使用，成本比 2015 年降低 50%	碳纤维使用量占车身质量的 2%，成本比上阶段降低 50%	碳纤维使用量占车身质量的 5%，成本比上阶段降低 50%

(3) 新工艺和连接技术的应用。轻量化材料的应用势必会带来材料成型工艺的改变以及多种材料混合应用时对连接技术的考验。高强金属材料的轻量化连接技术、异质材料的连接技术、超高强金属材料的先进成型技术、复合材料低成本高效率成型技术、以减少零部件数目为目标的一体成型技术、半固态成型技术等，都对汽车轻量化的发展起到了极大的促进作用，同时也带来了巨大的技术挑战。

轻量化材料连接技术主要有激光拼焊、自冲铆接、搅拌摩擦焊、锁铆、自锁铆、热熔、自攻螺钉及胶黏等。通过先进的连接技术，可以实现不同材料零部件的连接，从而实现整车轻量化。

激光拼焊是采用激光能源，将若干不同属性、不同厚度的材料进行拼合焊接的先进工艺技术，以满足零部件对材料性能的不同要求，实现以最轻的质量、最优结构和最佳性能达到零部件轻量化的目的。

在汽车的制造过程中，汽车轻量化很大程度上离不开热成型技术，这对加强板、横梁等关键承力部件的制造有直接的影响。热成型是先将坯料加热至一定温度，然后使用冲压机，在相应的模具内对坯料进行冲压，以得到所需外形的一种材料成型工艺。通过热冲压成型，可以制成具有超高强度和刚性的车身零部件。这不仅能够保证汽车零部件在高性能方面的要求，还能有效避免由碰撞、冲击等情况导致的零部件过度变形，从而确保汽车的结构耐撞性。最终，在实现轻量化的同时，也能保证整车的安全性。

目前，凯迪拉克 ATS－L 车身系统运用了弧形焊接与钎焊、镭射焊接、自穿孔铆钉等多种零部件连接工艺。奥迪 A4L 采用的是钢铝混合车身，由于铝合金部件和钢制部件的物理性质不同，钢、铝部件采用自冲铆接的方式进行连接。君越使用了大量结构胶，激光焊接、自攻螺钉等工艺进行车身连接，实现了整车的轻量化设计。

针对近年来行业内大力发展的复合材料技术，越来越多的企业及研究机构将关注点放在热塑性复合材料领域。热塑性复合材料在环保、可回收、可维修等多个方面表现出更优越的性能。针对热塑性复合材料的成型技术也因此得到大力发展，例如射出成型、湿法模压以及多种成型工艺相结合的成型技术等，为汽车上复合材料的扩大应用打下了基础。

总而言之，在当前的技术水平之下，对于整车的轻量化设计，成熟且可行的开发流程应该是，首先对拟开发车型的整备质量进行目标制定，然后将整车目标质量分解到各系统及零部件，采用结构优化、轻量化材料及先进工艺技术对超重零部件进行轻量化设计。在轻量化设计中，以高强度钢应用技术为主，包括集成化技术、成型技术，焊接技术、检测和评价方法及性能开发，同时加大铝合金在发动机、底盘等关键零部件和覆盖件上的应用技术的研究，增加改性塑料零部件的应用。最后，采用台架试验及整车搭载的方法，对优化后的零部件进行验证分析。在解决整车轻量化技术难题时，应该将结构优化设计、轻量化材料以及轻量化工艺技术三者相结合，综合考虑三者之间的相互影响，求解最切合实际的轻量化方案。

（三）汽车轻量化与燃油效率的提高

据统计，在汽车使用过程中，70%～80%的油耗是由车体自重产生的。车辆自重每下降10%，油耗可降低8%，同时尾气排放减少4%。通过减少车体质量，可以有效降低汽车能源消耗，从而实现节能环保的目的。研究表明，整车装备质量减小10%，加速时间缩短8%，二氧化碳排放量减少4.5%，制动距离减少5%，轮胎寿命提高7%，转向力减少6%。由此可见，汽车轻量化技术是汽车节能减排和其他多项综合性能提升的重要手段。

汽车油耗是诸多因素共同作用的结果，一般认为整备质量降低10%时，整车质量与汽车油耗降低率之间的关系如下：

$$\text{油耗降低率}=\frac{0.000\,501\times\text{整备质量}}{0.000\,501\times\text{整备质量}+1.201\,39}\times 100\% \tag{1-1}$$

我国乘用车整备质量一般为1400～1800 kg，从上式可知，当整备质量下降10%时，汽车油耗可降低7.5%～9%，这是从数学分析的角度说明了汽车轻量化对燃油效率提高的重要意义。

二、轻量化技术适合的部件

汽车的轻量化技术主要包含结构优化技术、轻量化材料应用及先进制造工艺应用。

结构优化主要包括尺寸优化、形状优化和多学科优化，其目标是在满足汽车性能的前提下，通过设计合理的结构形式来降低汽车质量。利用结构优化技术，可以有效地降低车身质量，并能够降低成本。

轻量化材料应用是指通过合理的材料设计，使得汽车在满足性能的前提下降低汽车的质量。目前应用较多的轻量化材料主要包括高强钢、铝合金、镁合金、塑料和复合材料。

利用先进的制造工艺，可以减少汽车零部件数量，提升结构的优化水平。使用液压成型技术，能够提高生产效率，还可以显著地减轻零部件质量，并增强其结构稳定性。与传统的机械加工、冲压焊接方式相比，液压成型有几个显著优点：减轻质量；提高零部件的强度、刚度，尤其是疲劳强度；提高尺寸精度；减少零件、工序和模具数量；降低生产成本等。如发动机托架的组成零件由6个减少到1个；散热器支架的组成零件由17个减少到10个。对于各类阶梯轴，可以免去中心孔的加工；对于冲压焊接，则可以完全免去焊接工艺。

在汽车的各个零部件设计中，多数可应用轻量化技术。以下就典型部件进行探讨：

1. 副车架

副车架（图1-6）作为底盘系统重要的承载元件，与车身和悬挂系统相连，主要作用是提高悬挂系统的连接刚度，减少路面震动的传入，从而带来良好的舒适性。副车架的主结构多为U型。副车架的上方可支撑发动机，其振动由副车架传递到整个车身。

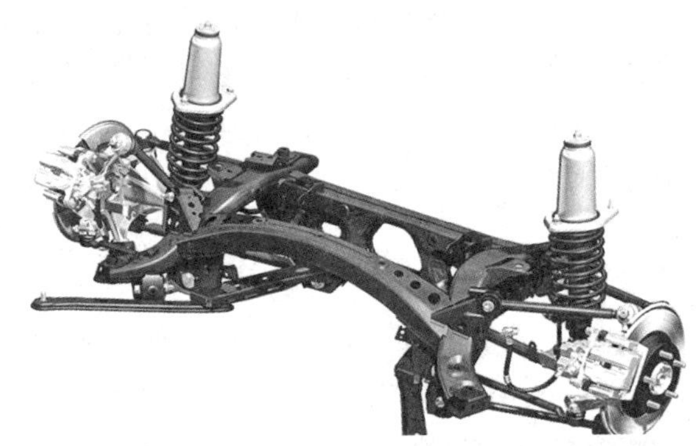

图1-6　多连杆型副车架

目前，轿车的前副车架大多采用钢和铝合金材料。铝合金副车架在质量、抗腐蚀性以及制造工艺上都明显强于钢制副车架，但钢制副车架在制造成本及结构变形等方面优于铝合金副车架。

从制造工艺角度来说，钢制副车架主要有液压成型管材弯曲式和冲压焊接式两种类型。铝合金副车架大多数采用铸铝件与挤压铝混合应用的方式。

综合考虑成本、质量目标后，确定副车架的材料。

材料确定后，需要对副车架进行结构优化设计。目前，针对副车架结构优化设计的研究较多，主要思路如下：

在概念设计阶段，通过拓扑优化技术得到副车架的传力路径，然后根据拓扑优化结果进行结构设计，进而进行性能分析与参数优化，在保证性能的前提下，降低副车架的质量。

2. 车身及其结构加强件

在进行车身轻量化设计时，需要综合考虑车身的各种性能要求，如刚度、模态、碰撞性能、疲劳性能等。使用低密度材料可以有效减轻车身质量，如全铝合金车身或钢铝混合车身的汽车质量明显减小，而且能够通过结构设计保证车身的各项性能达标。

高强度钢不仅具有良好的韧性和强度，而且其性能稳定、工艺成熟、价格低廉，具有突出的可焊接性、可重复利用性。应用高强度钢，能够减小车身部件的厚度，提高结构件的承载力与防撞能力。高强度钢根据成型工艺不同可分为普通高强度钢和先进高强度钢。也可以根据高强度钢的屈服强度、抗拉强度进行分类。超高强度钢主要应用在对零件强度要求高的车身结构上，如车门、侧板、A柱、B柱、车门加强板、保险杠等有防撞需求的

零件。

铝合金能够提高车身结构的吸能特性。比如在前碰工况中，吸能盒、纵梁等可以采用挤压铝替代，可以通过合理地设计挤压铝的截面形状、尺寸以及各个面的厚度，达到预期的吸能效果，目前在新能源车上应用较多，主要表现在全铝车身和钢铝混合车身上。挤压铝部件可作为填充增强件，以提高部分部件的吸能特性。如在汽车门槛内，从前至后，填充以不同截面形状的挤压铝部件，可提高门槛的刚度及吸能特性，还可有效提高侧柱碰撞工况中结构的耐撞性。现阶段铝合金的生产成本还比较高，目前使用全铝车身的汽车都是各大豪华品牌的顶级汽车（图 1-7）。

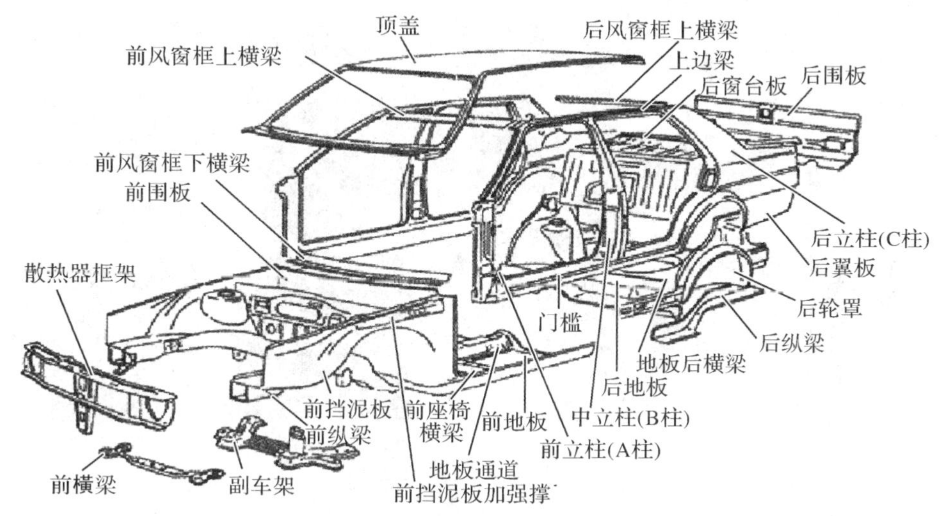

图 1-7　捷达轿车的车身壳体

3. 镁合金材料及其应用部件

镁合金的优点包括：它是最轻的结构金属材料，在室温 20 ℃条件下，纯镁的密度约为 1.738 g/cm^3，镁合金的密度在 1.75～1.90 g/cm^3，是同为轻金属的铝合金的 2/3、钢铁材料的 1/4。

镁合金的熔点比铝合金的熔点低，压铸成型性能好。镁合金部件的稳定性较高，压铸件的铸造和加工尺寸精度高，适用于制造汽车的各类压铸件。

镁合金在轻量化方向的应用前景广阔，已经在汽车工程领域、航空航天领域得到广泛应用。镁合金材料的成型方法分为铸造成型和塑性成型，当前主要运用的是铸造成型方法。近期发展起来的镁合金压铸新技术包括充氧压铸和真空压铸，充氧压铸在生产汽车镁合金零部件上的应用较广泛。

如图 1-8 所示，汽车上曾经使用镁合金的零部件包括：方向盘骨架、座椅骨架、转向支撑件、传动系统，以及仪表板、车门内板、车轮等。

4. 发动机罩板

片状模塑料（SMC）属于塑料基体复合材料，在纯电动车上使用 SMC，代替传统的钢板，作为汽车发动机罩板的材料，实现了比传统钢材料发动机罩板减重 23%的目标。依

图 1-8　镁合金的应用历史

据 SMC 的特性进行结构优化设计，取消了门锁加强板、铰链加强板和撑杆支撑板等部件，简化了汽车发动机罩板的结构。同时，SMC 发动机罩板的内外层采用胶黏剂连接，与传统钢材料发动机罩板的折边、涂胶、电焊、铆接等方式相比，连接工艺大大简化，质量也减轻了。

发动机罩板（图 1-9）的性能要求主要有弯曲刚度、扭转刚度、剪切刚度、抗凹性，在选择轻量化材料时也要兼顾其强度和延伸性，可以用铝合金代替传统钢材料。如 6111-T4 铝合金，其力学性能与钢材相差不大，具有较好的延伸率和抗拉强度。在铝合金发动机罩板的结构优化中，采用拓扑优化方法，在综合考虑发动机罩板各项性能的前提下，找到最佳的簿筋方式，从而达到减重目的。

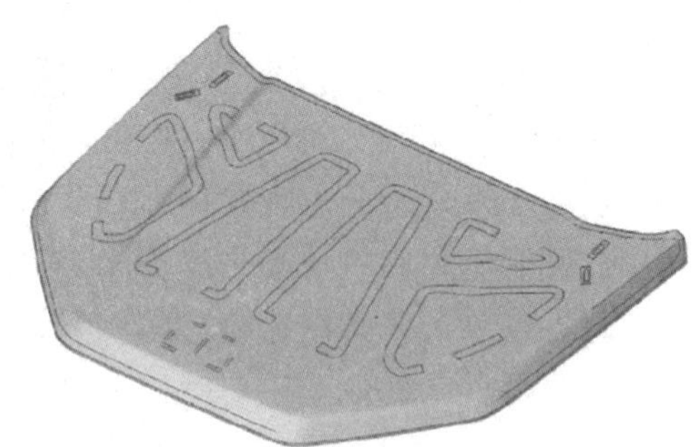

图 1-9　发动机罩板模型

5. 车门

车门总成主要由车门外板、车门内板、车门窗框总成、车门防撞梁总成及其他加强件组成（图 1-10）。车门的轻量化可以从轻量化材料应用、轻量化工艺应用、结构优化设计

三个方面展开研究。

利用激光拼焊，可以实现车门内板的不同区域有不同厚度，与同一厚度内板相比，可减重 20%以上。

在车门外板方面，可以通过烘烤硬化工艺提高烘烤硬化钢的屈服强度和抗拉强度，有效降低车门外板的厚度，进而实现减重目的。

车门防撞杆在汽车碰撞中起着重要作用，采用热成型钢板，其屈服强度可达到 1200 MPa以上，能够在有效地在保证性能的前提下，降低防撞杆的厚度，进而实现减重目标。

车门内、外板可以采用轻质材料（如铝合金、镁合金），在保证相同性能的前提下，可以实现减重 30%以上。

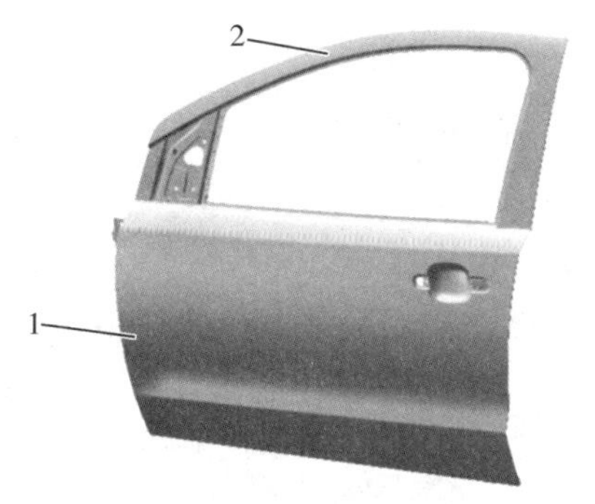

（a）车门模型外观

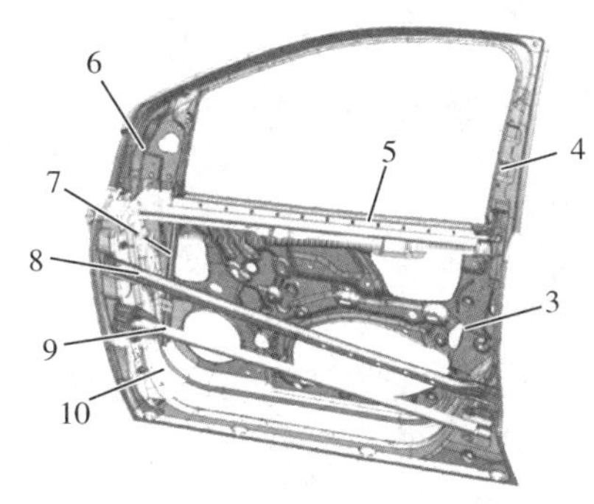

（b）车门模型内部结构

1—车门外板；2—车门窗框；3—车门内板；4—窗框加强板；5—窗台侧加强板；6—窗框前部加强板；7—玻璃升降槽；8—支撑梁；9—防撞梁；10—侧面加强板

图 1-10　车门结构

6. 后背门

后背门的轻量化设计主要集中在轻量化材料开发和应用方面。超轻玻纤复合材料作为一种超轻 A 级表面材料，与金属相比，具有比强度高和比模量高及灵活设计等优点，在后背门的轻量化中得到了较好的应用，并采用自由尺寸和拓扑优化方法，使得玻纤复合材料后背门的各项性能均满足要求，减重率达 25%以上。

碳纤维复合材料具有许多金属材料无法比拟的优点，比如：密度低，比强度高，比模量大；材料性能具有可设计性；制品结构设计自由度大；抗腐蚀性强，耐久性能好，能隔声、降噪等。将碳纤维复合材料应用于汽车车身构件，不仅可以减轻质量，还具有抗冲击性能好的特点。利用 OptiStruct 软件，进行自由尺寸优化（图 1-11）、铺层次序优化等操作，在满足性能约束的前提下，对复合材料的厚度分布进行最优设计。相对于钢制后背门，优化后的碳纤维后背门的扭转刚度、弯曲刚度、侧向刚度、扭转模态和弯曲模态等性能指标均得到不同程度的提升，且减重率可达到 50%左右。

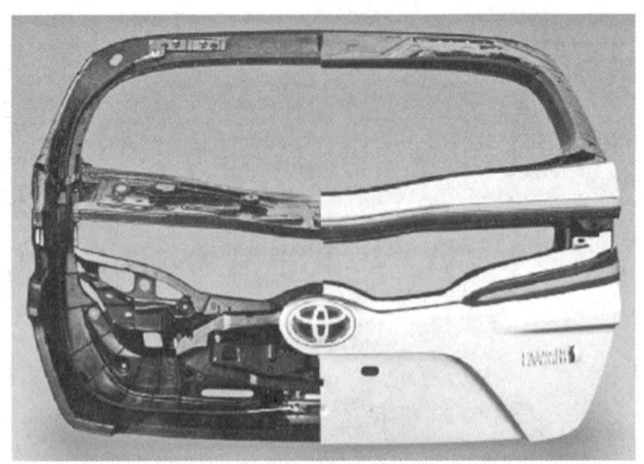

图 1-11　碳纤维材料后背门结构

三、汽车轻量化材料

汽车轻量化虽然是结构、材料、工艺等多方面因素的优势集成，但主要是材料的轻量化。归纳起来，用于汽车轻量化的材料主要有三种：一是高密度高强度材料，如高强度钢；二是低密度轻质金属材料，主要指铝、镁、钛合金材料；三是低密度轻质非金属材料，主要指工程塑料以及纤维增强型复合材料。

（一）金属系材料

1. 高强度钢

汽车用高强度钢板的开发由于车身轻量化要求而得到快速推进。20 世纪 70 年代，相继开发出固溶强化钢、析出强化钢、复合组织强化钢（DP 钢、CP 钢）等钢材种类。这些钢材的开发以提高强度为主，对材料的成型性及相关冲压技术的研究较少，所以其用途受到限制。从 20 世纪 80 年代后期开始，美国率先推出 CAEE(Corporate Average Energy Efficiency) 规定，对汽车的轻量化要求进一步提高，为此开发出以组织调控为特点的高强度钢板，并使之实用化，主要产品有固溶强化型极低碳深冲用钢板（拉伸强度为 340～440 MPa）、烘烤硬化型深冲用钢板、相变诱导塑性（TRIP）型高延展性钢板（拉伸强度为 750～980 MPa）等。这些钢板不仅强度高，而且加工性能得到大幅改善。与此同时，对于高强度钢板在车身方面的研究也越来越广泛。

高强度钢的分类如下：

(1) 按强度分类。国际钢铁协会按钢材的屈服强度进行分类，将屈服强度在 210～550 MPa 的钢定义为高强度钢，屈服强度在 550 MPa 以上的钢定义为超高强度钢。日系汽车企业一般按抗拉强度进行分类，将抗拉强度在 340～780 MPa 的钢定义为高强度钢，抗拉强度在 780 MPa 以上的钢定义为超高强度钢。

(2) 按发展历程，先进高强度钢可分为第一代、第二代和第三代三个类别。第一代先

进高强度钢主要以铁素体为基体，包括双相钢、多相钢、相变诱发塑性钢、马氏体钢等，强度范围为500～1600 MPa，均具有较高的轻量化潜力、碰撞吸收性能、成型性以及较低的平面各向异性等优点，在汽车上得到广泛应用；第二代先进高强度钢主要以奥氏体为基体，包括孪晶诱发塑性钢、轻质诱发塑性钢和剪切带强化钢等；第三代先进高强度钢兼具第一代和第二代先进高强度钢的微观组织的特点，首先应该是具有高强特点的体方立体结构相和具有高强化特性的面心立方结构相的复合组织，并充分利用晶粒细化、固溶强化、析出强化及位错强化等手段，提高其强度，再通过应变诱导塑性、剪切带诱导塑性和孪晶诱导塑性等机制，提高其塑性及成型性能。

我国对于第三代高强度汽车用钢的研究处于国际前列。北京科技大学新金属材料国家重点实验室对第三代高强度汽车用钢的研究开展得较早。2012年，在国家"973"计划项目子课题"第三代高强高韧低合金钢精细组织的研究"的支持下，该实验室开展了第三代高强度汽车用钢的研究工作：基于动态相变的热轧低合金TRIP钢技术，进行合金成分设计和工艺优化，通过添加微合金化元素或调整Mn、Si含量的方法，获得力学性能指标在第三代高强度汽车用钢范围的细晶TRIP钢。宝钢于2002年开始涉足超高强钢的研制开发，历经十年探索，成功具备了第三代高成型性超高强钢——淬火延性钢的工业化生产能力。2010年，宝钢在全球首发第三代淬火配分钢；2013年，全球首发第三代热镀锌钢。

(3) 按强化机理分类。根据强化机理的不同，高强度钢可分为普通高强度钢和先进高强度钢。普通高强度钢以固溶强化、析出强化和细化晶粒等为主要强化手段。普通高强度钢主要包括高强度无间隙原子钢、各向同性钢、烘烤硬化钢、低合金高强度钢、含磷高强度钢、碳锰钢等。先进高强度钢主要通过相变进行强化，组织中含有马氏体、贝氏体和残余奥氏体。先进高强度钢具有较高的强塑积，具有更高的轻量化潜力。汽车用先进高强度钢主要有双相钢、复相钢、相变诱发塑性钢、马氏体钢、孪晶诱发塑性钢、淬火配分钢、热冲压硼钢、中锰钢等。

2. 铝合金材料

(1) 汽车轮毂用铝合金。车轮是车辆承载的重要部件，它除了承受正压力，还承受车辆启动、制动时扭矩的交互作用，以及行驶过程中转弯、冲击等产生的各个方向的不规则作用力。车轮高速旋转还会影响车辆的平稳性、操作性等。车轮的质量与汽车的多种性能密切相关，整车的安全性和可靠性在很大程度上取决于所装车轮的性能和使用寿命。铝合金汽车轮毂与钢制汽车轮毂相比，能够更好地满足良好的耐磨耐老化性能、气密性、均匀性和质量平衡性能，以及滚动阻力小、行驶噪声低、外观精美、装饰性美观、尺寸精度高、质量轻、不平衡度小、耐疲劳性好、折装方便、互换性好等要求。目前，轿车轮毂普遍采用铝合金材料，而卡车、大巴等重载汽车，由于载重量大，对车轮的综合性能要求更高，大部分仍采用钢制车轮。

(2) 变形铝合金。变形铝合金指铝合金板带材、挤压型材和锻造材，在汽车上主要用于车身面板、车身骨架、发动机散热器、空调冷凝器、蒸发器、车轮、装饰件和悬架系统零件等。

由于轻量化效果明显，铝合金在车身上的应用范围正在扩大。如日本本田 NSX 车采用了全铝承载式车身，比使用冷轧钢板制造的同样车身轻 200 kg，引起全世界的瞩目。NSX 全车使用铝材的比例达到 31.3%，如在全铝车身上，外板使用 6000 系列合金，内板使用 5052-0 合金，骨架大部分使用 5182-0 合金；侧门框由于对强度和刚度的要求很高，使用以 6N01 合金为基础且 Mg 和 Si 含量经过适当调整的合金。

汽车防撞梁是撞击时吸收和缓和外界冲击力及保护车身和司乘人员安全的重要装置，在保证汽车碰撞安全性及舒适性的前提下，既能有效减轻汽车质量，又能控制成本，成为热门课题。通过合金成分优化、热处理工艺及结构优化，可在减轻车身质量的同时满足其安全性能的要求。挤压是制造防撞梁的典型方法，也可以用板材通过弯曲折叠等加工而成，型材多使用 6063、7021、7029、9129 等合金挤压。

(3) 车身用铝合金。在车体结构上，大多数采用无骨架式结构和空间框架式结构。这种结构的零部件数量少，而且不需要使用大型冲压设备，适用于多品种、小批量生产，可缩短生产周期，同时降低制造成本。汽车车身由框架、刚性材料、接头和罩壳板组成，用铝合金挤压型材和连接真空压铸接头自动焊接形成，比传统的钢体车身减轻 40%，强度提高 40%。铝合金在车身及覆盖件上的应用能够有效减轻整车质量，从而达到节能减排、优化整车性能的目标。全铝车的车身主要由挤压型材和铝板壳体组成，轿车主要使用板材，公共汽车主要使用型材。车身板铝材除了满足力学性能和耐腐蚀性能的要求之外，还需具备良好的成型性能、表面平整及焊接性能良好、烘烤强化性优良等特点。

轿车车身板铝材可用 2xxx 系、5xxx 系、6xxx 系及 7xxx 系铝合金轧制，除 5xxx 系铝合金外，其他三种铝合金的强度都在涂装烘烤时进一步提高。

(4) 铝基复合材料。铝基复合材料的密度低，比强度和比模量高，抗热疲劳性能好，但其在汽车上的应用受到价格及生产质量控制等方面的制约，还没有形成很大的规模。目前，铝基复合材料在连杆、活塞、气缸体内孔、制动盘、制动钳和传动轴管等零件上的试验或使用，已显示出其卓越的性能。如本田公司开发的由不锈钢丝增强的铝基复合材料连杆比钢制连杆减重 30%，汽油发动机可提高燃料经济性 5%；采用激冷铝合金粉末与 SiC 粉末(质量分数 2%)混合并挤压成棒材，用此棒材经锻造成型的活塞，因强度高，可减重 20%，发动机功率大幅提高；用铝基复合材料强化活塞头部，而取消第一道环槽的奥氏体铸铁镶块，可减重 20%；铝基复合材料制动盘比铸铁制动盘减重 50%。

3. 车用镁合金

镁合金的强度和弹性模量较低，但它有高的比强度和比刚度，对于相同质量的构件，选用镁合金可使构件获得更高的刚度。镁合金有很高的阻尼容量和良好的消震性能，它可承受较大的冲击震动，适用于制造要求承受冲击载荷和震动的零部件。镁合金具有优良的切削加工性和抛光性能，在热态下易于加工成型。

镁合金熔点比铝合金熔点低，压铸成型性能好。镁合金大部分以压铸件的形式在汽车上应用，镁合金压铸件的生产效率比铝合金高 30%～50%。镁合金铸件在汽车上使用的最早实例是车轮轮辋。德国保时捷公司从 1970 年起使用 AM60A 合金压铸车轮，镁合金车轮比铝合金车轮轻 20%以上。采用新开发的无孔压铸法(pore free diecast)，可生产

出没有气孔且可热处理的镁合金压铸件。镁合金压铸件适应做汽车仪表板、汽车座椅骨架、变速箱壳体、方向盘操纵系统部件、发动机零部件、车门框架、轮毂、支架、离合器壳体和车身支架等。

镁基复合材料的研究也有进展。以 SiC 颗粒为增强体，采用液态搅拌技术得到的镁基复合材料，具有很好的性能，而且生产成本较低。在 AZ91 合金中加入 25%SiC 颗粒增强的复合材料比基体合金的拉伸强度提高 23%，屈服强度提高 47%，弹性模量提高 72%。

4. 车用钛合金

钛合金适合制造汽车悬架弹簧和气门弹簧、气门。用钛合金制造的板簧，与由抗拉强度达 2 100 MPa 的高强度钢制造的板簧相比，可降低质量 20%。使用钛合金，还可以制造车轮、气门座圈、排气系统等部件，有些公司还尝试用纯钛板制作车身外板。日本丰田开发了一种钛基复合材料，其以 Ti-6A1-4V 合金为基体，以 TiB 为增强体，用粉末冶金法生产。该复合材料的成本低，但性能优良，已在发动机连杆上得到应用。

钛的密度为 4.506 g/cm^3，高于铝，但低于铁、钢。钛的比强度位于金属之首，是不锈钢的 3 倍、铝合金的 1.3 倍，具有比强度高、高温下强度高和耐腐蚀等优点。由于钛的价格昂贵，至今只能在赛车和个别豪华车上看到它有少量应用。尽管如此，对钛合金在汽车上应用的试验研究工作却不少。例如用 α+β 系钛合金制造的发动机连杆，强度相当于 45 钢调质的水平，而质量可以降低 30%；β 系钛合金（Ti-13V-11Cr-3Al 等）经强冷加工和时效处理，其强度可达到 2000 MPa，可用来制造悬架弹簧、气门弹簧和气门等，与拉伸强度为 2100 MPa 的高强度钢相比，钛弹簧可减重 20%。

（二）非金属系材料

为了生产出更轻的车辆，汽车制造业不断探索，并采用新材料和新的制造工艺。目前技术成熟、可替代传统钢铁结构件的材料，除了铝合金、镁合金类的金属系材料，还有塑料、纤维增强复合材料等非金属系材料。

1. 高分子塑料

相较于一般的塑料，高分子塑料的典型特点是内部有高分子化合物，相对分子质量一般能够达到 1000 以上。另外，高分子塑料是由单体原料合成或不同原料浓缩而成的，主要由合成树脂及填料、增塑剂、抗氧剂、稳定剂、润滑剂等添加剂组成。高分子塑料的优点是稳定性强，比较耐化学腐蚀，并且能够随意组成不同样式，还具备高膨胀性、高耐磨性、高硬度等优点。在中国自主品牌乘用车中，塑料及其复合材料用量占整车材料用量的 10.6%，其中 PP 占 6.05%、PA 占 1.1%、ABS/PC 及 PC 占 1.14%、PE 占 0.61%、PVC 占 0.39%、其他占 1.35%。

2. 纤维复合材料

纤维复合材料是由两种或多种不同性质的纤维材料与其他材料复合而成的。这种复合材料能够结合各组分材料的优点，从而呈现出优异的综合性能。常见的纤维复合材料包括玻璃纤维增强复合材料（GFRP）、碳纤维增强复合材料（CFRP）及芳纶纤维增强复合材料（AFRP）。每种复合材料都有其独特的特性和适用场景。

(1) 玻璃纤维增强复合材料。玻璃纤维具有较低的极限抗拉强度,但其弹性模量与混凝土的弹性模量较为接近。因此,在保证黏结牢固的前提下,GFRP 的变形能够与混凝土保持一致。这种材料在加固工程中广泛应用,适用于梁、板、柱及墙体的加固。

(2) 碳纤维增强复合材料。碳纤维具有极高的抗拉强度和弹性模量,但价格较高。由 CFRP 加固的构件,在较高温度、较高相对湿度和一定的化学腐蚀条件下,能够保持良好的工作性能。这种材料通常用于对强度要求较高的场合。碳纤维增强复合材料仅在极少数车型和少数零件上使用。大丝束碳纤维和热塑性单向带已实现批量生产。

(3) 芳纶纤维增强复合材料。芳纶纤维具有优良的力学性能、热学性能和化学稳定性。AFRP 在航空航天、汽车制造等领域已得到广泛应用。

参考文献

[1] 中国汽车工程学会. 中国汽车轻量化发展——战略与路径[M]. 北京:北京理工大学出版社,2015.

[2] 李静威,张志明. 汽车轻量化材料及制造工艺研究现状[J]. 基层建设,2019,2(2):1-5.

[3] 于用军,李飞,王帅. 整车轻量化技术研究综述[J]. 汽车实用技术,2017,12(12):1-5.

[4] 李仲奎,夏卫群,樊树军. 乘用车车身轻量化评价方法分析与研究[J]. 汽车工艺与材料,2018(8):12-15.

[5] 张德伟,徐鑫,孔雪,等. 车身轻量化性能分析[J]. 汽车零部件,2018(12):38-41.

[6] 姜爱珠. 白车身轻量化技术与实践[J]. 内燃机与配件,2020(23):102-103.

[7] 李光霁,刘新玲. 汽车轻量化技术的研究现状综述[J]. 材料科学与工艺,2020,28(5):47-61.

[8] 朱剑峰. 结构拓扑优化理论及在轿车副车架开发中应用研究[D]. 北京:北京理工大学,2015.

[9] 吴胤憧. 轿车前副车架结构参数化轻量化优化设计[D]. 长春:吉林大学,2014.

[10] 董鸣. 新材料在汽车轻量化技术中的应用[J]. 时代汽车,2020(17):126-127.

[11] 李燕龙,李峥,樊树军,等. SMC 材料在某电动汽车发动机罩盖上的应用[J]. 汽车科技,2015(1):71-75.

[12] 陆彬. 汽车车门轻量化技术研究[J]. 大众科技,2020,22(6):59-62.

[13] 李永湘,许天辉,王光艳. 汽车车门轻量化设计研究现状及其技术措施[J]. 山东工业技术,2019(2):27-28.

[14] 奉振华. 超轻玻纤复合材料后背门轻量化研究[J]. 时代汽车,2020(12):143-144.

[15] 季枫. 白车身参数化建模与多目标轻量化优化设计方法研究[D]. 长春:吉林大学,2014.

[16] 乔赫廷. 连续体结构拓扑优化模型讨论及其应用[D]. 大连:大连理工大学,2011.

第二章　基体材料

聚合物树脂按照其固化形式不同,可分为热固性聚合物树脂和热塑性聚合物树脂两种。热固性树脂(thermosetting resin)在加热后会产生化学变化,逐渐硬化成型,再受热时则不软化,也很难溶解。热塑性树脂(thermoplastic resin)具有受热软化、冷却硬化的性能,而且不产生化学反应,可重复应用。

一、热固性树脂的种类与特性

热固性树脂固化后可形成交联网状结构,为不溶不熔的固化物。热固性树脂具有耐热、耐压、不易燃、制品尺寸稳定性好等优异性能,缺点是脆性较大。热固性树脂主要有不饱和聚酯、环氧树脂、酚醛树脂和脲醛树脂等,其力学性能、黏结性能及电性能良好。它们以胶黏剂、涂料、灌封材料和复合材料的形式广泛应用于建筑、机械、交通运输与能源、电子、医疗、国防与航空航天等领域。

(一)环氧树脂

环氧树脂(epoxy resin)是泛指含有两个或两个以上环氧基团的有机高分子化合物,是以脂肪族、脂环族或芳香族链段为主链的高分子预聚物。一般而言,环氧树脂的相对分子质量都不是很大,环氧基团位于有机高分子化合物分子链的末端、中间或呈环状结构。环氧基团较为活泼,可与多种固化剂发生交联反应。胺类、酸酐类、聚酰胺类物质可作为固化剂与环氧基团反应,经固化交联,形成网状体型结构。环氧树脂的环氧特征基团如图2-1所示。环氧树脂具有多方面的优良性能,如耐腐蚀性能、电绝缘性能、力学性能、可黏结性以及优于其他热固性树脂的加工工艺性。

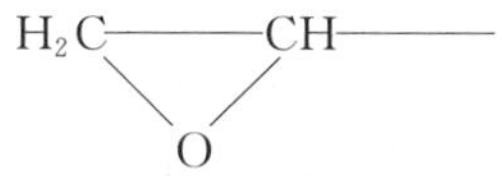

图2-1　环氧特征基团

环氧树脂的品种繁多,可以按照状态和化学结构进行分类。其中,根据其在室温条件下呈现的状态,分为液态环氧树脂和固态环氧树脂。但在实际应用中,通常按照其化学结构进行划分,大致可分为缩水甘油醚型环氧树脂、缩水甘油酯型环氧树脂、缩水甘油胺型环氧树脂、脂肪族环氧树脂、脂环族环氧树脂、混合型环氧树脂,如表2-1所示。

表 2-1 各类别环氧树脂

类型	化学结构	代表性产品	优缺点
缩水甘油醚型	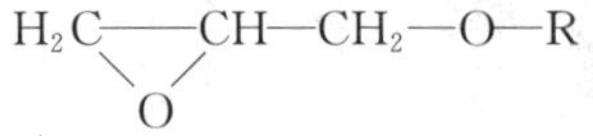 H_2C——CH—CH_2—O—R \ / O	双酚 A 型环氧树脂、双酚 F 型环氧树脂	含有醚键和羟基，黏结性能、柔韧性好
缩水甘油酯型	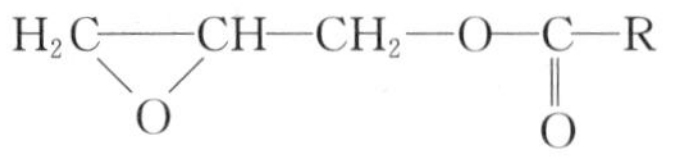 H_2C——CH—CH_2—O—C—R \ / ‖ O O	聚酰亚胺树脂、四氢邻苯二甲酸二缩水甘油酯环氧树脂	含有酯键，反应活性高，耐气候性和透光性能优异，但耐水性、耐酸碱性较差
缩水甘油胺型	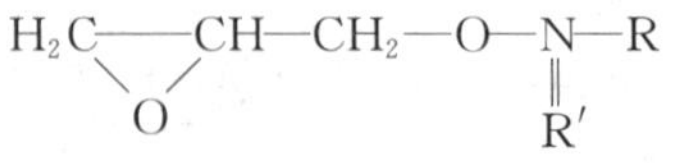 H_2C——CH—CH_2—O—N—R \ / ‖ O R′	AG-80 环氧树脂、三缩水甘油基三聚异氰酸酯	黏度低，活性高，耐腐蚀性好，但存在一定的脆性，具有自固化性，储存期短
脂肪族	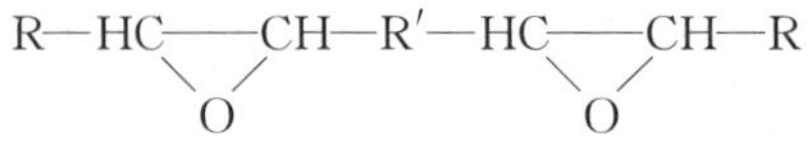 R—HC——CH—R′—HC——CH—R \ / \ / O O	环氧化聚丁二烯树脂	工艺性好，交联密度大，耐热性、耐电弧性能好，黏度低
脂环族	H H C C O | R | O C C H H	3,4-环氧基环己烷甲酸-3′,4′-环氧基环己烷甲酯	力学性能良好，耐电弧性、耐紫外光老化性能及耐气候性较好
混合型	—	—	能低温固化、高温使用及分段固化，固化剂的选择灵活

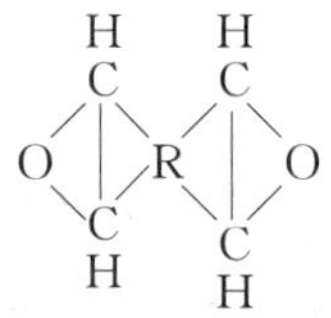

1. 缩水甘油醚型环氧树脂

这类环氧树脂是由多元酚(醇)与环氧氯丙烷发生缩聚反应制得的。其中最具代表性的是双酚 A 型环氧树脂，其产量占环氧树脂总产量的 75%以上。双酚 A 型环氧树脂的合成是以双酚 A 与环氧氯丙烷为原料的，一次加碱，即一步合成法，在此过程中，碱液不仅起到催化剂的作用，还参与闭环反应，脱去氯化氢。双酚 A 型环氧树脂的主链含有醚键和羟基，具有优良的黏结性能和柔韧性，同时具有良好的稳定性、耐化学药品性、电绝缘性以及较低的固化收缩率等优点，所以在覆铜板和黏结剂等方面得到广泛应用。

除了双酚 A 型环氧树脂，常见的还有双酚 F 二缩水甘油醚，即双酚 F 型环氧树脂，产品形态为无色或淡黄色液体，其黏结性、反应性与双酚 A 型环氧树脂大体相同，但其相对分子质量较低，因此黏度较低，在使用时可不加或少加稀释剂，是一种较环保的树脂。此类树脂的反应活性高，适合用于低温环境，其特点是机械强度高、耐热性能好，常用在涂料和层压材料中，并且可用作集成电路的封装材料。

此外，氢化双酚 A 型环氧树脂，又称双酚 H 型缩水甘油醚，其产品形态为淡黄色透明液体，是一种小相对分子质量、低黏度，以及具有良好的耐气候性、耐电弧性和耐漏电痕迹性，特别适用于户外的环氧树脂，如日本三菱化学的 YX8000、YX8034、YX8040 等。

2. 缩水甘油酯型环氧树脂

这类环氧树脂是在20世纪50年代开发并于1969年进入工业生产，分子结构中含有两个以上(含两个)的缩水甘油基的化合物。此类环氧树脂的优点是含有酯键，反应活性高，与其他树脂的相容性比较好，黏合力高，黏度低，耐气候性和透光性能优异。同时，酯键的存在使其耐水、耐酸碱性较差，耐热等级也较低。常见的缩水甘油酯型环氧树脂包括苯二甲酸二缩水甘油酯、四氢邻苯二甲酸二缩水甘油酯等。

3. 缩水甘油胺型环氧树脂

这类环氧树脂是由多元胺或三聚氰酸与环氧氯丙烷反应而制得的，环氧基直接连接在叔胺基上。其代表性产品包括四缩水甘油基二氨基二亚甲基苯、三缩水甘油基三聚异氰酸酯等。这类环氧树脂的特点是黏度低、活性高、耐腐蚀性好，由于含有芳香环、醚键、亚甲基等高度交联的三维网状结构，比通用型环氧树脂的耐热性大幅提升，所以在耐高温黏合剂、耐高温涂料、耐高温先进复合材料等领域有着广泛的应用。但是，此类环氧树脂存在一定的脆性，且分子结构含有环氧基和胺基，这使其具有自固化性，储存期短。

4. 脂肪族环氧树脂

脂肪族环氧树脂是指有两个或两个以上的环氧基团，并直接与脂肪链连接，不含脂肪环、芳环等环状结构的环氧树脂。这类环氧树脂可与固化剂作用，形成性能优异的三维聚合物。其特点是工艺性好，交联密度大，耐热性和耐电弧性能好，具有优良的耐气候性和耐紫外线性，最主要的优点是黏度低。

5. 脂环族环氧树脂

脂环族环氧树脂是指含有两个或两个以上环氧基团，且环氧基团直接连接在脂环上，固化后可形成三维交联网络的一类热固性高分子材料。脂环族环氧树脂是由不饱和脂环族化合物经过有机过氧酸的环氧化反应得到的，因而游离氯或金属离子的含量很低，且由于其分子结构中的环氧基直接连接在脂环上，因此具有耐气候性好、电绝缘性能优异和工艺性能佳等优点。如S-186型脂环族环氧树脂兼具脂环族环氧树脂和缩水酯环氧树脂的双重特性，因存在高反应活性的缩水酯基，故反应活性比一般的脂环族环氧树脂高。S-186型脂环族环氧树脂与固化剂的混溶性好，可采用脂肪族和芳香族胺类、酸酐及咪唑类作为固化剂，固化产物的热稳定性好，耐高温，具有高强度、高刚性，耐气候性、高温绝缘性好，耐电弧、耐电痕化性能优异，高温黏结性更为突出。

目前工业化的脂环族环氧树脂大多为二官能团环氧化合物，环氧基团位于五元环、六元环或螺环结构中，由酯键或醚键连接(表2-2)。

表2-2　一些商品化的脂环族环氧树脂

结构式	商品名称	化学名称
O, H_2C, O, O, O (structure)	ERL-4221 UVR-6105	3,4-环氧基环己烷甲酸-3′,4′-环氧基环己烷甲酯

（续表）

结构式	商品名称	化学名称
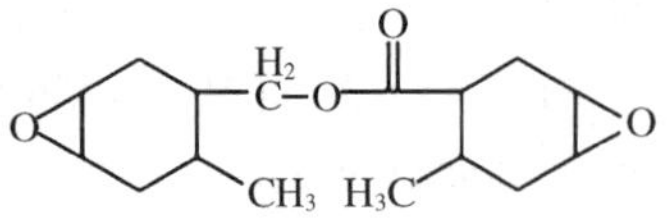	Unox 201 Chissonox 201 6201	3,4-环氧基-6-甲基环己烷甲酸-3′,4′-环氧基-6′-甲基环己烷甲酯
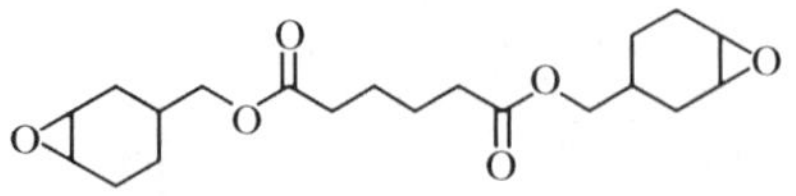	UVR-6128	己二酸-双(3,4-环氧基-6-甲基环己烷甲醇)酯
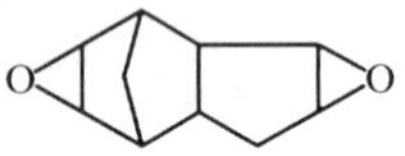	Unox 207 Chissonnox 207 6207	双环戊二烯双环氧
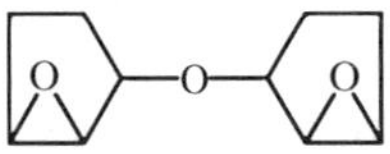	ERLA-0300 6300(顺式)	双-(2,3-环氧基环戊基)-醚
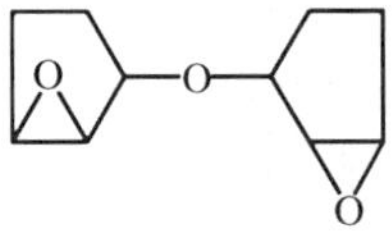	ERLA-0400 6400(反式)	双-(2,3-环氧基环戊基)-醚

6. 混合型环氧树脂

这类环氧树脂的分子结构中同时具有两种不同类型的环氧基，相比单一类型的环氧树脂，固化性能和使用性能更具特点。例如，由于两种环氧基的活性不同，此类环氧树脂可实现低温固化、高温使用以及分段固化的需求。同时，在固化剂的选择方面更具灵活性。这些特点不仅给混合型环氧树脂的产品设计提供了更多选择，而且能更好地满足工艺和使用要求，因此扩大了此类环氧树脂的使用范围。其中应用较为广泛的有含伯氨基、酚羟基的 2,2-双(3-氨基-4-羟基苯基)六氟丙烷(BAHPFP)及 4,4′-二氨基-4″-羟基三苯甲烷(DAHTM)等，其分子结构式分别如图 2-2、图 2-3 所示。

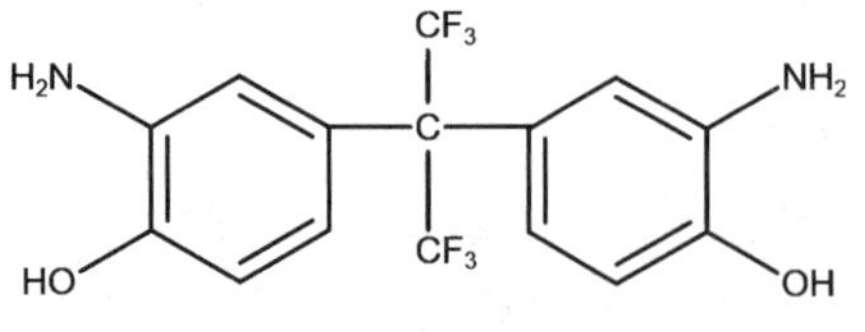

图 2-2 BAHPFP 分子结构式

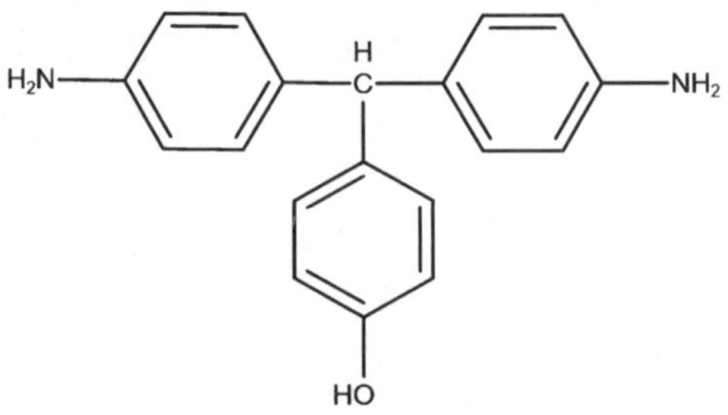

图 2-3 DAHTM 分子结构式

（二）不饱和聚酯树脂

不饱和聚酯的分子主链上同时存在酯键和不饱和双键，可用适当的引发剂引发交联反应而成为一种热固性塑料。典型的不饱和聚酯分子结构式见图 2-4，其中：G 表示二元醇的二价烷基；R 表示饱和二元酸中的芳基；x、y 表示聚合度。不饱和聚酯分子结构在固化前是长链形分子，其相对分子质量一般为 1 000～3 000。这种长链形分子可以与不饱和单体交联，形成具有复杂结构的庞大的网状结构。不饱和聚酯树脂固化后主要形成不均匀的连续网状结构，在密度较大的连续网状结构之间，由密度较低的链型分子连接。

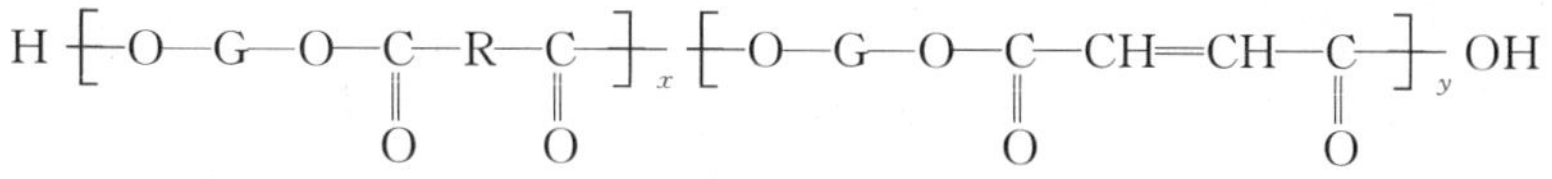

$$H\left[O-G-O-\underset{\underset{O}{\|}}{C}-R-\underset{\underset{O}{\|}}{C}\right]_x\left[O-G-O-\underset{\underset{O}{\|}}{C}-CH=CH-\underset{\underset{O}{\|}}{C}\right]_y OH$$

图 2-4　不饱和聚酯分子结构式

不饱和聚酯树脂的固化可通过多种手段完成，如添加过氧化物、照射紫外线等，但固化方法不当时，制品中会产生裂纹。不饱和聚酯树脂的力学性能优异，但略低于环氧树脂，高于酚醛树脂、脲醛树脂等热固性树脂。

不饱和聚酯树脂是热固性树脂中用量最大的，也是玻璃钢制品生产中应用最多的。不饱和聚酯树脂由于生产工艺简便、原料易得，同时耐化学腐蚀、力学和电学性能优良，更重要的是可以在常温常压下固化，具有良好的工艺性能，已被广泛应用于化工、运输、建筑、电子以及国防工业等领域的结构用、防腐用、绝缘用复合材料产品。

不饱和聚酯树脂由不饱和酸酐和饱和酸酐以及二元醇缩聚而成。由于所用酸与醇的品种不同，饱和酸酐和不饱和酸酐的用量不同，可合成不同性质及不同相对分子质量的各种不饱和聚酯树脂。常用的饱和二元酸酐为邻苯二甲酸（简称苯二甲酸酐或苯酐），常用的不饱和酸酐为顺丁烯二酸酐（简称顺酐或马来酸酐），常用的二元醇为丙二醇、乙二醇等。使用间苯二酸酐能改善不饱和聚酯树脂产品的耐腐蚀性能，使用卤化单体可使不饱和聚酯树脂产品具有阻燃性。在此基础上，还产生了间苯型、双酚 A 型、新戊二醇型等不同类型的不饱和聚酯树脂。

1. 不饱和聚酯树脂的优点

（1）成型工艺性良好，黏度、触变性、适用期、空气干燥性等均可调节。通过引发剂种类和数量的选择，可以在常温～160 ℃的任意温度下、任意时间内固化，并且不产生副产物。依据产品的大小和数量，可选择各种成型方法，以满足不同的用途和要求。

（2）有较好的力学性能、耐腐蚀性能及电绝缘性能。

（3）着色自由，易涂饰和增加胶衣层，使产品外表颜色多种多样。

（4）易与不同增强材料、填料组合，得到不同特性的复合材料制品。

（5）价格低廉，而且有降低成本的一系列办法，易于投资生产。

2. 不饱和聚酯树脂的缺点

（1）含有较多的苯乙烯，对人眼、气管和黏膜都有刺激。

（2）阻燃性差。

(3) 收缩率较大。

目前,可以通过改进配方制得低苯乙烯含量的不饱和聚酯树脂,阻燃不饱和聚酯树脂的极限氧指数可达40%以上,也可以生产低收缩率的不饱和聚酯树脂。

(三) 酚醛树脂

由酚类化合物与醛类化合物缩聚而成的树脂,一般称为酚醛树脂,主要分为热塑性酚醛树脂和热固性酚醛树脂两大类。

热塑性酚醛树脂的缩聚反应一般在强酸性催化剂(pH<2)存在,以及甲醛和苯酚的物质的量之比小于1(如0.75~0.85)的条件下进行,合成的产物是一种热塑性线型树脂,即Novolak树脂,属于线型或少量支化的缩聚物,主要以次甲基连接,相对分子质量可达2 000。其分子结构式如图2-5所示,它是分子中不含羟甲基的可溶、可熔的酚醛树脂。热塑性酚醛树脂在缩聚反应过程中与固化剂发生固化或交联反应,如亚甲基四胺(HMTA),可交联成不溶不熔的产物。

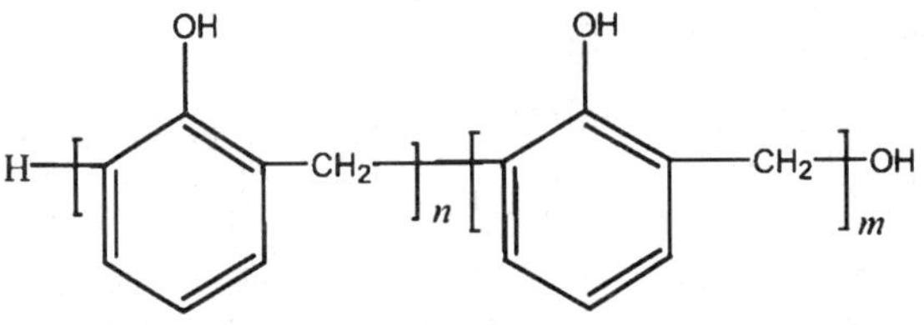

图2-5 热塑性酚醛树脂分子结构式(其中 $m=2\sim5, m+n=4\sim10$)

热固性酚醛树脂的缩聚反应一般在碱性催化剂存在的条件下进行,常用催化剂为氢氧化钠、氨水、氢氧化钡、氢氧化钙、氢氧化镁、碳酸钠、叔胺等,NaOH用量为1%~5%,Ba(OH)用量为6%~23%,HMTA用量为6%~12%。其分子结构式如图2-6所示,苯酚和甲醛的物质的量之比一般控制在1∶(1~1.5),甚至1∶(1.0~3.0),甲醛用量比较多。总的反应过程可分为两步:甲醛与苯酚的加成反应和羟甲基化合物的缩聚反应。

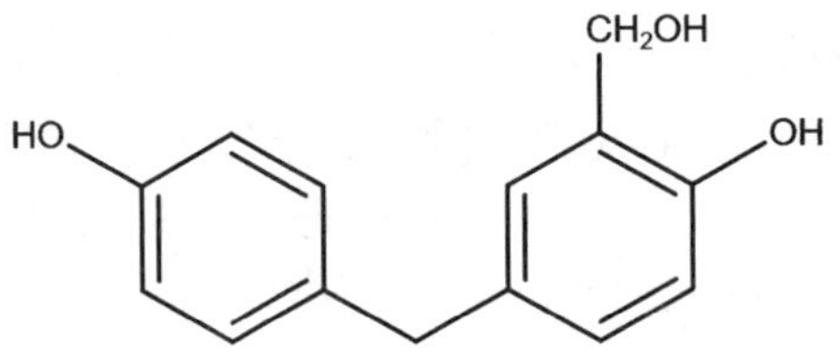

图2-6 热固性酚醛树脂分子结构式

酚醛树脂使用的固化剂主要有氢氧化钠、氢氧化铵、有机酸或无机酸类、金属氧化物等。其中一阶热固性酚醛树脂可以在加热条件下固化,也可以在酸性条件下固化;而二阶热塑性酚醛树脂是可溶可熔的,加入固化剂,其中的氨基会与酚醛预聚体中的羟基发生反应,使树脂固化。热固性酚醛树脂也可用于固化二阶热塑性树脂,因为热固性酚醛树脂分子中的羟甲基可以与热塑性酚醛树脂酚环上的活泼氢作用,交联成三向网状结构的产物。

与其他树脂相比，酚醛树脂主要有以下优点：

(1) 原料价格低廉。

(2) 合成工艺简单、成熟，合成及加工设备的投资小。

(3) 耐热、耐燃，电绝缘性能好。

(4) 化学稳定性好，耐酸性好。

(5) 制品尺寸稳定。

(6) 可与无机填料或有机填料共混制成模塑料，或与织物浸渍制成层压制品，并且可以发泡，其固化物耐高温，强度也较高。

然而，酚醛树脂的力学性能低于环氧树脂和不饱和聚酯树脂。酚醛树脂的固化速度比不饱和聚酯树脂低，完全固化需要较长时间，并且有副产物生成。酚醛树脂的成型温度和压力比不饱和聚酯树脂高；固化物硬而脆，颜色介于褐色与黑色之间。酚醛树脂的耐气候性较差，使用久了会变色。酚醛树脂预浸渍制品的保存期较短，因此必须低温储存。

酚醛树脂是最早实现工业化的合成树脂，自 1910 年首次工业化生产以来，迄今已有一百多年的历史，因其优良的性能，已成为工业等领域不可或缺的材料，主要应用于胶黏剂、涂料、离子交换树脂、玻璃纤维增强塑料、碳纤维增强塑料等，在运输、建筑、军事和采矿业等领域具有重要应用。

（四）脲醛树脂

脲醛树脂，又称尿素甲醛树脂，是由尿素与甲醛在催化剂（碱性或酸性催化剂）作用下缩聚生成初期脲醛树脂，然后在固化剂或助剂作用下形成不溶不熔的完全固化的热固性树脂。脲醛树脂的分子结构单元如图 2-7 所示。脲醛树脂的分子结构会影响其性能。固化前，脲醛树脂是由取代脲、亚甲基或少量二亚甲基交替组成的聚合物；固化时，分子之间通过羟甲基与—NH—反应，形成三维网络结构。

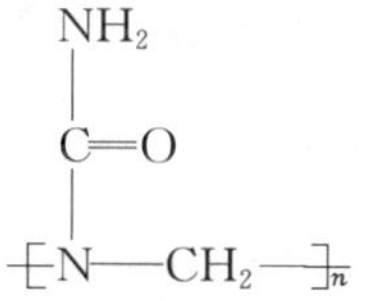

$$
\begin{array}{c}
NH_2 \\
| \\
C{=}O \\
| \\
-\!\!\left[N - CH_2 - \right]_n
\end{array}
$$

图 2-7　脲醛树脂的分子结构单元

脲醛树脂的固化速度比环氧树脂和酚醛树脂快。固化后，脲醛树脂的外观颜色比酚醛树脂浅。固化后的脲醛树脂具备以下性能：

耐弱酸、弱碱，原料易得，价格低廉，黏结性好，黏结强度高，耐化学腐蚀，耐磨性好，使用方便等。

脲醛树脂是广泛使用的黏合剂之一，是制造人造板材时用量最大的胶黏剂。然而，脲醛树脂的力学性能低于上述三种热固性树脂，在强酸、强碱作用下易分解，耐气候性较差，收缩率较大，脆性也大，不耐水，易老化。另外，由脲醛树脂制作的人造板制品存在释放甲醛的问题，这使其应用范围受到极大限制，因此必须对其进行改性。脲醛树脂还可制成泡沫材料，是一种集防火、隔热、隔声、质轻等性能于一体的新型建筑保温材料。

（五）三聚氰胺甲醛树脂

三聚氰胺甲醛(MF)树脂简称三聚氰胺树脂，又称蜜胺甲醛树脂或蜜胺树脂，是一种重要的三嗪环化合物，由三聚氰胺和甲醛在中性或弱碱性环境条件下经历三个阶段(羟甲基化加成反应阶段、脱水缩合反应阶段和交联固化反应阶段)聚合而成，其合成过程和反应式如图 2-8 所示。

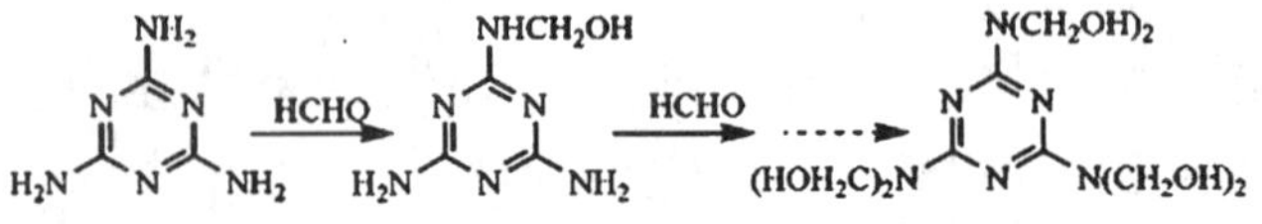

三聚氰胺和甲醛加成反应

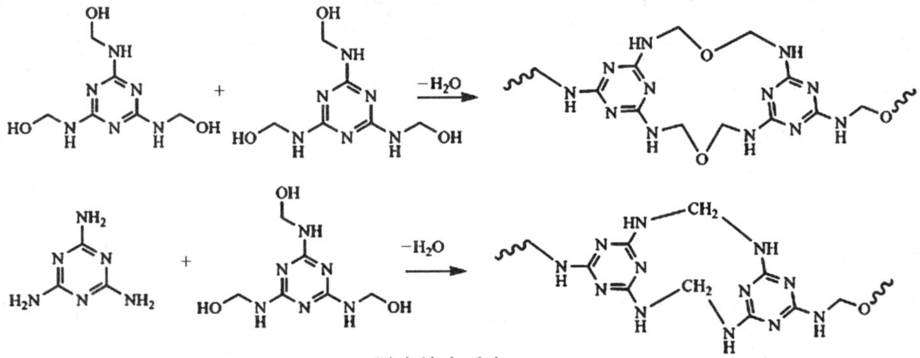

脱水缩合反应

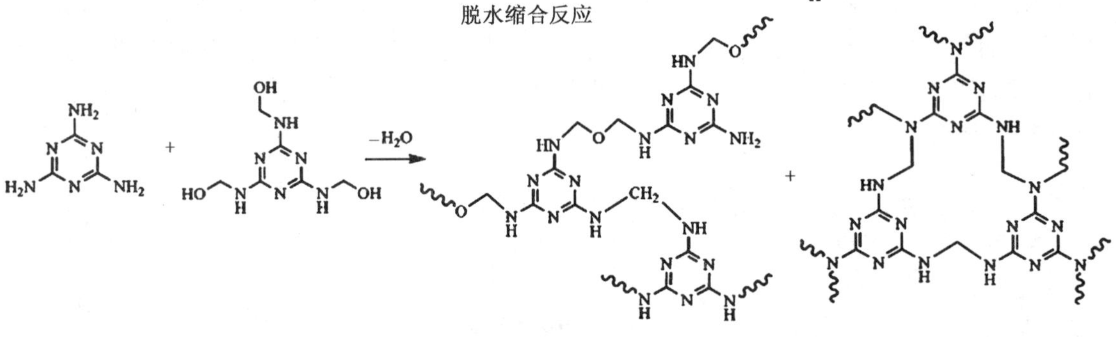

交联固化反应

图 2-8　三聚氰胺甲醛树脂的合成过程和反应式

三聚氰胺甲醛树脂以其低廉的成本、来源广泛的原材料，以及良好的耐水、耐磨、耐老化、耐化学腐蚀和阻燃等性能，在热固性树脂市场中占有较高的份额，广泛应用于木材黏合剂、油漆交联剂、纤维纺织物整理剂、纸张湿强剂、水泥减水剂、三聚氰胺泡沫塑料、浸渍装饰纸、人造板和浸渍树脂胶膜纸等的生产制造。但是，此类树脂也存在游离甲醛含量高、储存期较短、固化后性脆易裂、硬度大、生产成本较高等问题。因此，有必要对三聚氰胺甲醛树脂进行改性。

大多数的改性研究围绕着增加三聚氰胺甲醛树脂的韧性进行。采用较多的方法是在

MF树脂的生产过程中加入柔性较大的聚乙烯醇大分子，经过化学反应，产生缩醛化产物，借助这种产物，能够有效降低三嗪环结构的性质，从而达到增韧的目的。

二、热塑性树脂的种类与特性

热塑性树脂克服了一般热固性树脂使用温度低、刚性差及耐溶剂性差等弱点，具有优异的韧性和损伤容限、良好的耐环境和耐湿热性能、低吸湿率、低热释放速率和烟密度，以及成型周期短、可多次熔融、重复成型等特点，主要包括聚醚酮酮、聚醚醚酮、聚苯硫醚、聚醚酰亚胺、聚醚砜、聚酰胺酰亚胺、酚酞基聚醚砜、酚酞基聚醚酮、聚醚砜酮，其基本参数见表2-3。其他热塑性树脂还有聚芳硫醚、聚砜、热致液晶高分子、聚酰亚胺、马来酰亚胺、聚酰胺等。

表2-3 常见热塑性树脂的基本参数

树脂类别	简称	玻璃化温度/℃	抗张模量/GPa	抗张强度/MPa	延伸率/%
聚醚酮酮	PEKK	156	4.50	102	4
聚醚醚酮	PEEK	144	3.79	103	11
聚苯硫醚	PPS	85	3.91	80	3
聚醚酰亚胺	PEI	217	2.96	104	60
聚醚砜	PES	260	2.41	76	7
聚酰胺酰亚胺	PAI	283	3.30	135	25
酚酞基聚醚砜	PES-C	260	3.2	89	3
酚酞基聚醚酮	PEK-C	228	3.5	103	3.3
聚醚砜酮	PPESK	284	1.41	90.7	11.2

（一）聚芳醚酮类树脂

聚芳醚酮(PAEK)是一类分子主链由醚基、酮羰基和亚苯基等结构连接而成的芳香族聚合物。聚芳醚酮具有高耐热性(纤维增强后其热变形温度为300 ℃)、高耐热水性(可在200～260 ℃蒸汽条件下使用)、耐疲劳及耐蠕变性(是热塑性塑料中最高的)、耐腐蚀性(除浓硫酸及浓硝酸外，其他溶剂都不能侵蚀)、耐辐射及阻燃性、强度高及电绝缘性好等特点。聚醚芳酮自20世纪60年代被报道以来，经过五十多年的发展，因具有优异的性能，特别适合用作高性能复合材料的树脂基体、绝缘材料、膜材料，被广泛用于航空、电子及核工业等高科技领域。通过控制单体的投料比和类别，可得到多种类型的聚芳醚酮类聚合物，包括聚醚醚酮、聚醚酮酮、聚醚酮和聚醚醚酮酮和聚醚酮醚酮酮等，如表2-4所示。

表 2-4 聚芳醚酮类树脂的分子结构与热性能数据

名称	简称	商品名	分子结构式	玻璃化温度/℃	熔融温度/℃
聚醚醚酮	PEEK	Victrix	$\left[-O-C_6H_4-O-C_6H_4-C(=O)-C_6H_4-\right]_n$	144	334
聚醚酮酮	PEKK	Arotone	$\left[-C(=O)-C_6H_4-C(=O)-C_6H_4-O-C_6H_4-\right]_n$	156	367
聚醚酮	PEK	Victrix Amoco	$\left[-O-C_6H_4-C(=O)-C_6H_4-\right]_n$	173	384
聚醚醚酮酮	PEEKK	Hostatec	$\left[-C_6H_4-C(=O)-C_6H_4-C(=O)-C_6H_4-O-C_6H_4-O-\right]_n$	167	371
聚醚酮醚酮酮	PEKEKK	Ultra-PEK	$\left[-C_6H_4-C(=O)-C_6H_4-C(=O)-C_6H_4-O-C_6H_4-C(=O)-C_6H_4-O-\right]_n$	162	362

1. 聚醚醚酮

聚芳醚酮类树脂的主要产品是聚醚醚酮(polyetheretherketone)，它是聚醚酮家族中商业化最重要的品种之一。PEEK 凭借出色的耐高温性能、力学性能、耐腐蚀性能和耐摩擦性能等，在航空航天、汽车、机械制造及石油化工等领域的应用逐步扩大，成为 21 世纪极具吸引力的高性能材料之一。

这类树脂还具有优良的韧性、耐辐射性能及阻燃性能，而且在真空条件下挥发量少，在高温及苛刻环境中上述性能的保持率均高，因此也可在电子器材、军用设备、电线、电缆、交通运输等领域应用。

2. 聚醚酮酮

聚醚酮酮是一种新型的具有超高性能的特种工程塑料，是继聚醚醚酮之后开发的又一种特殊结构型热塑性树脂，具有优异的力学性能、耐溶剂和耐化学腐蚀性能、耐热性、抗辐射性和阻燃性等，特别适合用作高性能复合材料的基体和超级工程塑料。聚醚酮酮与通用型塑料相比，具有更高的耐热性、刚性、耐磨性和韧性，它的许多特性与金属相似，但密度小，成型加工简单。

20 世纪 60 年代初，美国杜邦公司的 H. W. Boner 首先报道了 PEKK 的制备方法，指出 PEKK 树脂可采用亲核或亲电两种聚合路线来制备。杜邦公司于 1987 年实现了亲电路线合成 PEKK 的工业化生产。他们使用 $AlCl_3$ 作为催化剂，在 60～80 ℃条件下，使

二苯醚与对苯二甲酰氯在硝基苯溶液中进行缩合反应，制得结晶性高分子材料，即PEKK。其酮基/醚基比高达2，玻璃化温度为156 ℃，熔融温度为386 ℃，拉伸强度为105 MPa。但由于亲电取代反应中存在的分子链支化结构严重影响了PEKK的性能，改进技术又未取得突破性进展，所以迄今尚未实现PEKK的大规模产业化生产，也没有进行全面的市场推广。

3. 聚醚酮

PEK是一种结晶性聚合物，其玻璃化温度为154 ℃，熔融温度为367 ℃。PEK是由4，4′-二氟二苯酮、4，4′-二羟基二苯酮通过缩聚反应制得的，由于双酚单体和双卤单体的价格昂贵，且产物的后处理净化困难，因此其制备成本相对较高，但其热变形温度、拉伸强度相当高。PEK的优异性能表现为高温性能，在较传统PEEK高30 ℃的使用温度下，仍保留同样高的力学强度。

2002年，Victrex公司推出具有更高耐热等级的PEK系列产品（商品名为PEEK-HT），其具备173 ℃的高玻璃化温度和374 ℃的高熔融温度。PEK除了提供传统PEEK的基本性能（如高拉伸强度、耐酸碱性）以外，还具备在高温操作条件下足够的力学强度和耐磨耗性能。

4. 聚醚醚酮酮

聚醚醚酮酮是在PEEK的基础上开发成功的一种半结晶性的热塑性高分子材料，它比PEEK的耐热等级更高，玻璃化温度为167 ℃，熔融温度为370 ℃左右。PEEKK的耐热性能是目前开发成功的特种工程塑料中最高的几个品种之一。它还具有良好的电绝缘性能、力学性能和抗辐射性等，可以通过注塑、模塑、挤出等成型工艺加工，也可以进行机械加工，在制备复杂形状制件方面具有很大的优势，已被广泛应用于航天、电子、信息及核工业等领域。由于分子结构的特点，PEEKK的熔融温度较高，且具有极好的耐溶剂性，除浓硫酸外，几乎不溶于其他有机溶剂，因此难以成型加工。

5. 聚醚酮醚酮酮

英国Victrex公司采用亲核路线制备了聚醚酮醚酮酮树脂，它是第三代聚芳醚酮材料。PEKEKK的玻璃化温度为162 ℃，熔点为384～387 ℃，其基本性能远高于第一代与第二代聚芳醚酮树脂。在1.8 MPa条件下，PEKEKK纤维增强复合材料的热变形温度高达386 ℃，短期使用温度可达到400 ℃，聚醚酮醚酮酮树脂是目前耐热性能最好的热塑性高分子材料之一。PEKEKK分子链的刚性大，因此该树脂的强度高、模量大，摩擦性能十分优异。

（二）聚芳硫醚树脂

聚芳硫醚（polyarylene sulfide，简称PAS）树脂是指聚合物分子主链结构为硫与芳基交替连接的一类高分子聚合物，其分子通式如图2-9所示。

$$\left[Ar - S \right]_n$$

图2-9 PAS分子通式

目前，聚芳硫醚树脂中，发展最成熟、应用最广的品种为聚苯硫醚（PPS），它作为特种工程塑料而被广泛使用，其他品种主要有聚芳硫醚砜（PASS）、聚芳硫醚酮（PASK）、聚芳硫醚酰胺（PASA）、聚芳硫醚砜酰亚胺（PASSI）及聚芳硫醚腈（PACS）等，其分子结构式如表 2-5 所示。

表 2-5　PAS 树脂主要品种的分子结构式

名称	简称	分子结构式
聚苯硫醚	PPS	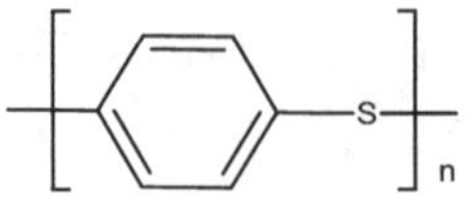
聚芳硫醚砜	PASS	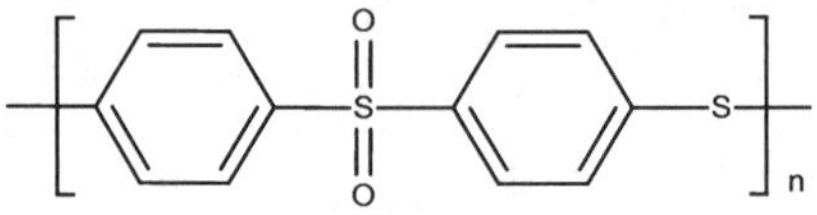
聚芳硫醚酮	PASK	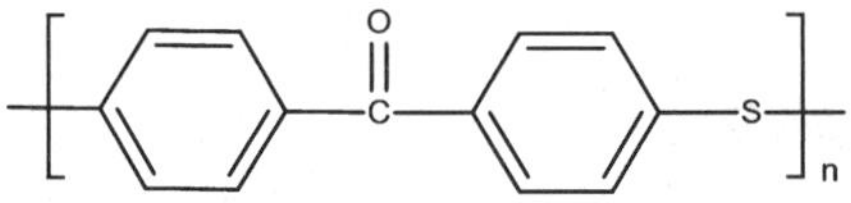
聚芳硫醚酰胺	PASA	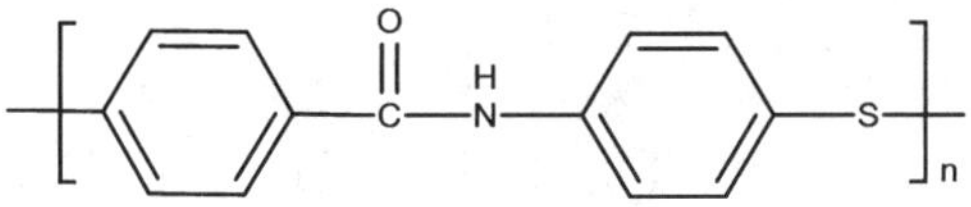
聚芳硫醚砜酰亚胺	PASSI	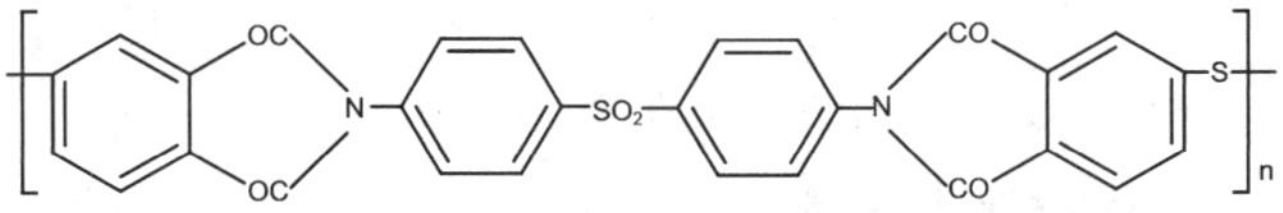
聚芳硫醚腈	PACS	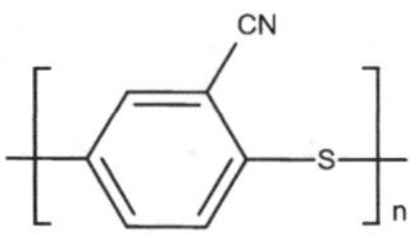

1. 聚苯硫醚

PPS 的耐热性在热塑性树脂中是最高的，这是它的独特优点，长期使用温度为 260 ℃，与聚四氟乙烯和聚酰亚胺相当。线型 PPS 经加热或化学交联，可在 290 ℃条件下使用；在氮气或空气中，400 ℃条件下，无质量损失；在 700 ℃的空气中，完全降解；在 1000 ℃的惰性气体中，保持原质量的 40%。它的耐热性远远超出尼龙（PA）、热塑性聚酯（PBT）、聚甲醛（POM）及聚四氟乙烯（PTFE）等工程塑料。

2. 聚芳硫醚砜

聚芳硫醚砜是由美国 Phillips Petroleum 公司于 1988 年开发成功的，它是一种热塑

性无定形高性能的特种工程材料。PASS具有优良的力学和电学性能，以及耐化学腐蚀、耐辐射、尺寸稳定、化学稳定及可加工等性能。PASS分子主链结构中具有强极性的砜基（—SO_2—）和芳基，这使其玻璃化温度高达220 ℃，是一种优良的耐热高分子材料。同时，PASS的无定形结构使其具备更好的抗冲击和抗弯曲性能。另外，PASS可以在某些强极性的非质子溶剂（N-甲基吡咯烷酮等）中溶解，因此可以采用溶液加工方式，这极大地扩展了其应用领域和范围。也因为这些优势，PASS在军工、电气、机械、航空等领域具有很好的应用前景。

3. 聚芳硫醚酮

聚芳硫醚酮是继聚苯硫醚之后迅速发展起来的含硫芳香族聚合物，是由日本吴羽化学工业公司于1987年开发的一种耐高温、耐腐蚀高分子材料，为部分结晶型高分子聚合物。PASK分子主链结构中的刚性芳基和强极性的羰基（—CO—），使其不仅保持了PPS的耐化学性、耐气候性、耐辐射性和电气绝缘性能，而且耐热性比PPS大大提高，熔点高达310～380 ℃。PASK的性能接近PEEK，但是生产成本较PEEK低，具有优异的热稳定性和均衡的力学强度，耐化学腐蚀性也非常好，除浓硫酸外，不溶于其他有机溶剂和无机溶剂，同时也是一种优良的耐热高分子材料，有良好的应用前景。

4. 聚芳硫醚酰胺

聚芳硫醚酰胺是PPS结构改性家族中的重要一员，它是由日本研究工作者石川明宏于1988年首先采用$Na_2S \cdot XH_2O$与4,4-二卤代二苯基酰胺，在极性有机溶剂中，通过缩聚法研发的一种具有某些特殊功能及现象的耐高温热塑性树脂。PASA的分子结构相当于在PPS分子主链结构中引入强极性的酰胺基团，这使得该高聚物在具有PPS良好的耐热、耐溶剂、耐腐蚀等性能的同时，还具有较好的溶解性和加工成型性，以及某些高分子液晶的功能及现象。PASA是一种具有广泛研究价值和发展前途的材料，相对于PPS有更好的加工性能，可以加工成注塑部件、薄膜、纤维，也可以溶于浓硫酸等极性有机溶剂，铸塑成琥珀色的薄膜。

5. 聚芳硫醚砜酰亚胺

四川大学的研究工作者合成了一种含完全酰亚胺环的二氯代化合物，作为进一步反应的单体，然后与Na_2S进行缩聚反应，制得一种结合了聚芳硫醚砜和聚酰亚胺树脂优点的耐热聚合物，即聚芳硫醚砜酰亚胺（PASSI）树脂，成功地在聚芳硫醚分子主链中引入刚性的酰亚胺环。由于分子主链上有强极性的砜基（—SO_2）、芳环和酰亚胺环结构，因此PASSI具有优良的热稳定性，同时具有较理想的溶解性能，从而弥补了聚苯硫醚的玻璃化温度不太高和聚酰亚胺的溶解性差的缺点。

PASSI树脂的耐热性很好，其玻璃化温度高达252.4 ℃，起始分解温度为484.9 ℃。聚芳硫醚酰亚胺类树脂是一个值得重视的发展方向，这对于新型耐高温树脂的合成与开发以及聚合物结构与性能的研究，都具有非常重要的意义。

6. 聚芳硫醚腈

聚苯硫醚腈是由日本的研究工作者Tetsuya于1983年首先合成的，属于PPS侧链改性品种，它与PPS树脂的主链结构基本一样，两者的差异体现在分子主链上各个结构单元的不同上。PACS树脂分子主链上，结构单元中的苯环上多了一个强极性的腈基，这使得PACS树脂的性能与PPS树脂比较发生了相当大的变化。

PACS的熔点都很高，达到440～460 ℃，其热稳定性也有很大的提高，但是它的溶解性极差，不溶于一般的有机溶剂，目前还没有发现除浓硫酸以外的其他溶剂。由于腈基是耐油性功能基团，因此PACS具有优良的耐油性，其在汽车、电子器件、精密仪器、光电通讯以及航空航天等领域都有广阔的应用前景。

（三）聚砜树脂

聚砜树脂是20世纪60年代出现的一种特种工程塑料，属于非结晶性高分子化合物，因其链节中含有醚键和砜键，因而具有韧性和非常高的耐热性，热变形温度为174～221 ℃，连续使用温度为160～190 ℃。聚砜树脂的透明性好，水解稳定性优良，模型收缩率低，生物相容性好，电性能和力学性能适中，对酸、碱、醇、脂肪烃和盐溶液的抵抗性优良，它是国内特种工程塑料产业化最早、产能和需求最大的一类树脂。表2-6显示了国外主要的聚砜生产厂家、产品牌号及基本性能数据。

表2-6 国外主要的聚砜生产厂家、产品牌号及基本性能

厂家	产品牌号	玻璃化温度/℃	热变形温度/℃	拉伸强度/MPa	体积电阻率/(Ω·m)	阻燃级别
德国巴斯夫	E2010MRSW10111	225	220	85	$>1.0\times10^{13}$	V0(3 mm)
德国巴斯夫	P3010NAT	220	198	74	$>1.0\times10^{13}$	V0(3 mm)
德国巴斯夫	S3010NAT	187	177	75	$>1.0\times10^{13}$	V2(3 mm)
日本住友	4101GL30	—	216	140	1.0×10^{16}	V0(0.43 mm)
日本住友	3600G	—	203	84	1.0×10^{17}	V0(0.46 mm)
比利时苏威	P1700NT11	—	174	73	3.0×10^{16}	HB(1.5 mm)

根据分子结构不同，聚砜树脂可分为双酚A型聚砜(PSU)、聚醚砜(PES)和聚亚苯基砜(PPSU)等类别，其分子结构式如表2-7所示。

表2-7 聚砜树脂的分子结构式

聚砜树脂	简称	分子结构式
双酚A型聚砜	PSU	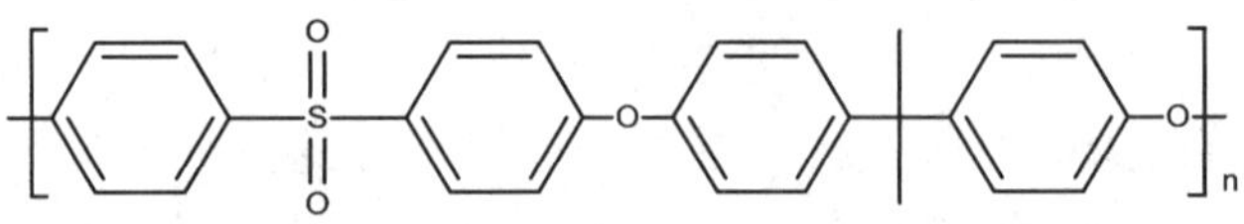
聚醚砜	PES	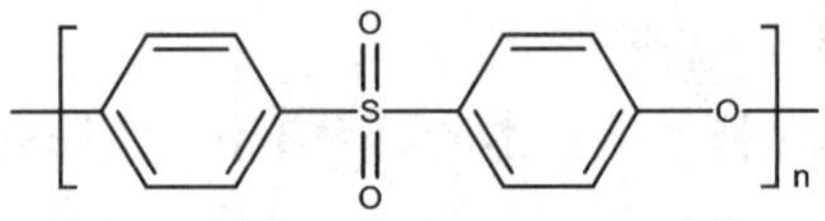

（续表）

聚砜树脂	简称	分子结构式
聚亚苯基砜	PPSU	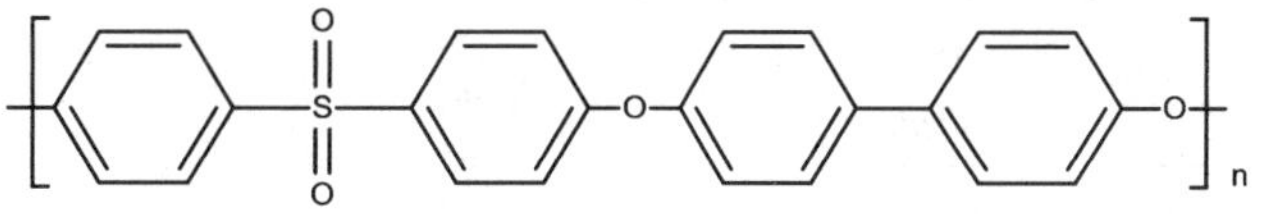

1. 双酚A型聚砜

双酚A型聚砜是由二苯酚的二碱金属盐——双酚A二钠盐和活性芳族二卤化物——4，4′-二氯二苯基砜，通过成盐、缩聚反应而形成的一种芳香族聚砜聚合物。PSU分子结构中，亚异丙基会减小分子间的作用力，使得聚合物具有良好的熔融加工性；醚键能增加分子链的柔顺性，从而改善聚合物的热稳定性；醚键两端的苯基可绕醚键做内旋转，使聚合物的韧性增加；处于侧链的甲基可降低聚合物的吸水性。

由于采用的碱和工序不同，PSU的合成方法分为一步法和两步法。一步法采用的碱为碳酸钾或碳酸氢钾，可将全部原料同时加入，无需单独的脱水步骤，因此此法可以缩短合成步骤，减少反应时间，有利于简化工序。两步法首先以水为溶剂，双酚A与氢氧化钠先进行原位反应生成双酚A二钠盐，然后与共沸剂共沸脱水；之后再加入N，N-二甲基乙酰胺（DMAC）或其他极性非质子溶剂和4，4′-二氯二苯砜，使双酚A钠盐与4，4′-二氯二苯砜在催化剂存在条件下进行亲核取代缩聚反应。目前，工业上常用的是两步法，但一步法的潜力更大。

2. 聚醚砜

聚醚砜树脂是一种透明的、琥珀色的、非晶性的热塑性特种工程塑料。聚醚砜是由醚基和砜基与苯基交互连接而构成的线性高分子。聚醚砜分子链中既不含热稳定性较差的脂肪烃链节，又不含刚性大的联苯链节，主要具有醚基的柔性、苯环的刚性以及砜基与整个结构单元形成的大共轭体系，整个分子相当稳定。聚醚砜树脂的耐热性极高，可在180℃下连续使用二十年，在200℃下使用二三年，其他热塑性工程塑料无法与之相比。聚醚砜制品的尺寸稳定性及耐溶剂性也比其他聚砜类树脂高，不仅能够加工成膜，还可以加工成各类型材、合成纤维、复合材料、金属及陶瓷材料的替代品等，但聚醚砜存在不耐丙酮、氯仿等极性溶剂的缺点。

3. 聚亚苯基砜

聚亚苯基砜可采用与双酚A型聚砜相似的合成工艺制备，所用的砜类单体为4，4′-联苯二酚。聚亚苯基砜的分子链中含有大量的联苯基，故而其热学性能比双酚A型聚砜的更好，玻璃化温度为220℃左右，可在180℃的环境条件下长期使用。但是，由于分子链的刚性过大，PPSU的韧性较低，且熔融后黏度大，熔融加工受到影响。

（四）热致液晶高分子

热致液晶高分子（thermotropic liquid crystalline polymer，简称TLCP）树脂多为聚酯类高分子。早期实现商品化的TLCP根据热变形温度（HDT，负载条件为1.86 MPa）和分子结构可划分为不同类型，如表 2-8 所示。

表 2-8　TLCP 分类及部分商品化代表产品

分类	热变形温度/℃	代表产品	分子结构式
Ⅰ型（联苯系列）	≥300	Xydar、Sumikasuper、Ekonol	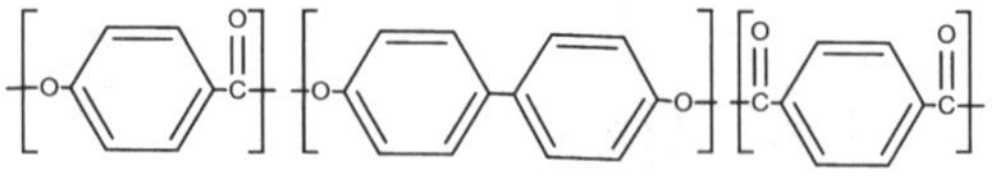
Ⅱ型（萘系列）	180～240	Vectra、Vectran、UenoLCP	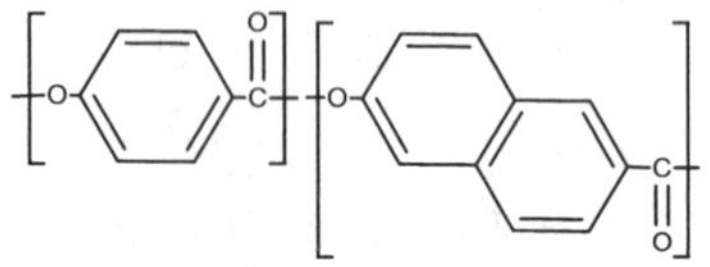
Ⅲ型（PET/HBA 共聚酯系列）	120	X7G、Rodrun	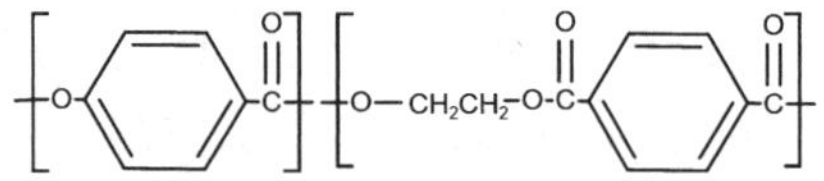
其他类型	—	Titan、Zenite	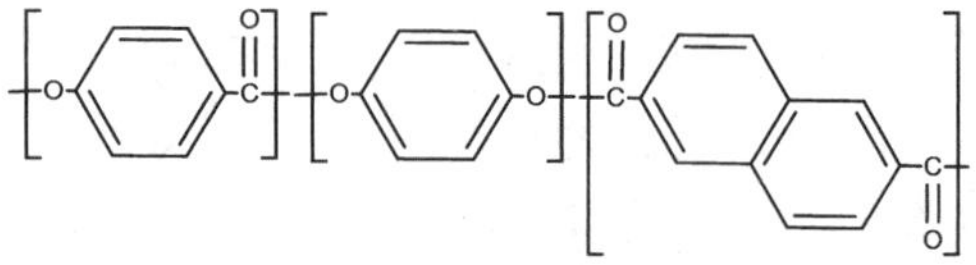

TLCP 属于特种工程塑料，具有力学性能优秀，熔体黏度、热膨胀系数和成型收缩率较低，耐溶剂性出色，吸水率较低，阻隔性能优良，以及能在高温下长期使用等特点。TLCP 在熔融加工过程中容易发生分子链取向而产生部分微纤结构，这赋予它类似纤维增强复合材料的形态和性质，因此被称为“自增强塑料”(self-reinforcing plastics)。TLCP 不仅可以制成高强度高模量纤维，而且可通过挤出、注射等加工方式制成各种产品，适用于制造精度铸件，广泛应用于电子工业等领域。

(五) 聚酰亚胺树脂

聚酰亚胺(PI)，被认为是 21 世纪综合性能最好的材料之一，是一类分子主链上含有酰亚胺环结构的有机高分子，其分子结构如图 2-10 所示，其中含有酞酰亚胺结构的聚合物尤为重要。

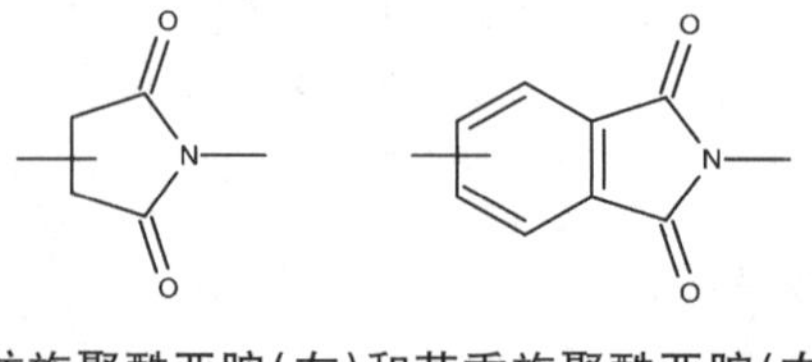

图 2-10　脂肪族聚酰亚胺(左)和芳香族聚酰亚胺(右)的分子结构

PI 具有五元杂环的特殊结构，因此表现出十分优良的力学性能、介电性能、耐有机溶

剂性能、耐高温性能及耐辐射性能等，在工程材料加工、微电子工业、航空航天等方面有着举足轻重的地位，如表 2-9 所示。

表 2-9 PI 的应用领域及用途

应用领域	用途
薄膜	电机的槽绝缘、电缆绕包材料、太阳能电池板、柔性印刷电路板(FPC)绝缘膜
涂料	电磁线绝缘漆、耐高温涂料等
先进复合材料	航天、航空及火箭零部件等
纤维	弹性模量仅次于碳纤维，作为高温介质材料及放射性物质的过滤材料和防弹、防火织物等，在核电站、核潜艇、宇航服、防弹服、卫星、导弹等方面均有应用
泡沫塑料	耐高温隔热材料，应用在大型舰船、潜水艇、宇宙飞船、高超音速导弹、高超音速运载工具、超音速飞机等方面
工程塑料	有热固性的，也有热塑性的。可以模压成型、注射成型、传递模塑成型(RTM)等，主要用于自润滑、密封、绝缘及结构材料等方面
胶黏剂	主要用于高温结构胶
分离膜	用于各种气体对，如 H_2/N_2、N_2/O_2、CO_2/N_2、CO_2/CH_4 等的分离，从空气、烃类原料气及醇类中脱除水分；作为渗透蒸发膜及超滤膜
光刻胶	有负型胶和正型胶，分辨率可达到亚微米级。与颜料或染料配合，可用于彩色滤光膜，可大大简化工序
液晶取向排列剂	在 TN-LCD、STN-LCD、TFT-LCD 及未来的铁电液晶显示器的取向剂材料方面，都占有十分重要的地位
电-光材料	用作有源或无源波导材料、光学开关材料等，含氟的 PI 在通信波长范围内呈透明状；采用以 PI 作为发色团的基体，可提高材料的稳定性
微电子器件	用作介电层，进行层间绝缘；作为缓冲层，可以减少应力，提高成品率；作为保护层，可以减少环境对器件的影响

聚酰亚胺树脂的品种繁多，主要有反应性聚酰亚胺(含羟基的聚酰亚胺、含羧基的聚酰亚胺、含马来酰亚胺基团的聚酰亚胺)、无色透明性聚酰亚胺、感光性聚酰亚胺(正性光敏聚酰亚胺、负性光敏聚酰亚胺)、含氟聚酰亚胺、感湿性聚酰亚胺、耐高温聚酰亚胺、可溶性聚酰亚胺及耐电晕性聚酰亚胺等。

聚酰亚胺聚合途径的可设计性强，种类不同，性能也不同。但总体而言，聚酰亚胺树脂按照加工成型特性，通常可分为热塑性聚酰亚胺树脂和热固性聚酰亚胺树脂两大类。

1. 热塑性聚酰亚胺树脂

热塑性聚酰亚胺(TPI)的分子主链上含有亚胺环和芳香环，是一类具有阶梯型结构的聚合物。从 20 世纪六七十年代到现今，TPI 树脂由于其分子链上苯环、联苯基和萘基等基团的存在，具有极强的链间相互作用力，而且部分 PI 分子链排列规整、取向程度高，具有一定的结晶能力。这些结构特点赋予 TPI 树脂优异的介电绝缘性能、力学性能、耐冲击性能及耐辐射性能等，使得其在机械制造、航天航空、电子电工等多个领域得到广泛应用。但由于相对分子质量较大，分子链不封端或以非反应性基团封端，因此 TPI 的黏度比较高，单体合成、成型加工等都较为困难。目前商品化 TPI 树脂种类还比较有限，主要如表 2-10 所示。

表 2-10　商品化 TPI 树脂种类

种类	原料	优点	缺点	典型品牌
双酚 A 型	双酚 A 型二酐(BPADA)与芳二胺	加工性能优异，价格较低	玻璃化温度很低，耐热性差	Ultem®（通用电气公司）
均酐型	均苯四甲酸二酐(PMDA)与芳二胺	耐热性能优异	芳二胺单体成本较高	Aurum®（日本三井东亚公司）
联苯酐型	3,3′,4,4′-联苯四酸二酐(s-BPDA)与芳二胺	结晶能力较强，玻璃化温度较高	结晶速度缓慢	UPIMOL（日本宇部公司）
醚酐型	二苯醚四酸二酐(ODPA)或三苯二醚四甲酸二酐与芳二胺	反应活性高，溶解性好，加工性能好，成本低，原料来源广	玻璃化温度和结晶能力较低	LaRCTM-IA（美国 NASA） YS20（上海合成树脂研究所）
酮酐型	二苯甲酮四酸二酐(BTDA)与二胺	熔融加工性好，黏结性能优良	单体价格较高，成本昂贵	LaRCTM-IA（美国 NASA）
氟酐型	六氟二酐(6FDA)与芳二胺	耐热性和氧化稳定性好	含氟二酐的制备成本昂贵	NR-150 系列材料（美国杜邦公司）

2. 热固性聚酰亚胺树脂

热固性聚酰亚胺树脂主要由带有反应性端基的低相对分子质量预聚物组成，它是在光、热等外部条件的引发下，通过加成反应完成固化，形成三维空间网络结构的一类聚合物。

热固性聚酰亚胺树脂，作为目前耐温等级最高的基体材料之一，由于固化交联前低相对分子质量预聚物具有比较低的黏度，所以易于成型加工，又因其优异的耐热氧化性能、高温力学性能、耐辐照性能和介电绝缘性能，逐渐成为航空航天用耐高温基体材料的研究热点。热固性 PI 树脂按封端基团的不同，主要分为降冰片烯基封端聚酰亚胺树脂、乙炔基封端聚酰亚胺树脂、苯乙炔基封端聚酰亚胺树脂及马来酰亚胺基封端聚酰亚胺树脂。表 2-11 列举了热固性 PI 树脂各种封端基团的分子结构式、固化交联温度及特点。

表 2-11　热固性 PI 树脂封端基团的分子结构式、固化交联温度及特点

封端基团	分子结构式	固化交联温度/℃	特点
降冰片烯基	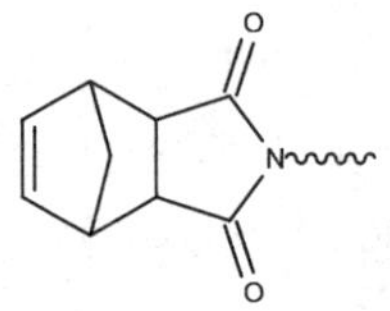	250～330	呈脆性，交联密度大

（续表）

封端基团	分子结构式	固化交联温度/℃	特点
乙炔基	H—	190～220	加工窗口窄
苯乙炔基		350～370	固化温度高
马来酰亚胺基		180～240	抗冲击性能差

（六）马来酰亚胺树脂

1．单马来酰亚胺树脂

单马来酰亚胺树脂作为马来酰亚胺树脂的一种，具有马来酰亚胺树脂共有的流动性和可模塑性，易于合成与加工。单马来酰亚胺树脂固化后具有优异的耐热性、透波性、阻燃性、耐气候性及低吸湿性、良好的力学性能和尺寸稳定性，被认为是很有发展前景的一种树脂。同时，单马来酰亚胺树脂具有较高的弯曲强度和模量，电绝缘性也较好。作为一类理想的先进复合材料基体材料，单马来酰亚胺树脂已经在航天航空、建筑交通、机械电子、交通运输等行业得到广泛的应用。

单马来酰亚胺树脂主要有如下结构：

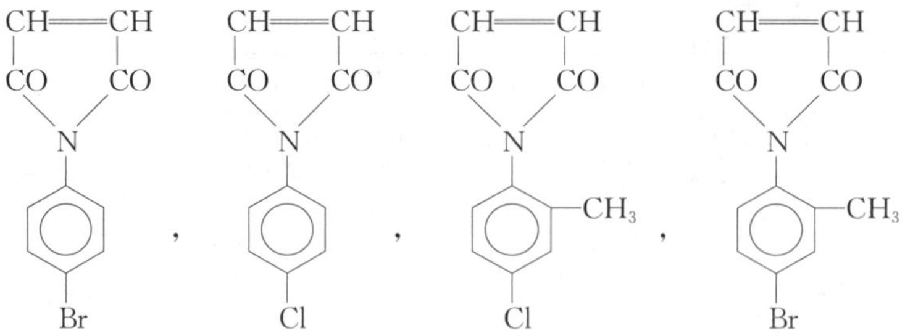

2. 双马来酰亚胺树脂

双马来酰亚胺(BMI)树脂是以马来酰亚胺为活性端基的双官能团化合物,经加热可交联固化,同时其分子中的不饱和双键能与各种含有活泼氢的化合物或不饱和双键化合物进行反应,得到不同的共聚结构。BMI 分子结构式如图 2-11 所示。

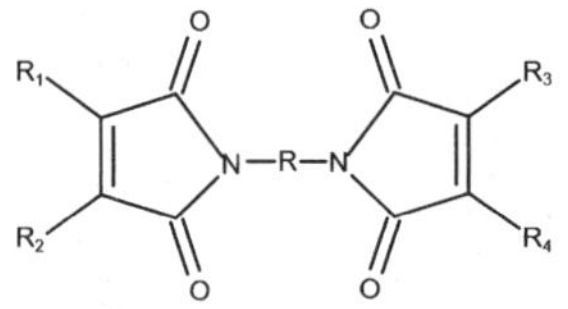

图 2-11 BMI 分子结构式

BMI 树脂是具有三维网状结构的高度交联聚合物,但作为一种新型的基体材料,还存在一定的不足之处。由于固化物的交联密度高、分子链刚性强,BMI 树脂固化后呈现出极大的脆性,具体表现在熔融温度高、溶解性差、成型温度高、抗冲击强度大、断裂伸长率小和断裂韧性低等方面,其中韧性差是阻碍 BMI 发展和应用的主要问题。随着现代科学技术的发展,对 BMI 树脂的要求越来越高,因此,在保持其原有理想特性的同时,对 BMI 树脂进行增韧改性,就成为使其适应高性能树脂要求,拓宽其应用领域的关键所在。

BMI 单体中的双键呈高活性,而两个相邻的吸电子羰基使得双键高度缺电子,即使不使用催化剂,在加热的条件下,BMI 单体也可以发生自聚合反应。所以,不管自由基引发剂或阴离子催化剂存在与否,BMI 的热固化反应都会通过加聚反应发生。目前,对 BMI 树脂进行改性的方法比较多,其中大多数工作是围绕树脂增韧展开的。BMI 改性的基本原理是将 BMI 分子链上位于两侧的马来酰亚胺基团中的双键打开,再与其他含双键化合物反应形成一种新的结构而降低交联密度,或者与非反应性树脂、热塑性树脂等共混形成两相结构。

现阶段对 BMI 树脂的增韧改性方法主要有内扩链增韧改性、芳香族二元胺扩链改性、烯丙基化合物改性、热塑性树脂改性、热固性树脂改性、无机功能材料改性、液晶改性、橡胶改性、等离子体处理改性、微胶囊改性、纳米金属氧化物改性、含磷氧化物改性及生物改性等。

3. 多马来酰亚胺树脂

与典型的双马来酰亚胺树脂相比,分子链中含有 2 个以上的马来酰亚胺基团的多马来酰亚胺(PMI)树脂,其耐热性进一步提高,并被赋予更优异的性能。比如和 N,N-4,4′-二苯甲烷双马来酰亚胺(BDM)比较,多马来酰亚胺橡胶的熔点较低,溶解性好,加工成型

方便，且固化物的综合性能较好。同时，由于分子结构中存在较多活泼的碳碳双键，PMI树脂在加热条件下容易参与双烯加成反应。

PMI树脂可在多种低沸点、低毒或常用溶剂中溶解，综合成本较低，符合经济环保的发展趋势，因此PMI树脂在先进复合材料、层压板、印制电路基板、黏结剂、粉体涂料、密封材料、摩擦材料等领域极具应用价值和发展前景。

4. 马来酰亚胺侧基聚酰亚胺树脂

普通的PI树脂存在溶解性差、固化物交联密度高、脆性大等缺点，这严重影响了其在尖端领域的应用。近年来，马来酰亚胺以其独特的化学结构，已经成为科研工作者研究的热点之一。若马来酰亚胺树脂分子侧链上带有可与环氧基、酰氯基、羟基、酸酐基等反应的活性基团，则可与某些有机小分子反应，形成具有特殊功能的特种高分子材料，即马来酰亚胺侧基聚酰亚胺树脂，进一步提升普通PI树脂潜在的应用价值。

马来酰亚胺侧基聚酰亚胺树脂可以与马来酰亚胺树脂、环氧树脂等进行良好的化学反应，因此可用作双马来酰亚胺树脂、环氧树脂等的耐高温增韧改性剂；另外，马来酰亚胺侧基聚酰亚胺树脂自身可以热引发聚合或自由基引发聚合，可得到综合性能优异的新型聚酰亚胺。

（七）聚酰胺树脂

聚酰胺(PA)俗称尼龙，是大分子主链上的重复单元中含酰胺基团(—CONH—)的高聚物的总称，由美国杜邦公司W. H. Caro-thers于1928年首先创制，是品种最多且应用最广的一种工程塑料。PA可通过内酸胺开环聚合或由二元胺与二元酸缩聚等方法制得，其分子链上有强极性的酰胺键等基团及分子间存在氢键，从而具有高强度、高结晶度、低熔体黏度、耐腐蚀性、耐气候性、耐溶剂性、表面硬度大及易加工成型等特点。PA满足了工业品低廉、轻质化的要求，可代替金属材料，因而广泛用于电子电器、汽车、机械、包装、航空及医疗等行业。根据分子主链的结构，PA可以分为脂肪族PA、芳香族PA和半芳香族PA等，见表2-12。

表2-12　聚酰胺树脂分类及代表产品的优缺点

分类	代表产品	优点	缺点
脂肪族PA	尼龙6、尼龙66	摩擦系数小，结晶速度快，力学性能好，耐磨，应用范围非常广	分子中有大量非极性亚甲基，分子链较柔顺，吸水率高，导致制品尺寸变化率大，力学性能下降；热性能无法满足高温工作环境的要求，这限制了它在高新技术领域的应用
芳香族PA	聚对苯二甲酰对苯二胺、聚间苯二甲酰间苯二胺	分子链上有芳基，因此具有良好的力学性能、绝缘性、化学稳定性和超高的热性能，目前主要应用于航天、原子能工业和电子电气等领域	超高的熔点使其无法进行熔融挤出和注射成型，只能采用特殊的方法进行成型加工，这限制了其在日常工程塑料方面的应用，也难以回收再利用

（续表）

分类	代表产品	优点	缺点
半芳香族 PA	PA56、PA6T、PA9T	分子链上既有芳基也有亚甲基，因此兼具脂肪族 PA 和芳香族 PA 的特点，既具备优良的力学性能、热性能，还能进行常规的熔融挤出和注塑成型加工，适合在耐高温领域使用	原料（尤其是二胺）的合成工艺复杂，成本也高，且合成工艺条件和参数需要优化；由于其熔点高，需改善加工性能。合成装置需优化成高效、大体积、便于出料、具有自清洁性的反应装置

PA 因具有优良的性能，已被广泛应用于各领域。但随着 PA 在电子、航空、机械等领域应用的不断扩大，人们对其耐磨性、耐热性、耐腐蚀性、吸水性等提出了更高的要求，仅依靠固有性能，很难有更大的发挥空间，因此现在更多的是专注于 PA 的改性。科研工作者对 PA 的分子间氢键、结晶行为、动力学等进行了大量的研究，通过对 PA 进行改性，力求改变 PA 的外观形态和分子结构，达到赋予 PA 树脂新特性的目的，实现其功能化和高性能化。其中，共聚改性、共混改性、有机氟改性、生物基材料改性、纤维增强、无机粒子填充等方法，成为当前研究热点。

（八）聚酰胺酰亚胺树脂

聚酰胺酰亚胺（PAI）是指分子链上同时含有柔性酰胺基团和耐热酰亚胺基团的一类高分子聚合物。传统 PAI 的分子结构式如图 2-12 所示。

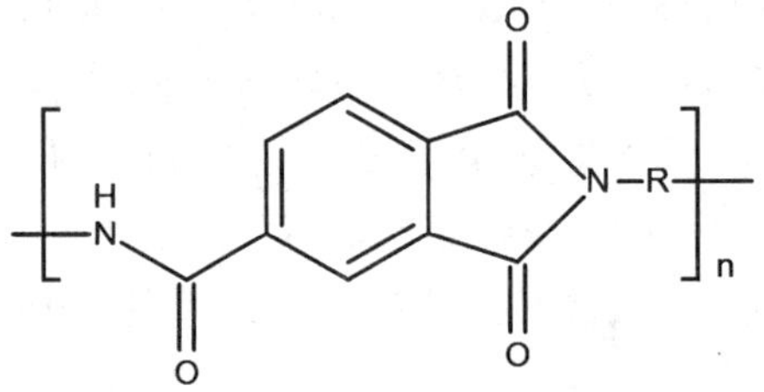

图 2-12　传统 PAI 的分子结构式

PAI 主要有两种合成工艺：（1）酰氯路线法，由偏苯三酸酰氯或其衍生物与二胺反应；（2）二异氰酸酯路线法，由含酰亚胺环的偏苯三酸酐（TMA）与二异氰酸酯在强极性溶剂如 N，N-二甲基乙酰胺（DMAc）中反应。前者的原材料种类丰富，可以根据需要对 PAI 的性能进行调控，但合成路线相对较长，且在合成含酰亚胺环的二酸化合物时往往会不可避免地在分子结构中引入大量柔性醚键链节，从而造成 PAI 的玻璃化温度下降。后者的合成工艺路线简洁，但原材料种类有限。近年来出现了许多合成新型 PAI 的报道，其中两步法的合成路线较为常见，称为“二胺＋TMA＋二胺两步法”，即选用某种特殊的芳香二胺与 TMA 反应，得到含酰亚胺官能团的二元酸，而二元酸可以和多种类型的芳香二胺缩合聚合，能得到化学结构多变的 PAI。

PAI是一种重要的改性聚酰亚胺树脂。PAI的出现很好地解决了聚酰亚胺加工和应用中的各种问题，又保留了聚酰亚胺的热学和力学性能。与PI相比，PAI具有更好的耐高温性、耐冲击性、耐溶剂性和耐辐照性及良好的蠕变性。PAI制品具有优良的黏结性、化学稳定性、耐磨性和易加工成型性。PAI在室温下的强度是聚碳酸酯和尼龙的2倍左右，耐磨性是聚酯的4倍左右，它可与多种物质复合，因此是一种较理想的工程材料，也是在极端条件下使用的理想之选。近几年来，由于科学技术的高速发展，人们寻求用途广泛的高性能新材料的热情不断高涨，PAI也在很多领域，如耐热涂料、高强度模塑料、高性能绝缘漆、纳米复合材料、液晶材料、分子印迹聚合物、柔性印刷电路板制造、耐热性树脂轴承及功能膜等，得到了广泛应用。

三、汽车轻量化中应用树脂的现状

汽车轻量化是提高汽车动力性、减少燃料消耗、降低排气污染、提高汽车使用寿命的重要途径之一。

汽车轻量化中，一类理想材料是工程塑料和复合材料，应用较广泛。复合材料的密度小，其性能具有可设计性，汽车零部件的力学性能以及防腐、耐磨、抗震等性能，均可通过人为调整，最大限度地达到使用要求，甚至很多性能优于金属材料，因此复合材料在很大程度上能满足汽车工业的发展要求。目前，复合材料主要用在汽车内外装饰件以及部分功能部件中，将复合材料引入汽车覆盖件和结构件，可以大幅度减轻汽车整体质量，真正实现汽车轻量化。国内汽车用复合材料可分为玻璃纤维增强复合材料、碳纤维增强复合材料和其他纤维增强复合材料。2017年，我国纤维增强复合材料总产量约444万t，其中汽车用复合材料制品总产量约为100万t，占总产量的22.5%左右。在汽车用复合材料制品中，玻璃纤维增强复合材料汽车制品产量约96.5万t，占比95%左右；碳纤维增强复合材料汽车制品产量约2.5万t，占比2.5%左右；其他纤维增强复合材料汽车制品产量约1万t，占比约1%。

聚苯硫醚是高性能聚合物中产量最先达到万吨/年规模的品种之一，也是售价最低的品种之一。聚苯硫醚的主要用途是代替铝铸件制品、聚苯醚或PBT等其他树脂制品。应用聚苯硫醚的制品有电机的电刷架、电动汽车转化器、EVC智能功能模块、IPM主体等电气部件、水泵叶轮的部件、油压电磁阀等发动机周围的部件以及灯插口、灯反射镜等照明部件。

聚醚砜主要利用它在－100～190 ℃这一广泛温度范围的刚性和尺寸稳定性、高温抗蠕变性及耐汽油、柴油等各种机油的特点，已经开发成功的制品有各种轴承保持架、机动轴的轴瓦、点火器的噪声消除器、发动机齿轮汽化器的线圈骨架、雾灯的反射镜、止推环等。

聚醚醚酮是高性能聚合物中开发成功最晚的品种之一，1981年由英国Victrex公司实现商品化，现已成为汽车工业中应用发展最快的品种之一。

(一) 代表性树脂汽车轻量化应用实例

随着时代进步的需要,目前在汽车领域的应用中,人们对材料的耐应力性能、耐高温性能都提出了更高的要求,单一的塑料材料已经达不到所需性能。因此,复合材料成为研究的主流。

1. 热固性树脂应用实例

由于优异的黏合强度和模量、耐蠕变性、高韧性和良好的抗疲劳性能,环氧树脂通常是汽车复合材料生产商的首选。通过研究和开发瞬间固化(能够流动和彻底浸润纤维预制件,并在 5 min 内固化)的环氧树脂及其配套的预成型和成型设备,从而开发高效、低成本的复合材料生产技术,已经成为降低汽车用复合材料成本的主要手段之一。

2015 年,美国 Hexion(瀚森)和 Dow Automotive Systems(陶氏汽车系统)先后推出两种可在 60 s 内"瞬间固化"的环氧树脂。其中,瀚森针对树脂传递模塑成型(RTM)和液体压缩成型(LCM)两种工艺,推出 Epikotetrac 06170 环氧树脂与 Epikuretrac 06170 固化剂,仅需 20 s 树脂注入时间(RTM 或 LCM)和 40 s 固化时间,就可完成复合材料成型;而陶氏推出用于 LCM 工艺的 Voraforce 树脂,其可以直接均匀地涂敷在干的纤维预制件上,并通过压强作用在织物厚度方向均匀浸润。陶氏已经与德国 KraussMaffei 公司和意大利 CannonSpA 公司合作开发出只需要 15～20 s 树脂涂敷时间及 30 s 固化时间,即总制造时间小于 60 s 的复合材料制备工艺。但是,由于很难提供复杂零件的成型模具,该工艺难以实行,对于 LCM 工艺的部件仅适合相对平坦或有轻微轮廓部件的制造,相比之下,RTM 是环氧树脂的加工方式最好的选择。

2015 年底,Gurit UK(英国固瑞特)也推出了"瞬间固化"环氧树脂,但不同于其他针对 RTM 工艺或 LCM 工艺开发的树脂。Gurit UK 开发的树脂主要用于成套预浸料和热进/热出冲压成型(hot-in/hot-out press molding)工艺。使用这种工艺时,虽然环氧树脂的固化周期需要 5 min,但报道称其制造的部件表面可达 A 级,无需模具后处理。

酚醛模塑料(PMC)主要由酚醛树脂、填料和其他添加剂组成,属于热固性塑料。2001 年,全球酚醛模塑料的消费量为 469 千 t,2004 年达到 504 千 t。PMC 的主要特点包括:高温下力学性能优异,热传导率低,尺寸稳定性优异,阻燃、耐水、耐溶剂性能良好。目前,一辆普通轿车上 PMC 的使用量占其塑料总量的 2%～4%;而且 PMC 主要应用于汽车结构件方面,以取代金属部件,在汽车发动机和底盘轻量化上取得了巨大的成功。表 2-13 列出了 PMC 在汽车部件方面的部分应用。

表 2-13 PMC 在汽车部件方面的应用

系统	制品
发动机附件	发动机体、进气歧管、滑轮、化油器隔热材料、水泵叶轮、空调压缩机皮带轮
驱动/制动系统	刹车盘、真空活塞、刹车活塞、刹车片
电器零件	转换器开关、点火器盖
其他附件	烟灰盒、换向器

Rwawiire 等针对汽车仪表板的应用，开发了可降解树皮布增强绿色环氧树脂生物复合材料，如图 2-13 所示。绿色环氧树脂的最佳固化温度为 120 ℃，静态拉伸强度为 33 MPa，弯曲强度为 207 MPa。测试结果显示，碱处理的树皮布与玻璃化温度为 160～180 ℃的绿色环氧聚合物之间具有良好的结合性能。该生物复合材料的平均强度比汽车仪表或仪表板所需的 25 MPa 阈值强度高出 33 MPa，这使得树皮纤维增强绿色环氧树脂复合材料成为汽车内饰板的替代材料。

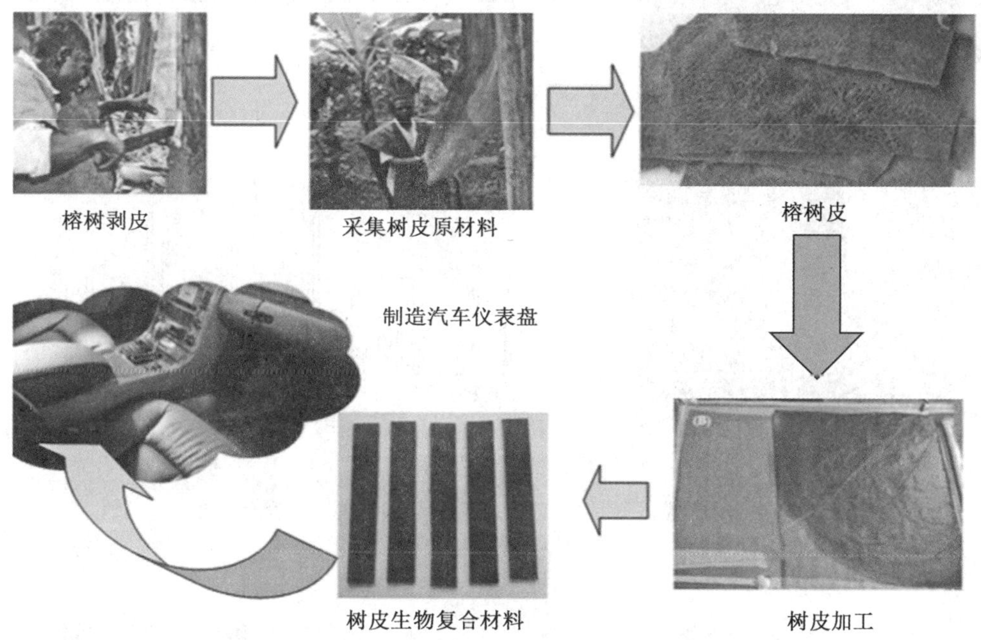

图 2-13　汽车用树皮布生物复合材料的加工方案

2. 通用型热塑性树脂应用实例

李秀峻等研究了高含量玻璃纤维(GF)增强聚丙烯(PP)复合材料(PP-GF)的性能，如图 2-14 所示。PP-GF 复合材料是当今汽车轻量化和低成本的典型应用，其巧妙地将 PP 具备的优良的力学性能、耐化学稳定性、成型加工性及相对便宜的价格，与 GF 增强体具备的高模量、高强度和低收缩等优良的特性集于一身，在汽车行业已得到广泛应用。

Yadav 等在使用聚丙烯制作的汽车保险杠里添加了不同浓度的微米和纳米增强材料，成功改善了保险杠的力学性能，如图 2-15 所示。除此之外，对于混杂纤维复合材料的研究热度也很高，主要是因为混杂纤维可以降低成本，同时减轻质量。例如，碳玻混杂纤维既可降低碳纤维制品的成本，又可提高玻璃纤维制品的刚度，同时减轻质量。降低纤维增强复合材料的成本，解决资源回收问题，以及开发更多碳纤维在汽车上的应用性能(如耐高温、高载荷等)，是目前需要着力解决的问题。

邓涛等开发了一种适用于汽车保险杠的改性聚丙烯复合材料。该复合材料包括聚丙烯、双(对-羟苯基)苯基氧化磷、茂金属聚烯烃弹性体、聚酰胺、马来酸酐等组分。该复合材料的流动性好，易于加工，可有效降低脱模后成型品的收缩率，即使在高温高湿环境中

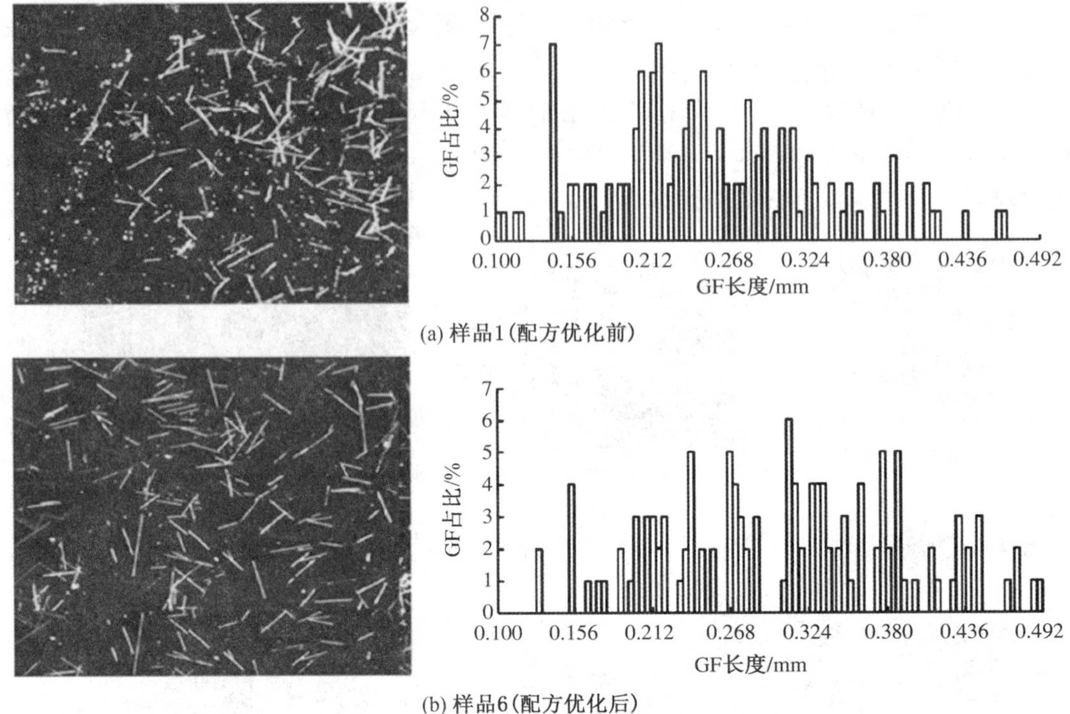

(a) 样品1(配方优化前)

(b) 样品6(配方优化后)

图 2-14　配方优化前后 PP-GF 复合材料中的 GF 长度及分布

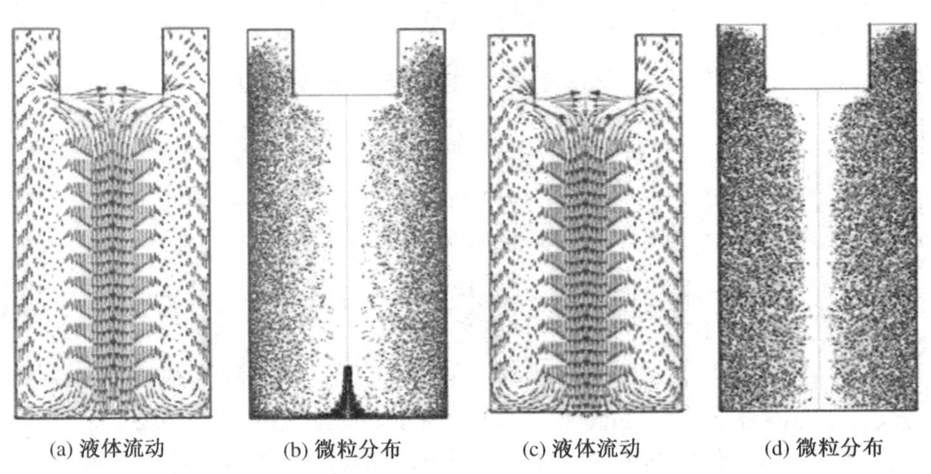
(a) 液体流动　(b) 微粒分布　(c) 液体流动　(d) 微粒分布

图 2-15　不同时间后铝液中的流体流动和颗粒分布：(a)和(b)1 s;(c)和(d)3 s

使用,也不会发生变形和成型品收缩情况,而且能满足汽车用聚丙烯复合材料的其他力学性能指标。与现有的保险杠材料相比,该复合材料的弯曲模量、拉伸强度、硬度和熔体流动速率(MFR)均大幅提高。

李汝勇等提供了一种汽车安全气囊盖板用聚丙烯热塑性弹性体,组分及含量(质量分

数)包括：高熔体强度聚丙烯 21%～48%，烯烃类聚合物 10%～50%，苯乙烯类热塑性弹性体 10%～40%，相容剂 2%～15%。该研究采用高熔体强度聚丙烯作为热塑性弹性体的基体，烯烃类聚合物和苯乙烯类热塑性弹性体协效增韧，制备的弹性体具有优异的耐高温性和低温爆破性，能满足汽车安全气囊盖板高温(85 ℃)点爆不变形飞出、低温(－35 ℃)点爆不产生碎片的要求，可以替代传统的热塑性聚烯烃弹性体材料应用于各类汽车安全气囊盖板。

日本东丽开发出一种可作为汽车轻量化应用的材料，即“CutFiberComposite”。它是一种力学特性和成型性优良的碳纤维强化树脂，由长度为数毫米的短纤维和热塑性树脂组合而成。基体树脂可按照用途，从聚丙烯(PP)、聚酰胺(PA)、聚亚苯基硫醚(PPS)等材料中选择，而短纤维通过热塑性树脂固化后，可制成中间基材-塑性片材，再按照所需形状进行切割、层叠，最后加压成型。得益于中间基材本身具有各向同性(短纤维杂乱排向)，因此无需考虑材料的层叠方向与积层方向的设计，塑性片材便可组合成厚度为 0.1 mm 至数毫米的形态，再通过调整局部的片层厚度和层叠数量等，可以自由制造形状和强度分布各异的成型产品。

亨斯迈公司推出了一种用于汽车内部的新型聚氨酯树脂系统，即 RimlineHC＋聚氨酯树脂。该树脂可通过喷涂施加到玻璃纤维增强蜂窝板上，制成汽车内部面板，如包裹架和行李箱装载地板。亨斯迈表示，这种树脂易于喷涂，喷涂时间长，固化时间短，允许在清洁周期之间有更多的释放，材料浪费水平低。该系统可用于生产定制材料解决方案。

3. 工程类热塑性树脂应用实例

为应对日趋严格的汽车尾气排放法规，研究人员用聚碳酸酯替代玻璃，提供了一种汽车轻量化解决方案。一块厚度为 5 mm 的聚碳酸酯工程塑料的单位面积质量大约是 6 kg/m^2，而钢化安全玻璃的单位面积质量是它的两倍。与传统的玻璃车窗比较，使用聚碳酸酯车窗可以减轻质量达 50%左右，详细对比数据如表 2-14 所示。

表 2-14　树脂替代普通玻璃的质量对比

项目	普通玻璃	聚碳酸酯	质量减少/kg
厚度/mm	3.2/3.5	4.0	—
密度/($g \cdot cm^{-3}$)	2.5	1.2	—
后挡风玻璃窗质量/kg	7.3	4.0	3.3
固定侧玻璃窗质量/kg	10.0	5.5	4.5
侧门玻璃窗质量/kg	10.6	5.8	4.8
前门玻璃窗质量/kg	9.0	5.4	3.6
质量合计/kg	36.9	20.7	16.2

聚碳酸酯树脂比玻璃具有更大的造型设计自由度，可形状不规则的三维立体效果，并

可以与汽车外蒙皮或其他车窗零件集成为一体。例如：美国 GE 公司和韩国现代合作开发的现代 QarmaQ 概念车集车窗玻璃与前风挡玻璃于一体，同时去掉 A 柱，将驾驶员的视野提高两倍以上，给人以崭新的视觉效果；沙比克与通用合作开发的新式 ChevyVolt 电动概念车的顶篷、后甲板和固定侧窗都采用带有 EXATEC 保护层的 Lexan 聚碳酸酯，并结合环绕式车窗玻璃设计，可使司机和乘客获得几乎接近 360°的视野。

Verrey 等在分析了工业 TS-RTM 的性能，并确定了汽车底盘制造工艺可行性后，采用 TP-RTM 和 APLC12 的材料体系，制备出汽车底盘，并考虑了整体式复合地板底盘(14.6 kg，不包括侧梁)的制造成本，如图 2-16 所示。与使用钢材相比，该方案可显著减少零部件数量，并减轻质量 50%。

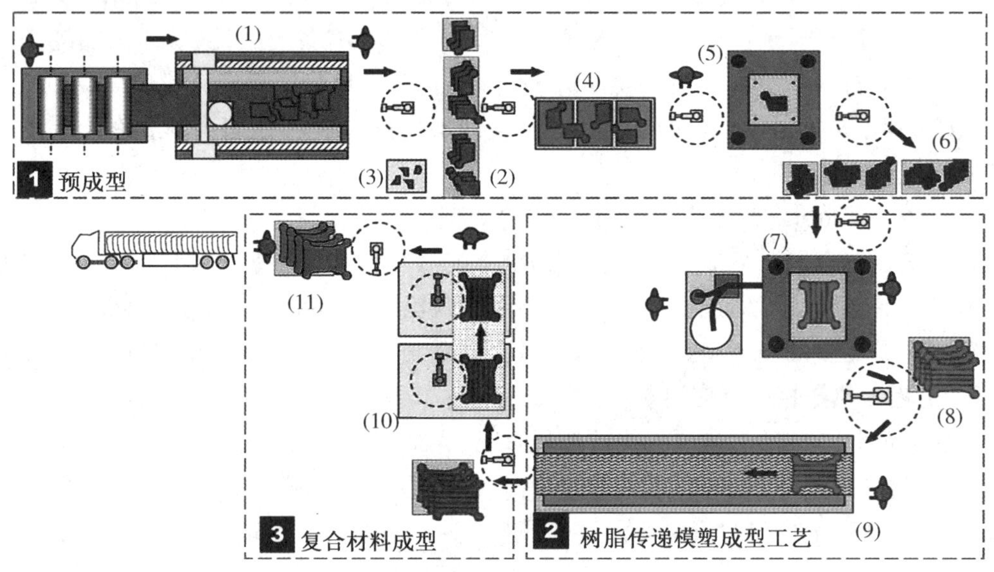

图 2-16 汽车底盘制造厂

(二) 近期基体材料的开发技术

1. 光透过和隔热型树脂玻璃材料

树脂玻璃以有机高分子材料为原料制作，又称为有机玻璃。树脂玻璃中，PC(聚碳酸酯)和 PMMA(聚甲基丙烯酸甲酯)的使用最为广泛，此外也有使用聚苯乙烯及聚氯乙烯等的应用实例。传统的挤出成型、注射成型、浇铸成型、热压成型、拉挤成型等工艺，均可用于树脂玻璃材料的制备。与普通硅酸盐制无机玻璃相比，树脂玻璃具有密度低及可以减轻产品质量的优点。另外，树脂玻璃优异的耐冲击性使其在遭遇飞散物等撞击时不易开裂，具有较高的安全性。近年来，以实现车辆的轻量化、防止破损等为目标，树脂玻璃在车窗玻璃中的应用范围正在扩大。日本的 E5 系和 E6 系新干线车辆全面采用了树脂玻璃，在常规线路车辆中，也存在车辆轻量化和防止破损的需求。PMMA、PC、传统玻璃的性能对比如表 2-15 所示。

表 2-15 PMMA、PC与传统玻璃的对比

性能	PMMA	PC	传统玻璃
轻量化	■■■■	■■■■	□□□□
透明度	■■■■	■■□□	■■■■
冲击强度	■■■□	■■■■	□□□□
刚性	■■■□	■□□□	■■■■
耐刮擦性(含涂层)	■■■□	■□□□	■■■■
抗碎石子撞击或磨损	■■■■	■■■□	■■□□
耐气候性	■■■■	■□□□	■■■■
板材热压和料粒注塑的成型性	■■■■	■■□□	□□□□
表面光泽	■■■■	□□□□	■■■□

分级说明：□□□□不利；■□□□几乎不利；■■□□中立；■■■□有利；■■■■非常有利

PMMA有极好的透光性能，透光率可达92%，可用于加工有一定强度要求的透明件，在汽车领域应用广泛。国内外成功应用PMMA玻璃的先例有英国莲花汽车的前风窗和侧窗(图2-17)、长安奔奔的后三角窗(图2-18)。

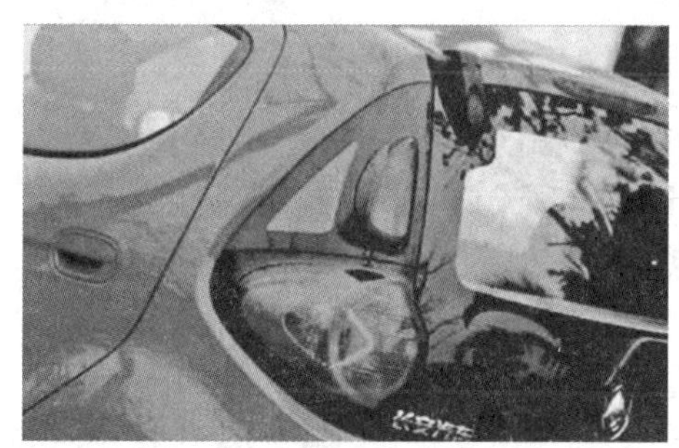

图 2-17 莲花汽车

图 2-18 长安奔奔

PMMA本身存在一些明显的缺陷，如表面硬度低、不耐刮擦，导致表面起雾、透明度下降；韧性差，冲击强度低；耐热温度低，热变形温度通常在60～70 ℃；等等。因此，国内外众多研究者对PMMA树脂采取复合材料加工改性，在不影响透光性能的前提下，改善了其力学性能，并赋予其更多功能性。Shih等用甲基丙烯酸甲酯原位聚合的方法，制备了乙烯-醋酸乙烯酯掺杂聚甲基丙烯酸甲酯(EVA/PMMA)透光复合材料，结果表明EVA很好地分散在PMMA基体中，材料的耐冲击性能和耐热性明显提高。Laure等结合橡胶增韧及化学改性，通过PMMA、b-聚丙烯酸丁酯(PBA-b)-PMMA三元嵌段共聚物的方法，制备出新的橡胶态改性PMMA复合材料，并在研究中发现，通过合适的共聚单体与PMMA基体的随机聚合，能提高纠缠密度以及复合材料的延展性，并使得橡胶增韧复合材料抗裂纹扩展性能明显提高。Bergshoef等将直径为50～200 nm的尼龙(PA6)

纤维与透明的环氧基体复合，制备的复合材料不仅透光，而且模量与拉伸强度都得到提高。但传统的电纺纤维与透光树脂复合时，两种不同材料的界面结合力较弱。一种能够制备壳-芯型(core-shell)纳米结构的同轴静电纺丝正引起人们的极大关注。

隔热有机玻璃作为车窗玻璃使用可以减小列车的传热系数，降低能耗，尤其对解决轨道交通耗电量的问题非常重要。隔热玻璃历经二十年的发展，目前全世界用量已达 $12\times10^7\ m^2$。隔热有机玻璃的研究、生产，在我国尚处于起步阶段，市场前景广阔。从隔热玻璃的结构来看，目前主要以掺杂二氧化锡为主要物质的单层膜吸附于玻璃表面达到隔热目的。

目前，科研团队大多用涂布或磁控溅射的方法制备成薄膜材料，应用在汽车车窗上。研究发现，纳米二氧化钒(VO_2)薄膜在半导体相时，可见光由于波长较短、光子能量较大而被 VO_2 薄膜吸收，以至于薄膜的可见光透过率较低，呈现出一定的颜色，这限制了 VO_2 薄膜在智能窗上的应用。高彦峰和尹大川等课题组通过对 VO_2 进行掺杂的方法来提高 VO_2 薄膜的可见光透过率，但薄膜的颜色及稳定性仍在研究中。唐露通过将纳米二氧化钒粉体制备成纳米二氧化钒浆料添加到甲基丙烯酸甲酯的预聚体中，在低温和高温聚合的条件下得到具有红外智能隔热的有机玻璃，研究发现用形貌为球形、粒径为 50 nm 的二氧化钒粉体制备得到的纳米二氧化钒浆料，且纳米二氧化钒浆料添加量为 10%时，获得的纳米二氧化钒智能隔热有机玻璃性能相对最好，其可见光透过率为 40%，红外线阻隔率为 85%，紫外线阻隔率为 99%。

2. 高刚性聚丙烯材料

聚丙烯(PP)树脂是由丙烯单体聚合而成的非极性的结晶类塑料。PP 具有价格低廉、密度较小、容易加工和重复利用等优点；但 PP 具有成型收缩率大、低温脆性大、易老化等缺点。所以，通常采用物理或化学改性技术，添加滑石粉填充物、玻纤等增强材料以及抗光/热氧老化剂等助剂，提高聚丙烯材料的综合性能，以满足汽车部件性能要求。汽车上除少量部件采用纯 PP 树脂加工外，大部分部件采用改性 PP 材料进行加工。北汽福田车型选材推荐部件如表 2-16 所示。

表 2-16 汽车用聚丙烯材料及典型应用部位

类别	细分组分	特点	典型应用部件
树脂类	均聚 PP	高温下稳定，主要用于短时间温度最高为 110 ℃的受热负荷零件	小齿轮等
	共聚 PP	耐热性、流动性好，用于形状复杂、型腔韧性要求高的零件	洗涤壶、电池盒等
	共混 PP	共混增韧，主要用于受冲拉的零件	膨胀箱等
合金类	PP/PE	PP 与 PE 共混增韧，根据收缩率需要，可添加 5～8 份滑石粉	门内板、立柱等
增韧类	PP+EPDM	具有较高流动性及韧性，适用于韧性较高、尺寸较大的零件	外饰轮罩护板等

（续表）

类别	细分组分	特点	典型应用部件
PP-TD 填充类	PP-TD20	20%滑石粉填充，高模量高刚性	前风挡下装饰板、空调壳体等
	PP-TD30	30%滑石粉填充，高模量高刚性，用于对刚性要求高的零件	防擦条等
	PP-TD40	40%滑石粉填充，用于短时间内可在140 ℃下承受负荷时刚性及韧性要求高的零件	灯座外壳等
PP-GF 增强类	PP-GF20	20%玻璃纤维增强，短时间内温度在140 ℃受热负荷的零件（因结构设计而倾向于挠曲的零件）	风扇罩、扇叶等
	PP-GF30	30%玻璃纤维增强，用于受特殊热负荷且对强度、刚度及形状稳定性要求高的零件	散热器盖板等
	PP-GF40	40%玻璃纤维增强，用于受特殊热负荷且对强度、刚度及形状稳定性要求更高的零件	挡风板、手套箱底座等
PP-LGF 增强类	PP-LGF20	20%长玻纤增强，高刚性高强度的部件	仪表板骨架等
	PP-LGF30	30%长玻纤增强，高刚性高强度，耐疲劳	前端模组等
	PP-LGF40	40%长玻纤增强，高刚性高强度的结构体	脚踏板等
PP+EPDM-TD 增韧填充类	PP+EPDM-TD10	10%滑石粉填充，EPDM 增韧，高抗冲	保险杆等
	PP+EPDM-TD20	20%滑石粉填充，EPDM 增韧，高抗冲	保险杆等
	PP+EPDM-TD20	20%滑石粉填充，EPDM 增韧，高刚性中韧性	仪表板上本体等
	PP+EPDM-TD15	15%滑石粉填充，EPDM 增韧，高刚性高强度	门内板等
	PP+EPDM-TD20	20%滑石粉填充，EPDM 增韧，高刚性低韧性	门内板、立柱护板等
	PP+EPDM-TD30	30%滑石粉填充，EPDN 增韧，中刚性中韧性	中央格栅等

高刚抗冲共聚聚丙烯的制备已成为目前高分子材料领域的一个研究热点，这也是聚丙烯产品新牌号开发的一个重要发展方向。高结晶聚丙烯材料通过改进催化剂和聚合技术，改善聚丙烯的相对分子质量分布，提高聚丙烯的等规指数，从而提高聚丙烯的结晶性

能。李元凯采用 Horizone 工艺制备了高刚抗冲共聚聚丙烯 K7010，获得了优异的刚韧平衡性，与进口产品相比，弯曲模量和简支梁缺口冲击强度均大幅提高，弯曲模量提高了13%，常温简支梁缺口冲击强度提高了 37%，其他指标也达到进口同类产品水平。

聚丙烯的共混改性是制备高刚性聚丙烯材料的一个重要手段，包括橡胶与弹性体增韧、刚性粒子填充及玻璃纤维增强等。周春怀用增韧母料对聚丙烯进行共混改性，发现体系形成了半互穿网络结构，研制成功了高刚性、高韧性、高流动性的聚丙烯，熔体流动速率为 18.6 g/min，拉伸强度为 28.9 MPa，弯曲弹性模量为 1850 MPa，缺口冲击强度为 112.6 J/m。Lu 等研究了 Vistamaxx TM 改性 PP 的增韧机理，结果显示，Vistamaxx TM 的平衡结晶度改善了它与 PP 和 EP 橡胶的相容性，因此可减少应力发白现象，改善共混物的抗冲击性能。严淑芬开发了三种新型长玻纤/PP 复合材料，可代替苯乙烯/马来酸酐共聚物(SMA)和 PC/ABS 用于制备各种汽车内饰件。LGFPP(长玻璃纤维聚丙烯)是纤维增强聚合物领域的一种新型轻量化材料，可替代短玻纤增强工程塑料 PA66-GF30 和 PBT-GF30 用于车门拉手底座和雾灯壳体的制造，同时 LGFPP 还有轻量化和降低成本的优势。

3. 塑料合金技术

塑料合金(也称为塑料混配物)是利用物理共混或化学接枝的方法，对现有的塑料进行改性，使之实现高性能化、功能化、专用化，主要包括以 PC、PBT、PA、POM、PPO、PTFE 等工程塑料为主体的共混体系，以及 ABS 树脂改性材料。塑料合金产品可广泛应用于汽车、电子、建筑等领域，目前世界塑料合金产品的最大用户是汽车部件。在美国、欧洲、日本已工业化的塑料合金产品中，工程塑料合金占绝大多数，合金化已成为当前工程塑料改性的主要方法。

汽车用塑料合金在发达国家被当作衡量汽车设计和制造水平高低的一个重要标志。目前德国汽车用量最多，占整车用料的 15%以上。奔驰 SLR、宝马 i 系以及意大利的兰博基尼等众多车型，大范围地采用更先进的车用工程塑料。目前，国内越来越多的汽车部件也开始采用工程塑料替代金属制件。以塑料件代替金属材料部件，不仅能够减轻车重，降低燃油消耗和排放，还可以提高汽车的动力、舒适性及安全性，所以其广泛应用在汽车动力及底盘系统、内外装饰件、汽车电子等部件上。部分已工业化的工程塑料合金如表 2-17 所示。

表 2-17 部分已工业化的工程塑料合金

合金名称	生产厂家	商品名或牌号	性能特点	用途
ABS/PVC	孟山都 宇部赛康 拜耳	Trais Cycovin M-FR	阻燃性、耐冲击性、成型性	办公设备零部件、电视机外壳、汽车仪表盘、旅行箱等
PA6/PO	Allied(美国) 宇部兴产	Capron NAE、NAP	耐冲击性、滑动特性、成型性	紧固件、连接器、建筑材料、套管接头等
PA6/ABS	Brog Warner 孟山都	Elemid Triax	耐热性、耐冲击性、成型性	汽车车身外板及零部件

（续表）

合金名称	生产厂家	商品名或牌号	性能特点	用途
PA46/PTFE	帝斯曼	Stanyl TS270	耐磨性、耐疲劳性、滑动特性	打印机导向装置、阀门传动装置、活塞等
PC/ABS	Brog Warner 拜耳 帝人化成 宇部兴产 三菱瓦斯化学	Bayblend	耐冲击性、耐热性、尺寸稳定性、成型性	汽车车顶纵梁、后阻流板、仪表板、移动电话壳体、传真机及复印机壳体等
PC/PBT	GE Mobay(美国)	Xenoy Makroblend	耐化学品性、耐磨性	汽车挡泥板、保险杠、车门等
PC/PET	GE Mobay(美国)	Xenoy Makroblend	耐冲击性、耐化学品性、成型性	汽车保险杠、医疗器材等
PC/PE	帝人化成 GE	Panlite Lexan EM	成型性、耐冲击性、耐化学品性、耐老化性	机械零件、电子电器零件、安全帽、纺纱管等
PC/PTFE	帝人化成	L. S-1250、 KS-1300 等	耐磨性、耐热性、耐冲击性	齿轮、轴承等
POM/TPU	杜邦	Delrin 100 st、 500 t	耐冲击性、尺寸稳定性、耐溶剂性	汽车转向柱、刮水器、反射镜支补、座椅等
PPO/PTFE	杜邦 ICI 三菱瓦斯化学	Delrin 1000af Fuhom404 FI2010	耐磨性、自润滑性	汽车操纵连接片、轴承万向接头、无油自润滑齿轮等
PPO/PS	GE	Noryl	成型性、尺寸稳定性、电绝缘性、耐水蒸气性	电子电器、汽车、办公机械、家用电器等
PPO/PA	GE	Noryl GTX	刚性、蠕变性、耐热性、耐油性	汽车外板、挡泥板、车轮罩、散热器、格栅等
PPO/PBT	GE	Gemax	耐冲击性、耐热性、吸水率低、线膨胀系数小	汽车外板材料等
PPO/PET	GE 塞拉尼斯 GAF(美国)	Valox 800 Celane Gafite	耐热性、刚性、抗拉性、尺寸稳定性、表面光泽性	电熨斗把手、汽车头灯等
PBT/ABS	三菱化学公司	TB	耐冲击性、成型性	打字机和传真机底盘、摩托车发动机机罩等
PSF/ABS	埃克森美孚	Mindel A	耐冲击性、尺寸稳定性、耐溶剂性、电镀性	医疗器材、机械零件、水龙头等
PSF/PBT	埃克森美孚	Mindel B	低挠性、耐化学品性	CD 的光传感器零件、电气设备的连接器等
PPS/PTFE	菲利浦斯	Pylon PPS	紫外线屏蔽性、耐气候性、透明性	机械设备壳体、罩盖、齿轮、轴承等

国外关于塑料合金的研究起步较早，在20世纪60年代中期，美国BrogWarnerChemicals公司开发出第一个PC/PA合金，由于其具有优良的耐热性、耐冲击性、尺寸稳定性和良好的成型加工性，所以近年来获得了迅速发展。德国BTE公司用GF增强PET研发出汽车用塑料车轮。该车轮的最大优点是不生锈且较轻，可以减轻汽车非悬挂件的质量，使汽车更易于操作、更舒适。PC/PBT合金和PC/PET合金既有PC的高耐热性和高耐冲击性，又有PBT和PET的耐化学药品性、耐磨性和成型加工性，因此是制造汽车外装件的理想材料。PC/PBT保险杠可耐低温（−30 ℃以下）冲击，即使保险杠断裂时也为韧性断裂，而无碎片产生。

国内虽然对塑料合金的研究时间相对较短，近些年也有了很大的进展，CN 105175889A发明了一种高强度导电PVC塑料合金，该复合材料组成为PP树脂30～80份、PA树脂5～40份、导电碳纤维2～20份、导电粒子0.1～15.0份。本发明制得的高强度导电PP/PA复合材料具有低成本、低磨损、高韧性、高白度、导热、绝缘、无卤阻燃的优点，制备方法简单、成熟，有利于推广应用。CN 105153539A公开了一种聚丙烯（PP）塑料合金及其制备方法，按照配比称取PP、聚对苯二甲酸丙二酯、三元乙丙橡胶、苯甲酸钠、苯乙烯系热塑性弹性体、聚苯乙烯、发泡聚丙烯、聚乙烯醇、聚酰胺和热稳定剂。产品点火后1～4 s内自熄，弹性模量为830～870 MPa，软化点为90～110 ℃，缺口冲击强度为60～100 kJ/m^2，拉伸强度为50～70 MPa，断裂伸长率为12%～18%。

4. 生物降解塑料

21世纪以来，随着汽车工业的快速发展，石油资源缺乏和大气污染等环境问题日益突显，2017年我国汽车销量接近2 900万辆，对汽车节能减排的要求日益提高，轻量化材料在汽车中的应用比例提升成为汽车工业的重要发展方向。塑料应用于汽车的许多零部件中，如门板、立柱、保险杠、仪表板以及其他装饰件等，约占整车质量的10%。据中国汽车工业协会预测，塑料在汽车上的用量及比例还会进一步提高，未来对汽车塑料垃圾的处理必须引起重视。

与传统的石油基塑料相比，利用玉米、甘蔗、植物秸秆等为原料得到的生物基塑料，可降低30%～50%的石油资源消耗，实现数亿吨二氧化碳的净减排。因此，生物基塑料在推行低碳经济上将发挥重要作用。但由于可降解塑料存在成本高、耐热性差、降解性不可控等缺陷限制了其在汽车行业的应用，因此必须进行改性。近年来，根据汽车市场的需求，全球大型汽车生产厂以及材料供应商纷纷加大对生物基可降解塑料的研发投入，开发具有可降解特性的汽车零部件。

目前，应用于汽车行业的生物塑料主要包括聚乳酸PLA、生物基聚酰胺PA56、聚丁二酸丁二酯PBS、聚羟基烷酸酯PHA等材料，其中，PLA、PBS、PHA相对于其他生物塑料，在中国的开发程度较高，都已进入产业化规模。

PLA是目前应用推广非常广泛的一种生物塑料。自2002年CargillDow公司建成世界上第一个PLA工厂起，PLA就成为第三个实现产业化的生物塑料。由于PLA材料一般呈非晶态，其力学性能和耐热性能较差，因此PLA在汽车领域的应用受限，需要经过一定的改性才能得以利用，多用于非结构性内外饰零件。丰田汽车公司采用PLA和洋麻的

复合材料，研制开发出汽车轮胎罩和车垫；用PP/PLA合金材料制造汽车内饰件（如车门框板、前围侧饰板、成品板和工具箱等）。锦湖日丽公司成功开发出高性能可生物降解PC/PLA合金材料，可广泛应用于汽车、电子等各个领域。帝人公司采用立体络合技术生产出耐热PLA，其热变形温度从普通PLA的100～150 ℃提高至160～200 ℃。2007年，帝人与马自达合作，成功地开发了车用耐热PLA纤维Biofront，可用于制造汽车内纺织品，熔融温度达到210 ℃，可与聚酯纤维媲美。帝人还与马自达、乳酸衍生物生产商PURAC公司及橡胶生产商Nshikawa公司合作，开发上述耐热PLA与淀粉的共混技术，用于生产车用PLA纤维。德国劳士领公司和科比恩公司合作研发了PLA与玻璃纤维或木纤维的复合材料，应用于汽车功能组件和内饰件。美国RTP公司研发出玻璃纤维(GF)/PLA复合材料产品，应用于汽车的导流罩、遮阳罩、副保险杠、侧护板等零部件。国内关于PLA在汽车行业的应用研究较晚，但是推广迅速。颜景丹等对PLA用于制造汽车零部件的可行性进行分析验证，论证了改性PLA可满足一般汽车内饰件的使用要求。奇瑞汽车公司唐少俊采用填充矿粉（滑石粉、碳酸钙）和加大增韧剂用量的方法，对PLA进行改性，改善了耐热性和抗冲击性，用于汽车零部件制造。周英辉等采用玻璃/陶瓷微珠填充玻璃纤维制备的PLA复合材料，其耐热性及力学性能好，密度低，在汽车轻量化方面具有广阔的应用前景。随着技术的进步，PLA在汽车领域的应用会不断深化。

PBS具有优异的可降解性、良好的加工性、染色性，但也存在熔体强度低、力学性能和耐热性能差等问题。通过共聚、共混、与纳米材料复合等方法改性，可以大幅提升PBS的综合性能，拓宽应用领域。将PBS与天然纤维混合改性，用于汽车用品的研究是一个热门方向。佛吉亚和三菱化学在2012年合作，采用PBS与天然纤维混合技术，开发出一种汽车内饰专用PBS材料，应用范围包括车门镶板饰条、结构仪表板和控制台嵌件、导气管、车门镶板嵌件等。值得一提的是，该PBS材料还是100%生物来源。项目所需生物基琥珀酸由行业领军者BioAmber公司提供。据统计，全球石油基PBS大约有10%会应用于汽车领域，因而是一个非常值得关注的市场。

PHAs主要由细菌通过新陈代谢形成，是一种生物基可生物降解塑料。目前用于生产PHAs的主要原料为玉米、甜菜、甘蔗等。由于原料限制，PHAs的价格较高。为了进一步降低制造成本，大量的替代原料如纤维素，生物燃料工业的废弃物等也在研究之中。目前，我国是世界上生产PHA品种最多、产量最大的国家，技术水平处于国际领先地位。世界上第一条工业化的PHAs生产线是2003年由天安生物材料有限公司在宁波建立的，其年产能为1000 t，到2007年扩产为2000 t。天津国韵生物材料公司与帝斯曼合作，已建成国内目前最大的PHAs生产基地，年产能为1万t。目前在汽车应用方面，PHAs主要以纺织品形式用作汽车脚垫。随着PHAs合成工艺及改性工艺的进一步发展，PHAs的价格和性能将进一步贴近终端市场，其在汽车应用方面的前景必然会更加广阔。2020年，用于汽车领域的PHAs从2018年的不足5%提高到总产量的30%以上，显示了其在汽车应用领域的巨大潜力。此外，生物基聚酰胺(PA56)也是一种重要的车用工程塑料。目前已有杜邦、DSM等公司推出的商业化生物基PA产品。菲亚特公司已在超过100万辆的汽车上使用生物基PA。菲亚特、奔驰、大众等多家世界级汽车制造商，都在其部分产品中使用生物基PA制造汽车进气歧管、汽油分供管和生物燃料发动机。但生物基PA在中国尚未出现具备自主知识产权的产品。目前，国内主要厂家是位于张家港的法国阿科玛(原苏州瀚普)公司，其年产能为5 000 t。开发具有自主知识产权的生物基PA，推进其产业化进程，是国内生物PA行业亟需解决的问题。

与传统塑料相比，生物塑料的优势在于其低碳，低能耗，无污染。预计不久的将来将成为塑料行业的主宰。提高生物塑料的耐热性、耐冲击性、成形性和可靠性等是实现生物塑料技术突破的关键。

5. 高热传导树脂材料

现有的导热材料主要有金属材料、陶瓷材料、碳质材料和复合材料。其中，复合材料按基体的不同可以分为金属基、陶瓷基、碳基和树脂基。树脂基导热复合材料具有低密度、耐腐蚀、力学性能可设计和热膨胀系数低等优点而具有一定的优势。树脂基体的导热性能差，热量的传输主要依靠高导热填料在树脂基体中形成的导热网络。其中，树脂主要依靠声子(一种量子化的晶格振动)进行导热。按照导热填料种类的不同，可将树脂基导热复合材料分为金属填料型、碳质填料型、陶瓷填料型以及混杂填料型。常见导热填料的室温热导率如表2-18所示。

表2-18　常见导热填料的室温热导率

种类	材料	热导率/[$W \cdot (m \cdot K)^{-1}$]
金属填料	Cu	398
	Ag	450
	Au	345
	Al	247
	Ni	158
碳质填料	石墨	100～400(面内)
	炭黑	6～174
	碳纳米管	2000～6000
	石墨烯	5300(面内)
	金刚石	2000
	聚丙烯腈基碳纤维	8～70(纤维轴向)
	气相生长碳纤维	1950(纤维轴向)
	沥青基碳纤维	530～1100(纤维轴向)
陶瓷填料	BN	250～300
	AlN	200
	SiC	270
	Al_2O_3	20～29

丁峰等分别采用铜粉和锡粉填充环氧树脂(EP),结果对比发现,填充铜粉后的复合材料热导率更高。当铜粉填充量为40%(体积分数)时,Cu/EP热导率为0.95 W/(m·K)。ZHOU等采用铝粒子填充环氧树脂,并进一步分别采用四种偶联剂(KH-550、KH-560、NDZ-201和NDZ-102)对Al粒子进行表面改性,所制备的复合材料的热导率分别提高至1.29、1.48、1.27和1.36 W/(m·K)。韩硕等选择粒径分别为3.5、40.0和90.0 μm的碳化硅(SiC)粒子作为填料,以改性环氧树脂。该研究发现由$SiC_{3.5}$、SiC_{40}、SiC_{90}制备得到的复合材料,其热导率最高分别可达到1.09、1.11、1.35 W/(m·K),因此填料尺寸的增加有利于热导率的提高。周柳等采用硅烷偶联剂改性后的四针状氧化锌晶须(ZnOw)填充环氧树脂,研究结果表明:随着ZnOw填充量不断增加,ZnOw/EP复合材料的热导率增加,同时复合材料的介电常数和介电损耗也有所增加。

以两种或两种以上的导热填料填充树脂基体,更容易在树脂基体内部形成连续的导热网络。图2-19所示为环氧树脂中碳纳米管(CNT)和石墨烯(Graphene)的扫描电镜图像,可以看出中间的CNT将三片孤立的Graphene桥接在一起,两者协同作用,更容易在环氧树脂基体内部形成连续的导热网络,有效提高复合材料的导热性能。使用不同种类、不同形状、不同粒径的填料进行混合,可以充分发挥各个组分的特性,形成更密集的堆积,填料之间的相互作用也有利于导热网络的形成。Pongsa等结合3,5-二氨基苯甲酰基功能化后的多壁碳纳米管(DAB-MWCNTs)和Si_3N_4粒子作为导热填料,在环氧树脂基体中填充体积分数为1%的DAB-MWCNTs和7.5%的Si_3N_4时,导热途径增多,有效地形成最佳堆积密度的导热网络,进而有效地提高热导率,比纯环氧树脂的热导率提高134%。因此混合填料可以作为提高复合材料导热性能的有效填料。

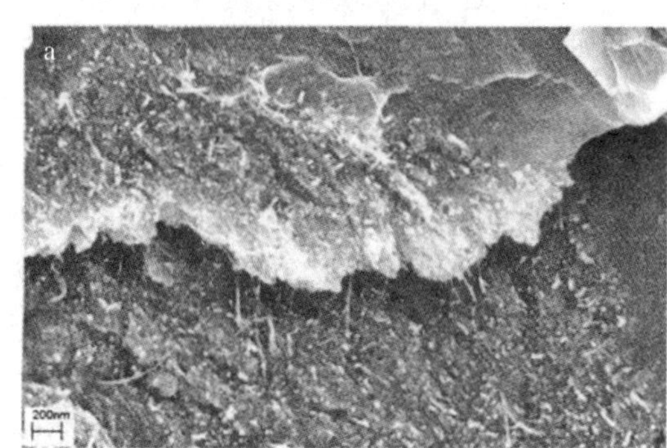

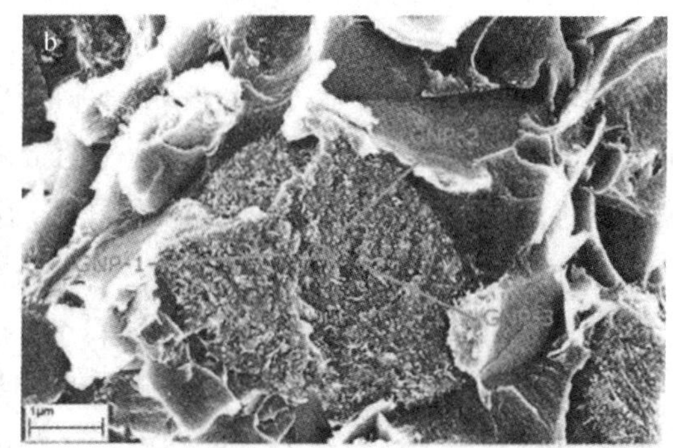

图2-19　环氧树脂中CNT(a)和Graphene(b)的扫描电镜图像

树脂基导热复合材料较其他导热材料具有轻质、耐腐蚀、力学性能可设计等优点,在航空航天、微电子以及轻量化汽车领域具有广阔的应用前景,特别是航空航天领域,迫切需求轻质高强高导热的复合材料。碳质填料和混杂填料型复合材料表现出低密度、高导热、力学性能优的特点,具有更加优异的应用前景。综合考虑聚合物树脂基体、导热填料、导热填料/树脂基体界面和制备工艺四种因素是制备出高导热树脂基复合材料的关键。今后的研究重点可放在高导热填料(石墨烯、多壁碳纳米管等)的制备、纯化和表面功能化

改性，混杂填料的选择、复配和调控，以及导热填料/增强纤维/树脂基导热复合材料的制备与工艺优化等方面。

（三）热塑性树脂改性环氧树脂

热塑性树脂改性环氧树脂是指用热塑性树脂对环氧树脂进行增韧改性形成的共混或共聚树脂体系。20 世纪 80 年代以来，用热塑性树脂增韧环氧树脂逐渐成为一个热门研究方向。这类热塑性树脂主要指一些高性能热塑性树脂，由于这些树脂具有韧性强、模量高和耐热性好等特点，将它们以一定量添加到环氧树脂基体中，不仅能改进环氧树脂的韧性，而且不会降低环氧树脂的刚度和耐热性。用于环氧树脂增韧的热塑性树脂主要有聚醚酰亚胺（PEI）、聚酰亚胺（PI）、聚碳酸酯（PC）、聚醚砜（PES）、聚砜（PSF）、聚苯醚（PPE）等。

由于环氧树脂的增韧效果与其共混物的相结构密不可分，近年来，一些学者开始研究环氧树脂/热塑性树脂共混物的相分离过程，尝试进行相结构的控制，以期得到更好的增韧效果。研究表明，环氧树脂/热塑性树脂共混体系相结构的形成是热力学和动力学综合作用的结果。热力学方面，随着固化反应的进行，环氧树脂相对分子质量增大，组分间的相容性下降，发生相分离；动力学方面，固化后期，交联网络形成，分子扩散运动受到限制，相分离的发展被抑制，因此，通过调控影响反应热力学和动力学的因素，也即调节固化反应和相分离的相对快慢，可以达到调控相结构的目的。清华大学杨卉等研究了环氧树脂/聚砜（PSF）共混体系相结构的控制，通过调控预固化反应过程中环氧树脂的相对分子质量，可以有效地调控相结构。环氧树脂相对分子质量越大，体系相畴尺寸越小。郝冬梅等用胺化的 PC 来增韧环氧树脂，效果明显好于纯 PC 对环氧树脂的增韧作用。聚醚砜（PES）树脂是一种综合性能优异的热塑性树脂，具有韧性好、模量高和耐热性好的特点。用 PES 改性环氧树脂 EP，不仅能增加环氧树脂的韧性，并且不会降低环氧树脂本来的刚性和耐热性，还可以提高其使用温度。梁伟荣等在 PES 改性 E51 复合材料研究中测定力学性能时发现 100 份 E51 中分别加入 12.5 份、25 份 PES 制得的复合浇注体，其拉伸强度相对于改性前的浇注体分别提高了 1.02 倍和 1.08 倍，并且冲击强度提升了 3.34 倍和 3.22 倍，说明 PES 对于 E51 的增韧改性有很好的效果。于倩倩等研究发现 EP/PES 混合体系的断裂截面变粗糙，呈现出韧性特征，EP/PES 固化物的拉伸强度明显提高，当 PES 的质量分数为 8%时拉伸强度达到最大。Mimura 等利用 PES 与环氧树脂共混改性，发现 PES 能使环氧树脂的耐热性和韧性提高，并形成了半互穿网络结构，断裂韧性的增强源于环氧树脂基体的局部剪切变形。

环氧树脂与热塑性树脂共混的研究，除了利用高性能热塑性树脂来增韧改性环氧树脂外，用环氧树脂改性热塑树脂方面，在降低聚合物的加工温度、增强某些热塑性树脂（如 PVC、ET）的力学性能、改善热塑性树脂与纤维之间的界面黏结，以及利用环氧基团的活性改善不相容热塑性树脂共混体系的相容性等领域，已有相当进展。今后，在环氧树脂促进填料在热塑性树脂中的分散，防止填料聚集成团，以及利用环氧树脂的黏结性、耐腐蚀性、绝缘性、高强度等优点改性热塑性树脂，实现两者性能的优化组合，赋予热塑性树脂更好的性能，将是非常值得研究的方向之一。

参考文献

[1] 王汝敏，郑水蓉，郑亚萍. 聚合物基复合材料[M]. 北京：科学出版社，2011.

[2] 陈杰，马春柳，刘邦，等. 热固性树脂及其固化剂的研究进展[J]. 塑料科技，2019，47(2)：95-102.

[3] 魏文康，虞鑫海，李远波. 高性能环氧树脂胶粘剂的研制[J]. 中国胶粘剂，2019，28(5)：18-20+30.

[4] 钟凤. 耐高温环氧树脂的合成与性能研究[D]. 上海：东华大学，2014.

[5] Toneri T, Watanabe K, Sanda F, et al. Synthesis and the initiator activity of fluorenyltriphenylphosphonium salts in the cat onic polymerization of epoxide. Novel thermally latent initiators[J]. Macromolecules，1999，32：1293-1296.

[6] 王忠刚，刘万双，赵琳妮，等. 高性能脂环族环氧树脂分子设计与合成研究进展[J]. 高分子通报，2011(9)：13-21.

[7] 樊庆春，邹密，刘亮，等. 新型脂环族环氧树脂的制备与性能[J]. 粘接，2012，33(6)：51-53.

[8] 吕静波，滕泽恒，甘卫星，等. 三聚氰胺甲醛树脂的改性研究进展[J]. 广西林业科学，2016，45(3)：280-283.

[9] 张本刚，吴志刚，雷洪. 三聚氰胺树脂增韧改性研究进展[J]. 绿色科技，2018(8)：185-187

[10] 周利，秦志伟，刘杉，等. 热塑性树脂基复合材料连接技术的研究进展[J]. 材料导报，2019，33(19)：3177-3183.

[11] 陈平，于祺，孙明，等. 高性能热塑性树脂基复合材料的研究进展[J]. 纤维复合材料，2005(2)：52-57.

[12] 陈骁，赵建青，袁彦超，等. 热致液晶高分子结构性能与应用[J]. 合成材料老化与应用，2013，42(6)：37-43.

[13] Mubashir Q. Ansari et al. Application of thermotropic liquid crystalline polymer reinforced acrylonitrile butadiene styrene in fused filament fabrication[J]. Additive Manufacturing，2019，(29)：129-136

[14] 李恩，虞鑫海，樊良子，等. 含活性基聚酰亚胺薄膜的研制[J]. 绝缘材料，2011，44(6)：12-15.

[15] 陈良飞，李唯真，虞鑫海，等. BDAPPP 型聚酰亚胺薄膜的制备及性能研究[J]. 化工新型材料，2017，45(3)：210-212.

[16] 樊良子，虞鑫海，李恩，等. 耐高温聚酰亚胺漆包线漆及其漆包线的研制[J]. 绝缘材料，2011，44(5)：17-20.

[17] 虞鑫海. 上海睿兔电子材料有限公司. 一种苯并咪唑型聚酰亚胺漆包线漆及其制备方法：CN 201310010063.0[P]. 2013-05-14.

[18] 吴爽，虞鑫海. 聚酰亚胺胶粘剂的研究进展[J]. 粘接，2010，31(12)：74-76.

[19] 魏文康，虞鑫海，李智杰，等. 聚酰亚胺材料在电子电器领域的应用[J]. 合成技术及应用，2020，35(1)：33-36.

[20] 刘存生，陈钰玮，曹景茹，等. 热塑性聚酰亚胺的研究及应用进展[J]. 绝缘材料，2021，54(4)：1-7.

[21] 王萍丽，任中来，邹光继，等. 半芳香族聚酰胺的发展与应用研究[J]. 化工新型材料，2016，44

(6)：233-234+239.

[22] 张佳裕，李巧玲. 聚酰胺酰亚胺改性研究进展[J]. 工程塑料应用，2017，45(4)：124-128.

[23] Rwawiire Samson，Tomkova Blanka，Militky Jiri，et al. Development of a biocomposite based on green epoxy polymer and natural cellulose fabric (bark cloth) for automotive instrument panel applications[J]. Composites Part B: Engineering，2015，81：149-157.

第三章 增强型纤维材料

在复合材料中，能够提高基体力学性能的材料，统称为增强材料。高性能纤维是复合材料中增强材料的主要来源，也是复合材料承受载荷的主要部分。高性能纤维泛指一类特种化学纤维，其物理、化学结构特殊，在物理性能、力学性能、稳定性能、加工和使用性能等方面表现优异，如高强高模、耐高温、耐腐蚀、电绝缘、阻燃、化学稳定等。

一、纤维的概况

（一）纤维及其分类

根据国际人造纤维标准化局（BISFA），纤维（Fiber）被定义为具有柔韧、细长特征的一类材料。根据美国材料试验协会（ASTM）的定义，纤维的长径比应大于 100，且长度不小于 5 mm。

依据材料来源，纤维可以分为天然纤维和化学纤维，其中天然纤维可分为植物纤维、动物纤维及矿物纤维，化学纤维可分为再生纤维及合成纤维；根据材料性质，纤维可以分为有机纤维和无机纤维；按照材料特性，纤维可以分为普通纤维及高性能纤维。

高性能纤维按其性能特点，可分为高强度高模量纤维、耐高温纤维、阻燃纤维、耐腐蚀纤维等。部分高性能纤维只有某一方面的性能卓著，也有相当部分高性能纤维具有两种甚至两种以上的突出特性，例如，聚四氟乙烯纤维（PTFE 纤维）不仅具有良好的耐酸碱腐蚀性能，同时也具有良好的耐高温性能，因此，这类材料在具体的分类方式上会存在交叉。

（二）复合材料常用的增强型纤维

在复合材料中，纤维主要起增强作用，是主要的承力组分。高性能纤维的使用，能够提升材料受外力载荷时抵抗变形与损伤的能力，也能够提高材料抵抗受热变形的程度等。复合材料的性能在很大程度上取决于纤维的性能、含量及增强结构状态。复合材料的增强体形式可以是连续的，亦可以是非连续的。按增强材料形态，复合材料可以分为连续纤维增强复合材料、短纤维增强复合材料及颗粒增强复合材料。在实际工程应用中，纤维材料常以多股或丝束的形式出现，通过纺织工艺将束丝制成各种纺织结构件，并用作复合材料的增强体。

按照增强纤维的种类，复合材料可细分为玻璃纤维复合材料、碳纤维复合材料、有机纤维(芳香族聚酰胺纤维、芳香族聚酯纤维、高强度聚烯烃纤维等)复合材料、金属纤维(钨丝、不锈钢丝等)复合材料、陶瓷纤维(氧化铝纤维、碳化硅纤维、硼纤维等)复合材料等。此外,两种或两种以上纤维可共同增强同一基体,称为纤维混杂型复合材料。

(三)纤维结构特征与力学性能

纤维结构是指组成纤维的结构单元相互作用达到平衡时在空间的几何排列。纤维结构一般从形态结构、聚集态结构以及大分子结构几个层次讨论。形态结构包括纵横向几何形态、孔径结构、表面结构、孔洞结构等;聚集态结构涉及晶态、非晶态、晶粒尺寸、取向度等;大分子结构分为化学组成、单基结构、端基结构、聚合度等。纤维的性能如力学性能与纤维的多级结构特征密不可分,紧密相连。例如纤维结晶度提高,纤维的拉伸模量及强度随之提高;取向度越大,纤维轴向拉伸强度越大、模量越高。

(四)纤维的表面性质与浸润性

复合材料的界面是指基体与增强体之间化学成分有显著变化的、构成彼此结合的、能起载荷传递作用的微小区域。界面的结合状态和强度对复合材料的最终性能具有举足轻重的影响。

界面的形成,主要有两个阶段。第一个阶段是树脂(基体)与纤维(增强体)表面的物理接触与浸润过程,树脂与纤维表面的兼容性好,则浸润效果良好,树脂与纤维表面的接触面积大,且树脂与纤维间的黏结强度大于树脂的内聚强度;反之,则会在界面处出现黏结不牢甚至产生气泡等问题,易使复合材料在受外载荷条件下发生应力集中而开裂的情况。第二个阶段是聚合物的固化阶段,此阶段决定了界面的结合强度、韧性等。

纤维表面主要包括纤维表面结构、表面性质和表面状态。通常,增强纤维如玻璃纤维、碳纤维等高性能纤维的表面光滑,比表面积小,而且表面能较低,具有活性的表面面积一般低于总表面的10%。为改善纤维/树脂间界面的浸润性与黏结强度,提升界面性能,对纤维表面进行适当的处理,是业界常用的手段。

二、碳纤维

碳纤维(carbon fiber,CF)是指碳元素的质量分数超过90%的纤维状碳材料,具有轻质高强、耐高温、耐腐蚀、耐疲劳等特性,作为碳纤维复合材料的增强体,被广泛应用于航空航天、交通运输、军事工业、建筑、体育休闲等领域。不同于传统的有机纤维或者无机纤维,碳纤维难以直接通过熔融法或溶液法进行纺丝,通常利用有机高分子纤维在惰性气氛中经高温炭化而获得。用于制备碳纤维的有机高分子纤维被称为前驱体或原丝。碳纤维的前驱体有很多,主要包括聚丙烯腈(PAN)纤维、沥青纤维、黏胶纤维及木质素纤维。其中,聚丙烯腈基碳纤维的综合性能最好,为碳纤维的主导品种,占全球碳纤维产量的90%以上。

聚丙烯腈基碳纤维的制造过程非常复杂，关键步骤可分为原丝制备（聚丙烯腈原液聚合、纺丝）、预氧化、炭化及后处理（表面处理、上浆），具体的工艺流程如图 3-1 所示。

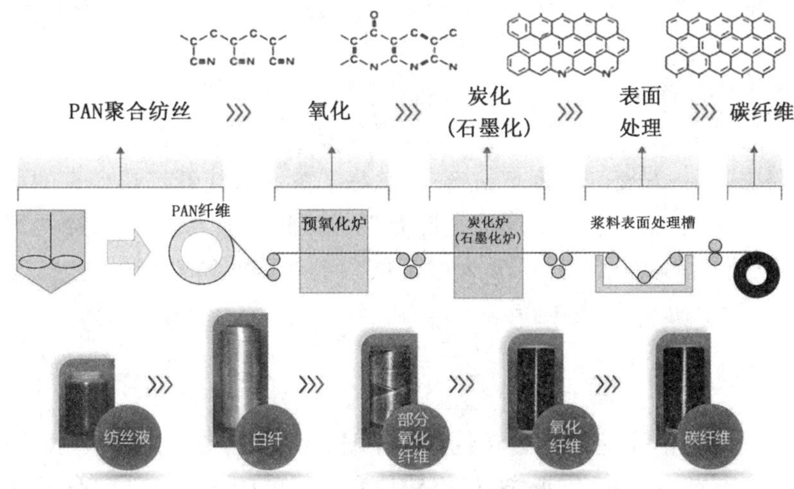

图 3-1 聚丙烯腈基碳纤维的制备工艺流程

（一）聚丙烯腈纤维（原丝）

聚丙烯腈是碳纤维最重要、来源最广泛的原丝之一，其质量优劣对于碳纤维的性能具有重要的决定作用。聚丙烯腈是丙烯腈和共聚单体通过自由基或负离子引发聚合而形成的聚合物，其分子结构如图 3-2 所示。聚丙烯腈侧链中的腈基（—CN）的偶极矩大，相邻腈基因极性相同而相互排斥，使得同一条大分子链上的腈基在空间结构上呈螺旋状排列，大分子链亦呈螺旋状扭曲；此外，不同大分子链因腈基极性相反而彼此吸引，使得不同分子链间相互牵制，形成较为稳定的集合体。连续、相互牵制的腈基结构使得聚丙烯腈大分子的分解温度高于其熔融温度，即受热后先发生热降解。

$$\left[CH_2-\underset{\displaystyle C\equiv N}{\underset{|}{CH}}-CH_2-\underset{\displaystyle C\equiv N}{\underset{|}{CH}}-CH_2-\underset{\displaystyle C\equiv N}{\underset{|}{CH}} \right]_n$$

图 3-2 聚丙烯腈分子结构

聚丙烯腈纤维的制备主要分为两个步骤：(1)丙烯腈聚合；(2)聚丙烯腈纤维纺丝。

(1) 丙烯腈聚合。该聚合的主要任务是将丙烯腈及其共聚单体转化为适合纺丝的高聚物原液。聚丙烯腈纺丝原液性能的优劣往往对终端聚丙烯腈基碳纤维的性能具有决定性的影响。采用单一的丙烯腈聚合，虽可获得相对分子质量很高的链状聚合物，但聚合过程中放热现象剧烈，反应过程难以控制，得到的纤维产物脆性大、易断裂。因此，目前通常采用丙烯腈与共聚单体，在引发剂的作用下进行共聚，得到聚丙烯腈原液。根据不同的工艺路线，可在各类溶剂中进行溶液聚合或在水相中进行沉淀聚合，目前多采用均相溶液聚合的方法，制备性能稳定、均一的聚丙烯腈原液。共聚单体的引入，有利于减缓纤维的化学反应速率及后续预氧化阶段大分子的环化及沿纤维方向的牵伸，但可能会降低聚丙烯腈的结晶度、规整度，也可能引入杂质，最终影响碳纤维的性能。

（2）聚丙烯腈纤维纺丝。聚丙烯腈纺丝工艺主要包括三种，即湿法纺丝、干喷湿法纺丝及熔融纺丝。

湿法纺丝主要包括原液过滤、喷丝、凝固、水洗、拉伸等几个阶段。干喷湿法纺丝与湿法纺丝有一定的区别，纺丝液由喷丝板喷出后，先经过空气层，再进入凝固浴，在空气区可以进行有效的拉伸，一方面可以提高纺丝速度，另一方面可使纤维获得高的取向度及致密的结构，从而获得高强度。熔融纺丝通过降低腈基之间的偶极作用来降低聚丙烯腈的熔点，以达到熔融纺丝要求的温度，可分为增塑熔融纺丝和非增塑熔融纺丝，具有纺丝速度快、溶剂消耗少、生产成本低廉等特点。

（二）预氧化工艺

预氧化的目的是使线型分子链转化成耐热梯形六元环结构，使聚丙烯腈纤维在后续高温炭化中不熔不燃，保持纤维形态，最终获得高质量的碳纤维。预氧化是制备聚丙烯腈基碳纤维的关键工艺，对碳收率、碳纤维的性能具有重要影响。

预氧化是在 200～300 ℃下的预氧化介质中（净化的流动热空气），对聚丙烯腈原丝施加一定的张力条件下进行的。预氧化使聚丙烯腈纤维颜色由白变黄，再到棕褐色，直至最后的黑色。影响预氧化过程的因素很多，包括预氧化温度、温升速率、保温时间、纤维牵伸率、施加的张力以及预氧化介质等。预氧化过程在很大程度上决定了碳纤维内部结构，从而影响最终聚丙烯腈碳纤维的力学性能，如强度、模量等。

（三）炭化工艺

高温炭化是聚丙烯腈碳纤维制备过程中非常重要的环节，炭化过程通常在高纯度惰性气体（99.99%～99.999%的氮气）的保护下进行，将经过预氧化的聚丙烯腈纤维加热至 1200～1800 ℃，以去除非碳元素（N、H、O）。高温炭化分预炭化和炭化两个阶段。预炭化温度大致在 300～900 ℃，炭化温度高达 1200～1800 ℃。经过炭化，纤维含碳量从 60%左右提升至 92%以上。影响炭化过程的因素也很多，包括炭化温度、炭化时间、牵伸力等。与预氧化工艺比较类似，炭化温度、处理时间及牵伸力都会影响碳纤维的模量与强度。此外，炭化过程中的热裂解会产生各种气体（如 CO_2、CO、NH_3、N_2、HCN），易在纤维内部形成孔隙或裂纹。如何实现此类气体的快速排除，成为炭化的关键。

（四）碳纤维的表面处理

尽管碳纤维与树脂间的接触表面积较大，但碳纤维的活性表面积小，表面边缘的活性碳原子数目少，表面能低，表面呈疏水性且接触角大，故碳纤维/树脂之间的黏结性较差。为改善黏结性，成品碳纤维首先需要进行表面处理，其主要目的是通过对纤维表面进行氧化或涂覆处理，使得碳纤维表面具有更强的润湿性、抗氧化性以及提高纤维/树脂间的黏着力。

碳纤维表面处理的方法有很多，例如电化学法、气相沉积法、液相沉积法、气相氧化法、等离子体处理法、能量束处理法等。目前，电化学法较为常见，处理装置主要包括电解槽与水洗槽两个部分。将碳纤维放在石墨板和铂板分别为阳极和阴极的电解槽中进行表面氧化，然后经过水洗槽，以去除表面电解质。经过电化学法处理的碳纤维，其表面活性官能团如羧基、羰基等的数量得到提升。刘杰等采用电化学氧化法对碳纤维进行连续氧化处理，由扫描电镜观察纤维表面形貌，结果表明碳纤维表面粗糙度和比表面积增大；由X电子能谱表面化学分析表明，经电化学氧化法处理后，碳纤维表面的羟基含量提高55%，活性碳原子数增加18%。

气相沉积法是一种先将原料以气体方式分散，然后使用高温将原料气体分解为小分子或活性原子，再在目标表面生长所需物质的方法。碳纤维表面处理常用化学气相沉积(CVD)法。这种方法主要用于在碳纤维表面生长CNTs(碳纳米管)。在沉积前，先将催化剂颗粒通过溶液浸泡、镀膜、喷涂等方式加载在碳纤维表面，再利用甲烷、乙炔等气体作为碳源，在高温下自分解产生热解碳原子，附着到被还原后的催化剂颗粒上生长出CNTs。CVD法常用的催化剂有Fe、Co、Ni，常见的反应温度为500～1 000 ℃，具体反应温度因碳源气体不同而异。在CVD法使用的催化剂方面，已有较多的研究实验。此外，还有对于CVD法工艺细节的改进研究，如采用不同的方法加载催化剂颗粒、采用不同方式的CVD法生长等。CVD法是目前在碳纤维表面生长CNTs的最好方法，其反应条件容易控制，生产效率高，产品质量好，而且易进行大规模生产，是极有可能工业化应用的技术。

液相沉积法是将碳纤维浸泡在涂层物质的溶液中，通过物理或化学反应，将溶液中的涂层物质沉积在碳纤维的表面，形成涂层，达到提升碳纤维表面活性的目的。由于未处理碳纤维表面呈惰性，常规的沉积反应难以发生，因此一般用电场辅助进行。常用的液相沉积法有电化学沉积(ECD)法和电泳沉积(EPD)法，两者的主要区别在于沉积过程中是否发生化学反应。Yandrapu等使用EPD法将羧基化石墨烯沉积在碳纤维表面，测试结果表明，经浓度为1.5 g/L的羧基化石墨烯溶液处理后，环氧树脂/碳纤维复合材料样品的界面剪切强度(IFSS)提升了35.0%。Patnaik等同时研究了EPD法沉积羧基化石墨烯后的碳纤维增强环氧树脂复合材料在室温与低温下的界面性能，结果显示，在低温下，复合材料的IFSS也有所提高。

气相氧化法依据化学键理论，碳纤维的羧基等与树脂的活性基团之间发生化学键合，从而形成强的化学键，提高了两者间的结合程度，但对碳纤维的拉伸强度有一定的损伤，且氧化程度受热气流温度等因素的影响较大。贺福等人发现，采用经气相氧化法处理的碳纤维增强，可使复合材料的层间剪切强度提高36%～56%。

等离子体处理法是通过等离子体撞击碳纤维表面，从而刻蚀碳纤维表层，增大碳纤维的比表面积，以增强碳纤维与基体的结合能力。等离子体处理法可分为氧气等离子体处理、空气等离子体处理以及等离子体接枝聚合处理。Sun等采用氧气等离子体处理碳纤维布，通过观察发现，纤维表面与基体之间的反应性提高。他们认为，氧气等离子体处理增加了含氧官能团(羟基、羰基和羧基)数量，改善了纤维表面的润湿性能，水与碳纤维之

间的接触角由75°下降到61°，纤维表面粗糙度和表面纹理也明显增多。华东理工大学贾玲等将碳纤维预浸芳基乙炔进行空气等离子体处理，使芳基乙炔接枝在碳纤维上，结果表明，经过空气等离子体处理的碳纤维/芳基乙炔复合材料的层间剪切强度(ILSS)最大可提高12.4 MPa，而碳纤维布接枝丙烯酸单体后，其ILSS最大可提高51.27 MPa。Dilsiz等对碳纤维进行等离子体接枝聚合处理，结果表明，纤维表面粗糙度与活性成分都显著增加，因此碳纤维与基体之间的结合能力提高。

(五) 碳纤维上浆技术

经过表面处理的碳纤维还需要进行上浆处理。在碳纤维表面直接涂覆一层高分子材料，以改善碳纤维表面性质的工艺，被称为上浆，对应的高分子材料被称为上浆剂。一方面，上浆剂的使用可以进一步保护碳纤维表面处理产生的表面活性，有效地提高纤维与树脂基体间的界面黏合力，提升复合材料的层间剪切强度；另一方面，碳纤维的脆性大，耐磨性差，上浆剂的使用能对碳纤维在卷绕、织造等工艺过程中起到良好的保护作用，提高丝束间的集束性能，防止产生“起毛”“断裂”或“起静电”等问题。

上浆是商业运用非常广泛的碳纤维表面处理方式。上浆剂改性及上浆工艺优化一直是研究的热点。毛丽贺等利用硅烷偶联剂即KH550为媒介，对碳纤维涂覆聚氨酯上浆剂，并对上浆后的碳纤维增强复合材料进行界面性能测试，结果表明，采用不同浓度的上浆剂，碳纤维复合材料的层间剪切强度均有所提升。Choi等用偶联剂涂层处理碳纤维，由此得到的复合材料的弯曲强度和界面结合性能都得到增强。Iwashita等采用正己烷配制的1%碳酸酯作为偶联剂处理碳纤维，其复合材料的拉伸强度达到1.3 GPa，模量达到400 GPa。偶联剂涂层处理法的缺点是对高模量碳纤维的效果略低。

除涂覆高分子材料的上浆改性以外，也有直接在碳纤维表面涂覆CNTs或GO(氧化石墨烯)层的研究报道。蒋鹏等用共沉淀法将CNTs与Fe_3O_4颗粒结合，再使用磁控喷涂法将已结合Fe_3O_4的CNTs定向喷涂在碳纤维的表面，制成改性碳纤维，由此制得的改性碳纤维增强复合材料的I型层间断裂韧性比未改性碳纤维增强复合材料约提高315.6%(由481 J/m^2上升至1999 J/m^2)，表明该方法对碳纤维增强复合材料界面强度有显著的改善效果。

(六) 碳纤维微观结构与性能

碳纤维微观结构尚未完全清楚，但基本可以认为碳纤维的微观结构类似人造石墨，碳原子以石墨化的六方微晶体的形式连接在一起，形成无规乱层石墨结构，并沿纤维的轴向进行取向排列，这使得碳纤维的力学性能(包括模量、强度)非常优异。典型的碳纤维微观结构如图3-3所示。

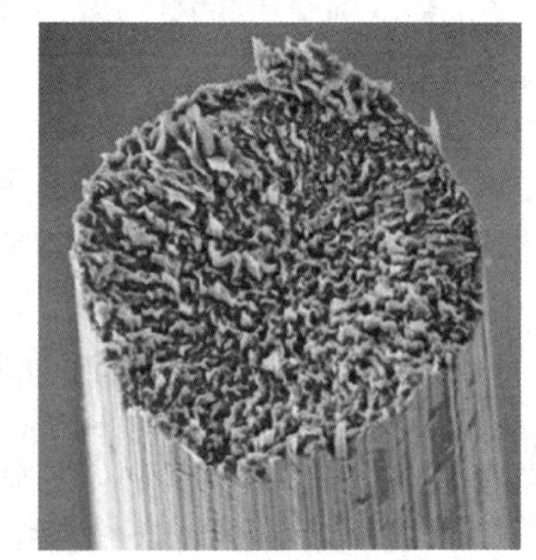
图3-3 碳纤维微观结构

根据C—C键的键能及密度计算得到的单晶石墨的强度和模量分别约为180 GPa和1 TPa，但目前碳纤维的

实测模量和强度远低于此理论值。究其原因，主要为原丝中固有的或纤维生产过程中产生的缺陷，如结构不匀、微孔、裂缝或沟槽、气孔、杂质等。

碳纤维在被拉伸至断裂的过程中，其应力与应变基本呈线性关系，且最终断裂呈脆性破坏。如表 3-1 所示，碳纤维具有超出其他工程材料许多的比模量和比强度。

表 3-1　碳纤维(以东丽 T300 为例)与其他工程材料的性能对比

材料类别	密度 (ρ) /($g \cdot cm^{-3}$)	抗拉强度 (σ) /MPa	拉伸模量 (E)/GPa	比强度 (σ/ρ) /($MPa \cdot m \cdot kg^{-1}$)	比模量 (E/ρ) /($GPa \cdot m \cdot kg^{-1}$)
东丽 T300	1.76	3530	230	2.0	130
东丽 T700SC	1.80	4900	230	2.7	128
高强钢	7.8	340～2100	208	0.04～0.27	27
高强铝合金	2.7	144～650	69	0.05～0.23	26
E-玻璃纤维	2.54	3100～3800	72.5～75.5	1.3～1.5	28.5～29.5
芳纶 49	1.44	2800	126	1.94	88
硼纤维	2.36	2750	382	1.17	162
碳化硅	2.69	3430	480	1.28	178

通过上述工艺流程的控制，已开发出具有不同力学特性的碳纤维。以东丽公司的碳纤维(Torayca™)为例，可分为高强、中模、高模三类碳纤维，高强系列包含 T300、T400H、T700S、T700G 等型号，中模量碳纤维包含 T800H、T830H、T800G/S、M20S、T1000G、T1100G/S 等型号，高模量碳纤维包含 M35J、M40J、M46J、M50J、M55J、M60J 等型号；各类型号的碳纤维按丝束中的单纤维数量可分为 1 K(K=1000)、3 K、6 K、12 K、18 K、24 K 等。碳纤维 Zoltek PX35 丝束中的单纤维多为 50 K，属于大丝束。东丽公司碳纤维的拉伸强度及拉伸模量如图 3-4 所示。

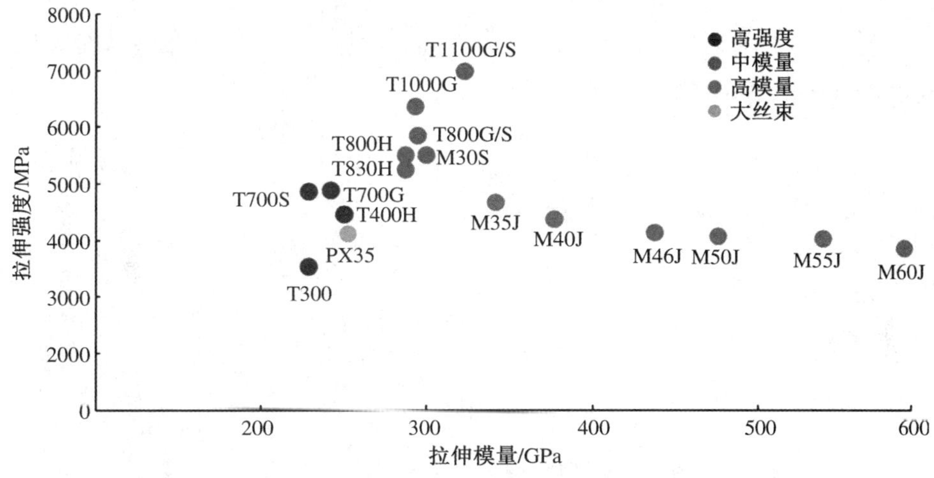

图 3-4　东丽公司碳纤维的拉伸强度-拉伸模量关系

(七) 碳纤维产业及其近况

一直以来,碳纤维技术演进以及产业布局主要由发达国家主导,日本东丽、东邦和三菱三大巨头处于领先位置,美国赫氏、氰特及德国 SGL 等紧随其后。日本东丽一直以来都是全球碳纤维制造的行业龙头,主导波音公司碳纤维的供应。2020 年,日本东丽、东邦和三菱在全球聚丙烯腈基碳纤维销售市场的占有率超过 50%,其产能占全球小丝束碳纤维名义产能的 70%以上(图 3-5);美国赫氏及氰特的市场占有率为全球的 12%。日本东丽收购美国 ZOLTEK 之后,成为全球大丝束碳纤维的领头羊;日本三菱也加大大丝束碳纤维的研发投入。德国 SGL 公司也紧随其后,2020 年大丝束碳纤维的市场占有率达全球的 23%(图 3-6)。

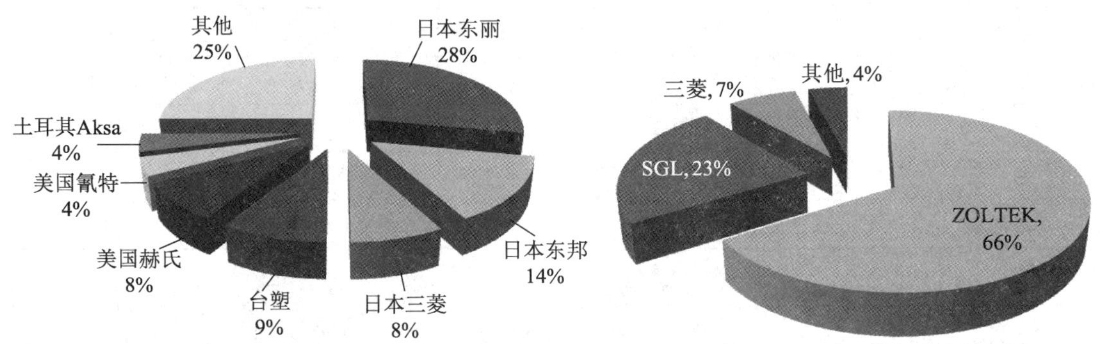

图 3-5　2020 年小丝束碳纤维国际市场竞争格局　　**图 3-6　2020 年大丝束碳纤维国际市场竞争格局**

2020 年,全球碳纤维运行产能约为 17.17 万 t。从区域角度看,美国是碳纤维运行产能最多的国家,达 3.73 万 t,占 2020 年全球碳纤维运行产能的 22%;中国位居第二,运行产能为 3.62 万 t(不包括港澳台的数据),占比为 21%;日本位列第三,运行产能为 2.92 万 t,占比为 17%。2022 年,全球碳纤维运行产能增加至 22.96 万 t,其中:中国运行产能达 11.21 万 t(不包括港澳台的数据),占比为 43%;美国位居第二,运行产能为 4.79 万 t,占比为 19%;日本位列第三,运行产能为 2.47 万 t,占比为 10%。2022 年,全球碳纤维需求为 13.5 万 t,同比增长 14.4%(图 3-7)。

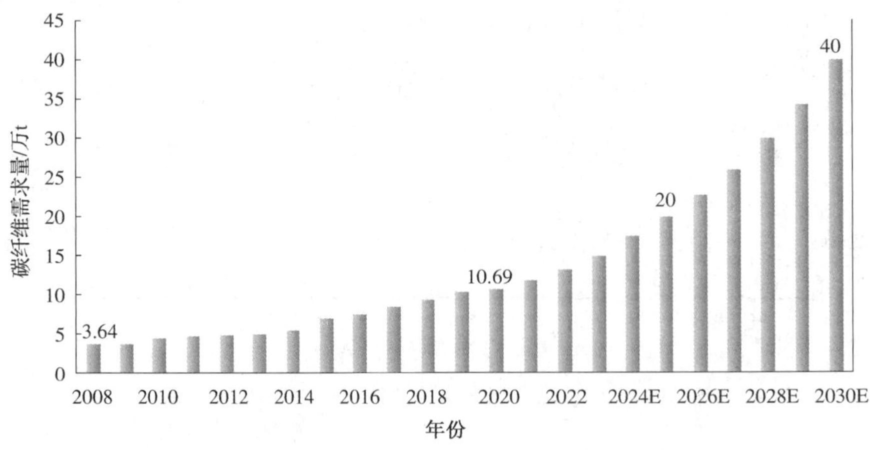

图 3-7　全球碳纤维需求量变化

按照每束碳纤维中的单丝根数，碳纤维可以被分为小丝束(1 K～12 K)碳纤维和大丝束(24 K～480 K)碳纤维。早期小丝束碳纤维以 1 K、3 K、6 K 为主，逐渐发展出 12 K 和 24 K。小丝束碳纤维工艺控制要求严格，生产成本较高，一般用于航天、军工等高科技领域，以及体育用品中附加值较高的产品类别，主要下游产品包括飞机、导弹、火箭、卫星和钓鱼杆、高尔夫球杆、网球拍等。大丝束碳纤维产品的性能相对较弱，但制备成本较低，因此往往运用于基础工业领域。

如图 3-8 所示，2020 年大丝束碳纤维的需求占比最大。大丝束碳纤维需求快速增长的核心原因有三点：首先，风电领域的需求快速增长；其次，航空航天的需求增速有较大幅度的下降，降低了 30%；最后，由于大丝束碳纤维产品供不应求，也有部分小丝束碳纤维产品合股替代。因此整体来看，“十四五”期间，大丝束碳纤维产品的份额处于稳步扩张的状态。

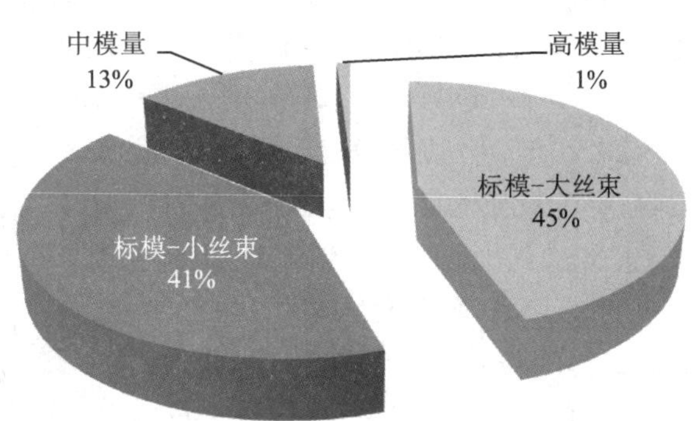

图 3-8　2020 年各类碳纤维的需求分布

如图 3-9 所示，风电叶片、航空航天、体育休闲以及汽车是目前碳纤维非常重要的几大应用领域。这四大应用领域约占碳纤维总消费量的 70%。不过，需要强调指出，航空航天用碳纤维约占碳纤维消费量的 15%，但是货值占比则为 37.7%。根据《2022 全球碳纤维报告》，龙头依然是风电市场，但全球风电领域的碳纤维消费增速回落至 5.2%；体育市场的碳纤维应用增长强劲，增幅高达 29.7%，处于全球第二大市场地位。压力容器(主要是燃料电池领域)的碳纤维消费量增速在 34.5%，由于单晶硅热场材料猛增，碳/碳复合材料的全球消费增速接近 80%。受益于中国光伏行业的快速发展，碳/碳复合材料(包括保温毡)消费量比 2021 年增长了 5.9%。航空航天、军工领域的碳纤维消费量比 2021 年增长了 28.3%。2022 年，汽车行业的碳/碳复合材料消费量对比 2021 年的增长幅度为零，其原因主要是两款大面积采用碳纤维的汽车，即宝马 I8 与宝马 I3，分别在 2020 年底

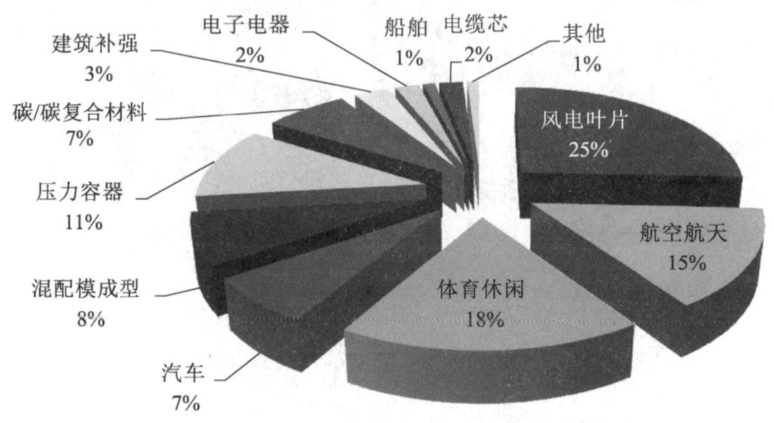

图 3-9　2022 年全球碳纤维的产业需求分布

与2021年中停产，由此减少的碳纤维消费量接近5 000 t，而其他汽车企业的碳纤维应用保持平稳增长。未来，风电、汽车、压力容器和碳/碳复合材料依然是碳纤维极具发展前景的几大应用领域，航空航天用碳纤维则是碳纤维产业竞争的制高点。

2020年，中国的碳纤维总需求约4.89万t，虽然受到新冠疫情的冲击，但是保持了29%的增速。“十三五”期间，中国的碳纤维需求增速维持在两位数以上。受益于下游应用市场的打开，“十四五”期间，中国的碳纤维需求仍然维持非常高的增速水平。不仅如此，中国的碳纤维也一直维持较高的对外依存度，2020年中国的碳纤维进口量为3.04万t，约占总需求的62%，同比增长17.5%。

2022年，中国碳纤维的总需求为7.44万t，对比2021年的6.23 t，同比增长19.3%，其中，进口量为2.94万t(占总需求的39.5%，比2021年减少11.2%)，国产纤维供应量为4.5万t(占总需求的60.5%，比2021年增长53.8%)，首次超越进口量，成为中国碳纤维产业发展的历史里程碑(图3-10)。

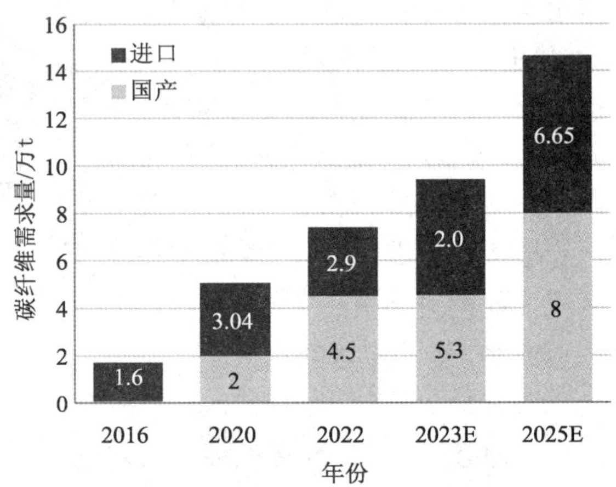

图3-10 中国碳纤维需求量变化

“十三五”期间，国产碳纤维技术取得长足的进步。我国碳纤维产业“有产能，无产量”的现象初步得到缓解。2020年，中国的碳纤维运行产能为3.62万t(不包括港澳台的数据)，国产碳纤维的销量达到1.85万t，同比增长53.8%，“十三五”期间的平均产量增速为30%。部分碳纤维企业，比如中复神鹰，装置开工率基本超过90%。图3-11显示了2022年中国碳纤维的产业需求分布。

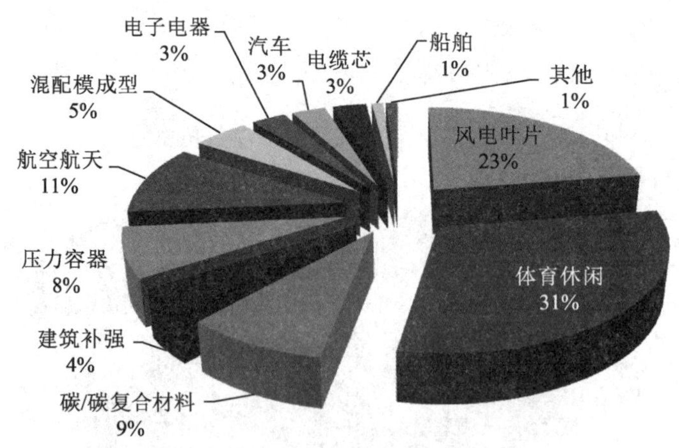

图3-11 2022年中国碳纤维的产业需求分布

三、其他增强纤维

(一) 玻璃纤维

玻璃纤维(glass fiber,简称 GF)是以二氧化硅(SiO_2)及各种金属氧化物为原料,经高温熔融、拉丝等多道工艺制成的无机长丝纤维。玻璃纤维的制造工艺有两种:一种是先制备玻璃弹珠,再经熔融、拉丝、集束、络筒等工艺,制成纤维长丝;另一种是将原料直接进行熔融拉丝。玻璃纤维外观为光滑圆柱体,横截面接近圆形,其质量轻、强度高、隔热性好、耐高温、耐腐蚀,电绝缘性能也好,且造价低廉,常被作为增强材料用于复合材料。

1. 分类

玻璃纤维品种很多,可按含碱量、形态、直径及纤维中的无机物成分进行分类。

(1) 按纤维的含碱量分类。玻璃纤维按纤维成分中的含碱量(用 R_2O 表示金属氧化物)可分为无碱、低碱、中碱和高碱四类。无碱玻璃纤维:R_2O 含量小于 0.5%,是一种铝硼硅酸盐,化学稳定性、电绝缘性、强度都很好,主要用于电绝缘材料、玻璃钢增强材料、轮胎帘子线等;低碱玻璃纤维:R_2O 含量小于 2%,是一种含碱量稍高的铝硼硅酸盐,化学稳定性、电绝缘性、强度都比无碱纤维略差,应用范围与无碱纤维类似;中碱玻璃纤维:R_2O 含量在 12%左右,化学稳定性较好,但因含碱量较高,不能用作绝缘材料,一般用作乳胶布基材、酸性过滤布、玻璃钢增强材料等;高碱玻璃纤维:R_2O 含量大于等于 15%,不能用于对耐酸有要求的场合,可用于电池隔片、防火防潮材料等。不同玻璃纤维的组分如表 3-2 所示。

表 3-2 不同玻璃纤维的组分

组分	质量分数/%				
	E-玻璃纤维	S-玻璃纤维	C-玻璃纤维	A-玻璃纤维	Z-玻璃纤维
SiO_2	52.0~53.0	64.0~65.0	65	72.5	60.0
Al_2O_3	14.0~15.0	25.0~26.0	4.0	0.7~1.5	—
B_2O_3	8.0~10.0	—	6.0	—	—
MgO	4.5	10.0	3.0	2.5	—
CaO	17.5	—	14.0	10.0	—
Na_2O/K_2O	0.4	—	8.0	13.5~14.0	20.0
Fe_2O_3	—	—	—	—	—
SO_3	—	—	—	0.7	—
TiO_2	—	—	—	—	5.0
ZrO_2	—	—	—	—	15.0

(2) 按纤维形态分类。玻璃纤维按纤维的形态和长度分为连续玻璃纤维和定长玻璃纤维。连续玻璃纤维指无限长的玻璃纤维，主要用漏板法拉制而成，经过纺织加工，可以制成玻璃带、玻璃布、玻璃绳、玻璃无捻粗纱及其制品；定长玻璃纤维的长度有限，一般为300～500 mm，有时也较长，多用来制成毛纱或毡片。

(3) 按纤维直径分类。玻璃纤维按纤维的直径分为初级玻璃纤维（单丝直径大于20 μm）、中级玻璃纤维（单丝直径为 10～20 μm）和高级玻璃纤维（单丝直径为 3～10 μm）。有时把单丝直径小于 4 μm 的玻璃纤维称为超细玻璃纤维。

(4) 按纤维中的无机物成分分类。玻璃纤维按无机物成分的分类见表 3-3。

表 3-3　玻璃纤维按无机物成分的分类

纤维类别	用途与说明
碱纤维（钠钙纤维）	含碱量在 10%以上，耐酸，热膨胀系数低，但耐水性差，用作保温隔热件
无碱纤维	含碱量在 1%以下，电绝缘性能优良，用作电绝缘件、抗震零部件等
钠钙-硼硅玻璃纤维	有优良的耐化学性，广泛用作耐腐蚀材料
硼-硅玻璃纤维	低密度、低介电常数玻璃纤维，适用于电绝缘件
铝镁硅玻璃纤维	高强度玻璃纤维，用于制作高强度件、火箭壳体、人造卫星外壳等
含氧化铍玻璃纤维	高弹性模量玻璃纤维
高硅玻璃纤维	SiO_2 含量在 95%以上，耐热性达 1100 ℃，用作耐高温、防火材料
粗玻璃纤维	大多用作塑料、橡胶和水泥的增强材料

(5) 中国标准及国际标准化组织对玻璃纤维的分类及定义见表 3-4。

表 3-4　中国标准及国际标准对玻璃纤维的分类及定义

类别符号	GB/T 4202 和 GB/T 18374	ISO 2078：2015
A	高碱玻璃纤维	碱金属含量高，电绝缘性能、强度和耐久性低于 E-玻璃的成分
C	中碱玻璃纤维。在普通玻璃纤维系列中，碱金属氧化物含量居中等水平	耐大部分酸腐蚀的成分
D	低介电玻璃纤维。其介电常数及介电损耗都小于 E-玻璃纤维	具有低介电常数的成分
E	无碱玻璃纤维。碱金属氧化物含量很少，具有良好的电绝缘性能（其碱金属氧化物含量一般小于 1%）	适用于大多数情况的兼具电绝缘性能、强度和耐久性的成分
E-CR	具有良好的电绝缘性能及耐化学腐蚀性能	耐大部分酸腐蚀的改性 E-玻璃
AR	耐碱玻璃纤维。能耐碱性物质长期侵蚀，主要用于增强硅酸盐水泥	具有耐碱腐蚀的成分

(续表)

类别符号	GB/T 4202 和 GB/T 18374	ISO 2078：2015
R	(没有定义,在 GB/T 4202 代号的标准中,与S表示相同的玻璃纤维)	由 SiO_2-Al_2O_3-MgO-CaO 玻璃体系组成,弹性模量较高
S	高强玻璃纤维。由硅-铝-镁体系的玻璃拉制而成	由 SiO_2-Al_2O_3-MgO 玻璃体系组成,拉伸强度和弹性模量较高
M	高模量玻璃纤维。用高模量玻璃拉制而成。注:其弹性模量一般比 E-玻璃纤维高 25%以上	—
B	高硅氧玻璃纤维。玻璃拉丝后,经酸处理和烧结而成。注:其二氧化硅含量通常在 95%以上	—

2. 性能

在力学性能方面,玻璃纤维的强度高,伸长率小,抗拉强度和冲击强度高,耐磨性差;物理性能方面,玻璃纤维的密度与铝接近,吸湿性小,导热系数小,尺寸稳定性、阻燃性、隔声性、耐热性好,电绝缘性能优异;化学性能方面,玻璃纤维耐酸、耐碱、抗紫外线、抗老化,且防蛀防霉性能好。常见各类玻璃纤维的基本物理力学性能见表 3-5。

表 3-5 各类玻璃纤维的基本物理力学性能

纤维种类	密度/($g \cdot cm^{-3}$)	软化点/℃	拉伸强度(23 ℃)/MPa	杨氏模量(23 ℃)/GPa
A	2.44	705	3310	68.9
C	2.52	750	3310	68.9
D	2.11~2.14	771	2415	51.7
E	2.55~2.62	846	3445	72.3
E-CR	2.68~2.72	882	3445	80.3
AR	2.70	773	3241	73.1
R	2.54	952	4135	85.5
S-2	2.46~2.49	1056	4890	86.9

3. 应用

在电工绝缘领域,绝缘玻璃纤维可用作填充材料或绝缘层,而低介电玻璃纤维作为增强材料应用于印制电路板和覆铜板等;在环境领域,玻璃纤维过滤材料可以改善废气成分,降低粉尘排放量;在建筑领域,玻璃纤维被用于保温、防火、隔声,还可以用作装饰材料及玻璃增强水泥;在生物医学领域,由于玻璃纤维的优良性能,玻璃纤维织物具有强度高、不吸湿、尺寸稳定等特点,可用作矫形和修复材料、牙科材料、医用器材等。此外,玻璃纤维作为增强纤维制得的玻璃增强树脂基及金属基复合材料,在航空航天、交通运输、管道、风电发电、通信设备等诸多领域应用普遍。

4. 全球玻璃纤维产业及其现状

2020 年我国实现玻璃纤维纱总产量 541 万 t,同比增长 2.64%,增速与 2019 年相比出现明显回落。2021 年我国玻璃纤维纱总产量达 624 万 t。如图 3-12 所示,从 2014 年开始,我国与世界的玻璃纤维产能均不断上升。2020 年我国玻璃纤维及制品出口 133 万 t,同比下降 13.59%;出口金额 20.5 亿美元,同比下降 10.14%。2020 年我国玻璃纤维及制品累计进口 18.8 万 t,同比增长 18.23%;进口金额 9.4 亿美元,同比增长 2.19%。其中,玻璃纤维原料球、玻璃纤维粗纱、其他玻璃纤维、粗纱机织物、玻璃纤维席等产品的出口量降幅在 15%以上。据中国玻璃纤维行业协会发布的数据,2022 年我国玻璃纤维纱总产量达到 687 万 t,同比增长 10.2%。从进出口来看,2022 年我国玻璃纤维行业出口呈现剧烈波动,进口方面创十年来新低。进口方面,2022 年我国玻璃纤维及其制品的进口总量为 12.47 万 t,同比下降 31.5%,进口金额为 8.55 亿美元,同比下降 18.8%,进口总量和总规模创新低,侧面反映了国内市场需求萎缩和供求失衡;出口方面,2022 年我国玻璃纤维及其制品的出口总量为 183 万 t,同比增长 9.0%,出口金额为 32.9 亿美元,同比增长 7.9%。

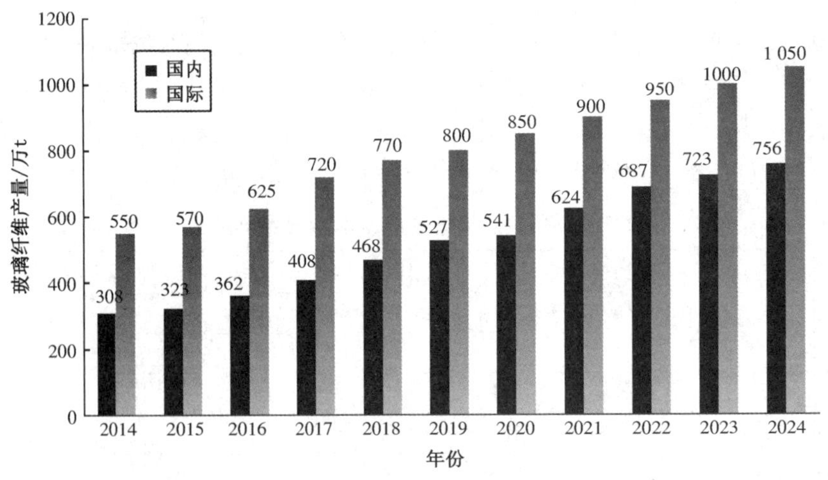

图 3-12　近年来国际与国内玻璃纤维产量

我国玻璃纤维行业的集中度整体较高。玻璃纤维产能方面,如图 3-13 所示,中国巨石的占比最大,达 34%;其次为泰山玻纤及重庆国际,占比均为 17%;山东玻纤、江苏长海、四川威玻、重庆三磊、河南光远、邢台金牛的占比较小,共占比 21%。玻璃纤维应用领域方面,如图 3-14 所示,主要为建筑建材、交通运输、电子电器、工业设备及新能源环保领域,占比分别为 39%、18%、24%、11%、8%。

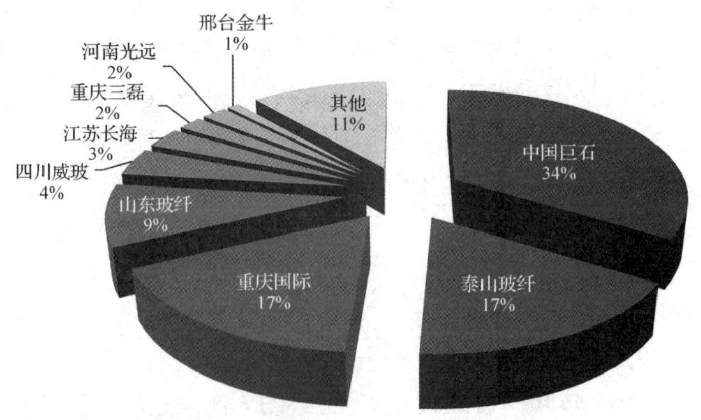

图 3-13　我国玻璃纤维企业产能竞争格局

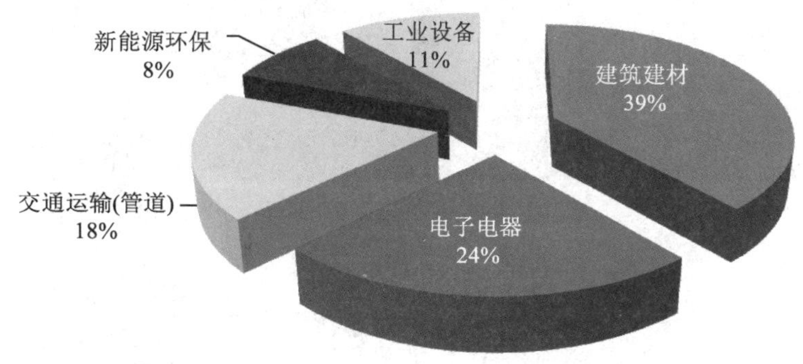

图 3-14　玻璃纤维应用领域

（二）玄武岩纤维

玄武岩纤维(Basalt Fiber,BF)的研究始于 20 世纪 60 年代的苏联,经过近二十年的不断实践,1985 年在乌克兰玻璃纤维研究所建成采用 200 孔漏板的第一台工业化生产炉,由此揭开了全球研究玄武岩纤维的序幕。我国开展连续玄武岩纤维的研究始于 20 世纪 90 年代中期,通过技术引进、消化吸收、再创新,近几年发展较快,技术已趋于成熟,部分技术达到国际先进水平。

玄武岩连续纤维是以纯天然火山岩玄武岩为原料,在 1450～1500 ℃条件下熔融后,通过铂铑合金拉丝漏板高速拉制而成的,除了具有高强度、高模量等特点,还具有耐高温及低温性能佳、耐酸碱、抗氧化、抗辐射、绝热隔声、防火阻燃、过滤性好、抗压缩强度和剪切强度高、适用于各种环境等优点。因此,玄武岩连续纤维可广泛用于消防、环保、航空航天、军工、汽车和船舶制造、工程塑料及建筑等领域。

我国玄武岩纤维产业具有原料来源的充沛性、资源利用的高效性、生产工艺的简洁性、技术含量的高难性、应用替代的广泛性、环境保护的友好性、知识产权的自主性、上游产业的基础性和循环发展的可持续性等特点,具有很大的发展空间和机遇,是我国四大高性能纤维(碳纤维、芳纶、超高相对分子质量聚乙烯纤维、玄武岩纤维)之一。

1. 制备工艺

根据熔融原料所使用的容器不同,玄武岩纤维的制备方法包括坩埚法和池窑法。

坩埚法是把原料制成配合料并放入球窑,经高温熔融、澄清均化制成球,再将球放入坩埚重新熔融,熔体经坩埚底部的漏嘴流出,被拉制成纤维。

池窑法又称直接法,其生产流程如图 3-15 所示。将原料制成配合料并放入池窑,经过高温熔融、澄清均化,熔体直接流入成型通路,经漏嘴流出,被拉制成纤维。与坩埚法相比,池窑法省去了制球工序,因而过程简单,加上池窑法具有节能、污染少、体积小、占地少、成品率高、废丝少等优点,坩埚法已经基本被池窑法取代。

池窑法生产玄武岩连续纤维的设备有破碎机(磁选机)、混料机、称料机、加料机、预热池、熔窑、澄清池、单丝涂油装置、自动卷绕拉丝机、原丝烘干窑、无捻粗纱机、纺纱机、温度

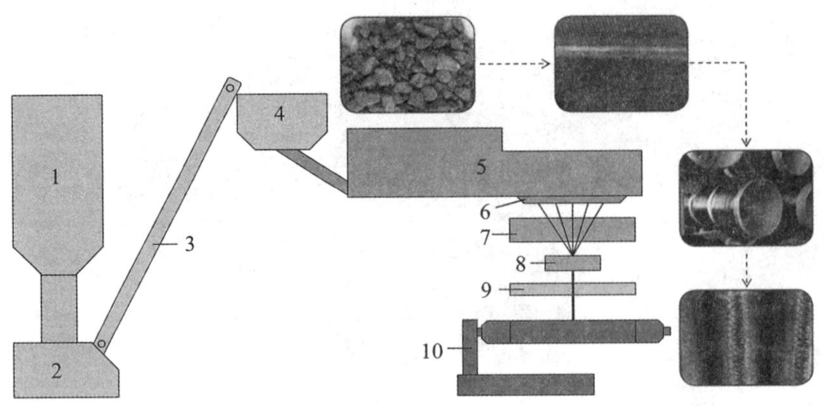

1—料仓；2—喂料机；3—提升输送机；4—定量下料器；5—熔炼装置(池窑法)；
6—拉丝漏板；7—施加浸润剂；8—集束器；9—纤维张紧器；10—自动卷曲器

图 3-15　玄武岩连续纤维池窑法生产流程

控制装置、水控制系统等。其制备工艺分为四个阶段：选料阶段、磨料阶段、熔融阶段以及拉丝阶段。

2. 性能

(1) 化学组成和结构。玄武岩纤维的化学成分非常复杂，地壳中存在的众多元素都可以在玄武岩纤维成分中找到。玄武岩纤维中的元素组成直接取决于玄武岩矿石的成分组成。玄武岩矿石主要由 SiO_2、Al_2O_3、Fe_xO_y、CaO、TiO_2 等多种氧化物组成。然而，玄武岩矿石的成分是不固定的，地域不同，玄武岩石料的成分也不同。玄武岩矿石中的氧化物含量见表 3-6。

表 3-6　玄武岩矿石中的氧化物含量

氧化物名称	SiO_2	Al_2O_3	Fe_xO_y	CaO	MgO	Na_2O+K_2O	TiO_2
质量分数/%	46～52	10～18	8～16	6～13	7～12	2～10	1.5～2

由于玄武岩纤维是非晶态结构的物质，所以对其微观结构的研究非常有限，大部分为定性研究，主要应用常见的光谱法。用分子动力学模拟的方法对玄武岩纤维的微观结构进行模拟，其难度很大，主要因为其成分复杂，相互作用力很大。因此，目前对玄武岩纤维微观结构的认识还比较模糊。

(2) 力学性能。玄武岩纤维的力学性能见表 3-7。

表 3-7　玄武岩纤维与其他纤维的力学性能对比

纤维类别	密度/($g \cdot cm^{-3}$)	拉伸强度/MPa	弹性模量/GPa	断裂伸长率/%	应用温度/℃	价格/(美元 · kg^{-1})
玄武岩纤维	2.6～2.8	2000～4840	80～100	2～3	−260～700	2～2.5
E-玻璃纤维	2.55～2.62	3100～3800	70～75	3～4	−50～300	1～1.1

（续表）

纤维类别	密度/($g \cdot cm^{-3}$)	拉伸强度/MPa	弹性模量/GPa	断裂伸长率/%	应用温度/℃	价格/(美元·kg^{-1})
S-玻璃纤维	2.46～2.49	4020～4450	83～86	2～3	－50～300	1.3～1.5
碳纤维	1.4～1.9	3000～6500	230～600	1～2	－50～600	20～30
芳纶纤维	1.44	3000～3800	70～140	3～4	－50～250	20～25

(3) 其他物理性能。玄武岩纤维的热稳定性能优异，其最低工作温度为－260 ℃，最高工作温度为 700 ℃以上，与其他纤维相比，它承受的工作温度范围是最大的。玄武岩纤维是一种绝热材料，具有极低的导热系数。玄武岩纤维中含有 Na_2O、K_2O、MgO 和 TiO_2，这些氧化物组分对提高纤维的防水性和耐腐蚀性有重要作用。通常来讲，玄武岩纤维的耐酸腐蚀性能比玻璃纤维优异很多，而耐碱性能略差于玻璃纤维。玄武岩纤维的电绝缘性能较好，体积电阻率大于 10^{12} Ω·m，比 E-玻璃纤维高一个数量级。此外，玄武岩纤维还有优良的阻燃和隔声性能。

3. 应用

在过滤领域，玄武岩纤维材料可以用来过滤工业生产中的有害气体和粉尘；在航天领域，因其使用温度跨度大、热传导系数小，玄武岩纤维可用作高温隔热材料和低温隔热材料；在汽车领域，玄武岩纤维被用作过滤和隔声材料；玄武岩纤维在建筑领域的使用非常广泛，其机织布、无纺布、毡片及土工格栅、复合筋均可作为增强材料，以提高混凝土的性能。

4. 全球玄武岩纤维产业及其现状

经过近些年的发展，国外能够实现连续玄武岩纤维产业化生产的国家主要有乌克兰(4 家)、俄罗斯(4 家)、美国(2 家)、格鲁吉亚(1 家)、加拿大(1 家)、德国(1 家)、乌兹别克斯坦、比利时、奥地利等 10 余家，总产量约 1 万 t。生产技术主要采用单元炉拉丝工艺，拉丝漏板孔数多为 200 个和 400 个。国内外主要玄武岩纤维生产企业见表 3-8。

表 3-8 国内外主要玄武岩纤维生产企业

国内外	国家	企业名称
国外企业	乌克兰	基辅乌日(TOYOTA)合资企业
		乌克兰别列切绝缘材料生产联合体
		Technobasalt 公司
		俄罗斯 SUDAGLASS 和乌克兰 Khmelnitskyreg 的合资企业
	俄罗斯	俄罗斯 SUDAGLASS
		KamcnnyVek
	德　国	德国 DBW 公司
	美　国	美国玄武岩纤维公司

（续表）

国内外	国家	企业名称
国外企业	比利时	比利时 Masureel 控股公司的 Basaltex 实验室
		IsomatexS. A
	韩　国	韩国三界公司
	奥地利	Asamer Basaltic Fibers GmbH
	加拿大	加拿大 Albarrie 公司
国内企业		四川省玻纤集团有限公司
		四川谦宜复合材料有限公司
		江苏天龙玄武岩连续纤维股份有限公司
		浙江石金玄武岩纤维有限公司
		四川航天拓鑫玄武岩实业有限公司
		营口市洪源玻纤科技有限公司

目前，全国工商注册的连续玄武岩纤维生产企业共有 70 余家，其中规模化生产(3000 t/年以上)的有 12 家。2020 年全国连续玄武岩纤维产能达 3.55 万 t，产量为 1.09 万 t。中国的连续玄武岩纤维产量占全世界总产量的 1/2，四川省的产量居全国之首。产值方面，2020 年，四川省连续玄武岩纤维产值为 1.76 亿元(居全国第一)，浙江、贵州、江苏、河南的连续玄武岩纤维产值分别为 0.2 亿元、0.1 亿元、0.06 亿元与 0.06 亿元，合计 2.18 亿元。2015—2019 年国内玄武岩纤维市场供需情况见图 3-16。

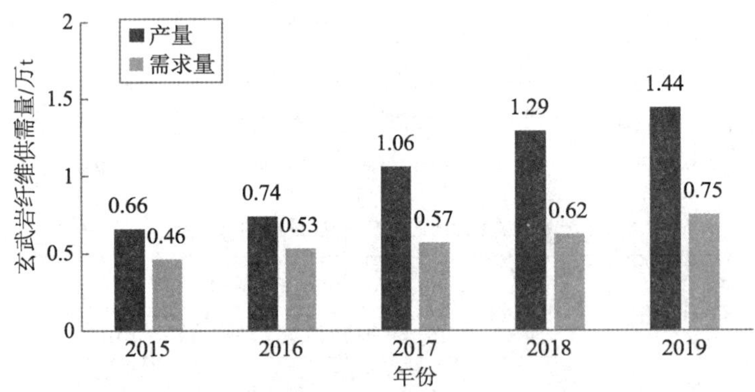

图 3-16　2015—2019 年中国玄武岩纤维市场供需情况

据统计，2015—2019 年，我国玄武岩纤维出口量逐年增长，出口量从 2 245.1 t 增长至 9143 t；2020 年下降至 5 513.4 t。2021 年 1—10 月，出口量为 4 796.8 t，同比增长 8.78%；其间，进口量大幅增长，进口量为 997.1 t，同比增长 578.79%。2023 年 1—11 月，我国玄武岩纤维出口量上升至 8 398.7 t，而进口量较往年大幅下降，仅为 6.3 t(图 3-17)。

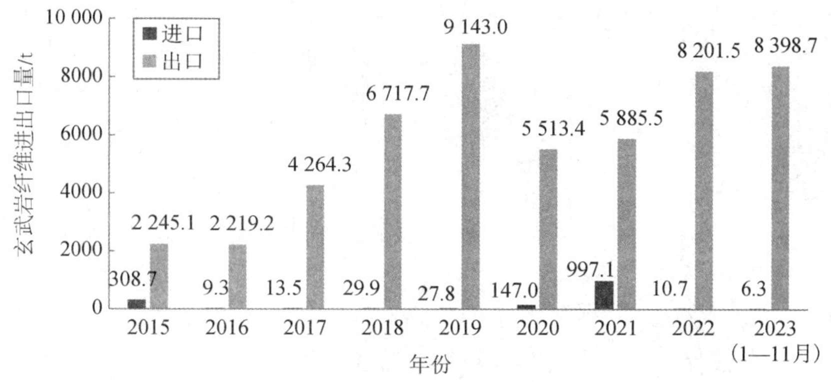

图 3-17　2015—2023 年 11 月中国玄武岩纤维进出口量

(三) 高分子纤维

除碳纤维、玻璃纤维、玄武岩纤维等无机纤维以外，高分子纤维也被广泛用作复合材料的增强材料，常见的有芳纶纤维、聚对苯撑苯并二噁唑(PBO)纤维和超高相对分子质量聚乙烯(UHMWPE)纤维等，基本性能见表 3-9。

表 3-9　部分高分子纤维的基本性能

纤维种类	商品名	强度/GPa	伸长率/%	模量/GPa	密度/(g·cm^{-3})	熔点/℃
间位芳香族聚酰胺纤维	芳纶 1313，Metamax	0.5—0.8	35—50	6.7—9.8	1.38	430(d)
对位芳香族聚酰胺纤维	芳纶 1414，Kevlar	2.8	2.4	132	1.44	560(d)
PBO 纤维	Zylon	5.5	2.5	280	1.59	650(d)
UHMWPE 纤维	Dyneema	3.4	2	160	0.98	140
	Spectra	3.5	2.5	156	0.97	140

注：(d)为分解点。

1. 芳纶纤维

芳纶纤维的全称是“芳香族聚酰胺纤维”，指 85%以上的酰胺键直接连接在苯环上的长链合成聚酰胺纤维，连接酰胺键的为芳香环或芳香环的衍生物，具有阻燃、耐高温、高强度、高模量、绝缘等突出性能。1960 年由美国杜邦公司首先研制出间位芳纶 Nomex，1972 年杜邦公司又推出对位芳纶 Kevlar，分子结构式见图 3-18。

间位芳纶纤维(芳纶 1313)具有良好的耐热性、超强的阻燃性、良好的电绝缘性、优异的力学性能、稳定的化学性能，作为基础材料广泛应用于航空航天、国防军事、电子、通信等高科技产业领域。

间位芳纶 1313：

$$\left[NH - C_6H_4 - NH - \overset{O}{\overset{\|}{C}} - C_6H_4 - \overset{O}{\overset{\|}{C}} \right]_n$$

对位芳纶 1414：

$$\left[NH - C_6H_4 - NH - \overset{O}{\overset{\|}{C}} - C_6H_4 - \overset{O}{\overset{\|}{C}} \right]_n$$

图 3-18　芳纶及其分子结构式

对位芳纶纤维(芳纶 1414)具有良好的力学性能、热性能、阻燃性和耐化学性，强度和模量高，玻璃化转变温度、热分解温度高，对大部分有机溶剂不敏感，蠕动变性低。其复合材料在军事、航空航天、建筑、交通工具等领域均有广泛应用。

芳纶的规模化生产具有很高的技术壁垒，截至 2020 年底，全球芳纶名义产能约 11 万～12 万 t，主要产能被美国杜邦(Nomex、Kevlar)、日本帝人(Conex、Twaron、Technora)、韩国科隆等国际大公司占据。国内公司有烟台泰和新材、中蓝晨光化工、苏州兆达特纤、河北硅谷、神马股份、仪征化纤和新纶科技等，其中以泰和新材为代表，2020 年总产能实现 1.15 万 t，位居全球第三位。2020 年全球芳纶需求量约 8 万～9 万 t，较 2019 年下降约 20%；就对位芳纶来说，国内需求量就达 1.2 万 t 左右，而有效产能约 0.3 万 t/年，国内供需缺口较大，进口依赖性较高。到 2022 年，杜邦、帝人等头部企业的产能占比约 69.88%。随着中国、韩国企业的对位芳纶生产规模进一步扩大，现阶段杜邦、帝人垄断的竞争格局逐步被打破。到 2023 年，全球对位芳纶需求量约 11.8 万 t，国内需求达 1.5 万 t 左右，国内对位芳纶有效产能上升至 1.5 万 t/年，基本实现了自给自足，预计在 2025 年能够实现供大于求。

2023 年国内间位芳纶应用最大的领域是高温过滤材料，占比超 60%，其次是安全防护用品。间位芳纶因耐温性强、力学性能好等优点，在水泥、沥青、冶金等领域的高温过滤材料中有不可替代的作用。间位芳纶织物阻燃且不会熔融滴落，常被用于制作工业、军事、消防领域的隔热阻燃防护服。全球间位芳纶的需求主要分布在电气绝缘纸、防护衣和高温滤料，占比分别达到 35%、31%和 19%。与国际市场的需求明显不同，我国生产的间位芳纶产品主要集中应用于低端的高温滤料市场，该市场竞争激烈，产品利润率低。

2. PBO 纤维

PBO 纤维最早从 20 世纪 60 年代在美国空军材料实验室进行研发，后由日本东洋纺工业化开发成功并生产，商品名为 Zylon(图 3-19)。

从加工工艺进行分类，把初纺的细丝称为 Zylon-AS 纤维，把提高弹性模量热处理的

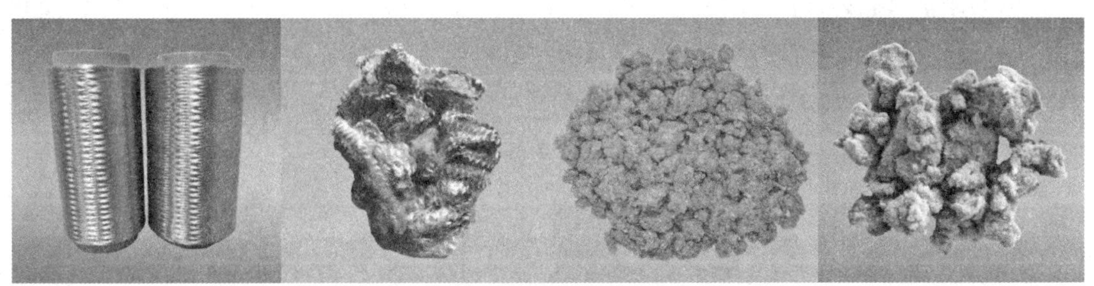

图 3-19 PBO 长丝、短纤、超短切及浆粕纤维

丝称为 Zylon-HM 纤维。分子链在液晶态纺丝时形成的高度取向的有序结构，使 PBO 纤维具有优异的强度和模量。据东洋纺报道，其高端 PBO 纤维产品的强度为 5.8 GPa，模量为 180 GPa，耐热温度达到 600 ℃，极限氧指数(LOI)为 68%，在火焰中不燃烧、不收缩，耐热性和难燃性高于其他常见的有机纤维。此外，PBO 纤维还拥有极高的抗湿性、耐放射性、绝缘性、热稳定性和化学稳定性，是高性能纤维中的佼佼者，众多的优异性能决定了其广阔的应用领域，例如造船、汽车、体育器材、建筑、航空航天等。PBO 与其他高性能纤维的性能比较见表 3-10。

表 3-10 PBO 纤维与其他高性能纤维的性能比较

纤维品种	断裂强度/(N·tex^{-1})	模量/GPa	断裂伸长率/%	密度/(g·cm^{-3})	回潮率/%	LOI/%	裂解温度/℃
Zylon-HM 纤维	3.7	280	2.5	1.56	0.6	68	650
Zylon-AS 纤维	3.7	180	3.5	1.54	2	68	650
对位芳族聚酰胺纤维	1.95	109	2.4	1.45	4.5	29	550
同位芳族聚酰胺纤维	0.47	17	22	1.38	4.5	29	400
钢纤维	0.35	200	1.4	7.80	0	—	—
碳纤维	2.05	230	1.5	1.76	—	—	—
高模量聚酯纤维	3.57	110	3.5	0.96	0	16.5	150
聚苯并咪唑纤维	0.28	5.6	30	1.40	1.5	41	550

PBO 纤维的缺点是耐光性差，紫外线照射会影响纤维的强度，因此使用时应避光。未经表面处理的 PBO 纤维复合材料的抗层间剪切强度低于芳纶复合材料，抗压强度和染色性也较差。

我国自 20 世纪 80 年代起与美国同步开展 PBO 纤维的相关研究，但由于合成 PBO 的单体不能自产以及工艺不完善，合成的 PBO 聚合物的性能不如凯芙拉纤维，于 90 年代初就停止研制。2019 年由成都新晨新材料科技有限公司整体投资约 5 亿元，产能达 380 t/年的 PBO 纤维生产装置于 2018 年底正式投产。这也标志着我国成为继日本东洋纺 STC 公司之后第二个能大批量生产 PBO 纤维的国家。

3. UHMWPE 纤维

UHMWPE 纤维，又称高强高模聚乙烯纤维，其相对分子质量通常在 $100\times10^4\sim600\times10^4$。如图 3-20 所示，目前 UHMWPE 纤维有很多应用。20 世纪 70 年代，UHMWPE 纤维被荷兰 Royal DSM 集团注册专利并商业化，从 90 年代开始获得大量的工程应用，其中 Royal DSM 集团的 Dyneema 系列和美国 Honeywell 集团的 Spectra 系列的抗侵彻性能(防止弹丸或破片突破的抵抗性能)最为优良。

图 3-20　UHMWPE 纤维及其应用领域

UHMWPE 纤维具有许多优异的性能，比如密度小、强度高、耐磨，能耐受强酸强碱等化学品的腐蚀，电磁波透射率也较高，摩擦系数低于许多其他材料，还具有不吸水、生物相容性好等特性。UHMWPE 纤维被广泛应用在降落伞、雷达天线罩、防弹头盔、防弹衣、防弹布、刺割防护装备、船用锚绳、医用材料、通信等诸多领域。

虽然 UHMWPE 纤维具有许多优异的性能，但这种材料也存在一些缺陷，如耐热性能、抗蠕变性能和复合黏结性能差，而且熔体黏度高，这导致其加工成型难度大。UHMWPE 纤维的熔点在 145～160 ℃，较低的熔点限制了其应用范围；杨氏模量低，纤维受力时会发生分子滑移，导致纤维抗蠕变性能差；材料的复合黏结性差，主要是因为纤维分子不含其他极性基团，结构较为简单。UHMWPE 纤维与其他材料复合时，由于缺乏极性基团，两种材料之间难以形成较强的作用力，这使得对 UHMWPE 纤维材料进行改性和复合的难度较大。

在全球市场中，UHMWPE 纤维特别是其高端产品领域主要被荷兰帝斯曼、美国霍尼韦尔、日本东洋纺三大企业支配。我国 UHMWPE 纤维的产业化时间比较晚，但发展较快。进入 21 世纪后，我国加大了高技术纤维产业化进程，特别是自 2007 年起，国家发展和改革委员会设立高技术纤维专项扶持计划，极大地推动了 UHMWPE 纤维行业的发展。此后，经过十多年的快速增长，我国已成为全球 UHMWPE 纤维生产大国。目前，我国 UHMWPE 纤维的主要生产企业有浙江千禧龙纤特种纤维股份有限公司、北京同益中

新材料科技股份有限公司、江苏九九久科技有限公司、江苏锵尼玛新材料有限公司、中国石化仪征化纤有限责任公司、湖南中泰特种装备有限责任公司、山东爱地高分子材料有限公司等。近年来,随着科技的进一步发展,我国对于 UHMWPE 纤维的需求量不断增长。虽然我国 UHMWPE 纤维代表企业的产能位于全球领先地位,但是整体上我国 UHMWPE 纤维行业处于供不应求的状态。UHMWPE 纤维主要应用于军事、海洋及安全防护等领域。2020 年,我国 UHMWPE 纤维产能为 4.45 万 t,产量为 2.1 万 t,行业产能利用率约 47.19%。2022 年,我国 UHMWPE 纤维产能提升至 13.8 万 t,产量为 8.02 万 t,行业产能利用率约 58.12%。

未来,我国 UHMWPE 纤维产业将得到高速发展,主要原因如下:一方面,UHMWPE 纤维是现代国防不可缺少的一项战略材料,国家已出台一系列政策,将其列为重点战略物资;另一方面,随着工业技术的不断提高,UHMWPE 纤维的应用领域不断扩大,这必然会带来巨大的市场需求。

参考文献

[1] 朱美芳,周哲. 中国战略性新型产业新材料高性能纤维[M]. 上海:中国铁道出版社有限公司,2017.

[2] 吕佳滨. 快速发展的中国高性能纤维行业[J]. 高科技纤维与应用,2023,48(2):9-14.

[3] 翟丽莎,郭一竹,陈凤翔,等. 纤维材料的高性能化和多功能化研究进展[J]. 高分子材料科学与工程,2021,37(1):300-306+316.

[4] 谢尔盖,李中郢. 玄武岩纤维材料的应用前景[J]. 纤维复合材料,2003(3):17-20.

[5] 罗益锋. 全球高性能纤维及其复合材料行业新进展[J]. 纺织导报,2023(3):65-75.

[6] 吴宁,韩美月,焦亚男,等. 高性能纤维的可织性研究进展[J]. 航空制造技术,2020,63(15):81-89.

[7] 杜善义. 先进复合材料与航空航天[J]. 复合材料学报,2007(1):1-12.

[8] 杨璐,孟迎,赵亚维,等. 碳纤维研究进展及市场现状[J]. 合成纤维,2023,52(6):32-36+43.

[9] 汪亮,董晶,赵春会,等. 高强高模有机纤维的概述与展望[J]. 染整技术,2019,41(4):11-16.

[10] 吕丽华,刘文迪,张思远. 三维机织玄武岩纤维热塑性复合材料的制备及其力学性能[J]. 产业用纺织品,2020,38(8):7-11+17.

[11] 蒋金华,陈南梁,钱晓明,等. 产业用纺织先进基础材料进展与对策[J]. 中国工程科学,2020,22(5):51-59.

[12] 姚穆. 高性能纤维产业发展的关键问题[J]. 西安工程大学学报,2016,30(5):553-554.

[13] 毛利洲,马岩,严雪峰,等. 防刺材料的研究现状与发展[J]. 棉纺织技术,2022,50(2):15-19.

[14] 梁燕,徐爱武,张贺轩,等. 黏胶基碳纤维的发展及应用[J]. 化纤与纺织技术,2022,51(5):10-12.

[15] 孔海娟,张蕊,周建军,等. 芳纶纤维的研究现状与进展[J]. 中国材料进展,2013,32(11):676-684.

[16] 袁玥,李鹏飞,凌新龙. 芳纶纤维的研究现状与进展[J]. 纺织科学与工程学报,2019,36(1):146-152.

[17] 于春江,王健,刘志刚. 高强高模聚乙烯纤维的技术进展及应用[J]. 合成纤维工业,2012,35(6):

47-49.

[18] 黄玉东. PBO超级纤维研究进展及其表面处理[J]. 高科技纤维与应用，2001(1)：11-16.

[19] 益小苏，杜善义，张立同. 复合材料手册[M]. 北京：化学工业出版社，2009.

[20] 陈祥宝，张宝艳，邢丽英. 先进树脂基复合材料技术发展及应用现状[J]. 中国材料进展，2009，28(6)：2-12.

[21] 端小平，郑俊林，王玉萍，等. 我国高性能纤维及其应用产业化现状和发展思路[J]. 高科技纤维与应用，2012，37(1)：8-13.

[22] 2022全球碳纤维复合材料市场报告[R]. 赛奥碳纤维技术有限公司，2023.

第四章 纤维增强结构

一、短纤维、无纺织物、毡

(一) 短纤维

短纤维增强体是长度比较短(一般在 150 mm 以下)的纤维增强材料,短纤维增强的埋想效果是通过纤维长径比和纤维取向的控制、物理及化学键结合形成的强黏着界面以及高分散状态来实现的。将短切纤维与树脂混合,再经复合,可制成各种复合材料构件。这些复合材料构件因纤维不连续,相互的结合作用较差,排列方向不确定,不宜用于承力较大的场合,但制造工艺比较简单,生产效率高,生产成本低,适合大规模生产,因而近年来应用很广。

片状模塑料(SMC)是用短纤维与不饱和聚酯树脂、填料等混合制成的片状半成品,在使用时,只需撕掉两面的聚乙烯薄膜,按成品相应尺寸裁剪、叠层,然后放入模具中加热加压固化,即可得到需要的复合材料制品。块状模塑料(BMC)是通过在不饱和聚酯树脂中加入短纤维和填料制成的块状半成品,因成型流动性好,可采用高效率的注射工艺制成小型电器元件。块状模塑料和片状模塑料在成分上没有多少差异,只是块状模塑料的纤维含量和纤维长度比片状模塑料的小,而且块状模塑料在制造过程中的纤维损伤较严重,故其制品的力学性能比片状模塑料的制品低。

采用吸附法(空气吸附或湿浆吸附)预先将短纤维制成预成型坯,再将其置于模具内,与树脂混合,在一定的温度和压力下压制成型。这种方法适用于批量生产大型、高强、异形产品,尤其是深拉制品,材料成本低,容易实现自动化。

(二) 无纺织物

无纺织物是一种不需要经纺纱、织布加工而形成的织物,以纺织纤维为原料,经过黏合、熔合或化学、机械方法加工而成,也称为非织造织物、无纺布、不织布。它是由平行、交叉或随机排列的纤维,通过机械的、化学的、加热等处理或综合性处理而固定的平面延展体。它的主要结构参数有纤维的长度和细度、纤维的接触点数和接触长度、纤维的卷缩度和角度等。

无纺织物的分类方法很多,可以按照纤维成网方式、纤网加固方式、纤网结构或纤维类型等多种方法进行分类，一般基于纤维成网方式或纤网加固方式进行分类。常见的非织造织物的结构如图 4-1 所示，即化学黏合结构、普通水刺结构、热轧黏合结构、花式水刺结构等。衡量非织造织物规格的重要指标是孔隙率。经非织造方法加工形成的纤网中，纤维排列存在随机性，因此，不同于其他纺织结构增强复合材料，无纺织物增强复合材料的各向同性特点更为明显。若对复合材料的力学性能有较高的要求，或者强调材料性能的可设计性，作为复合材料的纤维增强形式，非织造结构并不是理想的选择。然而，若从加工成本和效率来看，非织造织物的加工工艺和产品都具有相当强的竞争优势。

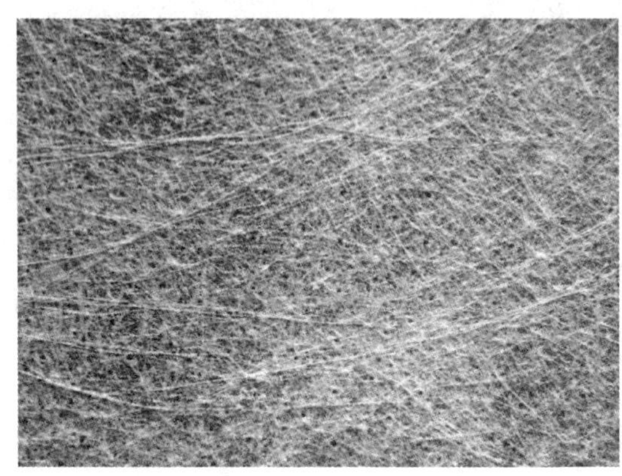
(a) 非织造织物

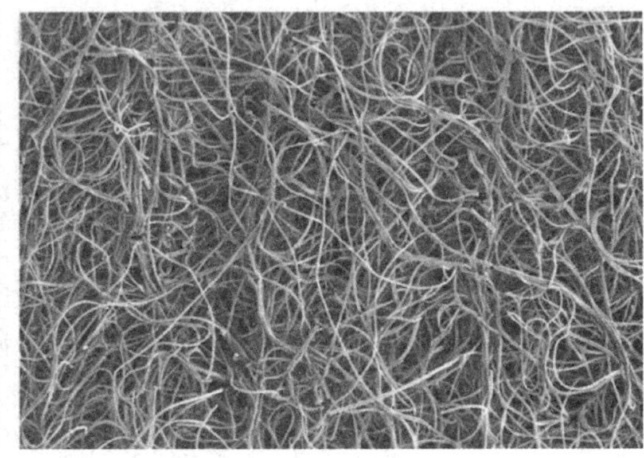
(b) 非织造织物微观结构

图 4-1 非织造织物的结构

（三）纤维毡

纤维毡是由连续纤维原丝或短切纤维原丝不定向地通过化学黏结剂或机械作用结合在一起而制成的薄片状制品。作为复合材料增强体使用的纤维毡多为玻璃纤维毡、碳纤维毡和黄麻类纤维毡等。

在短切纤维毡的生产流程中，主要控制的工艺内容如下：

原丝质量：要求原丝的线密度稳定，有一定的硬挺度，分散性要好，浸润剂含量不变。

原丝毡成型：将纤维原丝快速短切并分散，使其均匀、无定向地沉降分布，形成一定宽度的原丝毡面。采用大沉降室闭循环系统，并使用两组宽型切刀同时短切原丝，以保证毡的均匀性。

施胶烘干：在原丝毡表面均匀地撒上一定浓度、一定量的黏结剂，然后加热到一定温度使黏结剂熔融，进而使短切原丝黏结，形成具有一定强度的毡状产品。

连续纤维原丝毡是一种用于复合材料的新型无纺增强基材，是以一定线密度的连续原丝束，分散地、不定向地成随机圈状均布于网带上而形成的。由纱架引出的原丝束，通过送丝辊、气流抛丝嘴，被分散开而形成一定的宽度，沿网带横向被往复抛散成随机圈状，分布在网带上。网带的运行方向和抛丝设备的运动方向垂直，通过一台台抛丝设备的叠加，原丝束被铺成数层膨松、均匀、大小圈密布的毡坯。如图 4-2 所示，原丝束在各股间互

相交搭的力学联锁作用以及少量黏结剂的黏合作用下形成连续纤维原丝毡。由于该产品具有各向同性、膨松度高、耐冲刷、附模性好、强度高、易排出气泡等优点，其他毡类产品无法替代，因此被广泛应用于拉挤、模塑、缠绕、手糊等玻璃钢成型工艺方面。由该产品增强的玻璃钢制品被大量应用于航天航空、化工防腐、汽车、船舶、军工、体育、建材、电子、电器、娱乐等领域。

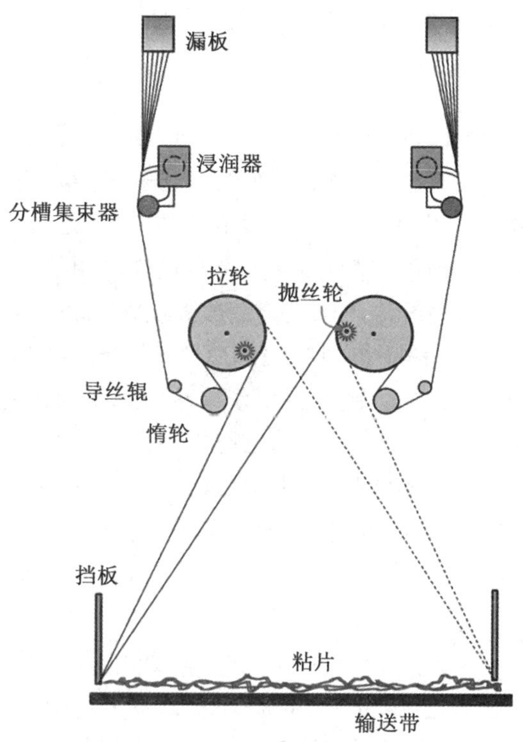

图 4-2 连续纤维原丝毡生产工艺流程

二、长丝、单向布

(一) 长丝

长丝是连续(长度很长)的丝条。在化纤制造过程中，纺丝流体连续从喷丝孔挤出，经空气冷却或在凝固浴中凝固，成为连续的丝条，然后再经拉伸、加捻或变形等后加工工序，以便供进一步加工应用。这样制得的长度达几千米或几万米的长丝可分为单丝和复丝两种。由一个喷丝孔喷出的长丝为单丝，由多个喷丝孔喷出的丝组成的一组丝或一束丝为复丝。

长丝是纤维增强体的基本原材料。长丝按照不同的用途需求，主要分为以下几个方面：

(1) 直接编织成织物,可用于建筑加固等。

(2) 在长丝编织的同时进行树脂浸渍加工,成为预浸料,这是多数纤维制品(如碳纤维管、碳纤维板等)的直接原材料。

(3) 直接把长丝进行短切加工,长度可随意控制,可进一步加工(如碳纤维纸、碳纤维粒料和微纤(研磨)等)。

(4) 在长丝表面电镀或喷涂金属,制备功能性复合纤维。

(二) 单向布

单向布是将大量的纤维长丝或者无捻纱沿一个主方向(通常是经向)均匀平行铺展,在另一个方向通过线(如聚酯纤维线、玻璃纤维线等)捆绑缝编,将主方向上的纤维长丝或无捻纱编织在一起,形成较薄的、以主方向受力的织物。常见的单向布有玻纤单向布、碳纤维单向布、玄武岩纤维单向布等,它们的主要特点是强度由经向提供。单向布的生产过程中没有纤维穿绕,而是直接由纤维平铺黏结而成,克服了普通纺织布料中纤维性能难以完全发挥作用的弱点。单向布易于被树脂浸润,层间黏合性好,能适合各种曲面和缠绕、拉挤、手糊等成型方式,加工效率高,被广泛用作玻璃钢基布和工程塑料的增强材料、防腐材料、保温材料、防火阻燃材料、防水材料等。此外,单向布还被广泛应用于缠绕成型制作玻璃钢夹沙管道(顶管)、玻璃钢船体、风力发电机叶片、桥梁的环向增强、拉挤型材的横向增强及运动器材等复合材料行业。同时,单向布也可以通过湿法或干法预浸料工艺,生产单向热固性或热塑性预浸料。

(三) 层合纤维预制体

即纤维复合材料层合板,是由不同单层板通过成型工艺制备的。由于层合纤维复合材料是由多层铺设角度或铺设序列不同的单层纤维复合材料铺叠而成的,因此,层合纤维复合材料的力学性能和损伤特性更为复杂和多样。从力学性能角度分析,层合纤维复合材料较单向层复合材料有更高的强度和更好的断裂韧性,但冲击性能与冲击损伤容限较低。另外,层合纤维复合材料需要考虑层间性能,自身刚度矩阵也更为复杂。从损伤角度分析,层合纤维复合材料损伤分为层间损伤和层内损伤两种形式,尤其是层间损伤形式复杂。

三、机织结构

(一) 二维机织结构

二维机织结构是由两个相互垂直的纱线系统按照一定的规律交织而成的。其中,平行于织物布边、纵向排列的纱线系统,称为经纱;与经纱垂直、横向排列的另一个纱线系统,称为纬纱。机织物中经纬纱相互交织的规律和形式,称为织物组织。织物组织的种类繁多,常用作复合材料的基本织物组织如图 4-3 所示,有平纹组织、斜纹组织和缎纹组织。

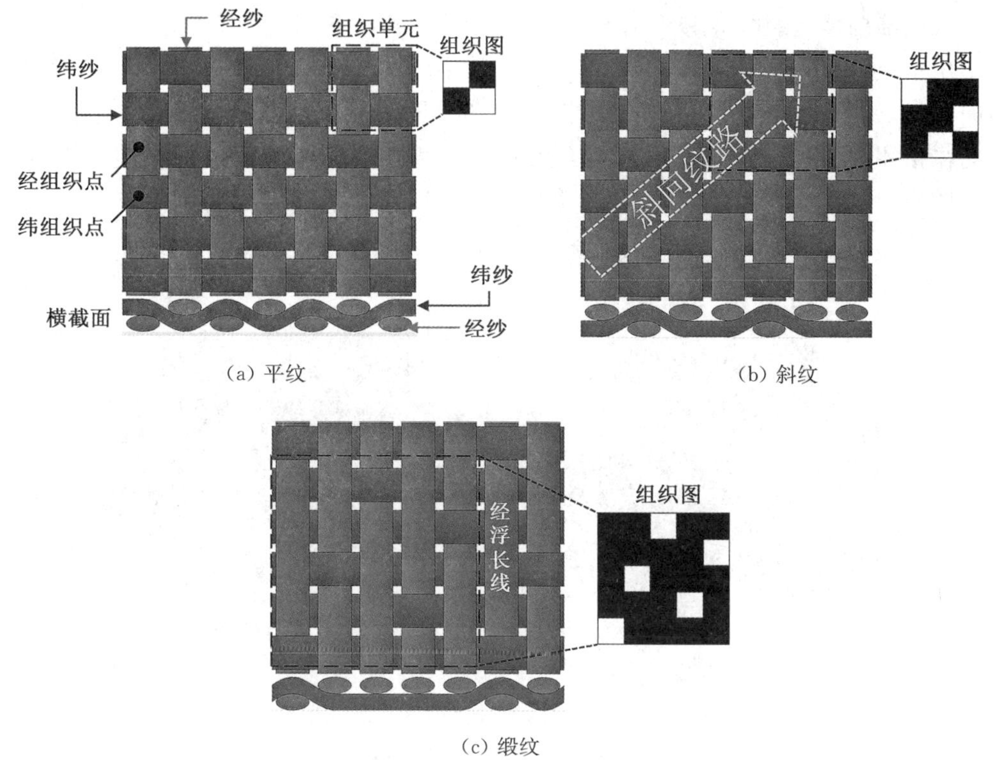

(a) 平纹　　(b) 斜纹

(c) 缎纹

图 4-3　二维机织结构

(1) 平纹组织：由经纱和纬纱一上一下相间交织而成的组织。平纹组织是最简单的一种织物组织。平纹组织的一个组织循环内，有两根经纱和两根纬纱进行交织，有两个经组织点和两个纬组织点。由于经组织点数＝纬组织点数，所以平纹组织为同面组织。

(2) 斜纹组织：经组织点(或纬组织点)连续成斜线的组织。斜纹织物的表面有经组织点(或纬组织点)构成的斜向纹路。

(3) 缎纹组织：单独的、互不连续的经组织点(或纬组织点)在一个组织循环中有规律地均匀分布的组织。缎纹组织的单独组织点被其两旁的另一系统纱线的浮长线遮盖，织物表面呈现经浮长线(或纬浮长线)，因此织物表面富有光泽，手感柔软润滑。在缎纹组织中，浮长线较长时，单独组织点才能被其两旁的另一系统纱线的浮长线遮盖。

(二) 三维机织结构

三维机织结构是备受关注的纺织复合材料增强结构之一，因其制备工艺广泛、制备方法多样，克服了二维层合纤维复合材料的层间强度低、易分层破坏等缺点，具有比强度高、比模量高、抗冲击性好、可设计性强等优点，应用于航空航天、军事、汽车、建筑、医疗等领域。通过在织物的厚度方向上将若干层重叠排列配置的三维机织结构接结，形成整体性能优良的三维结构。三维机织物的基础组织结构主要包括三维角联锁结构、三维正交结构和多层接结结构三种，由这三种组织结构的变化组合，可衍生出各种复杂组织结构的三维机织物。

(1) 三维角联锁结构。三维角联锁结构可分为贯穿角联锁结构、层间角联锁结构等。

贯穿角联锁结构是指经纱穿透织物的整个厚度，并和各层纬纱呈一定角度依次交织，如图4-4(a)所示；层间角联锁结构是指接结经纱不发生厚度方向的贯穿，只是在层与层之间进行斜向交联，如图4-4(b)所示。三维角联锁结构的基本特征：所有的接结经纱沿织物厚度方向在相邻的两列纬纱中穿过；接结经纱的存在增加了织物的厚度，并提高了织物厚度方向的性能。改变经纱和纬纱的层数、接结纱的浮长和分布，可得到各种各样的正交结构和角联锁结构。

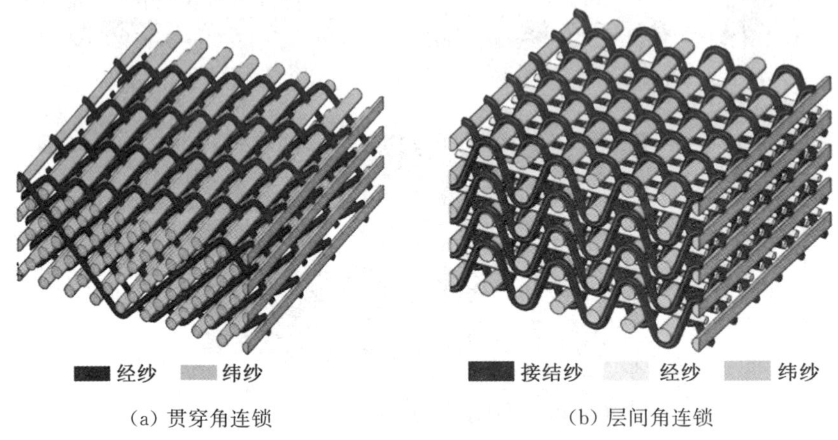

(a) 贯穿角连锁　　(b) 层间角连锁

图4-4　三维角联锁结构

(2) 三维正交结构。该结构由三个系统的纱线，即衬经纱、纬纱和接结经纱(或称之为缝经纱)组成，如图4-5所示，三维正交结构的基本特征：衬经纱和纬纱呈无弯曲、伸直状态，承载时变形小、强力大；衬经纱和纬纱不交织，但交替重叠而成为多层，以此增加织物的厚度；接结经纱的存在使织物的三个方向(经向、纬向和厚度方向)均有纱线，保证了复合材料在各个方向的力学性能，尤其是提高了厚度方向的性能。根据接结纱与经纱、纬纱的交织方式和倾斜角度不同，正交结构可分为整体正交和层间正交两种。

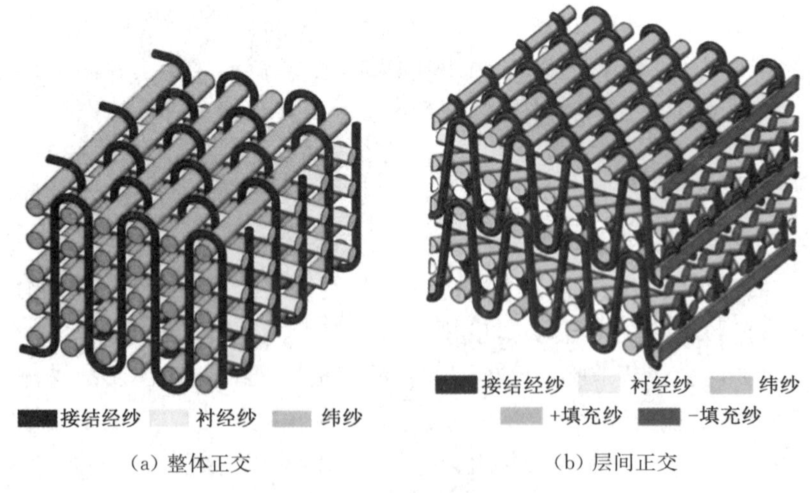

(a) 整体正交　　(b) 层间正交

图4-5　三维正交结构

四、针织结构

（一）二维针织结构

二维针织结构由一系列纱线线圈相互串套连接而成，其基本单元为线圈。由于存在大量容易变形的线圈，在外力的作用下，即使不发生纱线伸长，针织结构也有相当大的变形能力。这种变形能力一方面使针织物有良好的形状适应性，可以在不产生褶皱的情况下完全覆盖较复杂形状的模具；另一方面却降低了纤维对复合材料的增强效果，特别是降低了增强结构对复合材料模量的提升作用。

针织物的基本组织根据形成线圈的方式不同，可分为经编针织物和纬编针织物两种，如图 4-6 所示。经编针织物的横向线圈系列由沿织物纵向（经向）平行排列的经纱组同时弯曲相互串套而成，且每根经纱在横向逐次形成一个或多个线圈。在经编针织物中，由同一根纱线形成的线圈轮流地排列在相邻的两个纵行线圈中，其纵横向都具有一定的延伸性。纬编针织物的横向（纬向）线圈由同一根纱线按照顺序弯曲成圈而成。

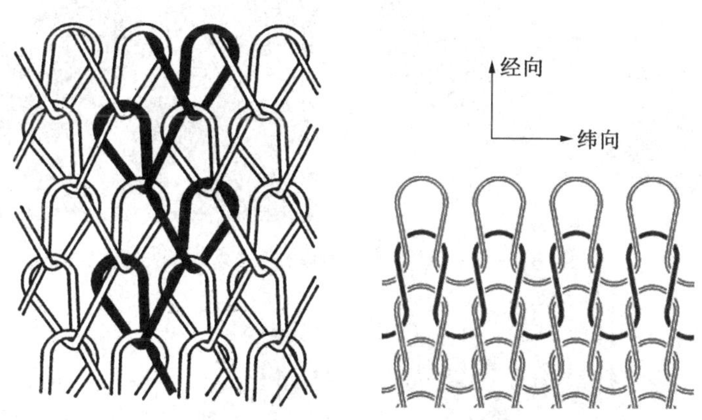

图 4-6　经编针织结构（左）和纬编针织结构（右）

（二）三维针织结构

三维针织结构由一系列纱线线圈相互串套连接而成，具有一定厚度，其基本单元为线圈。三维针织物主要有三种不同的形式：具有三维形状的二维针织结构，如全成形纬编织物，应用于弯管、三通管、头盔等；利用针织线圈将多层铺设的纤维束捆绑而成的三维实心针织结构，如多轴向经编织物；利用线圈（间隔纱）将两块作为面板的二维针织物以一定间距固定而成的三维空心针织结构，如间隔织物。

全成型纬编织物如图 4-7 所示，就是加厚型的普通二维纬编织物，其结构与二维纬编织物相同。

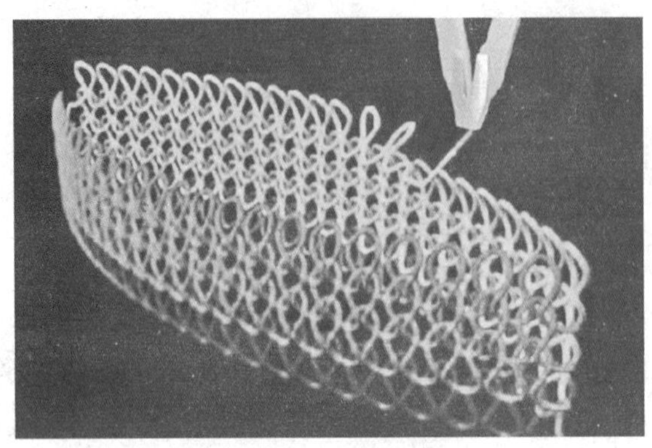

图 4-7　全成型纬编织物

多轴向经编针织物结构如图 4-8 所示，该产品在复合材料领域极具应用潜力。多轴向经编针织物由经纱、纬纱和偏轴纱分层铺设而成，层与层之间不交织，由少量的经编线圈在厚度方向将纱线固定，形成一个整体结构。

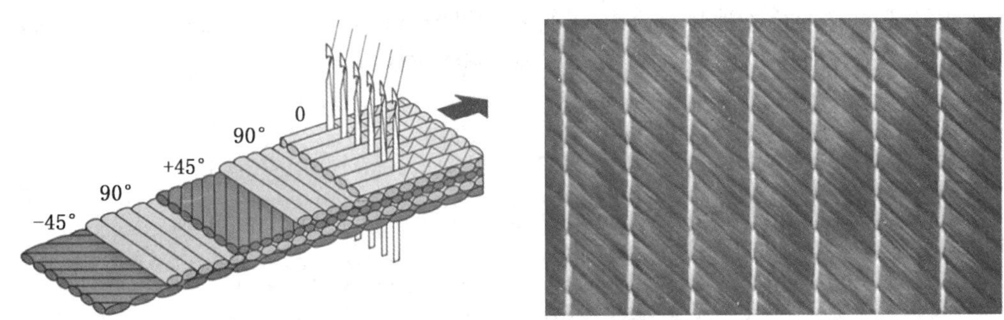

图 4-8　多轴向经编织物结构及实物照片

间隔织物结构如图 4-9 所示，由两个系统的表层纱线和一个系统的间隔纱线编织而成。此类织物可分为三层结构，即上表面层、间隔层和里表面层。间隔织物可有效地降低结构材料的重量，并具有较好的冲击能量吸收能力和抗震性能。此外，间隔织物还能通过接结纱的数量及结构的设计来满足织物厚度方向增强的要求，具有优良的结构整体性和可设计性。

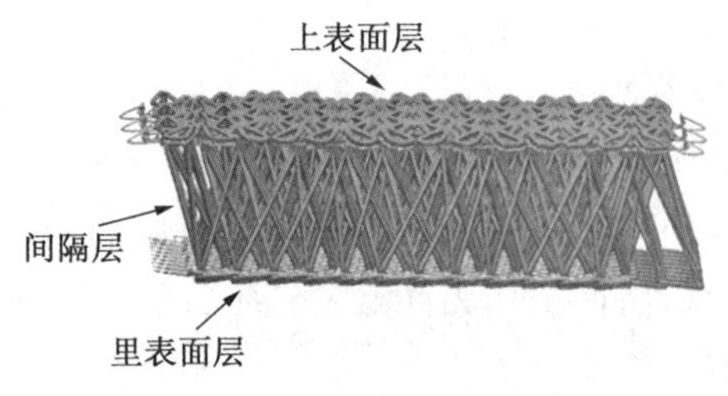

图 4-9　间隔织物结构及实物照片

五、编织结构

（一）二维编织结构

如图 4-10 所示，二维编织物是在平面内通过精确控制编织锭子的运动路径，使锭子携带的编织纱在编织平面上方某点相互交织构成空间网状结构，从而形成具有特定结构和性能的织物，可用于加工异型预制件。根据交织时输入纱线的方向和排列，编织结构可分为双轴结构和三轴结构。在双轴结构的编织过程中，两组纱线沿相反方向移动，并以一定角度交织在一起。这种结构的特点是纱线主要在两个方向分布，形成较为稳定和均匀的网状结构。三轴结构的编织是在双轴结构的基础上，沿着机器方向或横向引入纱线而实现的，如图 4-11 所示。三轴结构可提供更高维度的稳定性和强度，同时在抵抗剪切和扭转负荷方面表现出优异的性能。由于三轴结构的复杂性，它能够提供更好的力学性能，适合需要高强度和刚性的应用场景。

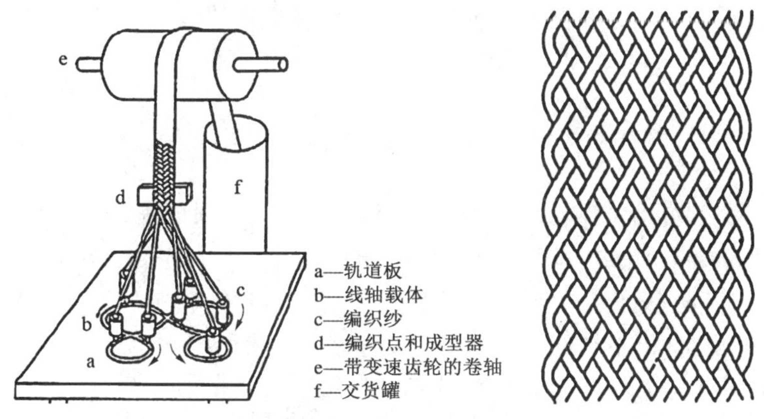

图 4-10 平面编织机及平面编织物结构

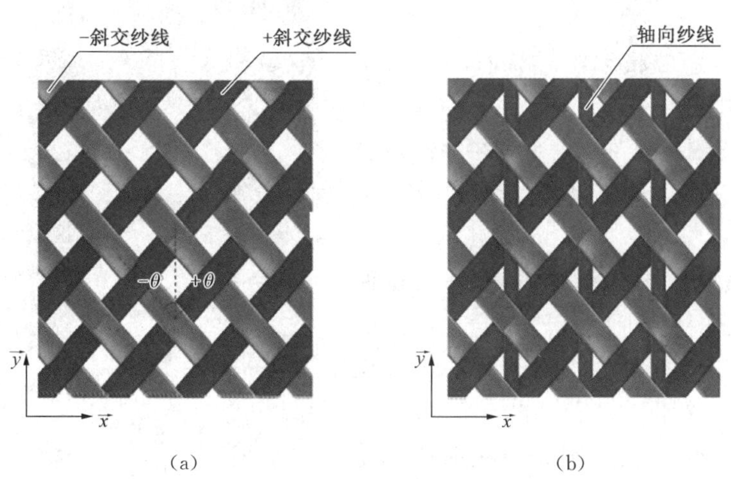

图 4-11 双轴编织物(a)及三轴编织物(b)的结构

编织物可以根据各种因素进行分类，例如纱线缠绕、编织结构中纤维/纱线的取向、编织织物的形状及其使用目的，具体如下：

(1) 规则编织。规则编织结构是每两根经纱上浮两根纬纱，然后下浮两根纬纱，每两根纱线上下交织两次。这种结构类似于 2/2 斜纹组织，可提供一种比原组织平纹更加紧密和复杂的纹理，如图 4-12(a)所示。

(2) 菱形编织。编织过程中纱线按平纹组织的规律形成菱形图案，如图 4-12(b)所示。这种结构类似于平纹组织，但通过特定的纱线排列创造出独特的菱形纹理。

(3) 篮纹编织。该结构为 2×2 的编织结构，其中两根纱线以相互交叉的方式编织，类似于 2×2 的箱形编织，如图 4-12(c)所示。

(4) Hercules 编织。在编织过程中，纱线以 3/3 的方式交织，即每三根纱线上下交织三次，便形成 Hercules 编织结构。这种结构类似于 3/3 斜纹组织，如图 4-12(d)所示。

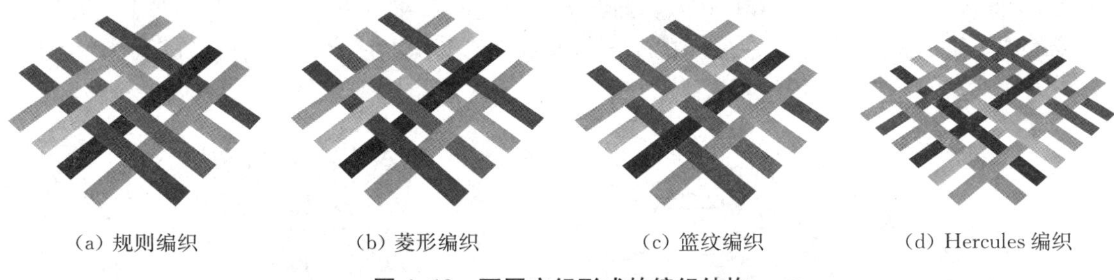

(a) 规则编织　(b) 菱形编织　(c) 篮纹编织　(d) Hercules 编织

图 4-12　不同交织形式的编织结构

(5) 管状、扁状、方形和实心编织物。管状编织物是在圆形编织机上制成的，由两组纱线沿编织结构的轴向组成，其中：第一组纱线沿顺时针方向连续盘旋，同时与编织结构缠绕在一起；第二组纱线以逆时针方向做螺旋运动。逆时针和顺时针路线使多组纱线以完整的圆形路径相交，每组纱线同时移动，从而形成管状结构。每组纱线，无论是逆时针还是顺时针，都不会与那些沿相同方向移动的连续纱线相交。管状编织产生具有旋转对称性的编织物。

扁平编织物是带状编织结构。与管状编织中的螺旋型纱线路径不同，扁平编织具有顺时针和逆时针交织的纱线组，纱线在边缘反转并沿相反方向返回，形成镶边编织结构，如图 4-13所示。

方形编织物是管状编织物的变体，其中两组纱线分别沿顺时针和逆时针方向行进，同时一组纱线与其相反方向的一组纱线交织并保持中空中心。如图 4-13 所示，当编织纱线被操纵成由机器喇叭齿轮的相同形状形成的方形时，就会形成方形编织结构。

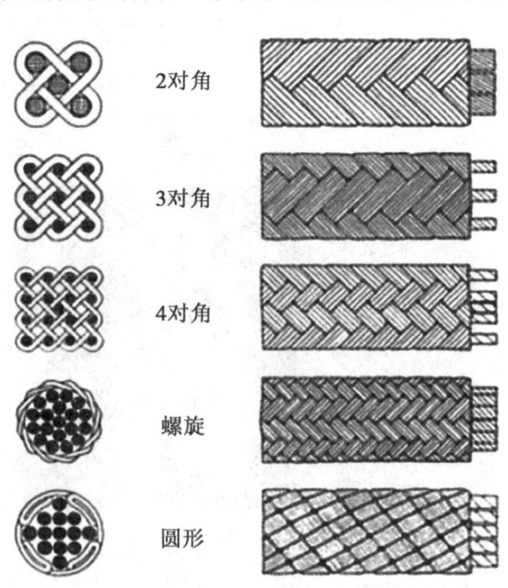

图 4-13　不同编织结构

实心编织物具有多个互锁编织层的结构。编织层的选择性联锁可以通过在编织过程中控制载体纱线的运动来实现，从而可以获得复杂的 3D 形状。最常见的实心编织结构，如 2 对角、3 对角、4 对角、螺旋和圆形等，如图 4-13 所示。

（二）三维编织结构

三维编织技术是二维编织技术的扩展。在三维编织中，纱线通过位置转换来实现相互旋转或正交交织，形成具有整体结构的织物，并在厚度方向有纱线相互交织。三维编织的基本组织与纺织复合材料密切相关。典型的三维编织有两步法和四步法两种，其中四步法更常见。

两步法采用大量的轴向纱线和较少的编织纱线，由编织纱线将轴向纱线连接在一起，形成织物。轴向纱线可按织物要求的形状排列，如 I 型、箱型、圆管型等。两步法编织原理见图 4-14。第一步，如图 4-14(a)所示，一半编织纱线从右至左对角地穿过轴向纱线，同时，另一半编织纱线从左下角到右上角穿过轴向纱线；第二步，如图 4-14(b)所示，对角线的方向相反，同样地，一半编织纱线从左至右，另一半编织纱线从右至左。之后，重复这两个步骤，即可实现两步法编织。两步法编织有几个明显的优点：(1)编织的运动最少；(2)可编织的形状范围大；(3)特别适用于非常厚的结构。

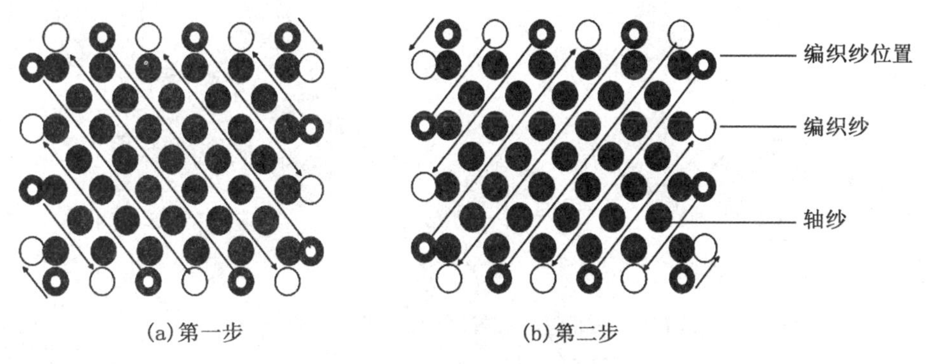

图 4-14　两步法编织原理

四步法可以编织出许多不同断面的结构，主要有板状、管状等。

(1) 板状编织。板状编织使用的编织机为方机，方机的行列数根据织物要求的尺寸大小而定。图 4-15 描述了以 6 列 4 行为例的四步法编织原理。它显示了一根纱线在四个步骤中的运行过程，它们穿过的区域是织物的断面。第一步，所有行线轴做水平运动，其中相邻纵行朝相反方向，如图 4-15(b)中箭头所指方向运动。第二步，所有的列线轴做垂直运动，其中相邻横列朝相反方向，如 4-15(c)中箭头所指方向运动。第三步与第一步相似，只是相同纵行的运动方向相反，即所有的纵行回到第一步的状态，如图 4-15(d)所示。第四步，所有的横列回到第二步的状态，只是单个线轴的位置发生了变化，如图 4-15(e)所示。至此，一个编织循环完成，编织机回到循环的初始状态，如图 4-15(a)所示。之后，重复这四个步骤，即可实现四步法编织。

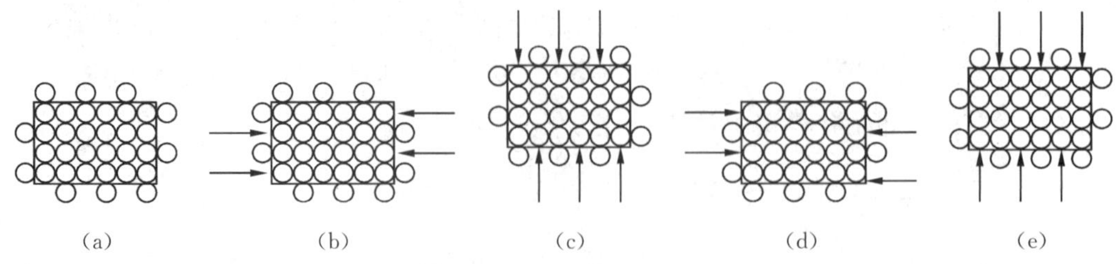

图 4-15　四步法编织原理

(2) 管状编织。管状编织使用的编织机为圆机。圆机的实质就是由方机的行首尾相接而形成。四步法管状编织的工艺过程类似于板状编织，只是水平运动变为环向运动，垂直运动改为径向运动。如图 4-16 所示，纱线分成编织纱和轴纱两个系统。编织纱挂在机器底盘位置可以运动的携纱器上，随着携纱器运动。轴纱固定在机器底盘上，轴纱不发生运动。编织过程中，每个携纱器按相同的规律在机器底盘上做不同方向的运动，使得编织纱在三维空间中交织，并形成规律的形状以束紧轴纱，形成一个纱线在预成型体的各个方向均有取向的整体结构。

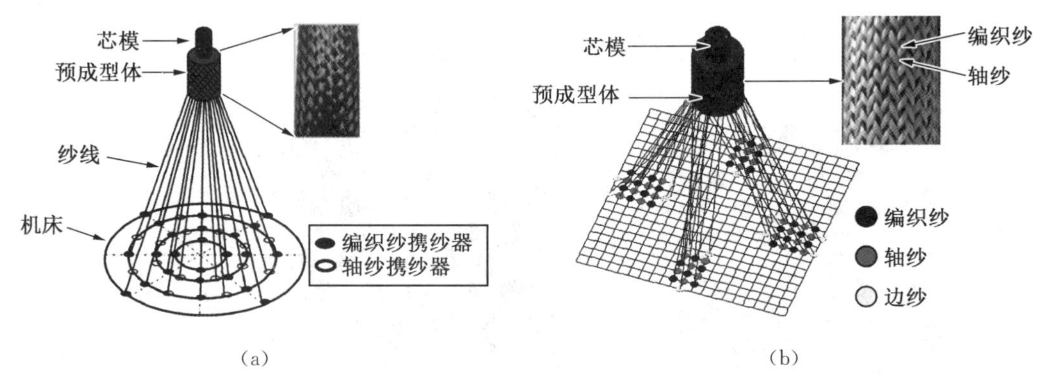

图 4-16　圆形(a)及方形(b)编织机的纱线排布

典型的三维编织结构如图 4-17 所示，即三维四向编织结构、三维五向编织结构、三维全五向编织结构等。

(1) 三维四向编织结构。该结构只有一个编织纱系统，编织纱沿织物成型的方向排列，如 4-17(a)所示。将纱线在三个空间维度(经向、纬向和厚度方向)以及第四个方向——通常是纱线的斜向(例如，45°)进行交织。这种编织方法能够在四个独立的方向上提供结构支持和增强，相比于传统的三维编织，它在提高材料的剪切强度和冲击能量吸收能力方面更有效。

(2) 三维五向编织结构。该结构有两个纱线系统，一个是编织纱系统，另一个是轴纱系统，如图 4-17(b)所示。在三维五向组织中引入不参与编织的第五向纱线(即轴纱)，形成一个不分层的三维整体结构。三维五向编织结构因为轴纱的加入，不仅具有三维四向结构所有的内部特征，而且大大地提高了复合材料的纤维体积分数，改善了复合材料沿轴向的力学性能。

(3) 三维全五向编织结构。该结构包括编织纱和轴纱两个纱线系统。三维全五向编织结构的基本特征：在不影响原来编织纱运动规律的前提下，沿编织成型方向，在所有编织空隙中引入轴纱，形成一个全新的三维整体结构。三维全五向编织结构因为轴纱增多，其轴向力学性能比三维五向、三维四向编织结构复合材料更好。

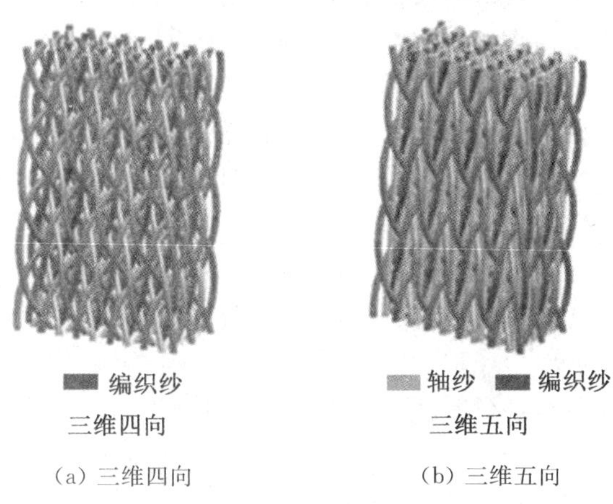

(a) 三维四向　　(b) 三维五向

图 4-17　三维编织结构

编织结构作为增强结构用于复合材料，具有诸多优点：

(1) 其各向同性比较好，用相同层数、相同粗细的纱线编织成的织物比较厚；经纱通过整个厚度方向的角联锁结构的编织物，柔软性好。通过编织的方法还可以制备出其他各种形状的预制件，如工程上经常用到的工字梁、T 形梁、蜂窝板、空管板及各种箱状结构等。

(2) 整体性好，消除了分层，可直接制成复合材料而不需要再加工，克服了两层或两层以上二维编织复合材料因分层而产生的部件强度和可靠性损伤情况。

(3) 具有很好的可设计性和可混编性，可提供较大的材料选择和设计自由度，可根据应用要求决定纱线的类型、排列角度、层数以及经纬向的密度，一次性加工出满足要求的缝编织物，最大限度地发挥材料特性。

参考文献

[1] 李琳. 短纤维增强复合材料的制备及其力学性能研究[D]. 长春：吉林大学，2019.

[2] 张盼. 三维针刺 C/C 复合材料的微结构建模及力学性能预测[D]. 西安：西北工业大学，2016.

[3] 刘元军，赵晓明，拓晓. 聚丙烯腈基预氧丝毡复合材料的力学性能研究[J]. 材料科学与工艺，2015，23(6)：82-86.

[4] 谢尔盖，李中郢. 玄武岩纤维材料的应用前景[J]. 纤维复合材料，2003(3)：17-20.

[5] 张长安，张一甫，曾竟成，等. 苎麻落麻无纺毡复合材料的研制[J]. 工程塑料应用，2002(3)：12-15.

[6] 顾伯洪，徐静怡. 三维编织复合材料弹道侵彻准细观层次有限元计算[J]. 复合材料学报，2004(3)：84-90.

[7] 杜善义. 先进复合材料与航空航天[J]. 复合材料学报，2007(1)：1-12.

[8] Wang Y Q, Zhang L T, Cheng L F, et al. Characterization of tensile behavior of a two-dimensional woven carbon/silicon carbide composite fabricated by chemical vapor infiltration[J]. Materials Science & Engineering A, 2008, 497(1-2): 295-300.

[9] 王忠远,蔡长春,王振军,等. 三维角联锁机织铝基复合材料面内拉伸力学行为与失效机制[J]. 复合材料学报, 2021, 38(9): 2989-2999.

[10] 吕丽华,刘文迪,张思远. 三维机织玄武岩纤维热塑性复合材料的制备及其力学性能[J]. 产业用纺织品,2020,38(8): 7-11+17.

[11] 仲苏洋. 三维机织复合材料损伤演化与失效行为研究[D]. 哈尔滨: 哈尔滨工业大学,2015.

[12] 李翠玉,贾静艳,罗岳文,等. 不同结构 UHMWPE 纤维纬编针织复合材料压缩性能[J]. 复合材料学报,2016, 33(12): 2789-2796.

[13] 龙海如. 纬编针织物增强复合材料力学性能研究[D]. 上海: 东华大学,2002.

[14] 李翠玉,罗岳文,贾静艳,等. 不同结构 UHMWPE 纤维纬编针织复合材料弯曲性能[J]. 材料工程,2015,43(11): 84-90.

[15] 方芳,潘忠祥. 双轴向经编针织复合材料的冲击压缩性能[J]. 玻璃钢/复合材料,2014(10): 62-65+31.

[16] 梁玉华. 玻璃纤维纬编针织复合材料工艺与性能研究[D]. 天津: 天津工业大学,2002.

[17] 张芳芳. 编织复合材料力学性能及热物理性能预报研究[D]. 秦皇岛: 燕山大学,2014.

[18] 吴利伟. 四步法三维编织复合材料弯曲疲劳性质及损伤演化有限元分析[D]. 上海: 东华大学,2014.

[19] 张超. 三维多向编织复合材料宏细观力学性能及高速冲击损伤研究[D]. 南京: 南京航空航天大学,2013.

[20] 张典堂. 三维五向编织复合材料全场力学响应特性及细观损伤分析[D]. 天津: 天津工业大学,2016.

[21] 汪星明,邢誉峰. 三维编织复合材料研究进展[J]. 航空学报,2010,31(5): 914-927.

[22] 黄新乐, 林富生, 孟光. 三维纺织复合材料力学性能研究进展[J]. 武汉科技学院学报, 2005, 18(4): 11-15.

[23] 杜善义. 高性能纤维与织物[M]. 北京: 中国铁道出版社, 2021.

[24] 邵明正. 层联机织复合材料细观结构建模与仿真[D]. 天津: 天津工业大学, 2017.

[25] Dai S, Cunningham P R, Marshall S, et al. Influence of fibre architecture on the tensile, compressive and flexural behavior of 3D woven composites [J]. Composites Part A: Applied Science and Manufacturing, 2015, 69: 195-207.

[26] Warren K C, Lopez-Anido R A, Goering J. Experimental investigation of three-dimensional woven composites [J]. Composites Part A Applied Science & Manufacturing, 2015, 73: 242-259.

[27] Saleh M N, Yudhanto A , Potluri P, et al. Characterising the loading direction sensitivity of 3D woven composites: Effect of z-binder architecture[J]. Composites Part A: Applied Science and Manufacturing, 2016, 90: 577-588.

[28] Castaneda N, Wisner B, Cuadra J, et al. Investigation of the z-binder role in progressive damage of 3D woven composites[J]. Composites Part A: Applied Science and Manufacturing, 2017, 98: 76-89.

[29] Mahadik Y, Hallett S R. Effect of fabric compaction and yarn waviness on 3D woven composite

compressive properties [J]. Composites Part A: Applied Science and Manufacturing, 2011, 42 (11): 1592-1600.

[30] 仲苏洋.三维机织复合材料损伤演化与失效行为研究[D].哈尔滨:哈尔滨工业大学,2015.

[31] Zhang D, Sun M, Liu X, et al. Off-axis bending behaviors and failure characterization of 3D woven composites [J]. Composite Structures, 2019, 208: 45-55.

[32] 陶楠楠,冀鹤,高晓平.四轴向经编增强复合材料力学性能研究[J].产业用纺织品,2018,36 (1):26-30.

[33] 乔东,胡红.双轴向增强纬编间隔织物复合材料的加工制造及力学性能[J].东华大学学报(自然科学版),2008,34(6):681-686.

[34] 益小苏,杜善义,张立同.复合材料手册[M].北京:化学工业出版社,2009.

[35] 李少东,阎建华,阳玉球,等.具有三维编织结构碳纤维复合材料管件的能量吸收机理[J].产业用纺织品,2021,39(10):27-33.

[36] 张加顺,李倩倩,李炜.基于声发射的三维编织T型梁复合材料损伤研究[J].纺织科学与工程学报,2021,38(1):1-5.

[37] 郑园园.碳-芳纶混编三维编织复合材料拉伸性能实验研究[D].天津:天津工业大学,2017.

[38] 张前锦,阳玉球,鱼住忠司,等.缝纫增强对碳纤维编织复合材料管件能量吸收性能的影响[J].玻璃钢/复合材料,2015(9):29-34.

[39] 周濛濛,蒋高明,高哲,等.纬编衬经衬纬管状织物增强复合材料研究进展[J].纺织学报,2021,42(7):184-191.

[40] 高哲,蒋高明,马丕波,等.碳纤维多轴向经编复合材料的应用与发展[J].纺织学报,2013,34 (12):144-151.

[41] 陈祥宝,张宝艳,邢丽英.先进树脂基复合材料技术发展及应用现状[J].中国材料进展,2009,28 (6):2-12.

第五章 纤维高分子树脂基复合材料制备技术

复合材料制备技术又称为成型技术，是复合材料工业发展的基础和条件。随着复合材料应用领域的拓宽，复合材料工业得到迅速发展，一些成型工艺日臻完善，新的成型方法不断涌现。目前，纤维高分子基复合材料的成型方法已有二十多种，并成功地用于工业生产。根据选用的树脂基体材料的不同，复合材料成型方法分别适用于热固性和热塑性复合材料的生产，有些成型工艺对两者都适用。

一、热固性树脂基复合材料主要的成型工艺

（一）手糊成型工艺

手糊成型工艺又被称为接触低压成型工艺，是树脂基复合材料生产中古老而传统的一种成型方式。它是指在已涂覆脱模剂的模具上，利用手工的方式将纤维毡或织物平整地铺在模具表面，再将树脂均匀涂抹在纤维毡或织物上，使得树脂与纤维毡或织物黏结在一起而固化的一种成型工艺（图 5-1）。

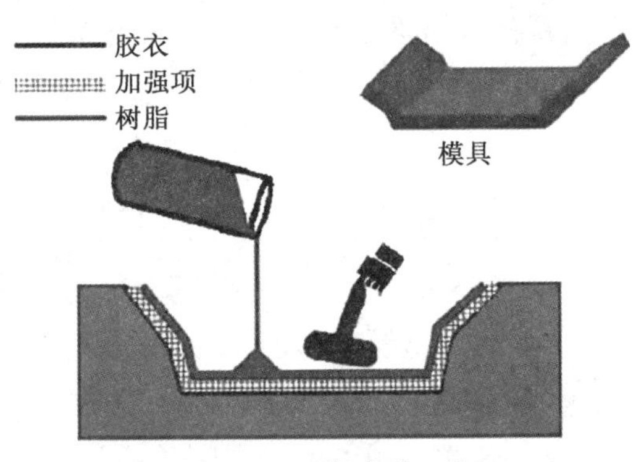

图 5-1　手糊成型工艺

手糊成型工艺流程：生产准备（场地、模具、工具、树脂胶液、增强材料）—糊制与固化—脱模与修正。最早出现的手糊成型工艺属于劳动密集型工艺，目前在玻璃钢产业中仍然占据主导地位。

手糊成型工艺采用的主要原辅材料有增强材料、合成树脂、固化剂等。在树脂调配、玻璃纤维种类和铺层选择上，应充分考虑产品性能所需的技术要求。手糊成型工艺中，模具是主要成型设备，模具的质量对产品的品质有很大的影响，因此在选择模具时要充分考虑模具是否满足产品所需的技术要求。与此同时，也要考虑模具是否具备足够的刚度和强度、一定的耐热性、高精度、易于脱模等特点。

虽然手糊成型工艺比较原始简单，并且各种新的成型工艺不断出现，但是手糊成型具有独特而不可替代的特点，因此它至今仍然作为一种主要的纤维增强复合材料（fiber reinforced polymer，简称 FRP）成型工艺。手糊成型工艺的主要优缺点如下：

(1) 优点。①成型设备即模具简单，生产成本较低；②可根据产品的设计要求，在不同的部位任意补强，具有较好的灵活性；③可以制作形状复杂的复合材料产品，并且不受到成品尺寸的限制，适用于数量少、品种多的大型或小型产品；④树脂与增强纤维可实现优化组合，也可以与金属、泡沫等产品复合；⑤生产准备时间短，操作简单，相关技术易掌握，操作人员容易上手，经过较短时间的培训，即可参与生产；⑥生产的复合材料中树脂含量高，耐腐蚀性能好。

(2) 缺点。①生产效率低，劳动强度大，不适合大批量的生产；②手糊成型产品中气泡多，产品稳定性较差，由于操作人员的技能水平不同及制作环境条件的影响，产品之间误差较大；③车间占地面积较大，生产环境差，加工时粉尘多，需要良好的通风设备，操作人员在生产过程中需佩戴口罩、橡胶手套等。

手糊成型工艺的主要应用包括船舶、汽车配件、机身、贮罐等。DA20、DA40 和 SR22 等型号的飞机上的复合材料结构主要采用手糊成型工艺制造，驾驶舱、货舱等机身结构和飞机垂尾的外表面也由手糊成型工艺制成(图 5-2)。

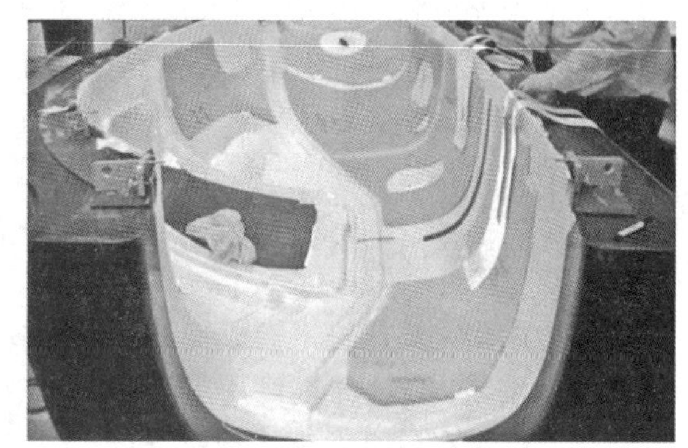

图 5-2　手糊成型的机身

(二) 湿法袋压成型工艺

湿法袋压成型也属于复合材料生产中的接触低压成型工艺，是手糊成型工艺的一种改进方法，在碳纤维复合材料的制备中广泛应用。该成型工艺包含预浸料工艺和真空辅助工艺。预浸料工艺是将已经浸渍树脂的纤维织物或纤维毡放入冷库存放，需要时将其取出，可直接铺设在模具上进行铺设，并用辊筒除去气泡，依次铺设脱模介质、吸胶毡，得到纤维预制件；然后，用真空袋在纤维预制件上铺覆柔性橡胶或塑料薄膜，并使纤维预制件与模具之间形成密闭空间；最后将真空袋放入热压罐或热箱进行加热，同时对密闭空间抽真空形成负压，进行固化。大气压力的作用可以排除树脂中的空气，减少气泡，并去除多余的树脂，使制品表面更加致密(图 5-3)。

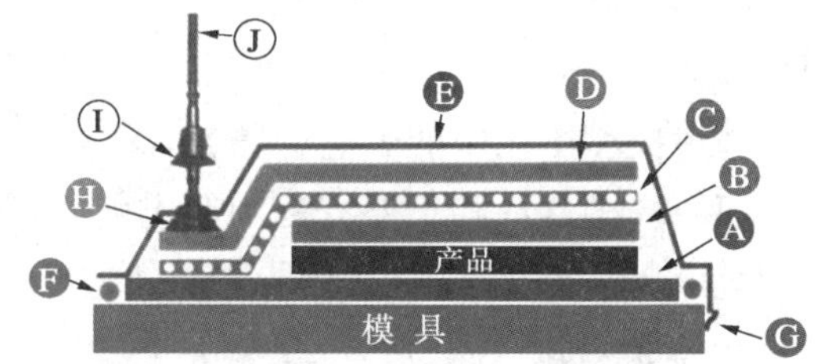

A—脱模剂；B—脱模布；C—带孔隔离膜；D—透气毡；E—真空袋膜；F—密封胶带；G—压敏胶带；H—真空阀；I—快速接头；J—加强管

图 5-3　湿法袋压成型工艺

湿法袋压成型工艺流程：模具清理，涂脱模剂→产品积层(预浸料)→铺脱模布→铺透气毡→粘贴密封胶条→铺真空袋膜→安装真空阀、快速接头和真空管→接通气源，检验真空度→抽真空，产品固化—产品脱模。

湿法袋压成型工艺的优点：①复合层中气泡含量很低，树脂密实，确保纤维与树脂良好接触；②树脂含量可控制；③产品厚度非常均匀；④产品的力学性能更好，和使用传统手糊成型工艺生产的复合材料相比，提升 20%以上；⑤均匀加压，产品性能均匀；⑥可以制备特别大型的产品；⑦可减少挥发性有机化合物对人员的损伤；⑧可改善产品表面质量；⑨可减轻产品质量。

湿法袋压成型工艺的缺点：①树脂的健康性和安全性存在一定问题，树脂的相对分子质量较低，其产品的危害性比相对分子质量较高的产品更大，树脂的黏度较低，因此它们可能会渗透纤维毡或织物；②树脂需要低黏度才能手动操作，因此需要高浓度的稀释剂/苯乙烯，这通常会损害纤维毡或织物的力学/热性能，与手糊成型法相比，湿法袋压成型工艺的劳动力成本和一次性包装材料的成本都会增加；③尽管真空袋可以减少挥发物，但环境中的挥发性有机物含量仍然高于预浸料处理技术等。

主要应用：标准风力涡轮机叶片、船舶、建筑装饰条、大型一次性巡航船、赛车部件、生产船中的核心黏结装置等。

(三) 喷射成型工艺

喷射成型是为改进手糊成型工艺而创造的一种半机械化成型工艺，用于制造汽车车身、船身、浴缸、贮罐的过渡层等。喷射成型一般是将混有促进剂和引发剂的不饱和聚酯树脂从喷枪两侧（或在喷枪内混合）喷出，同时将无捻纤维纱（粗纱）用切割机切断并由喷枪中心喷出，与树脂一起均匀沉积在模具上，待沉积到一定厚度时，用压实辊滚压，使树脂浸透纤维，压实并除去气泡，最后固化成制品（图 5-4）。

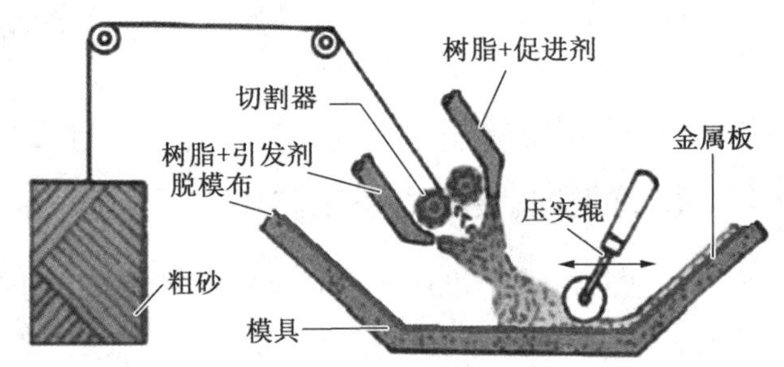

图 5-4　喷射成型工艺

喷射成型工艺中的关键参数：

(1) 纤维含量和长度。选用经过前处理的无捻粗纱。纤维含量控制在 25%～45%，低于 25%时，滚压容易，但制品的强度太低；大于 45%时，滚压困难，制品中气泡较多。纤维长度一般为 25～50 mm，若小于 10 mm，制品强度降低，而大于 50 mm 时，纤维不易分散。

(2) 树脂含量。喷射成型采用不饱和聚酯树脂，树脂混合液含量（混有促进剂和引发剂的不饱和聚酯树脂）约为 60%。此含量过低，纤维浸润不匀，黏结不牢。主要通过喷枪控制树脂混合液的喷射量。

(3) 胶液黏度。为了使胶液易于喷射雾化、浸润纤维、排除气泡又不易流失，胶液黏度一般控制在 0.3～0.8 Pa · s。

(4) 胶液喷射量。在喷射成型过程中，应始终保持胶液喷射量与纤维切割量的比例适宜且稳定。在满足这一条件下，喷射量太小，生产效率低，而喷射量过大，会影响制品质量。胶液喷射量与喷射压力和喷嘴直径有关，喷嘴直径设定为 1.2～3.5 mm 时，胶液喷

射量则为 8～60 g/s。采用柱塞泵时，胶液喷射量通过改变柱塞的行程和速度进行调控。

(5) 喷枪夹角。喷枪夹角对树脂混合液在喷枪外混合时的均匀度影响极大。在不同的喷枪夹角条件下，喷射出来的树脂混合液的混合程度不同。为操作方便，以选用 20°喷枪夹角为宜。喷枪口与成型表面距离(操作距离)一般为 350～400 mm。确定操作距离时，主要考虑产品形状和树脂混合液流失等因素。如果要改变操作距离，需调整喷枪夹角，以保证树脂混合液在靠近成型表面位置交集混合。

(6) 喷雾压力。此压力设置以保证两组分树脂均匀混合为宜。压力太小，混合不均匀；压力太大，树脂流失过多。适宜的喷雾压力和胶液黏度有关，若胶液黏度为 0.2 Pa·s，喷雾压力宜为 0.3～0.35 MPa。

喷射成型工艺的优点：①生产效率比手糊成型提高 2～4 倍，可达 15 kg/min；②可用较少的设备投资实现中批量生产；③用粗纱代替织物，材料成本低；④产品整体性好，无接缝，层间剪切强度高，抗腐蚀、耐渗漏性好；⑤可自由调节产品壁厚、纤维与树脂比例，产品尺寸、形状不受限制。

喷射成型工艺的缺点：①现场污染大，有害于人员健康；②制品的树脂含量高；③制品强度较低，只能做到单面光滑。

喷射成型工艺的主要应用：浴盆、机器外罩、整体卫生间、汽车车身构件及大型浮雕制品等。

(四) 长丝缠绕及长丝铺放工艺

1. 长丝缠绕成型工艺

长丝缠绕成型工艺是将连续纤维按照一定的规律缠绕在芯模上，然后经过固化、脱模等工序，获得制品的生产方式(图 5-5)。长丝缠绕是复合材料生产的一种常用手段，按照树脂基体所处物理状态的不同，可分为干法缠绕、湿法缠绕和半干法缠绕三种方式。

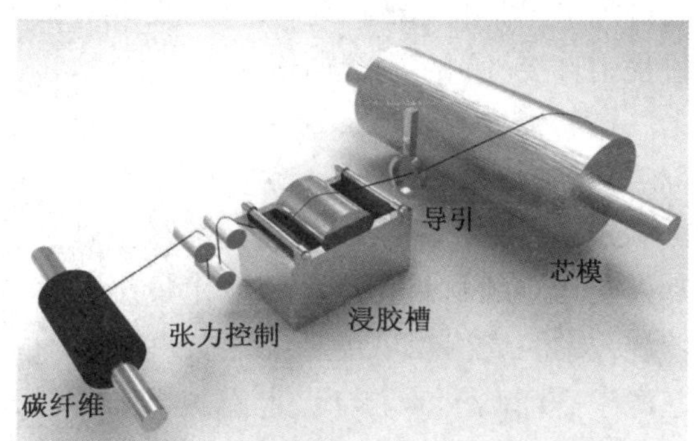

图 5-5　长丝缠绕工艺(以碳纤维为例)

干法缠绕工艺是指缠绕前纤维已经被树脂基体浸渍，即先得到预浸渍材料，然后将预浸渍材料缠绕在芯模上，或将预浸渍材料加热，使其软化，再缠绕在芯模上，最后固化脱模的一种成型方法，主要应用于热塑性树脂基体。这种方法的缠绕机上不设置浸胶槽，浸渍工艺是一个独立的加工过程，树脂浸渍量能得到控制，可以实现纤维的完全浸润和浸渍，且树脂分布均匀、厚度统一，制备的产品性能较好，主要应用于航空航天领域。

湿法缠绕工艺是将集束后的纤维先通过液态树脂基体浸渍，然后在一定张力下缠绕在芯模上，最后固化成型的一种成型方法，常用于热固性树脂基体。湿法缠绕工艺的应用领域广泛。相比于干法缠绕工艺，湿法缠绕工艺没有独立的浸渍工艺，对纤维的损伤较小，且可在室温下固化，而且成型设备简单，成本低廉。但是，湿法缠绕工艺由于没有严格的浸渍工艺，树脂浸渍量难以控制，因此制备的产品需经过严格的质检，且现场清洁程度较差。

半干法缠绕工艺的浸渍过程，相比于湿法缠绕工艺，是在浸胶后通过一套烘干预固化设备进行烘干固化，然后再缠绕在芯模上。此类工艺与干法缠绕工艺相比，可节省预浸料工序和相关设备；与湿法缠绕工艺相比，可降低预浸料中的气泡和孔隙含量，有助于提高预浸料的综合性能。

纤维缠绕技术始于 20 世纪 40 年代，1946 年在美国申请专利，1947 年已开始用于生产 F-84 飞机的压缩气瓶；50 年代初期，开始用于制造玻璃钢管道等民用产品；从 60 年代开始，由于航空航天、导弹、飞机、水下装置等的需求和要求不断提高，纤维缠绕技术得到迅速发展。长丝缠绕技术由于工艺成本低、损耗少，其制品轻质、高强且耐高温高压、安全稳定，在国外被广泛应用于宇航、运输等领域。但是，纤维缠绕工艺有一定的局限性，必须保证纤维丝束一直是连续的，而且不能缠绕凹曲面构件，因此只能用于结构简单的产品，如回转体等。

2. 长丝铺放工艺

在纤维铺放机上把纤维平行排列并集束成纤维带，然后制成多个预浸丝束，再通过纤维铺放机的铺放头上的压头，把预浸丝束铺压到芯模或模具上（图 5-6）。铺放工艺的原材料可以分为热固性和热塑性两种。对于制品的加热固化方式，前者一般是将制品放入热压罐中热固化，也可以采用电子束固化技术在铺放过程中将制品加热固化；后者通常是在铺放过程中直接将制品进行加热固化。

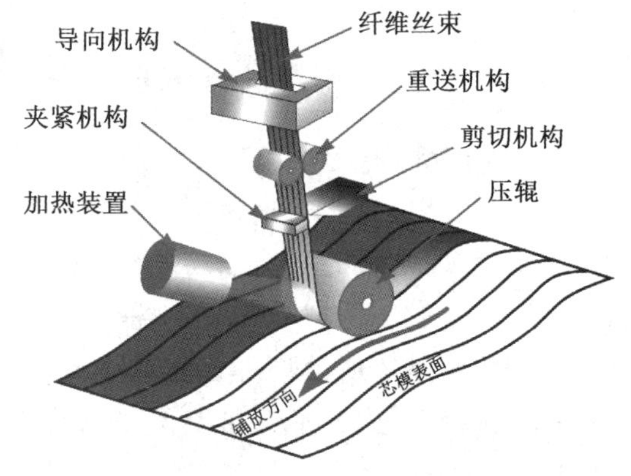

图 5-6　长丝铺放工艺

自动铺丝（automated tow placement，简称 ATP）技术，也称为纤维铺放（fiber placement）技术，其关键是研发多丝束铺放头和开发相应的材料体系。该技术最早是作为缠绕技术的改革（即“新型缠绕技术”）提出的，起源于 20 世纪 80 年代，最早开始研制的有 Boeing 公司、Cincinnati Milacron 公司、Hercules 公司。Boeing 公司首先提出“AVSD 铺放头”（automated variable strained dispensing head）的设想，以解决纤维束压实、切断和输送的问题。1985 年，Hercules 公司研制了第一台原理样机。1989 年，Cincinnati Milacron 公司设计了第一台纤维铺放系统。1995 年，Ingersoll 公司研制了第一台纤维铺放机。经过几十年的发展，自动铺丝设备已实现丝束同时铺放数达 32 根，最大直线铺放速度达 800 mm/s，铺放效率在 50 kg/h 以上。最大成型构件长度达 15 m，最大横向尺寸达 4 m，尺寸精度达 0.1 mm；还可以完成加筋、局部混杂等特殊功能，实现了全自动微机程序控制，成型设备和技术（如控制与设计软件、预浸丝束技术）已经实现商品化。

自动铺丝成型技术具备的主要优点：(1)采用多组预浸丝束集束成带，可通过增减预浸纱根数以适应部件结构形状的变化，并可根据部件形状进行自动切割预浸纱以适应边界，可完成局部加筋、加厚、混杂、铺层递减等多种设计要求；(2)各根预浸纱独立输送，不受自然路径的限制，铺放轨迹自由度大，可实现复杂曲面结构的铺放，适用于制造大曲率、复杂曲面的复合材料；(3)自动化程度高，生产效率高，纤维铺放角度准确，铺放工艺参数稳定，制品质量优且稳定，符合“低成本、高性能”和设计制造一体化的发展趋势，特别适合用于复杂复合材料零部件的制造；(4)由于铺放头采用多自由度机器人系统，不仅可以制造复杂型面的复合材料构件，完成对铺层进行剪裁以适应局部加厚/混杂、铺层数递减和开口铺层等多方面的加工需要，满足各种设计要求，而且具有表面光洁、精度高、速度快、质量稳定性能好的优点。

自动铺丝技术的各种工艺参数，如铺放温度、铺放压力、铺放速度、铺放轨迹等，对铺放构件的质量有较大的影响。铺放温度主要影响预浸料的黏性和树脂的流动性，温度过低不利于树脂的流动，温度过高则会导致预浸料丝束的黏性过大，使树脂附着于压辊表面。铺放压力的作用是排除预浸料丝束中的空气。降低铺放速度，可以制备力学性能较好的复合材料部件，但会降低生产效率。随着自动铺丝设备的运行，铺放的层合板上会产生孔隙、重叠、丝束扭曲、气泡等缺陷，这些缺陷会对复合材料部件的局部强度和应力分布产生显著影响。

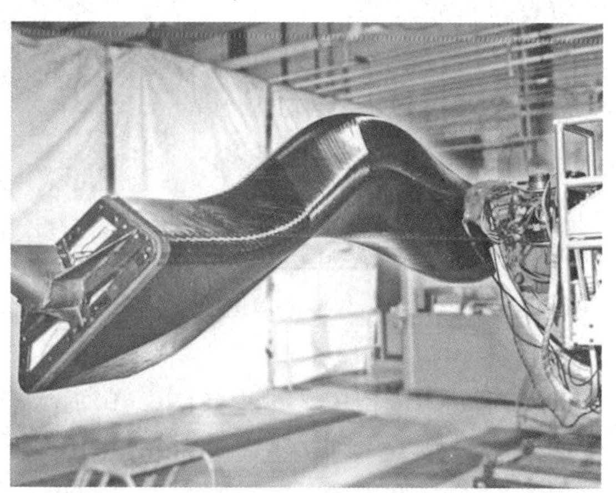

图 5-7　自动铺丝技术加工的 S 型进气道

自动铺丝技术已广泛应用于飞机部件结构的制备，如 S 型进气道、直升机尾梁、机身蒙皮等(图 5-7)。V22 倾转旋翼机的中机身后蒙皮、后机身、旋翼扭管等部件和 FA-18E/F 战斗机的进气道蒙皮、机身蒙皮均采用自动铺丝技术制备，B787 的筒段机身、A350 的机翼后梁及 RAH66 的尾翼蒙皮也采用自动铺丝技术制备。

(五) 树脂传递模塑成型工艺和真空辅助灌注工艺

树脂传递模塑(RTM)是用于制备复合材料的一种闭模成型方法。此方法利用压力作为驱动，将反应性液体即树脂注入预先铺放纤维预制体的密闭模腔，在保压状态下，通过对模具加热升温，引发树脂固化反应，借助界面效应，使树脂与增强体结合，形成具有优异物理、化学及特定功能的一体化复合材料结构件，开模后可获得所需的复合材料产品。真空辅助灌注(VARTM)是一种低成本的大型复合材料制件的成型方法，它是在真空状态下排除纤维增强体中的气体，利用树脂的流动、渗透，实现树脂对纤维及其织物的浸渍，并在室温下进行固化，形成一定树脂/纤维比例的复合材料构件。RTM 技术起源于 20 世纪 40 年代的 Marco 法，最初是为适应飞机雷达天线罩成型而发展起来的。由于最初的

RTM技术对原材料及模具的要求高，所以它的发展缓慢。20世纪80年代，随着各国对工作区内苯乙烯的限量浓度提出严格的要求，加上RTM技术的其他优点，RTM技术的研究、应用和推广日益活跃。1985年，以缩短成型周期、提高表面平滑性和质量稳定性为目标的第二代RTM加工法的公开，使得RTM不论是在原材料方面还是在制品性能等方面，均显示出明显的优势。20世纪80年代末，国际政治环境的变化导致降低军用复合材料制造成本的呼声日益高涨，RTM成为重要的解决先进复合材料高成本问题的技术之一。欧美很多公司投入巨资开发RTM工艺。20世纪90年代，RTM成型工艺及其理论研究达到高潮，RTM成型工艺被认为是一种综合优势明显的复合材料低成本制造技术，被日本强化塑料协会推荐为21世纪最有发展前途的两大复合材料成型工艺之一。目前为止，RTM成型工艺在航空航天以及汽车工业领域也已得到广泛应用。VARTM即真空辅助灌注，它是在RTM基础上发展起来的一种独特的复合材料成型工艺。

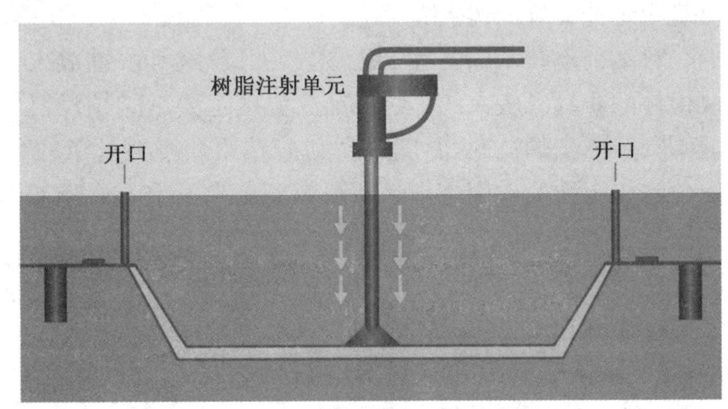

图5-8　RTM成型工艺过程

RTM成型工艺过程如图5-8所示，在一定温度和压力下，包括低黏度树脂、固化剂及催化剂的树脂体系通过注射设备被注入已放置增强纤维预制体的密闭模具，树脂通过流动完全浸透纤维增强材料，固化后脱膜，即得到树脂基复合材料。

VARTM成型工艺过程如图5-9所示，预制体放入模具后，顶部用真空袋密封，在真空的状态下，注入树脂(注入压力通常<0.6895 MPa)，或利用真空负压直接吸入树脂，最后在常温下固化、脱膜，得到复合材料制品。

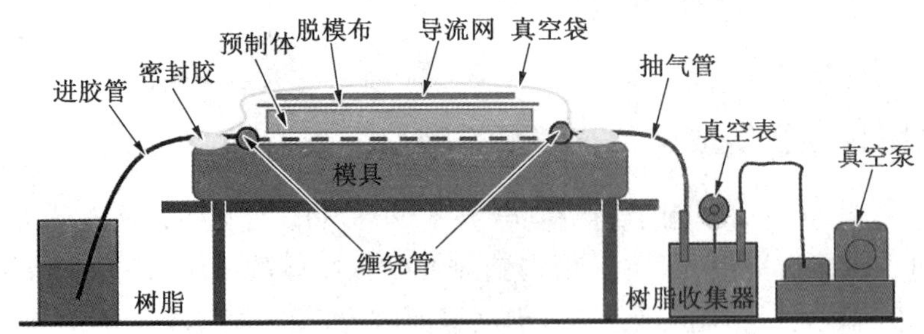

图5-9　VARTM成型工艺过程

RTM及VARTM的关键工艺参数与主要影响因素如下：

(1)增强体：纤维类型、尺寸和规格、表面处理状况、排列方向、体积含量等；(2)树脂：树脂类型、化学性质、黏度与温度关系等；(3)模具：内部几何尺寸、型腔表面材料及质量、

排气口位置、热性质、预热温度等；(4)注射压力；(5)真空辅助；(6)环境条件。

在使用的增强体、树脂体系和模具状况一定的条件下，主要参数即树脂黏度、注射压力和冷却速度的影响如下：

(1) 树脂黏度。从有利于树脂对纤维的浸润和充模的角度分析，适当低的树脂黏度是必要的。但事实上，黏度改变必然会使树脂的化学性质以及由此导致的物理力学性能发生变化，所以树脂黏度并不是越低越好。适宜的树脂黏度主要依赖于增强体的特性，尤其是放入模具的纤维量。

(2) 注射压力。低压注入有助于树脂对纤维的浸润，高压注入则有助于逐出残余空气，所以有人赞成在树脂传递初期使用低压以便使树脂较好地浸润纤维，而当模具型腔中已基本充满树脂时使用较大压力以逐出残余空气。但注射压力不能太大，否则会引起预成型坯发生移动或变形。

(3) 冷却速度。采用快速冷却时，复合材料的孔隙率较大，剪切强度较低，但韧性较好；采用缓慢冷却时，复合材料的结晶度较高，剪切强度大，但是韧性差，脆性较高。

RTM 成型工艺具有高效生产大面积复杂构件、低人工和消耗成本、高效率快速成型和环保等优点，并且模具制作方便，可设计性强，制备的层压板尺寸和结构的稳定性良好，力学性能优异，表面光洁美观。然而，RTM 成型工艺也存在一些弊端，例如：(1)树脂对增强纤维的浸渍率不高，存在气孔、干斑、富树脂的缺陷，严重影响制品的使用性能和质量品质；(2)由于增强纤维在模具型腔中要经过树脂的流动和充模过程，因此纤维会被带动甚至冲散，造成制备的复合材料中可能存在纤维屈曲、纤维量分布不匀甚至纤维含量较少等问题，从而使复合材料的力学性能大幅度降低；(3)制作大型产品时，模腔面积较大，模塑过程中可能出现树脂流动不均匀的现象，在一定程度上，树脂的实际流动和对纤维的浸润程度较难预测和控制。

VARTM 成型工艺具有一系列优点：(1)工艺条件不复杂，在室温下就可进行操作，无需额外加热，同时只需一个真空压力，无需额外的压力；(2)真空袋薄膜作为模具的上模，简化了模具制造工序，又因不需要利用高压注射树脂，所以可以使用更轻质量的模具；(3)有效改善树脂流动、浸润性，更好地排出气泡，减少空隙，孔隙率可以低于 2%；(4)可制作高纤维含量的复合材料制品(如高纤维面板)，纤维体积分数可超过 65%；(5)可降低挥发性有机物(VOC)的排放与生产过程中附加的人工成本。

由于 RTM 有其他复合材料成型技术无法比拟的优点，所以该技术已应用在建筑、交通、体育、卫生、电讯、航空航天等领域。RTM 成型工艺极其适合航空构件较高的生产要求，因而在航空航天领域的应用最广。波音公司采用编织结构增强体/RTM 技术制造了"J"形机骨架。Douglas 公司利用缝合结构增强体/RTM 技术研制了机翼和机身蒙皮，其价格比预浸带铺放工艺低，更主要的是提高了抗冲击损伤性能。Hercules 公司用 RTM 技术制造导弹机翼等部件，其成本仅为连续纤维缠绕工艺的 1/4～1/3。另外，该公司正在研究用 RTM 生产 Pegasus 三级触发器，此部件独特而复杂的造型再次证明了 RTM 技术优异的适应性。

RTM 成型工艺在汽车制造业的应用也非常广泛。许多公司分别利用该技术制作了

汽车底盘保护板、车顶、头灯罩、导风板、挡泥板等部件。用RTM成型工艺生产的玻璃钢水箱具有质量轻、防腐蚀、无毒、安装维修清洗方便、外观优美等优点，是钢质和混凝土水箱的理想替代品。目前已形成许多系列的质量符合国家卫生标准的玻璃钢水箱。此外，RTM技术还在自行车架、球拍、赛艇、电话亭屋顶、蓄电池壳体、空调主机罩等产品的制备中得到了广泛应用。

在航天方面，利用VARTM成型工艺可以获得性能更好的卫星天线反射器。在制造此类反射器的过程中，要尽可能地避免反射面产生变形，以提高尺寸的精度和稳定性，确保反射器的质量良好。Gajjar等利用VARTM成型工艺和高压釜成型工艺制备卫星天线反射器，并对两种工艺下得到的制品进行性能对比，结果表明，使用高压釜成型工艺制造的反射器的反射面的回弹变形为0.37 mm，而使用VARTM成型工艺制造的反射器的反射面的回弹变形为0.35 mm，两者之间的差异接近5%，这充分体现了VARTM成型工艺在卫星天线反射器制造上的优势。采用VARTM成型工艺，不仅成本低、经济效益高，而且制品有较高的力学性能和稳定性等，同时能一定程度地降低VOC污染，因此该工艺是未来制作大型复合材料产品的有效途径之一。

(六) 拉挤成型工艺

拉挤成型工艺是将已浸渍树脂胶液的连续纤维经加热模拉出，再通过加热室使树脂进一步固化，从而制备单向高强度的连续纤维增强复合材料型材的一种加工方法(图5-10)。拉挤成型工艺过程通常为预浸带→供带装置→预成型→预固化→热压固化→牵引→切割→后固化→成品。

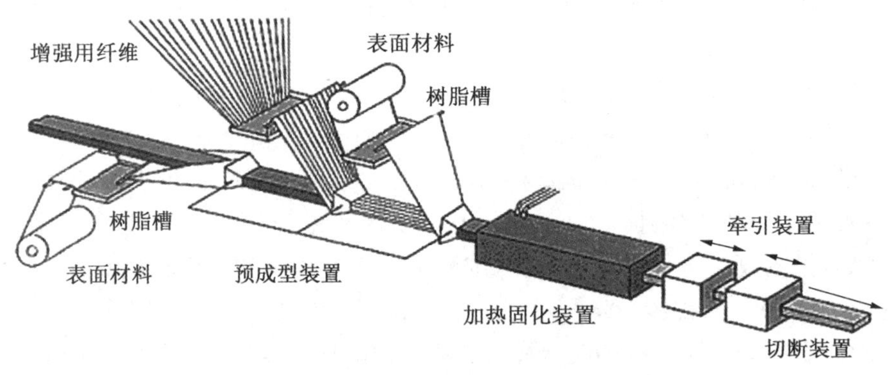

图5-10　拉挤成型工艺过程

拉挤成型工艺几乎是与玻璃钢工业同步发展起来的，第一项拉挤专利问世于20世纪50年代初期，而拉挤制品真正进入结构材料领域出现在20世纪70年代初，之后，拉挤才成为一种广泛应用的成型工艺，并逐渐引起社会各界的重视。拉挤成型工艺在许多关键技术上取得了重大突破，并在树脂和表面毡的问世之后得到迅速发展。针对拉挤的共性问题，国外学者进行了大量的研究工作，现阶段的研究热点主要集中在拉挤模型的完善和发展、计算机技术的应用、拉挤产品的开发和性能、热塑性复合材料的拉挤工艺等方面。

拉挤成型工艺的关键参数与影响因素包括：(1)增强材料传送系统，如纱架、毡铺展装置、分丝板、缠绕机或编织机以及表面贴层的铺层；(2)树脂浸渍；(3)预成型；(4)成型模具；(5)固化温度；(6)牵引与切割装置。

拉挤成型工艺的主要特点如下：

(1) 工艺简单、高效，适用于高性能纤维复合材料的大规模生产。拉挤加工的线速度可以达到 4 m/min 以上，加上模具，可同时加工数件产品，因此生产效率高。

(2) 能最好地发挥纤维的增强作用。在大多数复合材料的成型工艺中，纤维是不连续的，这使得纤维强度损失较大。即使是连续纤维缠绕成型工艺，由于纤维弯曲、交叉或重叠等，纤维强度也有一定损失，例如螺旋缠绕中，纤维强度的利用率一般为 75%～85%。在拉挤成型工艺中，纤维不仅连续而且充分伸直，因此它是发挥纤维强度的理想形式。

(3) 制备的产品质量波动小。拉挤成型工艺的自动化程度高，工序少，时间短，操作技术和环境对其制品质量的影响都很小。因此，采用同样的原材料，拉挤工艺制品的质量稳定性较其他工艺制品的要高，拉挤制品的性能波动可控制在±5%范围。

(4) 制品的形状和尺寸的加工范围大，尤其在长度上，几乎没有限制，理论上可以生产任意长度的制品。

(5) 增强材料和树脂基体的选择范围广泛。

(6) 原材料利用率高，废品率低。拉挤成型工艺的原材料利用率在 95%以上，而手糊成型工艺的原材料利用率在 75%左右。

(7) 也有一些局限性，主要是制备非直线形、变截面制品困难，不能利用不连续的增强材料等。

拉挤成型制品因优良的电性能和轻质高强特性，在电气工业，可应用于生产电线杆、电工用脚手架、绝缘板、导线管、无线电天线杆、光学纤维电缆和其他各种电气元器件。事实上，电气工业是拉挤成型制品应用最早的领域。

拉挤成型制品有优良的耐化学药品、耐环境腐蚀能力，可代替不锈钢、陶瓷等耐腐蚀结构材料，应用于石油化工、自来水处理、废气和废水处理中的各种管、罐、塔、槽和过滤栅等方面，可以大大延长相关设施的使用寿命，减少维修，提高生产效率。

拉挤成型制品的最大优势是力学性能好，这使得它在各种建筑、机械制造中大显神通。用它代替结构钢、合金铝、优质木材等材料，可以制造汽车保险杠、车辆和机床驱动轴、车身骨架、板簧，运输储罐、包装箱等。在这些场合，它既能提供足够的强度，又能减轻结构的质量，达到减少能量消耗和增加运输能力的双重目的。此外，由于它同时具有强度高、耐腐蚀性能好和自润滑的特性，它也成为制造农机具的极佳材料。中现代楼房、桥梁建筑中，也要求结构材料的强度高、抗震性能好、耐大气腐蚀，拉挤成型制品能满足这些要求，是理想的建筑材料。

图 5-11 拉挤成型的汽车行李箱地板

采用拉挤成型工艺，已制备出纤维增强聚氨酯泡沫汽车行李箱地板(图 5-11)。这种地板的

强度高，自重轻，提高了燃油经济性；使用过程中，不会产生小分子挥发，防潮耐腐蚀，并具有一定的阻燃性，安全可靠；纤维增强聚氨酯泡沫材料的热膨胀系数小，不存在热变形问题，具有较长的使用寿命。

（七）片状模塑料模压成型工艺

片状模塑料（sheet molding compound，简称 SMC），是一种将短切纤维或毡片增强热固性树脂的片材置于热模具中进行加压成型的复合材料。片状模塑料模压成型工艺自动化程度高，能够一次成型形状复杂的构件，且制品表面光洁，因而具有广阔的应用前景。

SMC 模压成型工艺于 20 世纪 60 年代问世，在同年代末就得到进步和发展，但其作用和性能非常有限，在添加剂方面的研究不够深入，对树脂黏度的控制技术也不够成熟。当时的片状模塑料制品的应用范围很窄，压机设备也无法达到要求，这对 SMC 模压成型工艺的发展产生了极大的限制和阻碍。在 20 世纪 80 年代，随着技术的逐渐进步，对片状模塑料配方的探索逐步深入，人们在树脂配方中加入低收缩率、低波纹度添加剂，因此制品的表面质量和精度有了极大的提高。近年来，通过利用改变 SMC 配方来提高其制品性能的成果屡见不鲜，主要有应用于汽车零部件的高强度、低密度且具备阻燃性能的 SMC、碳纤维 SMC 和环境友好型 SMC 等。

SMC 模压成型工艺特别适合于结构复杂、性能要求高、尺寸精确的复合材料零部件的规模化生产，在生产过程中，对设备、工装及控制过程的要求都极为严格。SMC 主要由树脂、增强纤维和填料组成，在制备过程中还需要加入引发剂、增稠剂、脱模剂、低收缩添加剂等多种辅助材料。SMC 制品不仅具有优良的力学性能、电气性能、阻燃性能、耐化学腐蚀性和尺寸稳定性，还具有一定的透波性。

首先将脱模剂、填料、固化剂等加入树脂，在搅拌机上混合均匀，再加入一定量的增稠剂并搅拌均匀，制得树脂糊；然后将树脂糊浸渍长度为 15～25 mm 的玻璃纤维，接着用聚乙烯薄膜为隔膜，经片机压制成片状，最后增稠一段时间，即可得 SMC 片材（图 5-12）。

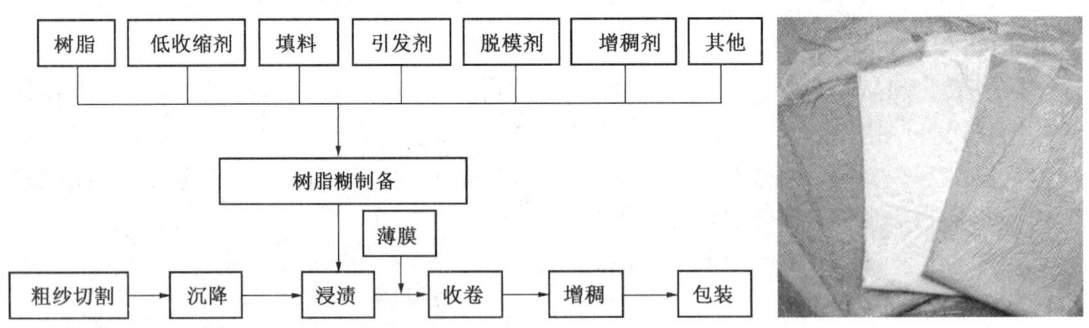

图 5-12　SMC 片材生产工艺流程（左）和片状模塑料（右）

按热模具形状取一定量已熟化的 SMC 片材，置于热模具中压成制品，在这个过程中，需要控制片材的铺放位置、模压温度、压力、合模时间等工艺参数。SMC 片材压制工艺流程如图 5-13 所示。

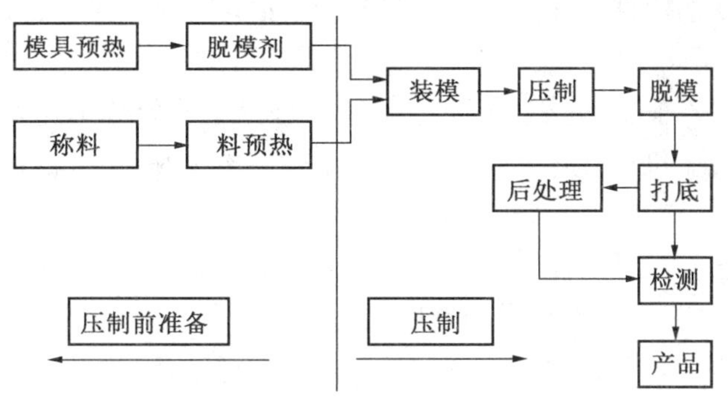

图 5-13 SMC 片材压制工艺流程

SMC 成型工艺的主要特点：(1)该工艺为模压成型，前期需要投入较高的费用来购买高压设备，但是这种投入是一次性的，在批量化生产中不需要再投入设备费用，因此成本迅速降低，适合工业化生产；(2)主要原料为树脂、纤维和填料，原料价格较低且容易购买，其制品需要的原料都比较少且能一次成型，原料浪费少，尤其是其产品中有大量填料，填料的高填充率还可以提高产品的刚度；(3)SMC 制品成型周期短，平均 1～8 min 就能成型一次，极高的生产效率是其他成型工艺难以达到的；(4)SMC 制品不仅具有极高的表面精度、优良的力学性能，而且含有大量的绝缘组分，因此具有良好的绝缘性，制品中空隙少，吸水性能差，故具有良好的耐水性，此外，通过配方的调整，可具有良好的阻燃性及透波性等功能；(5)SMC 模压成型工艺的成型温度高于 120 ℃，压力一般大于 10 MPa，是一种高温热压成型工艺，成型过程中产生的游离物质会在高温下离开制品，成型环境干净，相关的卫生标准比较容易达成；(6)工人劳动强度低，能很快熟练操作，产品合格率高。

图 5-14 SMC 集成浴室

SMC 模压成型工艺广泛应用于浴室(图 5-14)及汽车的内饰件、外饰件和功能件，包括车体、底盘、传动轴、发动机壳体和刹车片等重要部件。

(八) 团状模塑料模压成型工艺

团状模塑料(bulk molding compound，简称 BMC)通常是由短切玻璃纤维、填料、不饱和树脂、低收缩剂以及色浆等多种添加剂经过充分共混构成的模塑料。与 SMC 相比，团状模塑料纤维含量较低，纤维长度较小(25～50 mm)。另外，其物理力学性能好，成型方式多样，可以采用注塑、模压、压铸等方式成型，一般采用模压成型，具有质量稳定、成型速度快、生产效率高的优良特性，因而被广泛应用于电气设备部件、汽车部件和电子塑封等领域。

BMC 制造工艺始于 20 世纪 50 年代的德国，在六七十年代迅速发展，并在美国、日本和西欧实现了规模化、机械化生产，成为热固性玻璃钢领域的重要生产工艺。到现在为止，发达国家的片状模塑料、团状模塑料制品的生产量已经占热固性玻璃钢产量的 30％左右。且呈逐年上升的趋势，体现了 BMC 材料具有很强的发展潜力以及市场竞争力，而且在未来的玻璃钢产品中具有很大的发展空间。

BMC 的制备工艺过程：首先将物理增稠剂、不饱和聚酯树脂、低收缩剂如聚苯乙烯加入预混桶，将预混桶放在高速分散机下进行高速分散，得到预混物；然后将预混物倒入捏合机，加入引发剂如过氧化苯甲酸叔丁酯、色浆及其他助剂，充分捏合均匀后，将 $CaCO_3$ Al(OH)、硬脂酸钙等加入捏合机，经充分捏合，得到 BMC 树脂糊，再加入纤维，待纤维与树脂糊混合均匀后停止捏合，得到团状模塑料(图 5-15)。

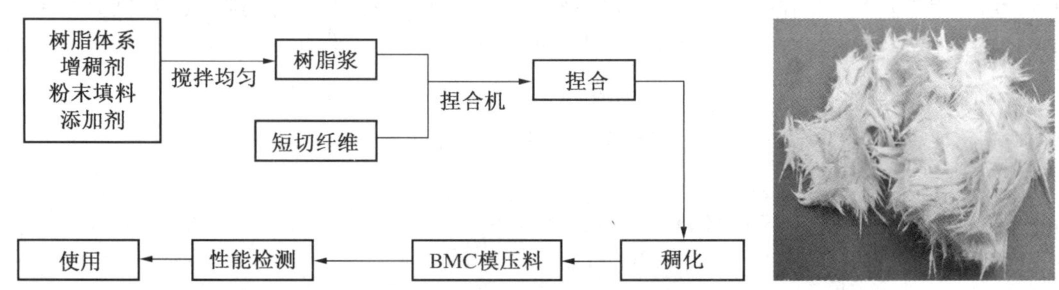

图 5-15　BMC 的制备工艺过程(左)和团状模塑料(右)

在 BMC 成型过程中，需要将一定量的 BMC 材料放入已经完成预热的模具，并以一定的速度闭合模具，使得模压料在一定的压力作用下流动，充满整个模腔，并在一定的温度、压力下保持一定时间，使其固化完全，最后开启模具，取出制品。BMC 模塑料的成型过程如图 5-16 所示。

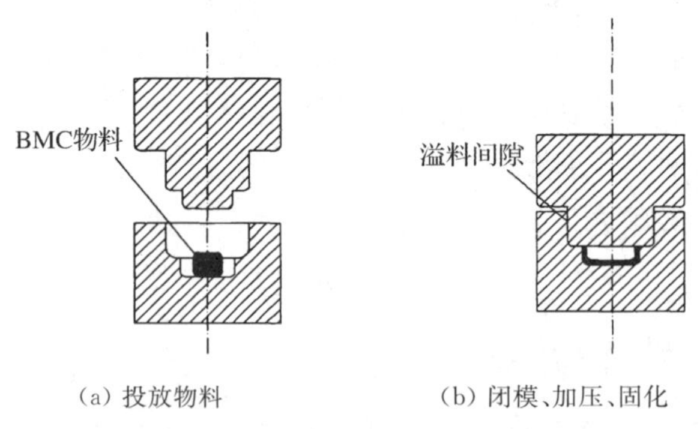

图 5-16　BMC 模塑料的成型工程

BMC 模塑料是纤维增强复合材料和某类粒子分散型复合材料(树脂和大量粉状填料黏结体系)结合的多相复合材料体系。影响模塑料性能的因素因为各种填料的加入而变

得多样化和复杂化，可以通过调节预混料的树脂、短切纤维、填料及各种添加剂的类型、含量及不同生产工艺，研制出满足各种特殊性能和功用的多种多样的材料。

BMC模压成型工艺具有以下特点：

(1) 配方中加入大量的无机填料，比如滑石粉、碳酸钙等，大幅度降低了成本，比一般的玻璃钢制品的成本低。

(2) 生产效率高，成型周期短。

(3) 加入低收缩添加剂后生产出的产品表面质量非常高，表面流动性很好，使得复杂制品可整体成型，一些孔、筋、台、凹槽等均可同时成型。

(4) 闭模成型，操作环境卫生，生产环境好，改善了劳动条件。

(5) 原材料利用率高，成型工艺简单，对人员的技术程度要求不高，容易实现机械化和自动化。

(6) 可通过调节纤维长度和树脂体系配方，以适应不同尺寸、不同复杂程度和不同性能要求的产品。

(7) BMC制品的外观效果好，可以根据制品的颜色需要对物料着色。

(8) 不饱和树脂为热固性树脂，脆性比较大，所以BMC制品的脆性较大，断裂伸长率也很低。

(9) 由于增强体主要是短纤维，其材料仅适用于制作尺寸较小、强度要求不高的产品。

图5-17　BMC电机绝缘子

BMC模压成型工艺广泛应用于电气零部件（绝缘子、切换、电表箱、断路器外壳、接线端子、各类家用或商务机电产品壳体）、汽车零部件（前灯反射面、后门、扬声器壳等）、咪表壳体、音响设备壳体。

(九) 模压成型工艺

模压成型也被称为压缩模塑，它是将粉末状、粒状、碎屑状或纤维状的树脂原料放入加热的阴模模槽，然后合上阳模，再进行加热使树脂熔化，并在压力作用下使物料充满模腔，形成与模腔形状相同的模制品，再经加热（以便进一步发生交联反应而固化）或冷却（对热塑性树脂应冷却，使其硬化），脱模后即得到制品（图5-18）。模压成型主要用于热固性树脂制品的生产。对于热塑性树脂，由于模压时模具需要交替地进行加热和冷却，生产周期较长，一般在制备较大平面的树脂制品时才采用。

模压成型工艺具有如下优点：

(1) 原料的损失小，不会造成过多的损失（通常为制品质量的2%～5%）。

(2) 制品的内应力很低，且翘曲变形很小，力学性能较稳定。

(3) 模腔的磨损很小，模具的维护费用较低。

(4) 成型设备的造价较低，模具结构较简单，制造费用通常低于注塑模具或传递成型模具。

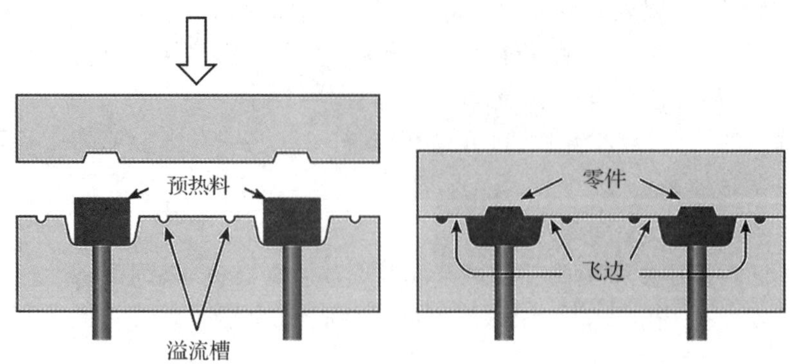

图 5-18　模压成型工艺

(5) 可制备较大型平板状制品,模压成型制品的尺寸仅由已有的模压机的合模力与模板尺寸决定。

(6) 制品的收缩率小且重复性较好。

(7) 可在给定的模板上放置模腔数量较多的模具,生产效率高。

(8) 可以适应自动加料与自动取出制品。

(9) 产品尺寸精度高,重复性好。

(10) 产品表面光洁,无需二次修饰。

(11) 能一次成型结构复杂的制品。

(12) 可批量生产,便于实现专业化和自动化生产,产品价格相对低廉。

模压成型工艺的缺点如下:

(1) 成型周期较长,工作人员有的体力消耗较大。

(2) 对存在凹陷、侧面斜度或小孔等情况的复杂制品,不适用。

(3) 在制作过程中,要做到完全充模,存在一定的难度,有一定的技术要求。

(4) 在固化阶段结束后,不同的制品有不同的刚度,对最终产品性能有影响。

(5) 不适合尺寸精度要求较高的制品,尤其是多型腔模具。

(6) 制品的飞边较厚,而去除飞边的工作量大。

模压成型工艺流程如下:

(1) 加料。按照需要往模具内加入规定量的材料,而加料量会直接影响制品的密度和尺寸等。加料量多则制品毛边厚,尺寸准确度差,难以脱模,并可能损坏模具;加料量少则制品不紧密,光泽差,甚至会造成缺料而产生废品。

(2) 闭模。加料完成后,将阳模和阴模闭合。合模时先快速,待阴模和阳模快接触时改为慢速。先快后慢的操作方法有利于缩短非生产时间,防止模具擦伤,避免模槽中的原料因合模过快而被空气带出,甚至会使嵌件产生位移、成型杆遭到破坏。待模具闭合,即可增大压力对原料加热加压。

(3) 排气。加工热固性树脂时,常有水分和低分子物释放出来。为了排除这些释放物及模具内空气等,在模腔内树脂原料反应进行至适当时间后,可卸压、松模、排气一个很

短的时间。排气操作能缩短固化时间和提高制品的物理力学性能,避免制品内部出现分层和气泡。但排气过早或过迟都不行,过早达不到排气目的,而过迟则因物料表面已固化,气体排不出去。

(4) 固化。热固性树脂的固化是在模压温度下保持一段时间,使树脂的缩聚反应达到要求的交联程度,以制品具备要求的物理力学性能为准。对于固化速率不高的树脂,在制品能够完整地脱模时,固化就暂告结束,然后通过后处理来完成全部的固化过程,以提高设备的利用率。模压成型工艺的固化时间通常为保压保温时间,一般为 30 s 至数分钟,多数不超过 30 min。固化时间过长或过短,对制品的性能都有影响。

(5) 脱模。脱模通常是通过顶出杆来完成的。带成型杆或者某些嵌件的制品,应先用专门工具将成型杆等拧脱,然后再进行脱模。

(6) 模具吹洗。脱模后,通常用压缩空气吹洗模腔和模具的模面,如果模具上的固着物较紧,可用铜刀或铜刷清理,甚至需要用抛光剂刷等。

(7) 后处理。为了进一步提高制品的品质,热固性树脂制品脱模后也常在较高温度下进行后处理。后处理能使树脂固化更加完全,同时减少或消除制品的内应力,减少制品中的水分及挥发物等,有利于提高制品的电性能及强度。

模压成型工艺参数主要有三个:(1)模压压力;(2)模压温度;(3)固化时间。其中,模压温度是影响制品品质最主要的因素,模压压力是较主要的因素,固化时间是次要因素。在模压成型生产中,必须正确选择这三种工艺参数。

模压成型工艺的一个突出应用案例为碳/环氧复合材料。首先是在成型过程中需要加热。加热的目的是使预浸料软化而产生流动,以便充满模腔,并加速树脂的固化反应。在预浸料充满模腔的过程中,不仅树脂流动,增强纤维也随之流动,使树脂和增强纤维同时填满模腔的各个部位。只有树脂的黏度很大,黏结力很强,才能与增强纤维一起流动,因此模压成型工艺需要的压力较大。

模压成型工艺的主要应用包括结构件、连接件、防护件和电气绝缘件,广泛应用于工业、农业、交通运输、电气、化工、建筑、机械等领域。

(十) 预浸料及热压罐成型工艺

1. 预浸料

预浸料(Prepreg)是在严格控制的条件下,使用树脂基体浸渍连续纤维或织物而形成的树脂基体与增强体的组合物,是制造复合材料的中间材料(图 5-19)。预浸料可保持一定的储存期,其间可随时进行铺层设计和成型。

预浸料可按纤维品种、树脂品种、使用温度等内容进行分类:按纤维品种分,有碳纤维预浸料、玻璃纤维预浸料、芳纶纤维预浸料、超高相对分子质量聚乙烯纤维预浸料、PBO 纤维预浸料等;按树脂性质分,有热固性预浸料和热塑性预浸料;按物理形状分,有单向预浸料和织物预浸料。因预浸料容易使用、性能稳定、孔隙率低、模塑过程清洁等优点,预浸料在复合材料工业的应用日益普遍,前景甚好。

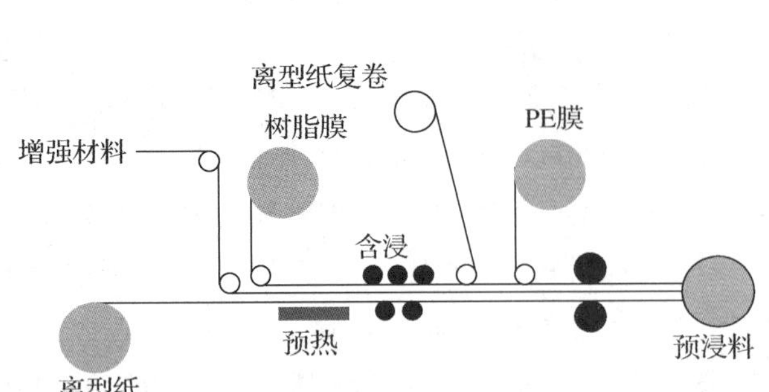

图 5-19　预浸料的制备工艺过程(上)和实物(下)

早在 20 世纪 40 年代末期,国外就开始使用玻璃纤维预浸料。直到 20 世纪 60 年代高性能的碳纤维和芳纶(凯芙拉)纤维发展之后,由于这些新型纤维在性能上得到明显改进,制造预浸料的工艺状态稳定,产品质量控制也得到可靠的保证。随后,经历 20 世纪八九十年代的飞速发展,各种预浸料制造技术有了很大的发展,到 21 世纪初,生产工艺日趋成熟,并在宇航工程得到成功的应用。实践表明,预浸料的主要力学性能和化学特性会反映在复合材料构件中。

1926 年成立的日本东丽(Toray)株式会社很早就与空客和波音公司签署了长期预浸料供货协议,提供一般航空工业用结构复合材料用 T700G 12K UD T/2510 和 T700G 12K PW F/2510 预浸料。同时,国际市场上赫氏(Hexcel)、氰特(Cytec)、固瑞特(Gurit)等企业在全球试产中占比较高。

在我国,运动用品如网球拍、自行车、钓鱼竿和高尔夫球杆等是碳纤维预浸料的传统市场,产品低价竞争激烈。

预浸料常见组成部分包括底部(一层离型纸)、中间层(成品预浸料)和表面层(一层聚乙烯薄膜),其中的成品预浸料又由树脂和纤维组成。

预浸料是预先用树脂浸润纤维而形成的,在后面的工艺中进行铺叠、成型,再进行加热固化,故而预浸料中的树脂是未经固化的,以热固性树脂为主。热固性树脂的种类多样,常用的有酚醛树脂、环氧树脂、双马树脂、乙烯基树脂、氰酸树脂等,其中以环氧树脂的应用最为广泛,在一些耐高温场合会使用双马树脂、氰酸树脂。2017 年,赫氏研发出 HexPlyM78.1(一种多轴增强的快速固化预浸料),可在 120 ℃条件下实现 7 min 固化,并且可在室温条件下存储两周。

热固性树脂预浸料的制备目前主要采用两种方法,即溶液浸渍法和热熔法。

溶液浸渍法是把树脂各组分按规定的比例溶解于低沸点溶剂中,形成一定浓度的基体溶液,然后将纤维束或织物以规定的速度通过基体溶液,使其浸上一定量的树脂。该法必须有除去溶剂的工序,并需通过加热使树脂处于高弹态,得到合适的黏性。溶液浸渍法的优点是增强材料容易被树脂浸透,可以制造薄型预浸料,也可制造厚型预浸料,设备造价较低。该法的缺点是需要干燥炉除去溶剂或进行溶剂回收,处理不当会引

起燃烧或环境污染；预浸料往往残留一定量的溶剂，成型时易形成孔隙，最终影响复合材料性能。

热熔法是在溶液浸渍法的基础上发展起来的，以避免溶液浸渍法因溶剂使用而存在的诸多不便。此方法是预浸料制备工艺的一大进步，正迅速得到推广和应用。目前发达国家的专业化预浸料公司大多采用热熔法制备预浸料，特别是主承力结构用的预浸料。热熔法因其工艺步骤不同，可分为直接热熔法（一步法）和膜胶压延法（两步法）。前者是将树脂基体置于胶槽中，加热到一定温度，使树脂熔融，然后将纤维束或织物依次通过展开机构、胶槽、几组挤胶辊、重排机构，最后收卷。该工艺要求树脂有良好的流动性，在不高的温度下呈流动态，有利于浸润纤维。该法主要用于制备粗纱或窄带预浸料，用作缠绕构件。通常，由直接热熔法制备的预浸料中，树脂含量低，控制精度高，如直升机桨壳系统夹板用单向粗纱预浸带。后者是目前广泛采用的方法，是生产预浸料的第一选择。该法一般包括制膜和预浸两个步骤，即先将树脂基体置于混合器中充分混合，待加热到最佳涂膜温度后，用电机驱动的计量泵或通过压力将树脂基体输送到涂胶辊，调节涂胶辊的间距和离型纸的运行线速度，可以制得不同厚度的胶膜。用射线仪检测胶膜的厚度或胶膜的面密度，通过冷却板降低胶膜的温度，尽量减少其固化程度，随后收卷、包装，存放于冷库待用。从纱架上引出纤维，将纤维张力调节适当后，纤维通过蓖子集束、展平至规定的宽度，从上、下胶膜辊引出预先制备的胶膜，并和纤维形成夹芯结构，依次通过几组热压辊，使树脂基体熔融，纤维嵌入树脂基体。热熔法的优点主要包括：加工过程中，线速度大，生产效率高；树脂含量容易控制；不使用溶剂，预浸料的挥发物含量低，安全性高；不需要干燥炉，减少了环境污染；制膜和浸渍过程可以分步进行，减少了原材料特别是较昂贵的增强材料的损失；预浸料的外观质量较好。此法的缺点主要是厚度大的预浸料特别是织物难以被树脂浸透，高黏度的树脂难以浸渍，离型纸和薄膜用量较大。

虽然溶液浸渍法和热熔法各有利弊，但可以互相补充，因此会长期同时存在，以适应不同要求。但是，趋向于热熔法的使用愈来愈多。国外在热熔法制备预浸料方面已经实现工艺过程的自动监控，在制膜阶段采用计算机控制胶膜厚度，保证了树脂含量的均匀性，控制精度可使预浸料树脂含量偏差在±2％。

2. 热压罐成型工艺

预浸料适用工艺较多，主要是热压罐成型工艺（autoclave processing），也有非热压罐成型工艺，如模压法、缠绕法等。热压罐成型工艺是利用热压罐内部的高温压缩气体产生的压力对复合材料坯料进行加热、加压，完成固化成型的方法（图 5-20）。

热压罐成型工艺的优点如下：

（1）罐内压力均匀。因为使用压缩空气或惰性气体（N_2、CO_2）或混合气体向热压罐内充气加压，作用在真空袋面各点法线上的压力相同，使构件在均匀压力下成型、固化。

（2）罐内空气温度均匀。加热（或冷却）气体在罐内高速循环，罐内各点气体温度基本一致，在模具结构合理的前提下，可以保证密封在模具上的构件的升降温过程中各点温差不大。一般迎风面及罐头的升降温较快，背风面及罐尾的升降温较慢。

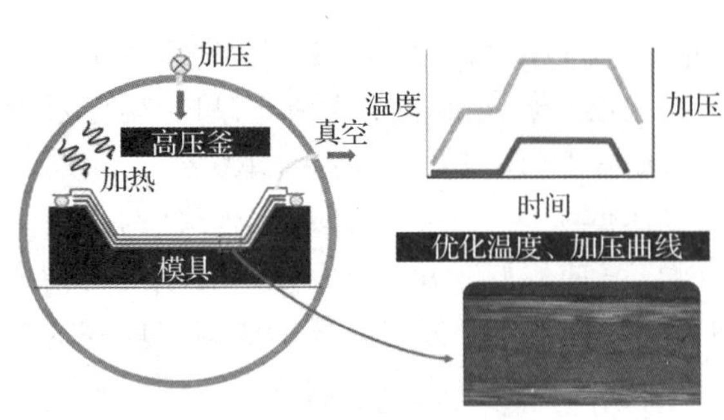

图 5-20 热压罐内部的工作原理(上)和热压罐设备外观(下)

(3) 适用范围较广。模具相对比较简单,效率高,适合大面积复杂型面的蒙皮、壁板和壳体的成型,可成型各种构件。若热压罐尺寸大,一次可放置多层模具,同时成型各种较复杂的构件及不同尺寸的构件。热压罐的温度和压力条件几乎能满足所有聚合物基复合材料的成型工艺要求,如低温成型聚酯基复合材料,高温和高压成型 PI 和 PEEK 复合材料,还可以完成缝纫/RFI 等工艺的成型。

(4) 成型工艺稳定可靠。热压罐内的压力和温度均匀,可以保证成型构建的质量稳定。一般热压罐成型工艺的构件孔隙率较低、树脂含量均匀,相对其他成型工艺来说,热压罐制备构建的力学性能稳定可靠。迄今,航空航天领域要求高承载的绝大多数复合材料都采用热压罐成型工艺。

热压罐成型工艺的缺点主要是投资大,成本高。与其他成型工艺相比,热压罐系统庞大、结构复杂,属于压力容器,建造一套大型热压罐的费用较高:由于每次固化都需要制备真空密封系统,会耗费大量昂贵的辅助材料,同时成型过程中也会消耗大量能源。

热压罐系统由罐体、真空系统、控制系统等组成。

(1) 罐体。罐体由内外筒组成,加热、冷却装置位于内外筒之间。要求罐体内部有效尺寸至少满足最大制件的需要,最高使用温度下罐体外表温度不大于 60 ℃。

(2) 加热系统。罐体内部温度要求各点温差≤5 ℃,升温速率为 1~8 ℃/min,可按树脂体系的固化温度和制件大小确定,一般为两阶段加温、恒温工艺。

(3) 冷却系统。热压罐成型工艺中,冷却过程对复合材料制造质量有重要影响,常用循环水冷却,降温速率为 0.5~6 ℃/min。

(4) 压力系统。罐内压力可达 1.5~2.5 MPa,误差不大于 0.05 MPa,并设有安全防爆装置。

(5) 真空系统。要求有多个真空管接头,以满足成型工艺要求,同时为使罐内压力作用于制品,使制品与模具贴紧,必须在其间形成一定真空度。

(6) 控制系统。配置了温度、压力、真空度指示及记录仪表,以及真空渗漏检查装置、超温/超压报警装置、安全自锁装置,同时可进行多点温度测量,根据复合材料的传热、反应放热特点设置相应的配置条件。

(7) 密封系统。热压罐属于压力容器，要保证罐体密封。

当前，在热压罐抽真空压实环节，借助真空袋与模具之间抽真空形成的负压，对复合材料坯料进行加压。已经发展成熟的技术有真空袋成型法、压力袋成型法和双真空袋成型法。其中，真空袋成型法加压不大于 0.1 MPa，只适用于制作薄板或者蜂窝夹层结构，缺点是制品外形表面质量的精度较差。压力袋成型法是通过向橡皮囊构成的压力袋(气压室)内注入压缩气体来实现对复合材料坯料的加压，压力可达 0.25～0.5 MPa，特点是对模具的刚度和强度要求高，制品的力学性能优于真空袋成型法制品。双真空袋成型法起源于美国空军，采用湿法环氧预浸料对飞机上的复合材料结构进行修补。它有两套真空系统，适用于挥发分含量较高的树脂体系，如酚醛和聚酰亚胺等。

热压罐成型工艺已由最初用于制备飞机上承力较小的构件扩张到垂尾、方向舵和平尾，发展到当前的机翼、机身等主承力结构。

模具是目前热压罐成型工艺中的重要组成部分。模具要和材料一起放入高温高压的罐内进行固化，这对模具的性能提出了极高的要求，因此模具改进可大大提高构件的质量。一方面，制造模具的原材料很多，如殷钢(承受温度约 540 ℃)、单晶石墨(承受温度约 430 ℃)、钢、陶瓷等；另一方面，对热压罐温度场建模时提出，低比热容、高热导率的工装材料有利于提高制品质量。

随着复合材料结构设计的发展，在进一步考虑减轻质量及降低成本的背景下，许多复合材料主承力构件已经越来越倾向于整体化制造工艺，即将多个构建一体化制造，以减少复合材料之间的装配连接。目前的预浸料-热压罐成型工艺的整体化制造技术分为共固化、共胶接和二次胶接三种方案，具体如下：

(1) 共固化。先分别将蒙皮和加筋长桁进行铺层，并一起铺放在模具上，之后整体经热压罐成型，完成共固化。入罐次数少，且可以降低成本和制品重量，制件的成型品质优，不易变形。

(2) 先固化蒙皮，再与加筋长桁胶接。先将蒙皮铺层固化，在将铺放好的加筋长桁铺设在蒙皮上，通过模具固定后，放入热压罐，进行二次固化。成型后制件的蒙皮尺寸精确，但帽型加筋的尺寸不易保证，且模具设计复杂，不易制作。

(3) 先固化加筋长桁，再与蒙皮胶接。先将加筋长桁铺层固化，然后在加筋长桁基础上铺设蒙皮，通过模具将预制件固定，再通过胶膜连接，之后送入热压罐。因加筋长桁先固定，所以长桁质量易保证，但蒙皮的表面质量不易保证。

(4) 二次胶接。分别对蒙皮和加筋长桁进行固化，并通过胶膜连接，再送入热压罐，进行二次胶接。成型后制件的质量得以保证，但工艺过程复杂，制作成本高。

在整体化制造技术的发展中，复合材料构件的大型化、整体化程度不断提升，其在热压罐内固化过程中的温度场分布也愈发不均匀。传统的保温再加压固化工艺越来越难以满足浸料加压带的要求，导致制件制造质量的下降和固化成型时间的增加。为解决这些问题，国内外已经开发出多种可以实现“零吸胶”“常温加压”工艺的预浸料。这些预浸料在纤维密实、树脂流动、气泡形成与运动等方面均有特殊之处，从而保证了热压罐成型工艺复合材料制件的质量一致性，并减少了入罐时间，如环氧树脂预浸料、碳Ⅷ/BA9918 预

浸料、碳Ⅶ/BA9916-Ⅱ预浸料、CCF300/BA9916Ⅱ预浸料和双马树脂预浸料CCF300/QY9511、碳Ⅶ/QY9611等。

预浸料-热压罐成型工艺一直被认为是一种成本过高、周期过长的技术，但该工艺仍以其优异的产品质量占据着重要的地位。随着近年来自动化、数字化的水平不断提高及相关技术的不断完善，该工艺成本与周期的缺点逐渐得到改善，愈发受到人们的重视。当然，该工艺仍需不断进步，以满足复合材料发展和应用的进一步需求。

二、热塑性树脂基复合材料主要的成型工艺

热塑性复合材料可回收、再生，制备及成型过程无排放，可实现模块化成型，局部损伤容易修复，属于绿色材料，符合可持续发展的要求，已成为国际复合材料新的增长点，发展速度惊人，新的工艺及材料品种不断涌现。

（一）注塑成型工艺

注塑成型工艺利用高压将塑料熔体高速喷射到模具腔内，待其冷却固化后开模，即得到与模具型腔形状一致的制品，故而也叫作注射模塑或注射成型（图5-21）。

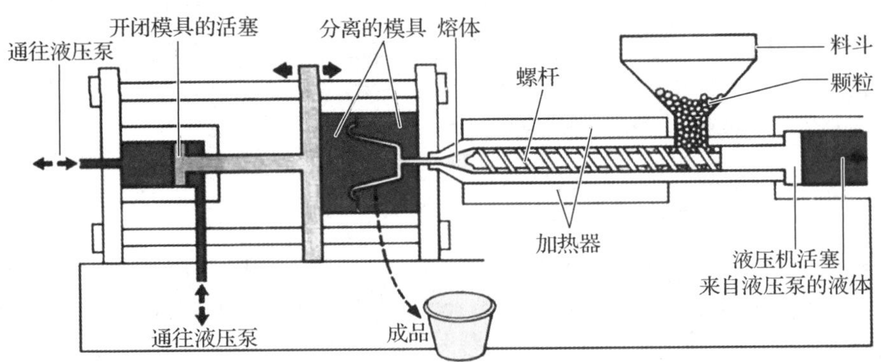

图5-21 注塑成型工艺

注塑成型工艺参数的确定最初是较多地依赖过往经验。在20世纪90年代之前，国外就有研究人员进行专家系统的开发研究，这个系统可以根据工艺人员输入的材料、尺寸和生产条件等多项信息自动匹配出最佳的工艺条件，这使得注塑成型工艺产生了革命性的进步。但是专家系统无法匹配出所有的组合对应的最佳工艺条件，需要人们不断对其数据库进行补充和完善。近年来，随着计算机智能算法的普及，利用模拟仿真和数学模型进行工艺参数的优化成为研究热点，有模拟退火算法、人工神经网络算法和遗传算法等。这些算法不需要设计具体变量和目标函数，只需要给定输入、输出，即可进行优化计算，符合注塑工艺的多变量、多输出的要求。

注塑成型过程大体分为四个阶段：预塑计量、注射充模、保压补缩和冷却定型。预塑

计量阶段是指将原料加热至其熔化成具有一定粘度的熔体的阶段，在这一过程中要完成注射前的计量且熔体在进入模腔前要达到预定的成型温度；注射充模阶段是指合模后，熔体进入模具腔并充满型腔的阶段，这一阶段的充模速率非常重要，要保证熔体在浇口冷封前充满整个型腔，从而才能得到完整且高质量的塑件；保压补缩是指熔体充满模具型腔到浇口冷凝的阶段，此时的模具腔内熔体会发生冷却收缩，但在螺杆的稳压作用下，料桶内的塑料熔体会被继续注入模具型腔内弥补收缩，这对于提高塑件密度和避免塑件表面质量缺陷有较大意义；冷却定型阶段是指浇口凝固到制品脱模的阶段，冷却时间是这一阶段的主要控制参数。

注塑成型工艺的关键工艺参数和影响因素主要包括：

1. 压力参数

(1) 注塑压力，即注塑充模阶段注射树脂的压力。较高的注塑压力有益于产品综合性能的提升，但过高的注塑压力会造成熔体喷射式流动，会在制件内形成气泡等。

(2) 保压压力。在注射成型的保压补缩阶段，保压压力对模腔内熔体进行压实并进行补料，其可以影响塑件的缩痕、尺寸稳定性和脱模等。

(3) 塑化压力，即螺杆顶部熔料在螺杆后退时受到的压力。它会影响材料的塑化效果及其塑化能力。

2. 温度参数

(1) 模具温度，即成型过程中模腔表面的温度。它会影响熔体的充模流动行为、制品的冷却及成型后的制品性能等。

(2) 熔体温度，即螺杆内使物料熔化的温度。它会影响物料的塑化和熔体的注射充模。

3. 时间参数

(1) 注射时间。它是控制注射速率的参数之一，对塑件的性能影响很大。

(2) 保压时间。它会直接影响塑件的质量。保压时间较长，可以得到致密的产品，但是会使模腔内压力增大，导致内应力产生，从而增加脱模难度。

4. 注射速度

注射速度指螺杆前进将熔化物料填充至模腔的速度，一般用单位时间的注射质量或螺杆前进速度表示。理想的注射速度是“将最均匀熔化的树脂，在最短时间内传送至模具内，使其在均一状态下固化”。但物料流动速度太快会导致制件产生异常，因此在实际情况下，合适的注塑速度取决于塑件的表观质量和模具的结构。

注塑成型工艺的优点：可以成型结构复杂、尺寸精密和带金属嵌件的制品，成型周期短，生产效率高，产品质量稳定，对各种塑料的加工适应性强，易于实现自动化和半自动化生产。目前有1/3的塑料是通过注塑成型方法生产的，注塑机产量占塑料机械总产量的60%以上。

注塑成型工艺的缺点，最主要的就是制品容易翘曲变形，这是由热塑性材料不均匀收缩产生的残余应力引起的，具体来说，包括三个部分：一是材料的各向异性导致其在不同方向的收缩有差异；二是注塑件不同区域的温度和压力分布不均匀，导致收缩差异；三是

注塑件在厚度方向的收缩率有差异。该工艺的其他缺点主要包括：熔接线，即多股熔体填充并黏结界面时显现在制品表面的部分；飞边，即模具分型面或顶杆等部位的多余塑料导致的不规则边角；气眼，即空气被困在型腔内形成的气泡；缩痕，及制件在壁厚处表面下凹的现象。

绝大多数热塑性树脂、部分热固型树脂、注射用橡胶、热塑性弹性体及一些复合材料，都可以用注塑方法成型。注塑成型技术被广泛应用于机电、汽车、交通运输、建材、包装、农业、文教卫生及人们日常生活的各个领域。

在汽车行业，由于国家政策的调整，汽车生产越来越注重轻量化设计，目前多采用“以塑代钢”“以塑代木”等途径来生产汽车内饰部分的塑料件。由于其多为装配体，强度要求较高，结构复杂，面积大，而注塑成型技术能很好地满足这些要求，故而应用较多。注塑成型技术在汽车行业可用于制造复杂和关键的零件(图 5-22)，包括内部和外部装饰组件、电子电器组件及发动机舱盖下方的应用组件。海天国际为比亚迪量身定制了一批大型多组分注塑机，应用于多色车灯生产，主要用于比亚迪汽车常规尾灯系列、贯穿式灯系列、常规双色大灯系列、大型厚壁光导系列等。

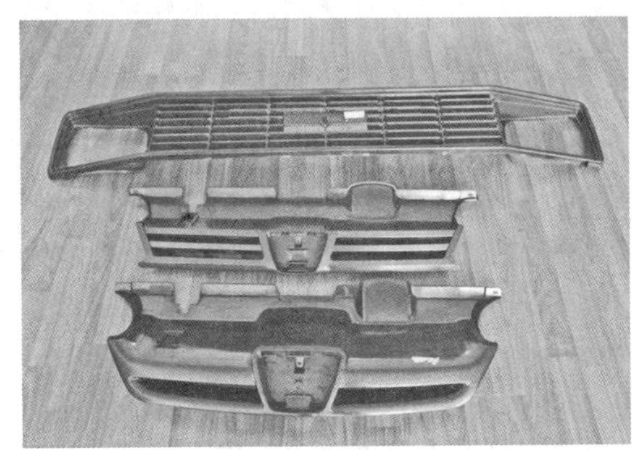

图 5-22　注塑成型工艺制备的汽车用注塑件

(二) GMT 复合材料和模压工艺

玻璃纤维毡增强热塑性塑料 (glass-fiber mat reinforced thermoplastics，简称 GMT) 是一种以片状半成品预浸材料形式供应市场的纤维增强热塑性基体复合材料。GMT 具有生产过程中无化学反应、生产周期短、热能消耗低、轻质、容易成型加工、产品尺寸稳定、成本低、比强度高等优点，并且 100%可重复使用，被称为 21 世纪绿色工业材料之一。

美国 PPG 公司于 20 世纪 60 年代末期首先开发出通过熔融浸渍技术制备 GMT 的工艺方法。熔融浸渍工艺的主要过程(图 5-23)包括：挤出机将聚丙烯等聚合物加热至熔融形成聚合物熔体，并挤出至两层连续玻璃纤维毡之间，并在两层玻璃纤维毡的外表面分别铺覆一层聚合物膜，然后经过加热，在履带式热压机上连续压制，使得聚合物熔体很好

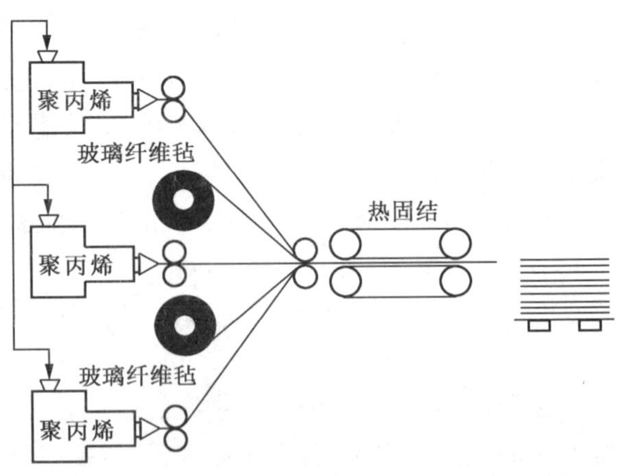

图 5-23　熔融浸渍技术制备 GMT 的工艺过程

地浸渍纤维，然后冷却固化，切割成所需规格的片材。

根据玻璃纤维毡的选择不同，制备的GMT具备不同的力学性能和模压成型性能，从而满足不同应用领域的差异化使用要求，主要分为三大类：连续无规的玻璃纤维毡、单向连续玻璃纤维复合毡和短切玻璃纤维毡。

(1) 连续无规的玻璃纤维毡。连续无规的玻璃纤维毡适用于制备纤维含量为30%～40%的GMT复合材料，由于玻璃纤维毡使用的增强纤维是连续的，所以此类GMT复合材料被赋予较高的强度和抗冲击能力。

(2) 单向连续玻璃纤维复合毡。单向连续玻璃纤维复合毡多用于制备纤维含量较高(40%～50%)的GMT片材。单向纤维的增强作用使得此类GMT片材的刚度和强度大幅提高，其弯曲弹性模量可以提高1倍左右。

(3) 短切玻璃纤维毡。采用短切玻璃纤维毡可以制备多种不同纤维含量(22%～50%)的GMT片材。这类GMT片材适合流动模压和模压成型，可用于制备壁厚为2～3 mm的薄壁制品。

连续无规的玻璃纤维毡、单向连续玻璃纤维复合毡和短切玻璃纤维毡在性能上各有优缺点。

连续无规的玻璃纤维毡和短切玻璃纤维毡中的玻璃纤维随意排列，其优点是成型时流动性能好，可以加工复杂形状的零部件，玻璃纤维含量可根据不同强度的需要进行调整，从而获得不同性能的复合材料，应用于不同的领域。连续无规的玻璃纤维毡和短切玻璃纤维毡的缺点在于强度比单向强化玻纤的差。

单向连续玻璃纤维复合毡由连续无规的玻璃纤维毡和单向排列的玻璃纤维混合而成，其优点在于可以满足很强的性能要求，强度比连续无规的玻璃纤维毡和短切玻璃纤维毡高；其缺点在于材料的流动性能差，导致工艺性能不佳，而且其成本较高。

GMT一般采用对模模压工艺：冲压成型和流动模压成型。

冲压成型是将裁剪好的GMT片材坯料加热至温度低于基体的黏流温度10～20 ℃，然后放入50～70 ℃的模具型腔内，快速合模并压制成型。这种方法的特点是成型温度低，压力小，周期短，制品的形状比较简单。

流动模压成型是将裁剪好的GMT片材坯料预热至温度高于基体的熔点，然后置于模具型腔内，快速合模并加压，迫使熔融的坯料流动、充满模腔，再经冷却、脱模，得到制品。这种方法的特点是成型压力较高，纤维浸渍树脂的效果比较好，适宜制造形状复杂(含肋、凸台、侧凹、金属嵌件等)的制品，如图5-24所示。在GMT的制造中，95%以上采用流动模压成型。GMT已在汽车零部件的制造中获得广泛应用，如图5-25所示。

(三) SFT、LFT和DFFIM

短纤维增强热塑性塑料(short fiber reinforced thermoplastics，简称SFT)是传统的玻璃纤维增强塑料类型，至今仍有普遍营业，它是将短切成一定长度的玻璃纤维、填料、其他助剂及树脂干混，然后通过挤出机挤出，再经冷却、造粒加工，粒料作为半成品，最后通过成型工艺成为制品。SFT粒料中的纤维偏短且方向杂乱。

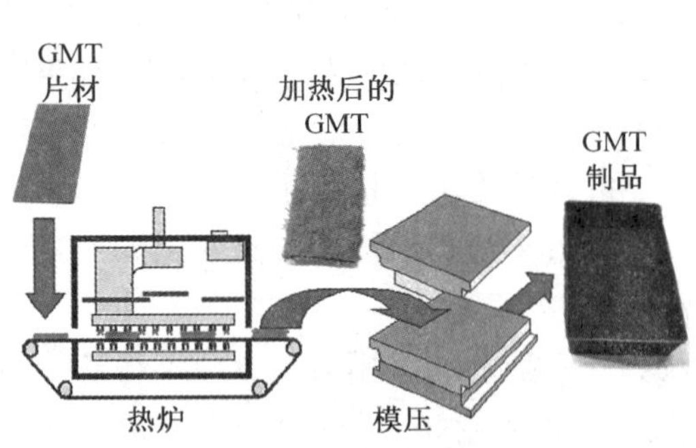

图 5-24 GMT 的模压成型工艺

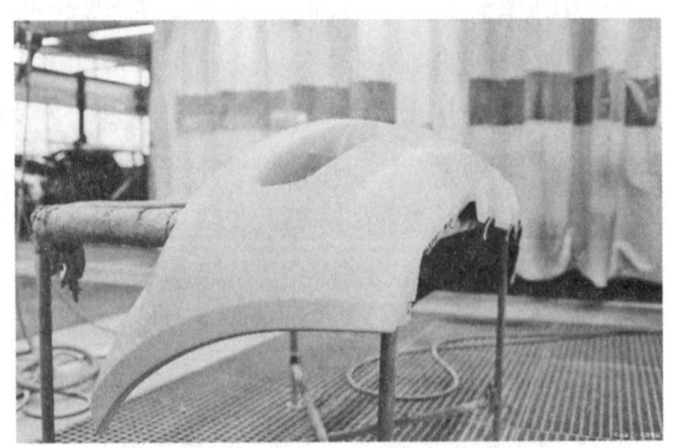
图 5-25 由 GMT 制造的汽车保险杠

长纤维增强热塑性塑料-颗粒(long fiber reinforced thermoplastics-granules,简称 LFT-G),其半成品是长度为 10～25 mm 的塑料颗粒,由连续纤维浸渍塑料熔体后,经拉挤、造粒而成(图 5-26);最终产品有模压成型(长度为 25 mm 左右的颗粒)和注塑成型(长度为 10 mm 左右的颗粒)两种,其中注塑成型是主要方向。LFT-G 已成为热塑性复合材料的开发热点,其力学性能明显优于 SFT,而成型加工性能优于 GMT,其制品可以通过注塑及压缩模塑等工艺成型,可用于制造形状非常复杂的构件,在汽车及其他车辆制造、建筑、包装、家电、化工、劳防用品等行业具有广泛的应用前景。LFT-G 主要由玻璃纤维、碳纤维、有机合成纤维、天然纤维等与不同的热塑性塑料基体以及其他各种塑料助剂,经过特殊的混合设备和成型工艺而制得。LFT 是一个广义的塑料专用词汇,欧洲热塑性复合材料同盟(EATC)将 LFT 定义为长度超过 10 mm 的增强纤维和热塑性聚合物混合并生产而成的制品。对于 SFT,其增强纤维长度一般为 0.2～0.6 mm,塑料颗粒长度一般为 1～3 mm。LFT-G 中的塑料颗粒和增强纤维具有相同的长度,如图 5-26 所示,一般为 10～25 mm。LFT-G 中的纤维方向统一,并保持长度和粒料相同,在制品中可起到增强骨架作用。LFT-G 的成型工艺主要有模压成型、注射成型和挤出成型。

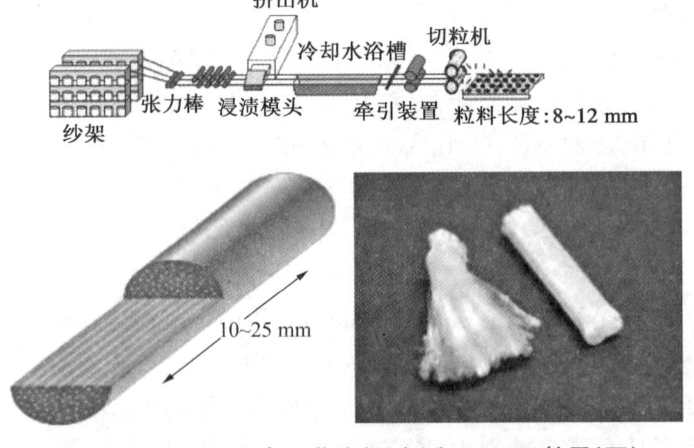

图 5-26 LFT-G 制备工艺流程(上)和 LFT-G 粒子(下)

长纤维增强热塑性塑料-直接成型(long fiber reinforced thermoplastics direct,简称LFT-D),无半成品;连续纤维与塑料通过双螺杆混配,挤出片材,定量切断,保温输送,最终直接模压成型;也有部分LFT-D可以实现直接注塑成型。LFT-D是长纤维增强热塑性复合材料在线直接生产制品的一种工艺技术,其典型工艺是聚合物基体颗粒和添加剂被输送到重量分析-给料组合单元,该单元根据部件的机械性能要求进行适度的混合;经过混合的原料进入双螺杆挤塑机塑化,其熔融物通过一个薄膜模头形成类似瀑布的聚合物薄膜,直接进入双螺杆混炼挤塑机的开口;玻璃纤维粗纱通过特别设计的粗纱架,经过预热、分散等程序,被引入到聚合物薄膜的顶端,与薄膜汇合,一起进入双螺杆挤塑机,由螺杆切割粗纱并柔和地混入预熔的聚合物,然后直接送入压制模具成型,如图5-27所示。LFT-D制品的品质与整个工艺过程的工艺参数有关,包括玻纤的含量、玻纤的切割与输送速度、压力机的巧合速度(即合模速度)、保压时间、在模时间、模具的温度、模压料的温度等。要获得优质的LFT-D制品,合理的工艺参数是保证。

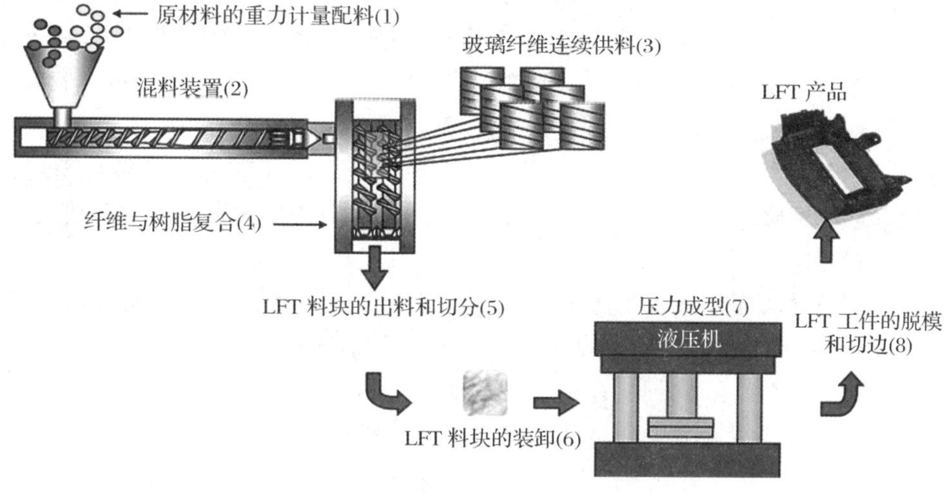

图5-27　LFT-D制备工艺流程

LFT-D区别于LFT-G的关键内容是半成品步骤被省去了,在原材料的选择上也更加灵活,不仅纤维的含量和长度可以控制,而且基体(聚合物)可以直接调整以满足最终部件的要求。通过调节添加剂的用量,可以改善制品的力学性能及其在特殊应用场合的特性,如热稳定性、着色性、紫外光稳定性以及纤维与基体的黏结性。这意味着每种特殊应用都可以通过LFT-D获得独特的材料配方。与LFT-G相比,LFT-D主要有两个优点、七个特点。

1. 两个优点

(1) 成本低。由于LFT-D是采用直接一步法生产的,因此由LFT-D制造的大型结构部件比两步法生产的LFT-G压制部件的成本低20%～50%。

(2) 制品的综合性能优异。由于成型后LFT-D中的纤维比LFT-G长很多,因此LFT-D制品的抗冲击性能明显高于LFT-G制品。另外,大量的研究表明,LFT-D注塑成型的生产效率比采用标准 LFT-G 粒料的生产效率高，因为 LFT-D 较低的塑化要求减少了纤维被剪断的可能性。对于成型周期超过 1 min 的部件，用 LFT-D 注塑设备在 30 s 内就能完成。

2. 七个特点

(1) 半成品的制造成本及物流成本减少。

(2) 能耗显著降低。

(3) 可在线回收。

(4) 聚合物只有一次加热过程。

(5) 可快速调整材料及配方。

(6) 保留纤维长度。

(7) 流动性能优越，纤维分布均匀。

为了进一步节约加工能耗，提高生产率，开发了直接纤维进料注射成型(direct fiber feeding injection molding，简称 DFFIM)工艺，如图 5-28 所示。纤维通过注塑机的排气口被加入注塑机的机筒，再通过注塑机螺杆的配混和前进运动被注射到模具内，一个或多个纤维束可以连续稳定地喂入，得到不同纤维含量的复合材料。对比目前高效、低成本制备技术中具代表性的成型工艺之一的注塑成型，无论是 SFT、LFT-G 或 LFT-D，其制备工艺流程中都需要短切纤维或造粒等中间工序，因此 DFFIM 工艺是在工业界普遍存在的注塑成型工艺的基础上集成连续纤维喂入的一步法在线注塑模式，从原材料到复合材料，只需一个步骤，可实现传统注塑成型工艺的升级。DFFIM 工艺无需造粒，省去了半成品步骤，成本显著降低，而且只需在传统注塑成型机上更换新型螺杆即可实现，无需过多的资金投入，且可将不同混杂比的连续纤维直接喂入，材料选择上也更加灵活。

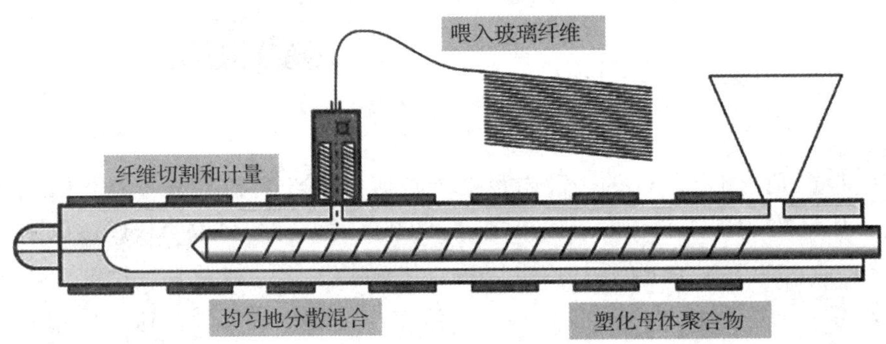

图 5-28　DFFIM 工艺过程

(四) 无机纤维与热塑纤维混纺纱和混杂毡

将无机纤维(如碳纤维、玻璃纤维、陶瓷纤维等)增强纤维与热塑性树脂纺成的复丝(如聚丙烯纤维、聚氯乙烯纤维等)基体纤维混合在一起，可制成无机纤维热塑纤维混纺纱

或混杂毡，然后通过加压加热的模压工艺，将增强纤维与基体纤维结合固化，实现复合材料的制备。

1. 无机纤维与热塑纤维混纺纱

无机纤维和热塑纤维组成的混纺纱工艺是热塑复合材料加工技术的重要革新，不仅具有良好的成本效益，而且具有以下优点：

(1) 无机纤维与热塑纤维的混纺减小了树脂的渗透距离，降低了树脂浸润的难度。

(2) 无机纤维和热塑纤维的混纺比例可以实现精确控制。

(3) 混纺纱具有良好的柔韧性，可实现复杂结构件的制备。

根据增强纤维在混纺纱中的状态分类，热塑混纺纱工艺可分为单纤混纺纱和束纤混纺纱。单纤混纺纱中的增强纤维以单纤维的状态与热塑纤维混纺；束纤混纺纱中的增强纤维以纤维束的状态与热塑纤维束混纺。

(1) 单纤混纺纱的加工方法。喷气纺技术使增强纤维与热塑纤维混合，在高压气体作用下，增强纤维和热塑纤维产生弯曲变形而相互穿插、缠结、混合在一起，喷气纺制备的单纤混纺纱可用于制备形状复杂的复合材料预制件，但增强纤维的圈弧状变形会降低复合材料的性能。水中共混是指将两种纤维交替层叠，然后放置于水中进行混合，最后集束并移除水分。

(2) 束纤混纺纱的加工方法。多采用增强纤维为芯纱，树脂纤维为包覆层的皮芯结构进行混纺加工，可以避免后续加工对增强纤维可能造成的损伤。束纤混纺纱相较于单纤混纺纱中的纤维混合均匀性较差，所以固化过程中树脂基体对增强纤维的浸润效果较差。复合材料用皮芯结构混纺纱的加工方法一般有摩擦纺和微编法。摩擦纺是皮芯结构混纺纱加工中较为成熟的技术，将增强纤维丝束从芯纱喂入通道送入摩擦辊的凝聚区，树脂纤维经分梳辊开松成单纤维，在凝聚区覆盖于增强纤维表层，经摩擦辊作用被加捻成纱。微编法是指采用二维编织方法，使得树脂纤维在包覆增强纤维的过程中形成相互交织的编织结构，实现外层树脂纤维与芯层增强纤维的稳定结合。

2. 无机纤维热塑纤维混杂毡

将增强纤维（如碳纤维）短切成一定的长度，再与热塑性纤维（如聚丙烯纤维）按照一定的比例混合在一起。如图 5-29 所示，将纤维混合物送入梳理区域的锡林，在高速运转的锡林和配套的罗拉的作用下，碳纤维丝束被开松梳理成分散的单根纤维并有一定的方向性，之后在工作罗拉的作用下与聚丙烯纤维相互分散并混合。梳理后的纤维在慢速运转的道夫的作用下被输送到铺网环节。输出的纤维采用小角度交叉方式进行铺网，形成 CF/PP 纤维毡。对纤维毡进行单面针刺，使得纤网间相互缠结而起到加固作用，最终得到 CF/PP 无机纤维热塑纤维混杂毡。

近年来，纤维混杂热塑复合材料已取得较快的发展，应用范围也不断扩大。如 GF/PP 纤维混杂热塑复合材料和 CF/PEEK 纤维混杂热塑复合材料，已被应用于工业、体育和航空航天等领域，其中 CF/PEEK 纤维混杂热塑复合材料可用于舱内板和宇航框架的制备。另外，GF/PPS/PEI 纤维混杂热塑复合材料适用于雷达罩、天线罩的制备，BASF 结构材料部研发的 AS4/PEEK 混纤纱已在航空领域应用。

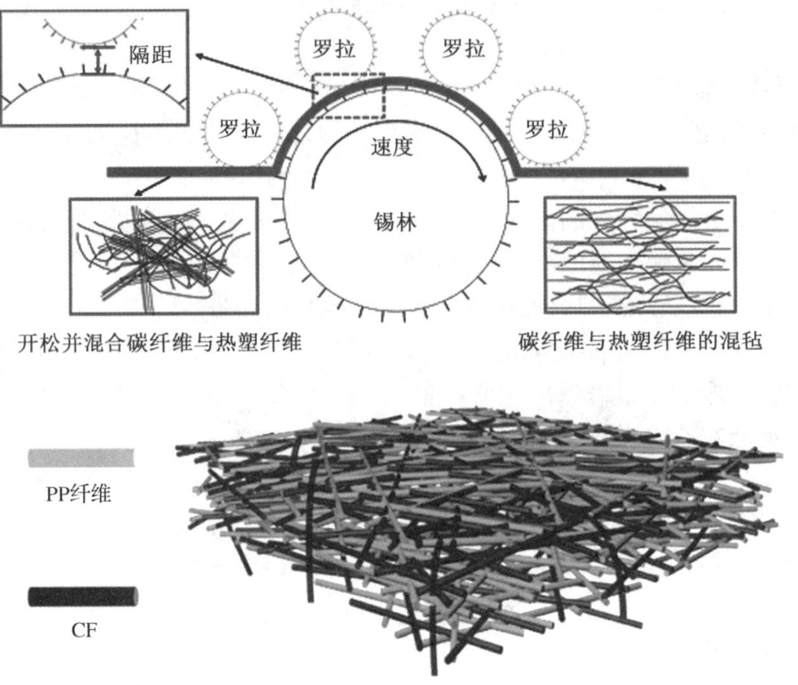

图 5-29 CC/PP 纤维网梳理过程(上)和 CF/PP 纤维混杂毡的三维结构(下)

(五) 3D 打印

3D 打印,又叫增材制造,它是一种结合了计算机辅助设计技术、材料加工成型技术,用数字模型文件驱动,基于挤压、烧结、熔融、光固化及喷射等原理,将材料层层堆积,最终得到目标实体的新兴制造技术。传统的材料加工和制造,往往要对原材料进行先切削后组装的加工,属于减材制造。3D 打印是一种“自下而上”“从无到有”的材料堆积的制造方法。近几十年内,3D 打印技术快速发展,并衍生出各种叫法,如三维打印(3D printing)、快速原型制造(rapid prototyping)、实体自由制造(solid free-form fabrication)等。采用 3D 打印技术制造刺激响应材料时,制成品可对刺激产生响应而改变几何形状、性质或功能,即 4D 打印,其中,第四维是时间。刺激可以是温度、磁场、电流及化学刺激(水和 pH 值)等。

3D 打印技术的思想起源于 19 世纪末美国一项分层构造地貌地形图的专利,并在 20 世纪 80 年代得到发展与推广。1988 年美国 3D Systems 公司生产出第一台 3D 打印装备即 SLA250,开创了 3D 打印技术发展的新纪元。随后,于 1991 年,美国 Stratasys 公司的熔融沉积制造装备(FDM)、以色列 Cubital 公司的实体平面固化(SGC)装置和美国 Helisys 公司的叠层实体制造(LOM)装置,都实现了商业化。1992 年,美国 DTM 公司的激光选区烧结(SLS)装置开启了 3D 打印技术的发展热潮。现今,以成型原理区分,3D 打印已发展出七大类别:喷胶黏粉成型法、定向能量沉积法、材料挤出成型法、材料喷射法、粉末床熔化成型法、薄片层叠法、光固化成型法。此外,还有一些新的增材制造技术,如直

接泡沫写作法、电容边缘效应法、声电泳印刷法、电动流体喷射印刷法等。在材料设计方面，3D打印技术已超越传统的单材均质加工技术，向着多材料、功能梯度材料、多色材料的制造发展，并与传统加工工艺结合，以实现精度和形状复杂度兼具的材料的加工。

纤维增强复合材料3D打印技术，是指在热塑性聚合物中添加短切纤维或连续纤维作为增强体。对于短切纤维增强复合材料的3D打印，可以采用多种3D打印工艺，如熔融沉积成型(FDM)、光固化(SLA)、直接能量沉积(DED)和选择性激光烧结(SLS)等。短切纤维的加入会影响光敏树脂的透明度，从而影响SLA工艺过程；SLS工艺与DED工艺的成本较高，而FDM工艺与短切纤维增强复合材料的成型契合度最高，且最为成熟，成本低。因此，目前短切纤维增强复合材料的3D打印以FDM工艺为主。FDM 3D打印装置如图5-30所示：利用热塑性材料高温下熔融、低温下固化的特点，通过喷嘴将材料加热至熔融态并挤出至打印平台上，每打印一次，形成一个二维薄片，打印台下降一个动程；之后，喷嘴在上一层材料上继续打印；如此层层堆积，最终得到一个三维实体。温度和压力是复合材料制备过程中的关键工艺参数，对复合材料的性能起着决定性的作用，以打印头温度(T,℃)、打印速度(F,mm/min)、分层厚度(Z,mm)、吐丝速度(E,mm/min)、扫描间距(X, mm)等作为复合材料打印工艺的关键参数。

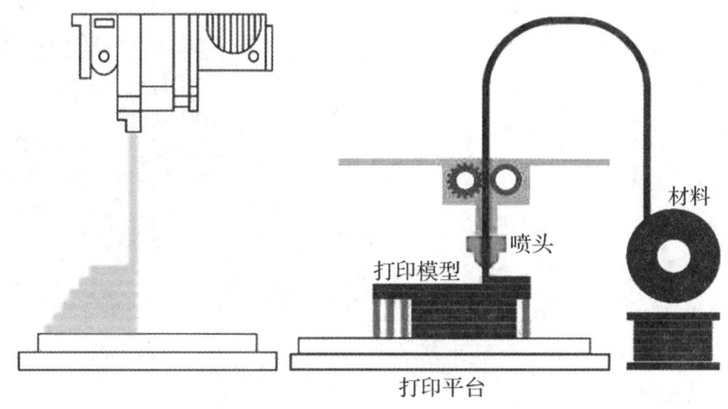

图5-30　FDM 3D打印装置

然而，由于纤维长度的限制以及3D打印制件内部缺陷的增加，短切纤维对复合材料的增强效果有限。为此，采用连续纤维作为增强材料的3D打印复合材料成为研究热点。

对于通过3D打印制备连续纤维增强复合材料，目前常见的还是采用FDM工艺。如图5-31所示，连续纤维增强复合材料FDM工艺的实现原理可以分为单喷嘴式与双喷嘴式。单喷嘴式连续纤维增强复合材料3D打印机基于原位浸渍原理，在喷嘴腔中将连续纤维与熔融聚合物接触而实现浸渍过程，再通过喷嘴将浸渍后的连续纤维层层沉积；这种打印工艺的原理简单，但浸渍效果差。双喷嘴式连续纤维增强复合材料3D打印机拥有两个独立喷嘴，其中一个喷嘴用于挤出预先浸渍过的连续纤维，另一个喷嘴用于挤出热塑性聚合物；这种打印工艺利用纤维排布的设计，可用最少的纤维使制件具备更高的强度。

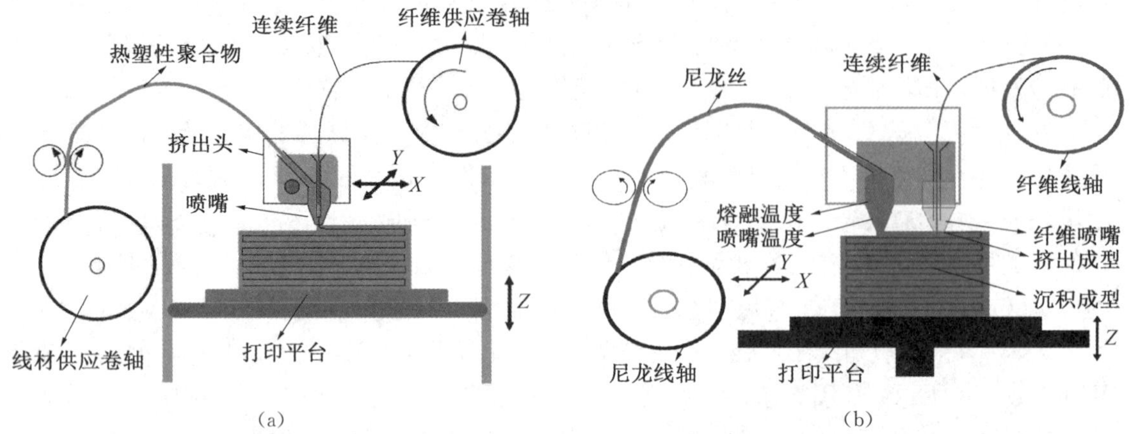

图 5-31 单喷嘴式(a)、双喷嘴式(b)连续纤维增强复合材料 FDM 工艺

纤维增强树脂基复合材料 3D 打印为复合材料的低成本制造提供了可能性，在航空航天、新能源汽车等领域有巨大的应用前景，同时低成本制造可进一步扩大纤维增强树脂基复合材料的应用范围，未来有望应用于飞行器结构设计，将大幅提升飞行器结构效率及综合性能；该技术还可能应用于新能源汽车等前沿领域，拓展复合材料的应用范围。但 3D 打印存在成型速率过慢等问题，不利于工业化生产。

图 5-32 3D 打印制备的 Strati 车身

美国 Local Motors 汽车公司在 2014 年通过 3D 打印制造了一辆汽车——Strati(图 5-32)。该汽车由四十个部件构成，其中，13%～20%为碳纤维增强复合材料，80%～87%为 ABS 树脂。

参考文献

[1] 谢茜. 工人技能对手糊成型玻璃纤维/树脂复合材料品质的影响[D]. 上海：东华大学，2019.

[2] 何凯，刘成宾. 干法和湿法工艺对比[J]. 天津科技，2013，40(3)：71-73.

[3] 冯春春，常海涛. 碳纤维增强聚合物基复合材料的性能、制备及应用研究[J]. 山东化工，2016，45(23)：1-2+4.

[4] 严志云，谢鹏程，丁玉梅，等. 基于可视化技术对注射成型喷射现象的研究[J]. 塑料，2010，39(3)：103-106.

[5] 张小溪. 复合材料成型工艺方法及优缺点分析[J]. 科技与企业，2014(18)：165.

[6] 刘伟燕，王书伟. 轻量化技术在汽车车身上的应用[J]. 汽车工程师，2011 (2)：50-54.

[7] 王栋伟. 弯管铺丝基础理论及关键技术研究[D]. 武汉：武汉理工大学，2013.

[8] 肖亚超，郑志才，陈艳，等. 湿法缠绕成型工艺研究进展[J]. 化工新型材料，2019，47(S1)：

24-28.
[9] 黄文宗，孙容磊，张鹏，等. 国内复合材料自动铺放技术发展[J]. 航空制造技术，2014(16)：84-89.
[10] 张国利，张策，史晓平，等. 复合材料树脂传递模塑注胶工艺调控方法与技术[J]. 纺织学报，2019，40(12)：178-184.
[11] 张丽，陈秋宇，吴东阳，等. 单向连续纤维增强聚氨酯复合材料拉挤成型的研究进展[J]. 化学推进剂与高分子材料，2019，17(3)：22-26.
[12] 江真. 短切碳纤维/乙烯基酯树脂片状模塑料拉伸性能分析[D]. 哈尔滨：哈尔滨工业大学，2018.
[13] 梁国正. 模压成型技术[M]. 北京：化学工业出版社，1999.
[14] 陈锋. BMC 模塑料及其成型技术[M]. 北京：化学工业出版社，2003.
[15] 张玉龙. 先进复合材料制造技术手册[M]. 北京：北京机械工业出版社，2003.
[16] 韩笑，侯锋辉，王希杰，等. 国内外预浸料应用市场概述[J]. 玻璃纤维，2018，284(6)：10-15.
[17] 苏鹏，崔文峰. 先进复合材料热压罐成型技术[J]. 现代制造技术与装备，2016,(11)：165-166.
[18] 曾军亮. 基于 CAE 技术的注塑成型工艺参数的优化研究[D]. 长沙：中南林业科技大学，2013.
[19] 张广平，潘敏，沈春银，等. GMT 片材的制造与应用技术Ⅳ GMT 制品成型技术[J]. 玻璃钢，2005(4)：1-6.
[20] 郭金明，谈述战，于水，等. 长纤维增强热塑性塑料制品技术及应用进展[J]. 塑料，2013，42(6)：24-27.
[21] 王在富. LFT-D 长纤维增强热塑性复合材料模压成型工艺研究[D]. 南京：南京理工大学，2015.
[22] 滨田泰以，市川十四男. 开口直接喂入长纤维/各种添加物成型方法[P]. 日本专利：5649244. 2014-11.
[23] Yang Y Q. Expert skill of injection molding-A new composite processing based on DFFIM[C]. Advances in Ergonomics of Manufacturing：Managing the Enterprise of the Future，2018：371-378.
[24] 刘川. 连续碳纤维增强聚醚醚酮复合材料的制备及性能研究[D]. 长春：吉林大学，2015.
[25] 杨海存，贾天飞，马文中，等. 聚丙烯纤维/连续玻纤混纺织物增强复合材料的结构与性能研究[J]. 塑料科技，2019：31-36.
[26] 田小永，刘腾飞，杨春成，等. 高性能纤维增强树脂基复合材料 3D 打印及其应用探索[J]. 航空制造技术，2016(15)：26-31.
[27] Local motors company[EB/OL]. (2016-03-06) [2025-02-17]. https://localmotors. com/.
[28] 李军，陈祥宝. 通用航空复合材料的发展现状与挑战[J]. 材料导报，2022，36(14)：206-211.
[29] 陈博. 国内外复合材料工艺设备发展述评之六——模压成型[J]. 复合材料科学与工程，2023(S1)：64-91.
[30] Kabir S M F，Mathur K，Seyam A F M. A critical review on 3D printed continuous fiber-reinforced composites：History，mechanism，materials and properties[J]. Composite Structures，2020，232(11).
[31] Werken N V D，Tekinalp H，Khanbolouki P，et al. Additively manufactured carbon fiber-reinforced composites：State of the art and perspective[J]. Additive Manufacturing，2020，31.
[32] Zhao J Z，Li Q Z，Jin F G，et al. Digital light processing 3D printing Kevlar composites based on dual curing resin[J]. Additive Manufacturing，2021，41.

[33] 任佳军，孙颖，鞠博文，等. 纤维增强热塑性复合材料3D打印研究进展[J]. 复合材料科学与工程，2023(11)：122-128.

[34] Yang C C, Tian X Y, Liu T F, et al. 3D printing for continuous fiber reinforced thermoplastic composites: Mechanism and performance[J]. Rapid Prototyping Journal, 2017, 23(1): 209-215.

[35] Mei H, Ali Z, Yan Y, et al. Influence of mixed isotropic fiber angles and hot press on the mechanical properties of 3D printed composites[J]. Additive Manufacturing, 2019, 27: 150-158.

第六章 纤维复合材料的力学特性评价方法

纤维复合材料因具有轻质、高强度和高刚度等优异的特点，被广泛应用于航空航天、汽车、建筑、体育器材等行业。由于纤维复合材料具有明显的非均匀性和各向异性，其力学特性比传统固体材料更加复杂。同时，纤维复合材料还有许多常规材料不存在的力学问题，如层间应力、边界效应以及纤维脱胶、纤维断裂、基体开裂等。上述问题都需要在准确、系统的纤维复合材料力学特性评价方法的支撑下进行研究。本章内容涉及纤维复合材料的常规静态力学特性、纤维树脂间界面性能、蠕变性、疲劳性、耐温耐气候性、抗冲击性、撞击和能量吸收性能等的评价与分析方法。

一、常规静态力学特性

纤维增强复合材料的静态力学性能包括拉伸、压缩、弯曲、剪切等。纤维增强复合材料性能的试验方法参照国家标准 GB/T 1446—2005《纤维增强塑料性能试验方法总则》。该标准对力学和物理性能测定的试样制备、外观检测、试样数量、测量精度、试样状态调节，以及试验的标准环境条件、设备、结果、报告等内容做了详细规定。其中，试验的标准环境条件：温度(23±2)℃、相对湿度(50±10)%；试样状态调节：试验前试样在标准环境中至少放置 24h；试样数量：每项试验不能少于 5 个。

(一) 拉伸性能

纤维增强复合材料的拉伸性能包括拉伸强度、拉伸弹性模量、断裂伸长率以及应力-应变曲线等。拉伸试验按照国家标准 GB/T 1447—2005《纤维增强塑料拉伸性能试验方法》，在规定的温度、相对湿度和拉伸速度下进行。在试样上沿纵轴方向匀速施加静态拉伸载荷，使试样破坏或达到预定的伸长，测量施加在试样上的载荷和试样的伸长，试样尺寸如图 6-1 所示。

Ⅰ型试样适用于纤维增强热塑性和热固性塑料板材；Ⅱ型试样适用于纤维增强热固性塑料板材。Ⅰ、Ⅱ型仲裁试样的厚度为 4 mm。

Ⅲ型试样只适用于测定模压短切纤维增强塑料的拉伸强度，其厚度为 3 mm 和 6 mm 两种。仲裁试样的厚度为 3 mm。测定短切纤维增强塑料的其他拉伸性能可以采用Ⅰ型或Ⅱ型试样。

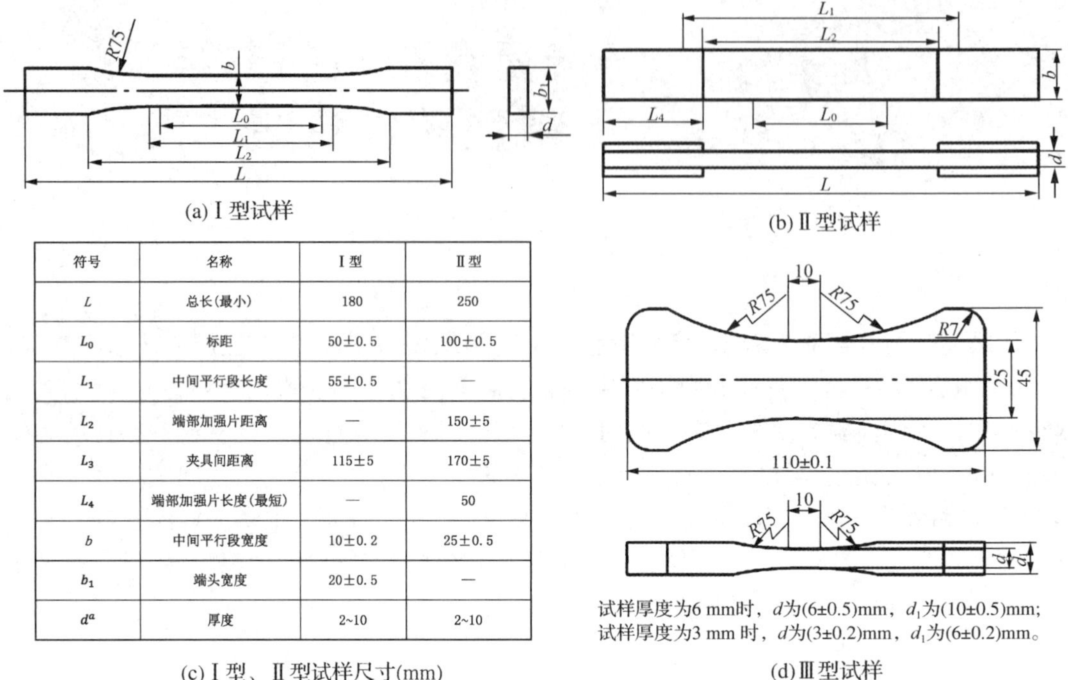

符号	名称	Ⅰ型	Ⅱ型
L	总长(最小)	180	250
L_0	标距	50±0.5	100±0.5
L_1	中间平行段长度	55±0.5	—
L_2	端部加强片距离	—	150±5
L_3	夹具间距离	115±5	170±5
L_4	端部加强片长度(最短)	—	50
b	中间平行段宽度	10±0.2	25±0.5
b_1	端头宽度	20±0.5	—
d^a	厚度	2~10	2~10

(c) Ⅰ型、Ⅱ型试样尺寸(mm)

图 6-1　纤维增强复合材料拉伸试验的试样尺寸

（1）拉伸弹性模量按下式计算：

$$E_t = \frac{L_0 \cdot \Delta F}{b \cdot d \cdot \Delta L} \tag{6-1}$$

式中：E_t 为拉伸弹性模量(MPa)；ΔF 为载荷-变形曲线上初始直线段的载荷增量(N)；ΔL 为与载荷增量 ΔF 对应的标距 L_0 内的变形增量(mm)。

（2）断裂强度按下式计算：

$$\sigma_t = \frac{F}{b \cdot d} \tag{6-2}$$

式中：σ_t 为断裂强度(MPa)；F 为试样破坏时的最大载荷(N)。

（3）断裂伸长率按下式计算：

$$\varepsilon_t = \frac{\Delta L_b}{L_0} \times 100\% \tag{6-3}$$

式中：ε_t 为试样破坏时的伸长率(%)；ΔL_b 为试样破坏时标距 L_0 内伸长量(mm)。

(二) 压缩性能

纤维增强复合材料的压缩性能包括压缩强度、压缩弹性模量等。压缩试验按照国家标准 GB/T 1448—2005《纤维增强塑料压缩性能试验方法》，在规定的温度、相对湿度和速

度下进行。以恒定速率沿试样轴向进行压缩，使试样破坏或高度减小到预定值，测量施加在试样上的载荷和试样高度，试样尺寸如图 6-2 所示。

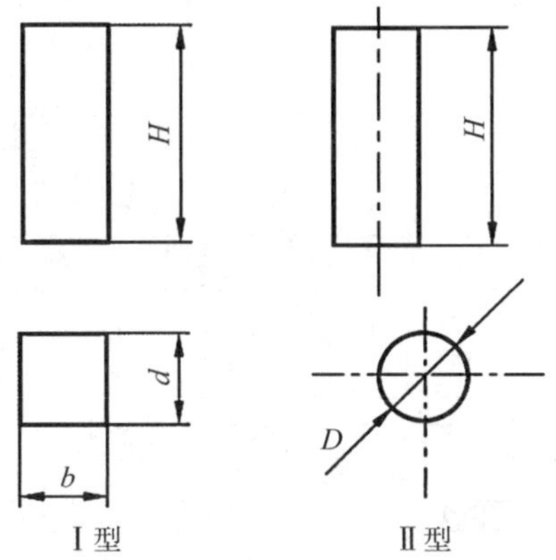

尺寸符号	Ⅰ型	
	一般试样	仲裁试样
宽度 b	10～14	10±0.2
厚度 d	4～14	10±0.2
高度 H	$\frac{\lambda}{3.46}d$	30±0.5

尺寸符号	Ⅱ型	
	一般试样	仲裁试样
—	—	—
直径 D	4～16	10±0.2
高度 H	$\frac{\lambda}{4}D$	25±0.5

图 6-2　压缩试样尺寸(单位:mm)

Ⅰ型试样采用机械加工法制备，Ⅱ型试样采用模塑法或其他成型方法制备。Ⅰ型试样厚度小于 10 mm 时，宽度取(10±0.2) mm；试样厚度大于 10 mm 时，宽度取厚度尺寸。测定压缩强度时，λ 取 10；若试验过程中有失稳现象，λ 取 6；测定压缩弹性模量时，λ 取 15，或根据测量变形的仪表确定。试样上下端面要求相互平行，且与试样中心线垂直，不平行度应小于试样高度的 0.1%。

(1) 压缩弹性模量(采用分级加载时)按下式计算：

$$E_c = \frac{L_0 \cdot \Delta P}{b \cdot d \cdot \Delta L} \tag{6-4}$$

式中：E_c 为压缩弹性模量(MPa)；ΔP 为压缩载荷-变形曲线上初始直线段的载荷增量(N)；ΔL 为与载荷增量 ΔP 对应的标距 L_0 内的变形增量(mm)；L_0 为仪表的标距(mm)；b 为试样宽度(mm)；d 为试样厚度(mm)。

(2) 压缩强度按下式计算：

$$\sigma_c = \frac{P}{F} \tag{6-5}$$

Ⅰ型试样：$F = b \cdot d$

Ⅱ型试样：$F = \frac{\pi}{4}D^2$

式中：σ_c 为压缩强度(MPa)；P 为试样破坏时的最大载荷(N)；F 为试样横截面积(mm^2)；D 为试样直径(mm)。

(三) 弯曲性能

纤维增强复合材料的弯曲性能包括弯曲强度、弯曲弹性模量及弯曲载荷-挠度曲线等。弯曲试验按照国家标准 GB/T 1449—2005《纤维增强塑料弯曲性能试验方法》，在规定的温度、相对湿度和速度下进行。采用无约束支撑，通过三点弯曲，以恒定速率对试样施加载荷，使试样破坏或达到预定的挠度值，测量施加在试样上的载荷和试样挠度，弯曲试验装置、试样尺寸如图 6-3 所示。

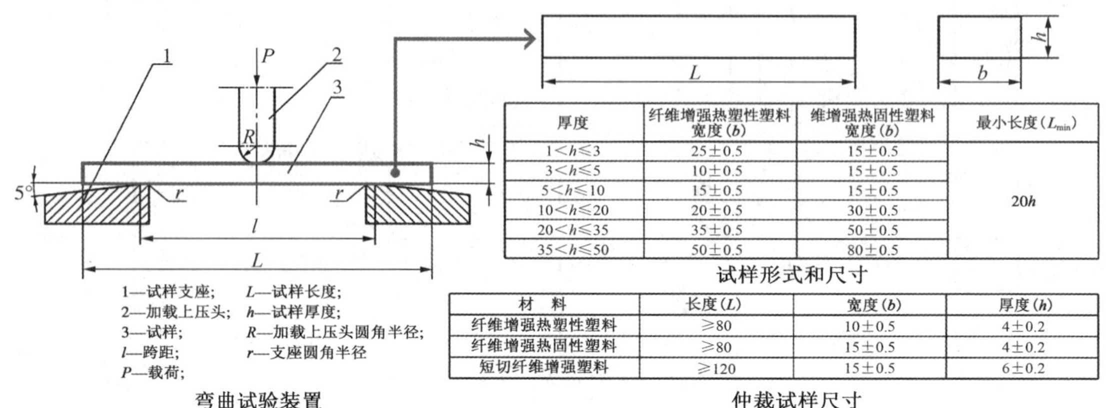

厚度	纤维增强热塑性塑料宽度(b)	维增强热固性塑料宽度(b)	最小长度(L_{min})
$1<h\leqslant 3$	25±0.5	15±0.5	20h
$3<h\leqslant 5$	10±0.5	15±0.5	
$5<h\leqslant 10$	15±0.5	15±0.5	
$10<h\leqslant 20$	20±0.5	30±0.5	
$20<h\leqslant 35$	35±0.5	50±0.5	
$35<h\leqslant 50$	50±0.5	80±0.5	

试样形式和尺寸

材　料	长度(L)	宽度(b)	厚度(h)
纤维增强热塑性塑料	≥80	10±0.5	4±0.2
纤维增强热固性塑料	≥80	15±0.5	4±0.2
短切纤维增强塑料	≥120	15±0.5	6±0.2

仲裁试样尺寸

图 6-3　弯曲试验装置及试样尺寸(单位:mm)

(1) 弯曲弹性模量按下式计算：

$$E_f = \frac{l^3 \cdot \Delta P}{4b \cdot h^3 \cdot \Delta S} \tag{6-6}$$

式中：E_f 为弯曲弹性模量(MPa)；ΔP 为弯曲载荷-挠度曲线上初始直线段的载荷增量(N)；ΔS 为与载荷增量 ΔP 对应的跨距中点处的挠度增量(mm)。

(2) 弯曲强度按下式计算：

$$\sigma_f = \frac{3P \cdot l}{2b \cdot h^2} \tag{6-7}$$

式中：σ_f 为弯曲强度(MPa)；P 为试样破坏时的最大弯曲载荷(N)。

(四) 剪切性能

纤维增强复合材料的剪切性能，包括层间剪切强度等。剪切试验按照国家标准 GB/T 1450.1—2005《纤维增强塑料层间剪切强度试验方法》，在规定的温度、限定湿度和速度下进行。对特定形状的试样匀速加载，载荷方向与试样层间方向一致，使试样在规定的受剪面内剪切破坏，测量施加在试样上的载荷，剪切夹具及试样尺寸如图 6-4 所示。

试样 A、B、C 三面应相互平行，且与织物层垂直。D 面为加工面，且 D、E、F 面与织物层平行。受力面 A、C 应平整光滑。

层间剪切强度按下式计算：

$$\tau_s = \frac{P_b}{b \cdot h} \tag{6-8}$$

式中：τ_s 为层间剪切强度(MPa)；P_b 为试样剪切破坏时的最大载荷(N)。

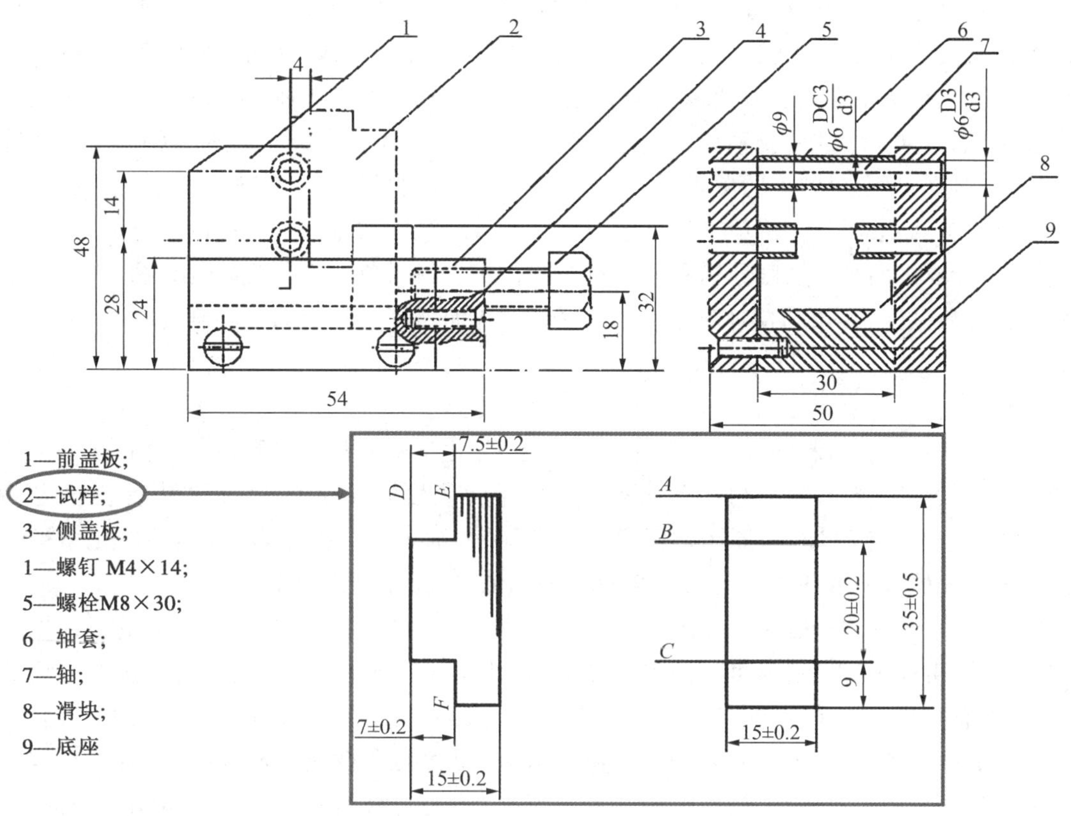

图 6-4　剪切夹具及试样尺寸(单位:mm)

二、纤维树脂间界面特性

复合材料的界面是指基体与增强体之间因化学成分存在明显差异,构成彼此结合的、能起载荷传递作用的过渡区域,厚度约几个纳米到微米。碳纤维增强复合材料界面如图 6-5 所示。

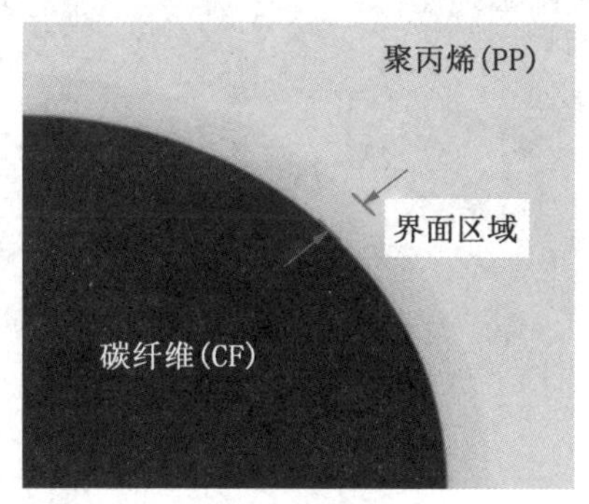

图 6-5　碳纤维增强复合材料界面

纤维增强复合材料的界面研究主要包括界面结合强度和界面结构两个方面。

(一) 界面结合强度

界面结合强度的表征方法主要有三种,包括宏观实验方法、微观实验方法和原位实验方法。第一种即宏观实验方法是对复合材料的整体性能进行测试与分析,其中包含层间剪切(LSS)法、横向拉伸法和导槽剪切法等。宏观实验方法中,存在许多会影响测试结果的因素,包括纤维在基体中的分布、纤维的铺层方向、纤维的含量以及树脂基体的性能等。第二种即微观实验方法是更加精细的表征方法，可以克服宏观实验方法的不足，包括单纤维破碎实验、单纤维拔出实验和微脱黏实验等。这种方法的优势是能较准确地得到界面的黏结强度，而存在的缺陷是需要在光学显微镜或偏振光显微镜下进行观察，因此要求样品有足够的透光性等，如果样品中的树脂基体不透光，就无法观察到纤维的断裂点。第三种即原位实验方法是对整体复合材料中的单根纤维进行测试的一种表征手段。首先在显微镜下找出周围都是树脂的单根纤维，然后利用金刚石探针对该纤维施加压力将其顶出，并建立微观模型，用于计算界面结合强度。这种方法也被叫作复合材料单纤维压脱（压出）法，它是直接从复合材料试样获得数据，对于分析复合材料的界面强度具有很高的准确性。

（二）界面结构

纤维增强复合材料的界面结构包括界面厚度、化学组成及形貌等，对复合材料的整体性能有很大的影响。复合材料界面结构中，界面厚度及形貌的表征方法有扫描电镜（SEM）、透射电镜（TEM）、原子力显微镜（AFM）和纳米压痕技术等；界面层的化学键合和化学组成的表征方法主要包括 X 射线光电子能谱、拉曼光谱及 EDS 元素分析等。

SEM 是比较常规的界面结构表征方法，如果只是对比复合材料改性前后的界面微观结构形貌，可能无法获得显著的结果。如果界面性能相差较大，观察复合材料破坏之后的界面黏结情况，SEM 能发挥出很大的优势。图 6-6(a)所示为处理前复合材料的断面，由于纤维表面光滑，纤维与树脂之间的浸润性较差，界面结合性能较弱，因此复合材料破坏之后会出现界面脱黏的情况；而经过表面处理之后，复合材料的界面性能有明显的提高，所以材料在破坏之后没有出现界面脱黏的情况，如图 6-6(b)所示。

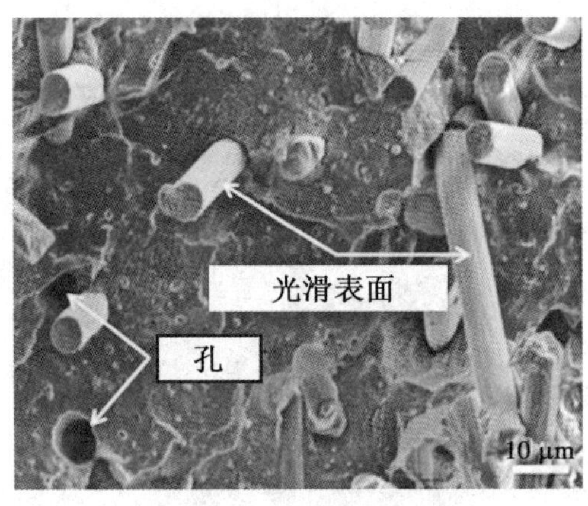

(a) 处理前

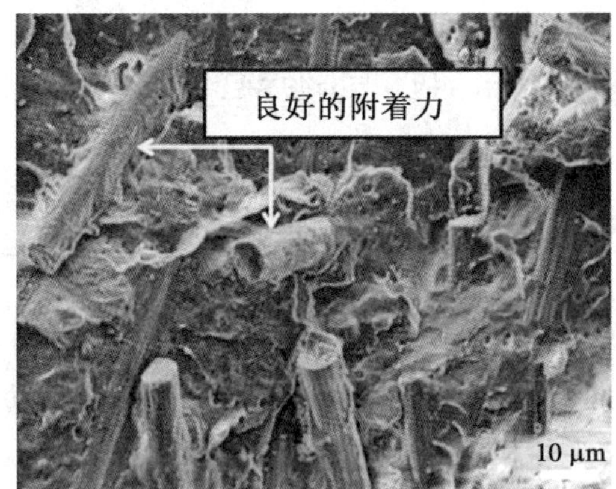

(b) 处理后

图 6-6　复合材料界面 SEM 图像

TEM 能够直观地从微观角度观察材料的界面结构，可以直接测定界面层的厚度。Khalil Ahmed 等利用超薄切片法，将复合材料的界面区域进行切片，得到样品，然后用透射电镜对样品进行观察。从图 6-7 可以明显地看出界面层的厚度和分布状况。然而，复合材料的刚度大，因此切片难度较大。

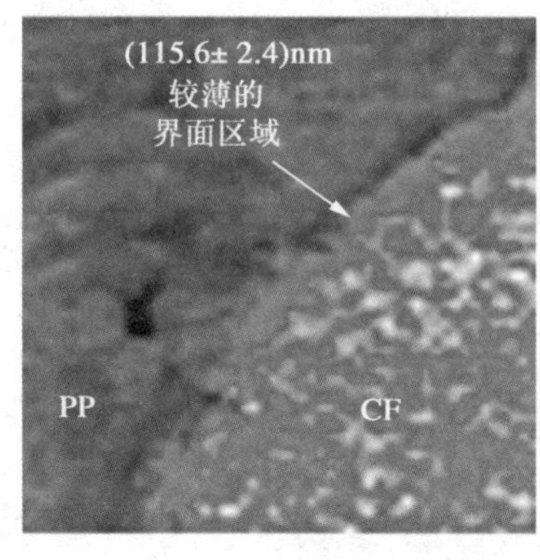

(a) 处理前

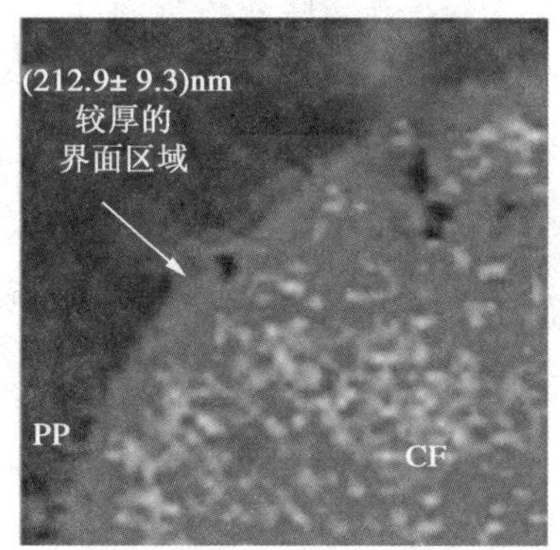

(b) 处理后

图 6-7 复合材料界面 TEM 图像

AFM 是通过测量样品表面分子(原子)与 AFM 微悬臂探针之间的相互作用力来观测样品表面形貌的。表征复合材料界面层用到的是原子力显微镜的一种扩展功能——力调制模式。由于界面层的物理组成与基体和增强体都有明显的不同,在利用力调制模式得到的曲线上,可以直观地观察到界面层各个部分的模量变化情况。邓超利用 AFM 分析了脱浆碳纤维[图 6-8(a)]、酸化碳纤维[图 6-8(b)]、电泳沉积氧化石墨烯碳纤维[图 6-8(c)]和酸化辅助电泳沉积氧化石墨烯碳纤维[图 6-8(d)],由此可以明显地看到碳纤维表面的粗糙程度差异。

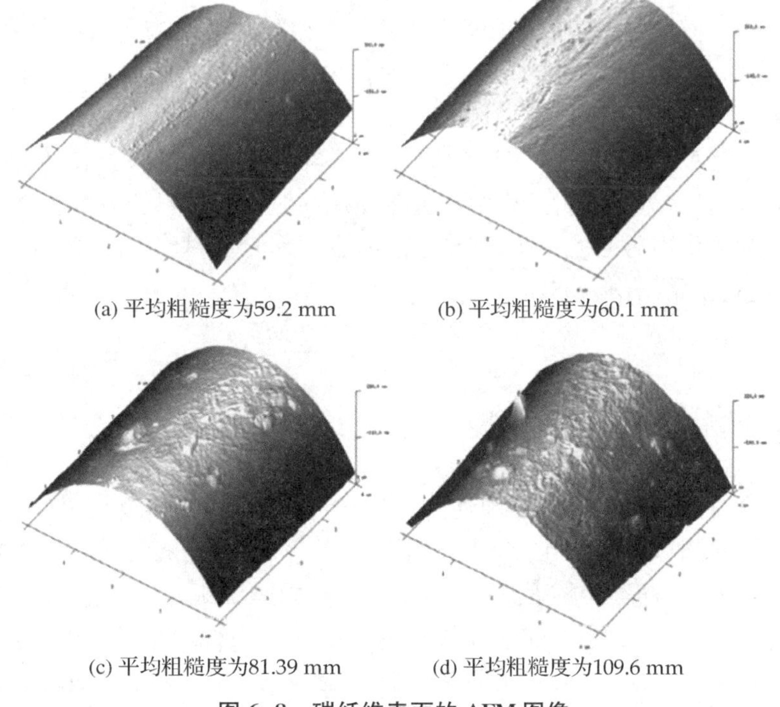

图 6-8 碳纤维表面的 AFM 图像

纳米压痕技术是界面微观结构表征方法，又被称为微压入法。纳米压痕技术主要用来测量材料表面的硬度和模量，通过测试复合材料断面，可得到整个断面的模量分布情况。图 6-9 所示为 ZrB_2-SiC -石墨复合材料中组成相的不同纳米压痕响应情况。

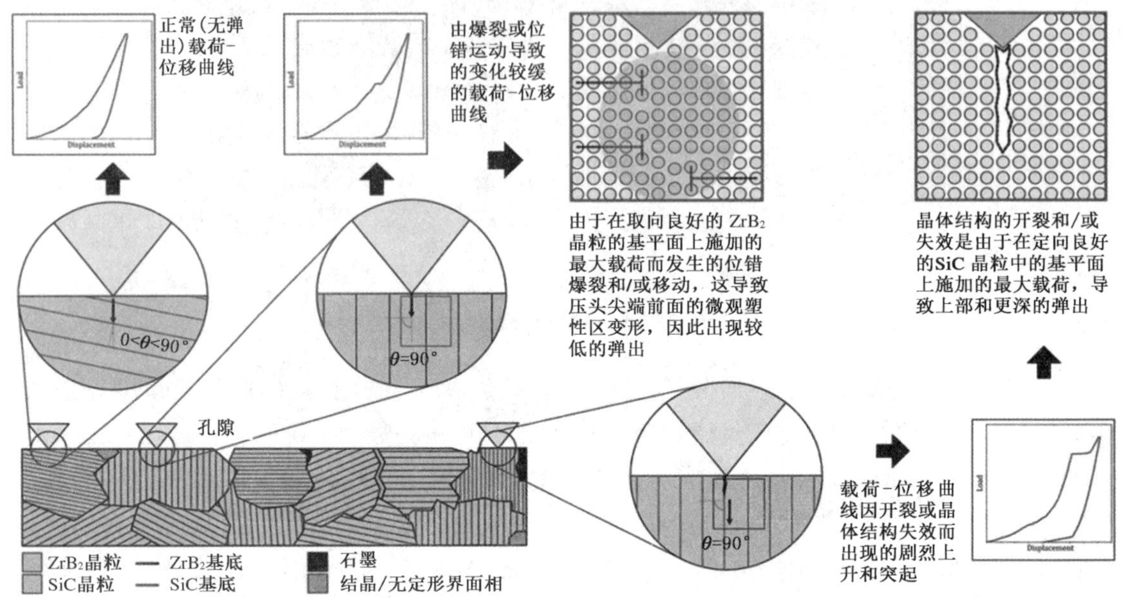

图 6-9　不同组成相的复合材料纳米压痕响应情况

电子能谱(XPS)配合离子束剥离和变角等技术也被应用于界面研究中。拉曼光谱技术在物质结构研究方面有较多的应用，可用于分子和结晶学结构分析以及分子取向的确定。EDS 是扫描电镜的配套功能，可以通过面扫描和线扫描得到复合材料界面区域元素的分布及含量。

复合材料的界面结构及化学组成的测量方法虽然已有一定的发展，但各种测量方法都受到一定的制约，因为在测量过程中不可避免地会对复合材料的界面产生一定的破坏，所以不能完全地显示出界面的真实情况。此外，在制作复合材料样品时，要尽量使界面的粗糙度较低，避免原始结构被破坏。

三、蠕变性能

树脂基复合材料具有明显的黏弹性。当施加荷载时，树脂基复合材料会产生蠕变和应力松弛。蠕变是指固体材料在保持应力不变的条件下，应变随时间延长而增加的现象。蠕变与塑性变形不同：塑性变形通常在应力超过弹性极限之后才出现；而蠕变是只要应力的作用时间足够长，在应力小于弹性极限时也能出现的一种现象。应力松弛是指黏弹性材料在总应变不变的情况下，由于内部黏性应变(或黏塑性应变)分量随时间不断增长，回弹应变分量随时间逐渐降低，从而导致变形回复力(回弹应力)随时间逐渐降低的现象。

传统的蠕变性能研究方法是单轴拉伸法，即对试样施加恒定应力，测量应变与时间的关系并绘制蠕变曲线。测试方法根据国家标准 GB/T 11546.1—2008《塑料拉伸蠕变性能的测定》执行。该标准规定了不同的预处理、温度和相对湿度等条件下测量材料蠕变性能的方法，并且对试样数量、测量精度、试样状态调节，以及试验的标准环境条件、设备、结果、报告等内容，做了详细规定。试样状态调节：试验前试样在试验标准环境中至少放置 24 h。试样数量：每项试验不能少于 5 个。

拉伸蠕变应变按下式计算：

$$\varepsilon_t = \frac{(\Delta L)_t}{L_0} \times 100\% \tag{6-9}$$

式中：ε_t 为试样拉伸蠕变应变(%)；$(\Delta L)_t$ 为时刻 t 对应标距 L_0 内的伸长量(mm)。

温度 (T) 对聚合物的蠕变行为影响显著，当 $T > 0.3T_m$ 时，蠕变效果显著，工程上定义为明显蠕变温度。图 6-10 所示为典型的恒温恒应力条件下的蠕变曲线，主要分为三个阶段。第Ⅰ阶段：减速蠕变阶段，蠕变速率随着时间逐渐减小，此阶段的蠕变变形量、持续时间受温度和应力的影响最为显著。第Ⅱ阶段：稳态蠕变阶段，蠕变速率恒定，该阶段持续时间长，材料的主要宏观变化是蠕变变形量持续增加，应变增大，导致微观结构上逐渐出现裂纹和裂纹扩展。第Ⅲ阶段：加速蠕变阶段，蠕变速率快速增大，直至材料断裂，该阶段时材料已达到蠕变断裂应变，材料内部出现破坏。

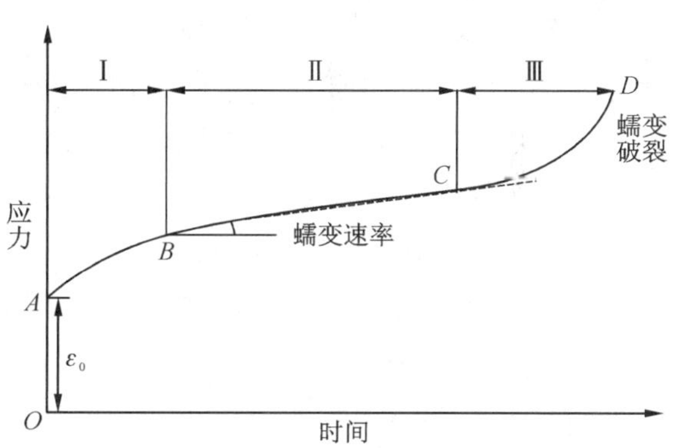

图 6-10　恒温恒应力条件下蠕变曲线

蠕变性能不仅受试样温度的影响，而且受试样状态调节时环境温度和相对湿度的影响。如果试样未达到相对湿度平衡，其蠕变行为会受到影响。当试样过于干燥时，由于试样吸水，产生正应变；而当试样过于潮湿时，由于试样脱水，产生负应变。

由于单轴拉伸法会消耗大量试样和时间、自动化程度低，因此纳米压痕法在蠕变测试中的应用越来越广泛。纳米压痕法是用一个垂直压力将一特定形状的压头压入试样，根据卸载后的压痕获得材料表面的压痕半径或对角线长度，从而计算出压痕面积。图 6-11 所示为纳米压痕法测试装置，这是一种非破坏性的测试方法，将测试周期由传统拉伸法所需的大量时间缩短为数分钟，试样制备简单，测量精度较高，特别是对微小结构材料具有很强的适应性。图 6-12 所示为纳米压痕法测试得到的载荷-位移曲线，图中 P_{max} 为最大载荷，h_{max} 为最大位移。采用纳米压痕法测试时，试样硬度的计算仍采用传统的硬度计算公式即 $H=P/A$，式中：H 为硬度(GPa)；P 为最大载荷(μN)，即上文中的 P_{max}；A 为压痕面积的投影(nm^2)。纳米压痕法中，最小载荷和最小位移的分辨率可以达到 1 nN、0.1 nm。

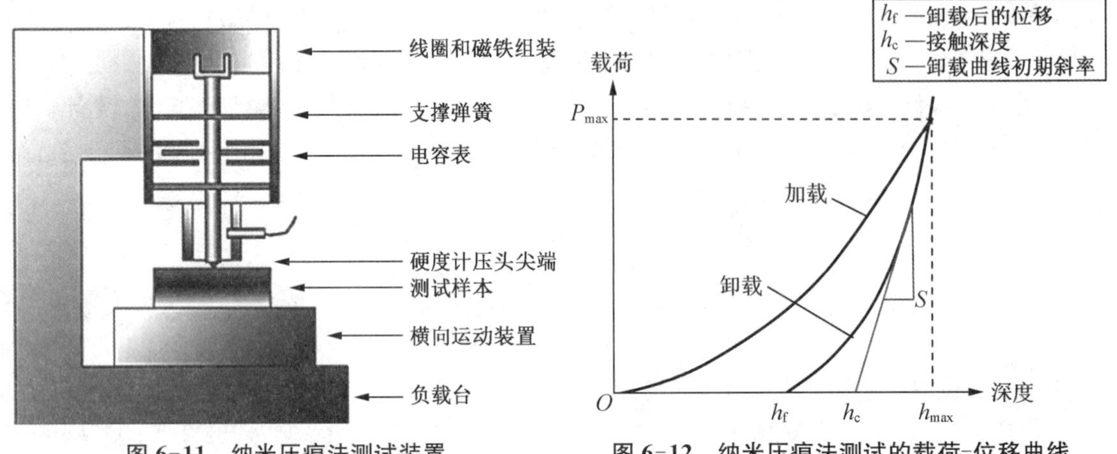

图 6-11　纳米压痕法测试装置　　　图 6-12　纳米压痕法测试的载荷-位移曲线

除此之外,在特定情况下会使用加速蠕变实验来测试材料的蠕变性能。加速蠕变实验以等效原理为理论依据,利用较高温度条件下或较高应力水平下的短期蠕变实验数据,推算材料在低温条件下或低应力水平下的长期蠕变行为。加速蠕变实验方法经大量的研究证明具有很好的准确性和可靠性。加速蠕变实验可借助动态热机械分析仪(DMA),测量多种温度条件下、多种振动频率下的低应力水平蠕变变形规律,由 DMA 系统内置的 WLF 计算程序获得长期蠕变数据。卜晓雪等采用 DMA 对 SiC 纤维单丝进行了不同频率下的储能模量的测试,如图 6-13(a)～(d)所示,SiC 纤维的储能模量随交变应力的频率变化而变化,当频率增加到一定程度后,在交变应力的作用下,机械能会转化为 SiC 纤维的断裂功,使纤维中的裂纹加速扩展,从而导致 SiC 纤维在高频振动下断裂。图 6-13(e)所示为 DMA 测试装置。

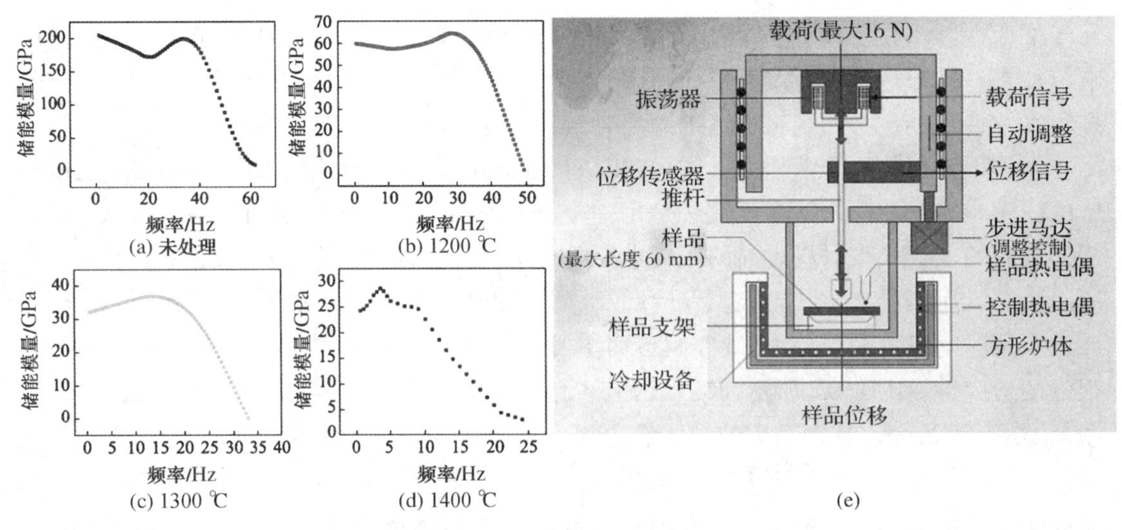

图 6-13　DMA 测试曲线及装置

四、疲劳性能

疲劳是指材料或构件在循环加载下，在某些点产生局部的永久性损伤，并在一定循环次数后形成裂纹或使裂纹进一步扩展直到完全断裂的现象。与金属材料相比，复合材料的内部微结构及疲劳损伤机理要复杂得多。由于各向异性和非均匀性，树脂基复合材料损伤涉及多种机理，包括基体损伤机理、纤维损伤机理、界面损伤机理等，如图 6-14 所示。

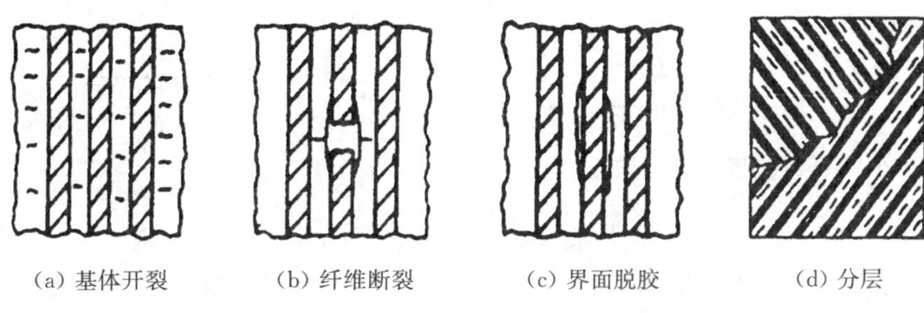

图 6-14 不同机理对应的破坏模式

纤维是纤维增强复合材料中传递和承受载荷的主要单元，因此纤维的强度、弹性模量、断裂应变等性能及环境等因素会影响复合材料的抗疲劳性能。研究表明，碳纤维/环氧树脂基复合材料的抗疲劳性能明显优于玻璃纤维/环氧树脂基复合材料，碳纤维对纤维轴向的交变载荷是不敏感的，其疲劳破坏应变大约是静载荷破坏应变的 80%。

碳纤维复合材料的疲劳性能测试根据美国材料与试验协会（ASTM）制定的 ASTM D3479/D3479M－12《聚合物基复合材料拉伸疲劳的标准试验方法》进行。图 6-15 展示了单向及层合复合材料疲劳试样的几何形状和尺寸，其中(a)为拉-拉疲劳试样，(b)为压-压疲劳试样。为了保护试样夹持段，分别使用铝合金和 G10 玻璃纤维增强聚合物基（GFRP）层合复合材料，加工了两端具有 15°倒角的加强片，并通过环氧树脂结合剂对加强片在试样表面进行固定。

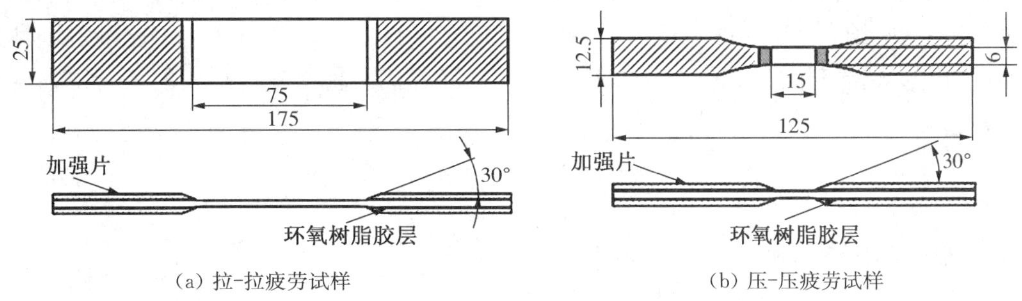

图 6-15 复合材料疲劳试样的尺寸

疲劳性能测试时，应力 S 与时间 t 的关系如图 6-16 所示，其中 S_{max} 为最大应力，S_{min} 为最小应力，$S_{amp}=(S_{max}-S_{min})/2$ 为应力振幅，$R=S_{min}/S_{max}$ 为应力比。应力振幅一般取静态拉伸强度的 30%、40%和 50%，应力比 $R=0.1$。当试件不能维持试验机给定的应力水平或发生断裂时，即可认定试件为疲劳破坏，记录破坏时的疲劳次数。图 6-17 所示为应力比为 0.1 时的疲劳试验 S-N 曲线。

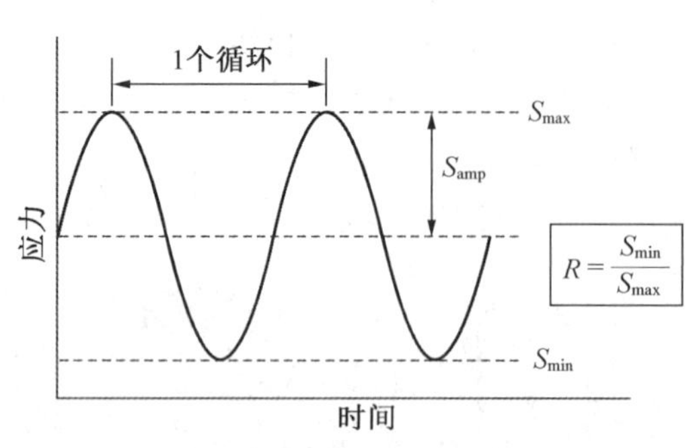

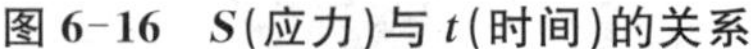
图 6-16　S(应力)与 t(时间)的关系

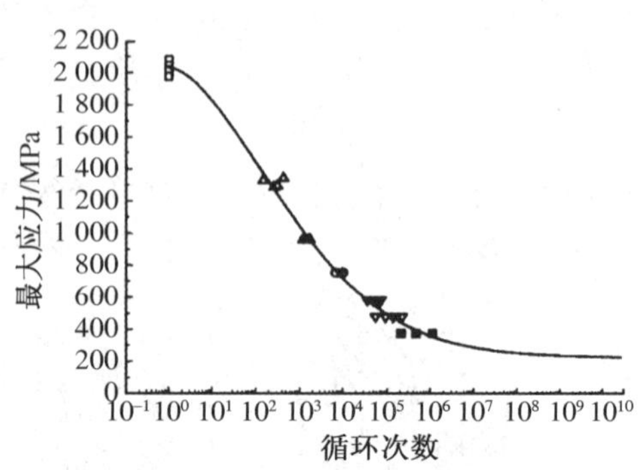

图 6-17　疲劳试验 S-N 曲线(R=0.1)

复合材料的疲劳性能受多方因素的影响。众所周知，施加疲劳载荷的大小对材料的疲劳性能有着直接的影响，疲劳载荷越大则疲劳寿命越短，反之则疲劳寿命越长。由于复合材料沿纤维轴向具有良好的抗疲劳性能，载荷方向的纤维体积分数越大，复合材料的抗疲劳性能越好。然而，载荷方向与纤维方向形成的角度越大，复合材料的抗疲劳性能越差。其次，环境温度与相对湿度也会影响复合材料的疲劳性能。过高的温度和相对湿度会使大量水分子通过空隙进入树脂基复合材料试件，通过水解反应侵蚀树脂基体，改变其玻璃化转变温度，降低其固有刚度和强度。目前，疲劳试验波形一般为正弦波，试验频率推荐 1～25 Hz，若进行高频率疲劳试验，频率不大于 60 Hz。由于树脂基复合材料的基体具有高分子材料的黏弹性，因此树脂基体对温度参数十分敏感，纤维的导热性又直接影响疲劳试验中试件的热扩散，因此加载频率对复合材料的疲劳性能有明显的影响。研究发现，复合材料的疲劳性能不仅与组分材料性能、工艺条件、试验环境等因素有关，还与铺层情况有直接的关系。Dickson 等人发现，改善界面黏结性能会提高复合材料的疲劳性能。Walls 通过拉-拉疲劳试验发现，循环载荷会对复合材料的界面特性产生显著的影响。王放发展了纤维断裂、基体和界面局部循环塑性以及基体/纤维脱黏等细观模式控制的疲劳破坏分析模型，结合 Monte-Carlo 方法，研究了复合材料在循环载荷作用下的渐进破坏过程和疲劳行为，将纤维的统计强度、基体热塑性以及界面特性与复合材料的疲劳寿命定量地联系起来。

五、耐温耐气候性

纤维增强复合材料长期暴露于户外环境中，在太阳光中 290～400 nm 波长范围的高能量紫外光和氧气的参与下，高分子基体材料极易发生自由基链式光氧老化反应。户外环境中的雨水、露水等也容易导致聚合物发生吸水膨胀、水解等老化行为。因此，高分子材料基纤维增强复合材料极易出现如变色、发脆、变硬、发黏、表面龟裂以及物理力学性能

变差等现象，使材料提前失去原有功能和使用价值。氙灯老化试验是通过模拟太阳光、雨水、露水等气候因素，加速材料或产品的老化过程的试验方法，是一种人工加速耐气候试验，可以在短时间内通过测试了解产品使用多年后的老化情况。用于模拟高分子材料及其制品光氧老化的试验室光源主要有碳弧灯、金属卤素灯、荧光紫外灯、氙灯等，其中氙灯可以更贴切地模拟太阳光，是目前模拟性较好的一种人工光源。氙灯老化试验采用的设备是氙灯老化试验箱，可以模拟全光谱太阳光、高温和潮湿对材料产生的损害，能够在几天或者几周内，再现材料处于户外环境中几个月甚至多年的老化效果。它是对长期放置在户外的产品的老化情况进行模拟，看产品是否发生褪色、变色、亮度下降、粉化、龟裂、变模糊、脆化、强度下降及氧化等现象。氙灯老化试验数据(表 6-1)可以帮助人们选择新材料，改良现有材料，以及评价材料配方变化如何影响产品的耐久性。

表 6-1　不同氙灯老化时间下苎麻纤维增强不饱和聚酯复合材料的弯曲性能、质量损失及黄色指数 Y_1 值

老化时间/h	弯曲强度/MPa	弯曲强度变化率/%	弯曲弹性模量/GPa	弯曲弹性模量变化率/%	质量损失率/%	Y_1
0	92.5	0.00	8.44	0.00	0.00	14.9
100	92.3	0.22	8.24	−2.37	0.44	17.8
200	94.3	1.95	8.20	−2.84	0.15	18.5
300	94.0	1.62	7.73	−8.41	0.41	19.0
400	86.0	−7.03	7.42	−12.09	0.78	18.7
500	83.2	−10.05	7.35	−12.91	1.00	20.5
600	80.8	−12.65	6.86	−18.72	0.74	20.5
700	88.0	−4.86	7.49	−11.26	0.53	21.0
800	90.1	−2.95	8.17	−3.20	0.57	19.8
900	87.8	−5.08	7.68	−9.00	0.40	18.6
1000	89.3	−3.46	7.80	−7.58	0.40	17.6
1100	85.3	−7.78	7.74	−8.29	0.65	18.9
1200	81.3	−12.11	6.91	−18.13	0.48	17.5

在某些环境中，温度会有时高有时低。这种不断变化的温度环境会影响产品的功能、性能、质量和使用寿命，加速产品老化，缩短产品的使用寿命。如果纤维增强复合材料长时间处于这种交替变化大的高温和低温环境中，由于纤维和基体的热膨胀系数和力学性能存在差异，因此会产生热应力，从而影响复合材料的层间力学性能。高低温试验又被称为高低温循环测试，是环境可靠性测试中的一项，主要通过模拟自然环境中的高温和低温变化来测试产品的耐热性、耐寒性和耐干性，一般包括高温试验、低温试验以及温湿度变化试验等。为了研究碳纤维增强复合材料(CFRP)的层间力学性能在温度变化环境中的老化失效行为，谭伟等选取高温(80 ℃)、低温(−40 ℃)和高低温循环(−40～80 ℃)三种温度环境，设计了 CFRP 层间拉伸、层间剪切和弯曲试验，分别进行 0(未老化)、5、10、15、

20、25、30天的老化实验，采用傅里叶变换红外(FTIR)光谱仪和差示扫描量热(DSC)分析仪，对CFRP老化前后的化学成分和玻璃态转变温度进行测试，并分析了CFRP层间失效强度随老化时间的变化规律，通过宏观断面和微观分析揭示层间性能的老化机理，结果表明：在高温和高低温循环条件下，通过FTIR光谱发现CFRP官能团的变化趋势和程度大致相同，并且通过DSC曲线发现CFRP老化后发生了化学键断裂，也就是说，高温和高低温循环老化后，CFRP的层间力学性能总体上发生了一定程度的退化，且衰减幅度比较接近；另外发现CFRP撕裂主要由纤维/基体界面开裂引起，纤维发生断裂并且纤维表面比较光滑，说明老化使纤维与基体的界面结合力显著下降；但是，低温环境对CFRP层间力学性能的影响不明显。

恒温恒湿试验用于检测材料或者产品在各种环境下的耐热、耐寒、耐干和耐湿性能，而双85试验则是针对产品的耐湿热性能进行测试。双85试验是指将产品置于85 ℃/RH=85%的条件下进行老化，时间通常为1 000 h，然后对比产品老化前后的性能，比如灯具的光电性能参数、材料的力学性能、黄变指数等，差值越小越好，由此表征产品的耐热、耐湿性能，主要检验产品在高温高湿的恶劣环境中能承受的极限。湿热环境中纤维增强树脂基复合材料的老化机理可以分为树脂基体的老化、纤维的老化和纤维/树脂界面的老化。复合材料湿热老化后，其性能会下降，主要原因是温度升高后，树脂自身产生老化，同时树脂还会受到湿度及应力等的联合作用而产生降解、交联、断链等现象，导致材料的整体性能下滑。随着湿热老化的进行，游离态的水分子进入树脂基体，但是这种游离态的水不会长期存在于基体中。随着时间的推移，水分子会和树脂分子链发生反应形成结合水，许多物理和化学变化也会伴随着这个反应同时发生，具体表现为材料的质量下降、力学和热力学性能发生变化及化学基团产生变化等。物理和化学变化涉及溶胀作用、塑化作用、裂纹作用和水解作用。溶胀作用是指树脂基体的体积因水分子进入而增大。塑化作用是指水分子进入树脂基体会占据分子链的自由体积，使得链段的间距增大。裂纹作用则是在湿热环境中，水分子会进入纤维和树脂，然而两者的扩散速率不同，因此两者的膨胀率不同，这使得材料内部产生内应力，缺陷进一步扩大。树脂基体在水中会发生降解，形成小分子并进入水，使得基体产生细小的裂纹，加速基体的吸湿过程。

六、抗冲击性

冲击载荷工况大致分为三种：低速冲击(low-velocity impact，简称LVI)；中速冲击(middle-velocity impact，简称MVI)；高速冲击(high-velocity impact，简称HVI)。冲击载荷类型主要根据复合材料冲击后的损伤类型及吸能原理进行区分，低速冲击损伤主要为分层和基体分裂，高速冲击损伤包括弹体侵入靶板产生的剪切、纤维断裂及基体分层等，如图6-18所示。

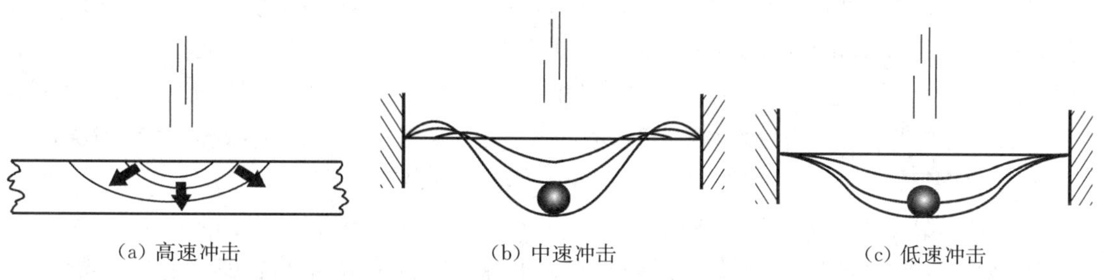

图 6-18 复合材料冲击载荷分类

复合材料的低速冲击试验设备主要有摆锤式和落锤式两类，其中摆锤式包括 Izod 摆锤和 Charpy 摆锤两种。Izod 摆锤试验：主要用于测定连续纤维增强复合材料的吸收功与冲击韧性，试验原理及设备简单，还可根据需要添加测试设备，但对试件的形状和尺寸有严格的要求，必须将样品加工成短而厚的梁试件，边界条件、试件几何形状等参数的灵活度较低。Charpy 摆锤试验：其特点与 Izod 摆锤试验类似，试验操作简单、易行，在实际工程中，层合板、复合材料布、纤维筋等构件很难加工成符合 Izod 摆锤试验规定形状和尺寸的试件。相比之下，Charpy 冲击试验的适用性则受到一定限制。

与摆锤试验相比，落锤试验可以灵活地选择锤头形状和尺寸，可以相对真实地模拟复合材料受到的碰撞、坠物等冲击情况，还可以在一定范围内调节冲击的速度，适用于各种形式的复合材料试件。大部分落锤冲击装置还具有记录冲击力和冲击能量的功能(图 6-19)，方便后期对实验数据进行收集与处理。落锤冲击试验设备通过安装在锤头和道轨上的力

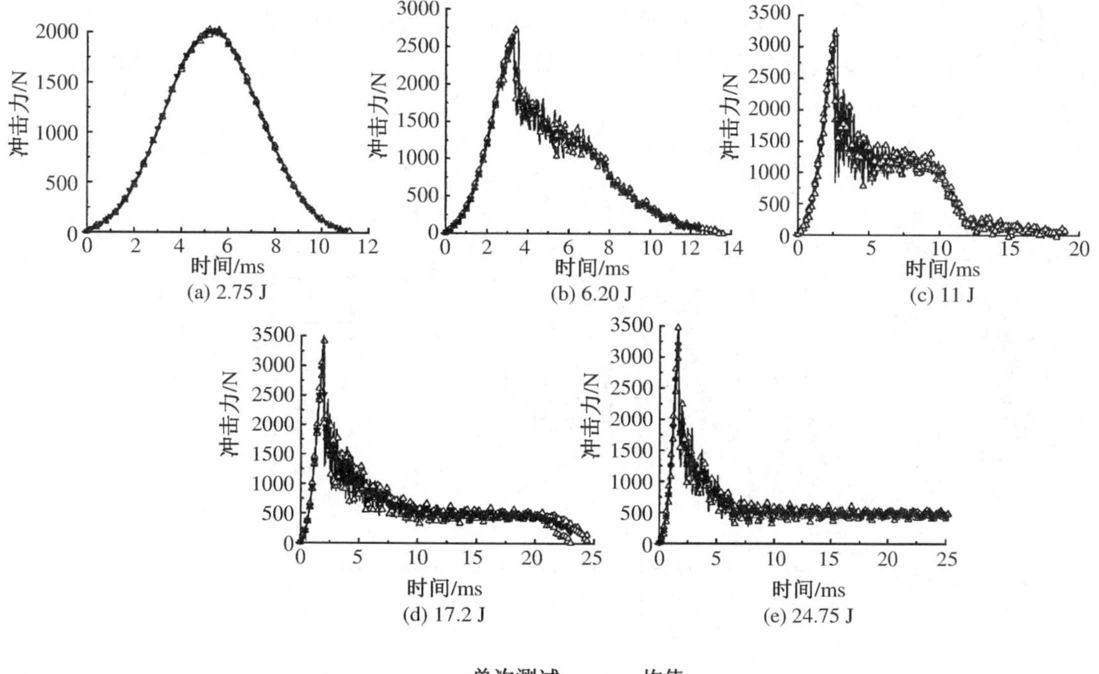

图 6-19 不同能量下冲击力-时间曲线

传感器与位移传感器，可以提供冲击力、位移、时间、能量等多方面的指标，综合评价复合材料的冲击性能。如图 6-19 所示，在纤维复合材料层合板的落锤冲击试验中，随着冲击能量逐渐增大，冲击过程中锤头受到的最大接触力逐渐增大，冲头与层合板的接触时间增长，冲头位移量增加，冲击区域出现半球形凹坑损伤，且随着冲击能量持续增大，凹坑损伤进一步发展形成纤维断裂破坏，继续增大冲击能量，则出现贯穿（侵彻）现象；低能量冲击时，冲击力-时间曲线呈光滑曲线，与二次函数曲线近似，随着冲击能量的增大，接触力在达到最大值后迅速下降，并在下降到一定值后出现一段振荡区间（陡降后的平台），然后继续下降至“0”。冲击损伤的类型如图 6-20 所示。

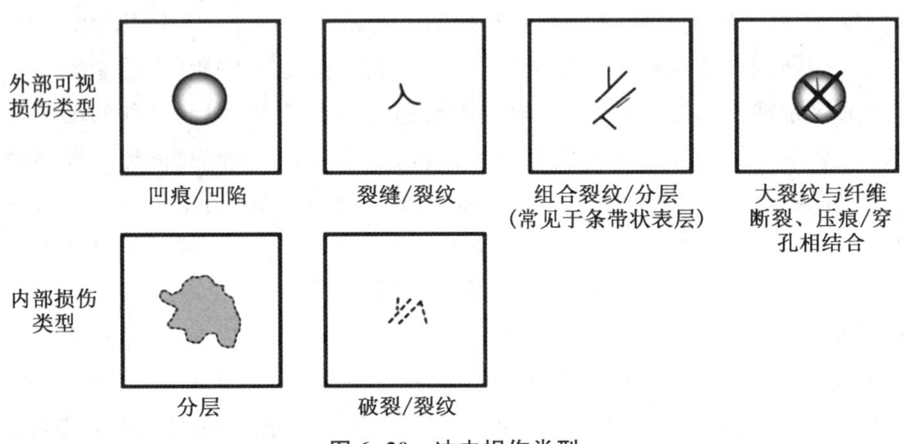

图 6-20　冲击损伤类型

高速冲击试验主要采用气枪弹道冲击装置和霍普金森杆冲击装置进行，气枪弹道冲击装置可记录弹体冲击及冲击后速度，通过调节气压来控制冲击速度。高速冲击试验装置如图 6-21 所示。

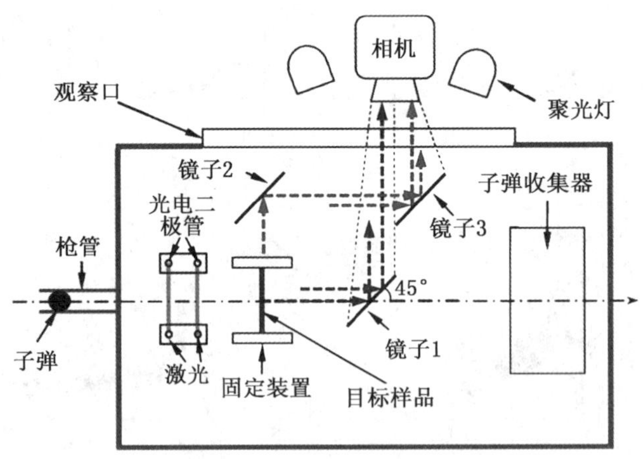

图 6-21　高速冲击试验装置

曹俊超等基于纯碳纤维复合材料层合板和纯芳纶纤维复合材料层合板的模拟结果，对不同混杂比的混杂纤维层合板进行有限元模拟，得到了各个混杂比的纤维层合板在两

种初始冲击速度下的弹体速度变化历程，如图 6-22(a)～(e)所示。在实际测试中，42.4%混杂比的碳纤维/芳纶增强环氧树脂基复合材料层合板在钛合金弹体高速冲击试验中被 189 m/s 的冲击速度穿透，迎弹面(芳纶层)出现形如钛合金弹体断面的贯穿损伤，且断口比较平整；而背弹面(碳纤维层)则出现较明显的分层损伤和纤维束的撕裂破坏，如图 6-22(f)、(g)所示。

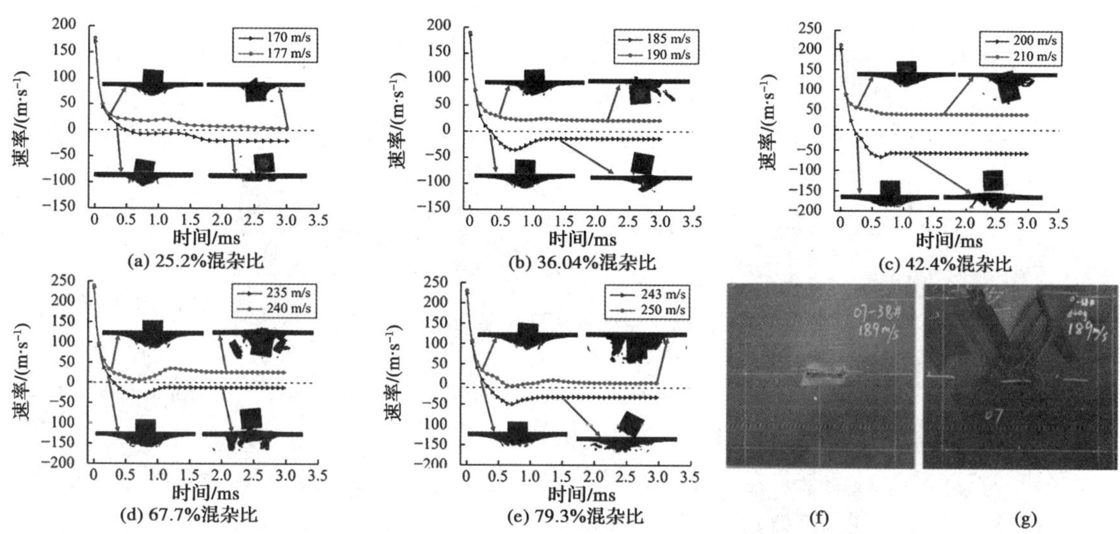

(a) 25.2%混杂比　(b) 36.04%混杂比　(c) 42.4%混杂比　(d) 67.7%混杂比　(e) 79.3%混杂比　(f)　(g)

图 6-22　混杂纤维复合材料层合板高速冲击有限元模拟结果及破坏形貌

七、抗冲击与能量吸收特性

纤维增强复合材料与金属的塑性破坏机制不同，前者可以通过渐进破碎模式吸收大量的能量。通过合理设计复合材料结构，可以实现复合材料比金属材料更加优异的能量吸收性能。纤维增强复合材料的能量吸收性能，可以通过压缩试验得到材料的压缩载荷-位移曲线进行表征。图 6-23 所示为材料压缩时的能量吸收情况，在材料压缩的初始阶段，其载荷 P 迅速上升至最大载荷 P_{max} 后略微下降，然后保持稳定的载荷继续压缩。此图中的曲线与位移轴围成的面积在数值上等于材料在压缩过程中吸收的总能量。达到最大载荷后维持稳定的载荷，称为平均载荷。图 6-23 所示的试验材料是带有诱导机制(如倒角)头端的 FRP 管件，压缩一开始，管件头端就形成一个应力集中区域并且逐渐发展成稳定的压缩区域，直至整个 FRP 管件被压缩破坏成为展开的花瓣式碎片。

如图 6-23(a)显示的稳定的、渐进的高吸能的压缩破坏模式，被称为渐进破坏模式。此外，还有如图 6-23(b)所示的不稳定的突变破坏模式，例如平整头端的脆性圆形管件在压缩过程中经常发生的脆性破坏模式。

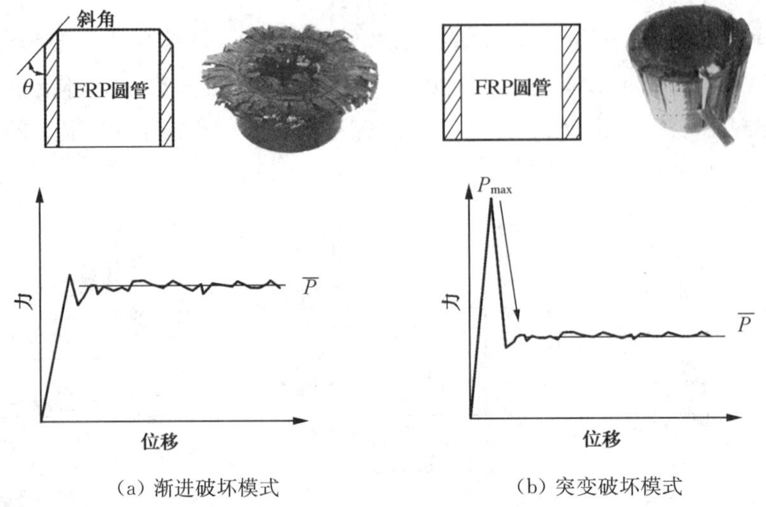

(a) 渐进破坏模式　　(b) 突变破坏模式

图 6-23　能量吸收性能的评价方法

衡量材料能量吸收性能的一个非常重要的指标是比能量吸收值 *Es*，它的定义是总吸收能量(曲线下的总面积)与试件压缩破坏部分的质量之比，单位为“kJ/kg”，这是汽车制造商研究汽车防撞性的重要参考指标。获得尽可能高的比能量吸收值以及尽可能小波动的渐进破坏载荷，一直是材料设计的目标。

Thornton 等认为在屈服前，薄壁管件与层合板表现出类似的刚性响应特性，但是在屈服后，管件的承载能力并没有立即下降为零，而是维持在一定的应力水平上，并呈现连续起伏，表现出一定的结构承载能力和吸能性质。这清楚说明了吸能大小能力不仅与复合材料自身的特性有关，还取决于对复合材料在屈服点，特别是在屈服后结构状态的控制。Farley 等基于前期研究的结果对圆形管状材料的吸能特性建立了力学模型，分析了圆管状复合材料在压溃过程中会发生的层间开裂失效和层片弯曲折断失效，并采用了网格划分法。然而，由于复合材料逐渐失效过程的复杂性，该力学模型在其他纺织结构如编织物、三维织物的复合材料的吸能机理上应用困难。Hamada 于 20 世纪 90 年代开发的 CF/PEEK 材料系的能量吸收圆管，其比能量吸收值达到 180～200 kJ/kg，是公开发表的各种吸能材料中的最高值，然而热缩性树脂 PEEK 的价格昂贵且黏度大，纤维与树脂之间的浸润相当困难。同时，低生产效率造成了高成本，未能实现产业化。

一般情况下，纤维类型、基体类型、纤维取向、试样形状、工艺条件、纤维含量、测试速度和试验温度等参数对复合材料的能量吸收性能的影响如下：

1. 纤维种类

纤维密度越小、强度越高，复合材料管件的比能量吸收值越高。

2. 基体种类

对于纤维增强热塑性复合材料，层间断裂韧性越高，其能量吸收性能越好。此外，对于纤维增强热固性复合材料，基体破坏应变的增加也会导致材料的能量吸收性能提高。

3. 纤维取向

为了提高材料的能量吸收性能，要求纤维取向能够增加断裂纤维的数量，减少材料的变形，并提高复合材料的轴向刚度和外侧支撑能力。

4. 试样形状

在铺层数量相同的情况下，管件的能量吸收性能与试样形状有一定关系，不同形状的管件，其能量吸收性能大小顺序为圆形>正方形>长方形。

5. 工艺条件

半结晶热塑性复合材料的冷却速率增加，断裂韧性随之增加，能量吸收性能也因此变好。

6. 纤维含量

增加纤维含量，并不一定会提高 Es。随着纤维体积分数的增加，纤维之间基体的体积减小，复合材料的层间强度会降低，能量吸收性能降低。

7. 测试速度

在低应变率下，纤维的应变能量吸收能力和复合材料几何形状对纤维增强复合材料的抗冲击性能的影响远大于在高应变率下，此时影响较大的是分层、脱胶和纤维抽拔等消耗的能量。

参考文献

[1] 常晓云. 碳纳米管/PAMAM/碳纤维复合材料界面性能表征[D]. 北京：北京工业大学，2010.

[2] Jancar J. Review of the role of the interphase in the control of composite performance on micro- and nano-length scales [J]. Journal of Materials Science, 2008, 43(20): 6747-6757.

[3] 邱廷田. 碳纤维表面化学修饰及其聚丙烯复合材料性能研究[D]. 哈尔滨：哈尔滨工业大学，2021.

[4] Ahmed K, Qin X, Yang Y. Nanomechanical properties of sized and de-sized carbon fiber reinforced polypropylene composites [J]. Journal of Composite Materials, 2024, 58(1): 13-24.

[5] 邓超. 纳米碳电泳沉积对碳纤维复合材料界面性能的影响[D]. 长沙：湖南大学，2016.

[6] Asl M S, Nayebi B, Motallebzadeh A, et al. Nanoindentation and nanostructural characterization of ZrB〈sub〉2〈/sub〉-SiC composite doped with graphite nano-flakes [J]. Composites Part B-Engineering, 2019, 175: 1-10.

[7] 孟龙晖，杨吟飞，何宁. 纳米压痕法测量 Ti6Al4V 钛合金室温蠕变应力指数[J]. 稀有金属材料与工程，2016，45(3)：617-622.

[8] 柯瑞，张宇民，陈子羿，等. 蓝宝石单晶纳米压痕蠕变性能研究[J]. 人工晶体学报，2014，43(3)：487-91.

[9] Li W B, Henshall J L, Hooper R M, et al. The mechanisms of indentation creep[J]. Acta Metallurgica Et Materialia, 1991, 39(12): 3099-3110.

[10] Griffith W. The accelerated characterization of viscoelastic composite materials[M]. New York: Plenum Press, 1980.

[11] 卜晓雪，厉冰心，曹大可，等. 采用动态热机械分析法研究碳化硅纤维单丝的力学性能[J]. 中国陶瓷工业，2023，30(5)：35-40.

[12] 梅端. 玻璃纤维增强树脂基复合材料力学疲劳性能研究[D]. 武汉：武汉理工大学，2010.

[13] 胡静，冯振宇，徐建新. 不同层板复合材料疲劳性能试验研究[J]. 航空维修与工程，2005(3)：38-39.

[14] 齐红宇，温卫东. 先进纤维增强复合材料疲劳寿命的预测[J]. 纤维复合材料，2001(2)：3-6.

[15] 熊峻江. 复合材料全寿命范围 E-N 曲线方程与 S-N 曲线方程[J]. 复合材料学报，2000(1)：103-107.

[16] Vidrih T, Winiger P, Triantafyllidis Z, et al. Investigations on the fatigue behaviour of 3d-printed continuous carbon fibre-reinforced polymer tension straps [J]. Polymers, 2022, 14(20): 1-15

[17] Dickson R F, Jones C J, Harris B, et al. The environmental fatigue behavior of carbon-fiber reinforced polyether ether ketone [J]. Journal of Materials Science, 1985, 20(1): 60-70.

[18] Walls D P, Zok F W. Interfacial fatigue in a fiber-reinforced metal-matrix composite [J]. Acta Metallurgica Et Materialia, 1994, 42(8): 2675-2681.

[19] 王放，魏玉卿，吕世金，等. 纤维增强复合材料疲劳渐进破坏过程的 Monte-Carlo 模拟[J]. 船舶力学，2009，13(4)：587-592.

[20] 蒋诗才，闫鸿琛，石峰晖，等. 紫外老化对快速固化碳纤维增强环氧树脂基复合材料性能影响[J]. 复合材料科学与工程，2022(1)：98-103.

[21] 陈旭，刘燕峰，刘青曼，等. 苎麻纤维增强复合材料的光老化性能[J]. 工程塑料应用，2021，49(04)：98-103.

[22] 谭伟，那景新，任俊铭，等. 高低温老化对碳纤维增强复合材料层间力学性能的影响[J]. 吉林大学学报(工学版)，2020，50(4)：1324-1332.

[23] Bao L R, Yee A F. Effect of temperature on moisture absorption in a bismaleimide resin and its carbon fiber composites [J]. Polymer, 2002, 43(14): 3987-3997.

[24] Marouani S, Curtil L, Hamelin P. Ageing of carbon/epoxy and carbon/vinylester composites used in the reinforcement and/or the repair of civil engineering structures[J]. Composites Part B-Engineering, 2012, 43(4): 2020-2030.

[25] Abtew M A, Boussu F, Bruniaux P, et al. Ballistic impact mechanisms — A review on textiles and fibre-reinforced composites impact responses [J]. Composite Structures, 2019, 223: 1-15.

[26] 肖靖航，张春涛，王汝恒，等. 玄武岩纤维复材层合板低速冲击试验研究[J]. 工业建筑，2018，48(5)：190-194.

[27] Guo Y B, Chiang H J, Deng J J, et al. Projectile impact on fabric-metal assemblies — Influence of fabric-metal sequence [J]. International Journal of Impact Engineering, 2019, 127: 1-16.

[28] 曹俊超，孙建波，曹勇，等. 混杂纤维增强环氧树脂复合材料高速冲击损伤行为[J]. 复合材料学报，2022，39(10)：4935-4948.

[29] Thornton P H, Harwood J J, Beardmore P. Fiber-reinforced plastic composites for energy-absorption purposes [J]. Composites Science and Technology, 1985, 24(4): 275-298.

[30] Farley G L, Jones R M. Prediction of the energy-absorption capability of composite tubes[J]. Journal of Composite Materials, 1992, 26(3): 388-404.

[31] Hamada H, Ramakrishna S, Sato H. Effect of fiber orientation on the energy absorption capability of carbon fiber PEEK composite tubes [J]. Journal of Composite Materials, 1996, 30(8): 947-963.

第七章　复合材料无损检测技术

先进复合材料具有质量轻、比强度高和耐疲劳等出色的性能，已广泛应用于国外民用飞机的主承力结构中。航空复合材料承力构件通常具有尺寸大和结构复杂等特点，因此在制造过程中容易产生孔隙、纤维褶皱和分层等缺陷，参见图 7-1。在服役过程中，应力或环境因素会引起各种类型的损伤，例如冲击损伤、芯材脱黏、分层、基体开裂、纤维断裂和树脂老化等。制造缺陷和服役损伤的存在会降低复合材料结构的性能，导致无法满足主承力结构对耐久性的要求。

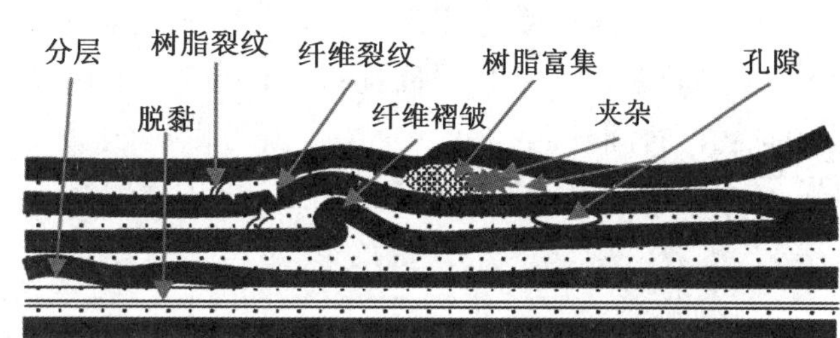

图 7-1　常见复合材料结构制造缺陷与损伤

无损检测(non-destructive testing，简称 NDT)是一种通过使用各种技术手段来检测材料内部或表面的缺陷、损伤或异物的方法，同时不会对材料本身造成任何破坏。这种检测方法在航空航天、汽车、船舶、建筑、能源等领域广泛应用，旨在确保材料的质量和性能，提高工程结构的可靠性和耐久性。常用的复合材料无损检测方法主要有超声波检测(ultrasonic testing)、声发射检测(acoustic emission testing)、热红外成像(thermographic imaging)、振动模态测试(vibration modal testing)、非线性声学检测(nonlinear ultrasonic testing)以及微波检测(microwave testing)。

一、超声波检测技术

(一) 水浸超声检测

水浸超声检测是一种用于评估复合材料结构完整性和检测材料内部缺陷的非破坏性测试方法。在这种方法中，复合材料样品被完全或部分浸泡在水中，然后通过将超声波传播到样品中进行检测。这种方法的原理是利用超声波在材料中传播时与材料内部缺陷相互作用而产生的声波反射、散射和吸收等现象，通过分析超声波在样品中传播的速度、幅值和衰减等参数变化，进而检测材料中的缺陷和损伤，如气孔、夹层、裂纹等。

当超声波经过被测物体内部时，如果遇到不同声阻抗 (Z_1 和 Z_2) 的接触表面或内部缺陷，部分能量会被反射或散射，其反射率(R_p)和透射系数(T_p)与两种介质的声阻抗相关，并且部分能量会继续透过被测物体。

根据传感器布置位置的差异，水浸超声检测又可分为反射型和透射型两种。反射超声检测是将超声波发送到复合材料表面，然后接收反射回来的超声波信号，以此检测材料内部缺陷或界面反射性能的一种方法。声波与复合材料界面的作用如图 7-2 所示。在检测过程中，超声波通过被测复合材料的表面进入材料内部，当它遇到不同声阻抗的接触表面或内部缺陷时，部分能量会被反射回来并被接收器捕捉；通过分析反射信号的幅值、时间延迟、波形等特征，就可以确定缺陷的位置、尺寸和性质等信息。反射型及透射型超声检测方法中，R_p 与 T_p 的定义如式(7-1)所示。

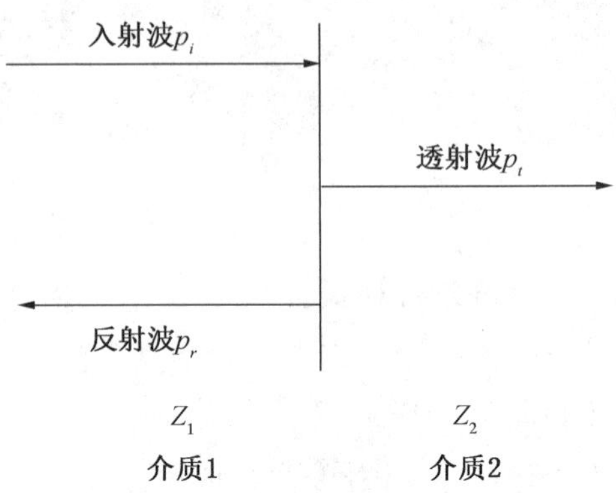

图 7-2　声波与复合材料界面的作用

$$R_p = \frac{Z_2 - Z_1}{Z_1 + Z_2}$$
$$T_p = \frac{2Z_2}{Z_1 + Z_2} \tag{7-1}$$

透射超声检测是将超声波传播到被测复合材料的一侧，并通过接收器从复合材料另一侧接收超声波信号来检测内部缺陷或界面反射的一种方法。在透射超声检测中，超声波通过被测物体的一侧进入物体内部，然后穿过物体，最终到达物体另一侧的接收器；通过分析透射信号的强度、时间延迟等特征，可以确定缺陷的存在与否以及一些缺陷的特征。

水浸超声检测方法利用水作为耦合剂，将探头与被测复合材料试件隔开，如图 7-3 所示。其中，在探头发射脉冲之后，波形显示屏上首先出现声波从水和试件的界面反射回来的界面回波 (T)，然后出现缺陷回波(F) 和底面回波(S)。

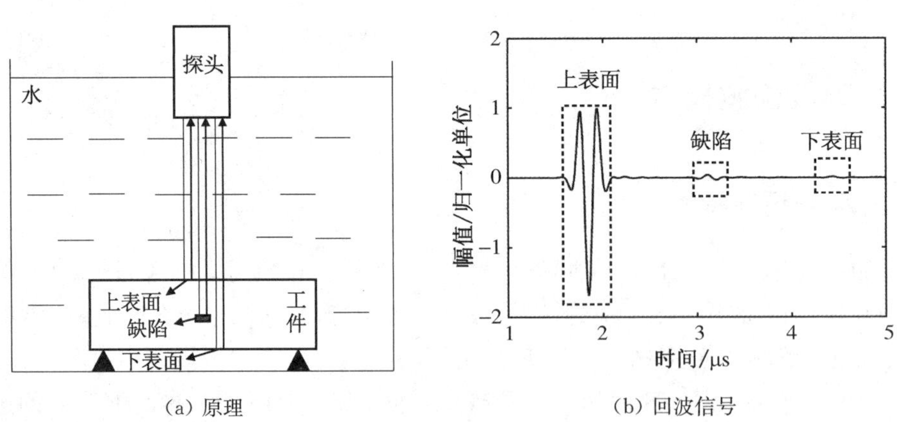

图 7-3　水浸超声检测

水浸超声检测减少了传统接触式测试过程中无法控制的因素，提高了测试的准确性。该方法主要分为全浸法和局浸法两种。全浸法是指将试件完全浸入水中，然后用探头对试件进行扫描。全浸法具有耦合稳定性和测试结果重现性好等优点，但需要较大的水箱和较多的水，对试件尺寸和形状也有一定的要求，如图 7-4 所示。

(a) 试件为复合材料叶片

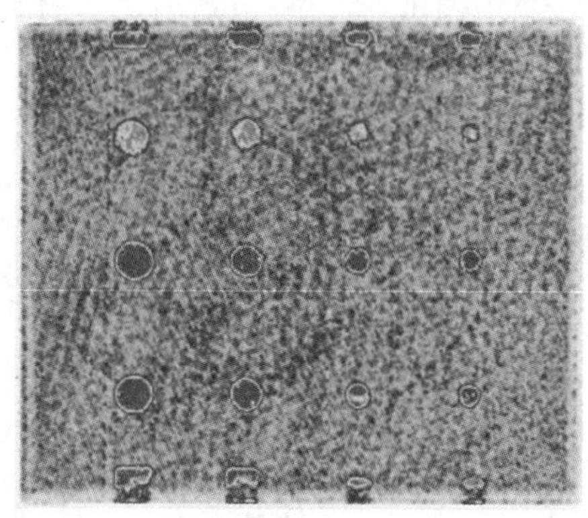

(b) 典型测试结果

图 7-4　全浸法水浸超声检测

局浸法是指将试件的部分区域浸入水中，然后用探头对该区域进行扫描(图 7-5)。局浸法对试件尺寸和形状的限制较小，同时便于机械臂集成搭建复杂构型复合材料自动化检测系统，但耦合稳定性和测试结果重现性略逊于全浸法。

图 7-5　局浸法水浸超声检测

传统水浸超声检测使用单个晶体传感器进行成像，扫描范围有限，需要通过手动或机械扫描获取完整的图像。单晶超声成像具有较低的成本和复杂度，适用于一般的超声检查和诊断。相控阵水浸超声检测使用多个小型传感器阵列进行成像，这是一种先进的成像技术，每个传感器可以独立发射和接收超声波，通过控制波束的方向、角度和焦点位置来实现成像。这种成像技术可以在不移动传感器的情况下获取完整的图像，因此可以快速获得高质量的超声图像。相控阵水浸超声检测具有更高的空间分辨率、灵活性和多功能性，能够提供更多信息和更准确的诊断。

(二) 空气耦合超声检测

空气耦合超声检测是一种利用超声波在空气中传播的特性来检测材料内部缺陷和特

性的无损检测方法。在空气耦合超声检测中,发射器首先产生高频的超声波脉冲,它们在空气中传播并在遇到被测物体时发生反射、折射和模式转换等现象;接收器随后捕获这些从被测物体表面返回的声波,并转换为电信号,供进一步分析使用。由于空气的声阻抗远低于大多数固体材料,因此在空气与材料界面上会产生较大的声阻抗差异,导致大部分声波被反射回来,少量声波透射进入材料内部。反射波和透射波的特性参数(如抵达时间、幅度和频率等)会因材料内部的结构不同而有所不同。通过分析这些特性参数,可以推断出材料内部的缺陷、材料厚度、材料成分和结构等信息。常用的空气耦合超声检测方法有表面反射法、透射法、底面反射法和导波法等(图 7-6)。空气耦合自动化检测方法及典型扫描结果如图 7-7 所示。

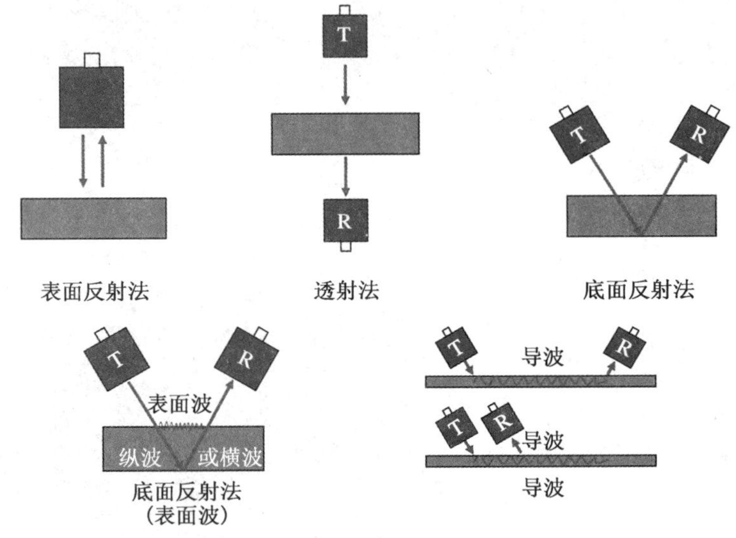

图 7-6　常用的空气耦合超声检测方法

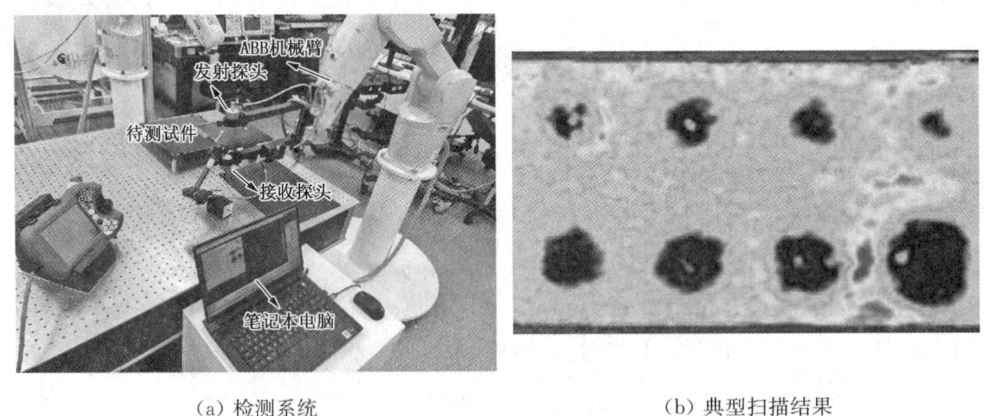

(a) 检测系统　　　　(b) 典型扫描结果

图 7-7　空气耦合透射自动化检测系统及典型扫描结果

总的来说,空气耦合超声检测是一种具有独特优势的无损检测方法,尤其适用于那些

难以接触、不可水浸或需要在非接触条件下进行检测的场合，尽管存在一些局限性，但随着技术的进步，这些问题正逐步得到解决。例如，通过采用更高效的信号处理算法和更灵敏的传感器，可以提高检测的精度和可靠性。

二、声发射检测技术

在复合材料中，当某些类型的损伤发生扩展或表面相互摩擦时，会产生能量的突然释放，损伤部位产生瞬态弹性波或音爆现象，即声发射信号。声发射源发出的弹性波，经复合材料传播到结构体表面，引起结构体表面的机械振动。声发射检测技术是指通过分析信号特征，推断声发射源的空间位置和类型特性等信息，进而研究材料性质、动态评价结构完整性的表征手段。与其他检测技术相比，声发射检测技术不依赖于缺陷尺寸，因此适用于微观缺陷检测，在损伤识别和定位方面具备很高的准确性，可提供有关损伤起始的信息，并能够准确识别出复合材料分层和裂纹等损伤模式。

声发射在线检测系统主要由声发射传感器、前置放大器、采集器和信号记录与分析软件组成，如图 7-8(a)所示。

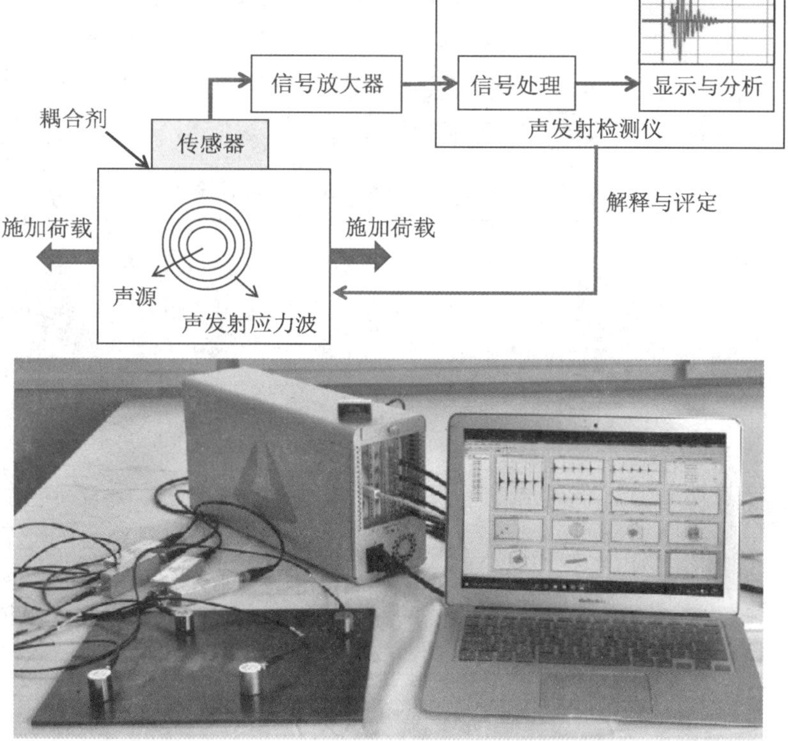

(a) 声发射在线检测系统

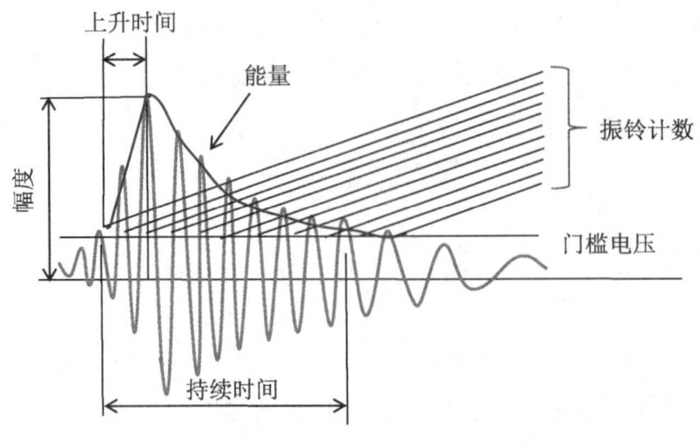

(b) 声发射信号参数的定义

图 7-8　声发射检测技术

声发射检测技术是评价复合材料结构整体质量水平非常实用的手段，可以在测试材料力学性能的同时获取材料动态变形损伤过程中的宝贵信息。该检测技术采用的分析方法主要有三种。

(1) 参数分析法。声发射信号参数的定义见图 7-8(b)，信号参数的用途见表 7-1。通过记录和分析声发射信号参数，如幅度、能量、持续时间和振铃计数等，可分析材料的损伤特征和破坏机制。如图 7-9 所示，材料内部损伤情况可以通过记录和分析声反射接收到的能量得出，样本所在位置的能量越高，则该位置的材料损伤情况越严重。参数分析法的最大缺点是损伤声发射源的信息往往被谐振式传感器的固有特性掩盖，比如传感器本身的设计或物理特性，其试验结果的重复性较差。

表 7-1　声发射信号参数的定义和用途

信号参数	定义	用途
撞击次数	超过门槛电压并使某个通道获取数据的任何信号，称之为一个撞击。测得的撞击个数，可分为总计数和计数率	反映声发射活动的总量和频度，常用于声发射活动性评价
事件计数	产生声发射的一次材料局部变化，称之为一个声发射事件	反映声发射事件的总量和频度，用于声发射源的活动性和定位集中度评价
振铃计数	超过门槛电压信号的振荡次数，可分为总计数和计数率	信号处理简便，能粗略反映信号强度和频度，广泛用于声发射活动性评价
幅度	信号波形的最大振幅值，通常用 dB 量化(传感器输出 1 μV 为 0 dB)	与事件大小有直接的关系，不受门槛的影响，直接决定事件的可测性，常用于波源的类型鉴别、强度及衰减的测量
能量计数	信号检波包络线下的面积，可分为总计数和计数率	反映事件的相对能量或强度。可取代振铃计数，也用于波源的类型鉴别
持续时间	信号第一次通过门槛至最终降至门槛所经历的时间间隔，以 μs 表示	类型鉴别与振铃计数十分相似，但常用于特殊波源类型和噪声的鉴别

（续表）

信号参数	定义	用途
上升时间	信号第一次越过门槛至最大振幅所经历的时间间隔，以 μs 表示	因受传播的影响，其物理意义变得不明确，有时用于机电噪声鉴别
有效值电压	采样时间内信号的均方根值，以 V 表示	与声发射的大小有关，测量简便，主要用于连续型声发射活动性评价
平均信号电平	采样时间内信号电平的均值，以 dB 表示	提供的信息和用途与 RMS 相似
到达时间	一个声发射波到达传感器的时间，以 μs 表示	决定波源的位置、传感器间距和传播速度，用于波源的位置计算

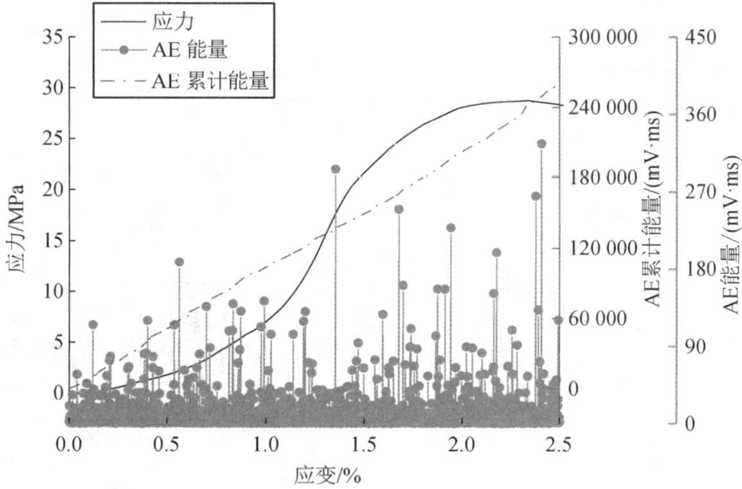

图 7-9　典型声发射信号参数分析结果

(2) 波形分析法。对声发射信号的波形进行记录与分析，得到信号的频谱及相关函数等，通过分析材料不同阶段和不同机制引起损伤的频率特征，可以获取材料的损伤特征。在进行小波分析之前，需要采用快速傅里叶变换(fast Fourier transform，简称 FFT)得到信号的各个特征。FFT 的原理如下：

$$X(k)=\sum_{n=0}^{N-1}x(n)\mathrm{e}^{-\mathrm{j}2\pi nk/K}(k=0,\ 1,\ \cdots,\ N-1) \tag{7-2}$$

$$x(n)=\frac{1}{N}\sum_{n=0}^{N-1}x(k)\mathrm{e}^{-\mathrm{j}2\pi nk/K}(n=0,\ 1,\ \cdots,\ N-1) \tag{7-3}$$

式中：$X(k)$ 为离散频谱的第 k 个值；$x(n)$ 为时域采样的第 n 个值。

小波分析具有良好的时频局部化特性，可实现信噪分离。时域-频域结合的信号分析方法可以实现同时对声发射信号的时域和频域特性的提取，从而获得声发射源的信息与特征，式(7-4)、式(7-5)描述了小波变换理论。声发射波形分析流程和典型分析结果分别

见图 7-10 和图 7-11。

$$WT_x(a,b)=|a|^{1/2}\int_{-\infty}^{+\infty}x(t)\varphi^*\left(\frac{t-b}{a}\right)\mathrm{d}t \tag{7-4}$$

$$\varphi_{a,b}(t)=|a|^{1/2}\varphi\left(\frac{t-b}{a}\right) \tag{7-5}$$

式中：$WT_x(a,b)$ 为函数 $x(t)$ 的连续小波变换表达式；$\varphi_{a,b}(t)$ 为基本母小波位移与尺度伸缩，称为一个小波序列；a 为尺度因子（$a\neq 0$）；b 为位移。

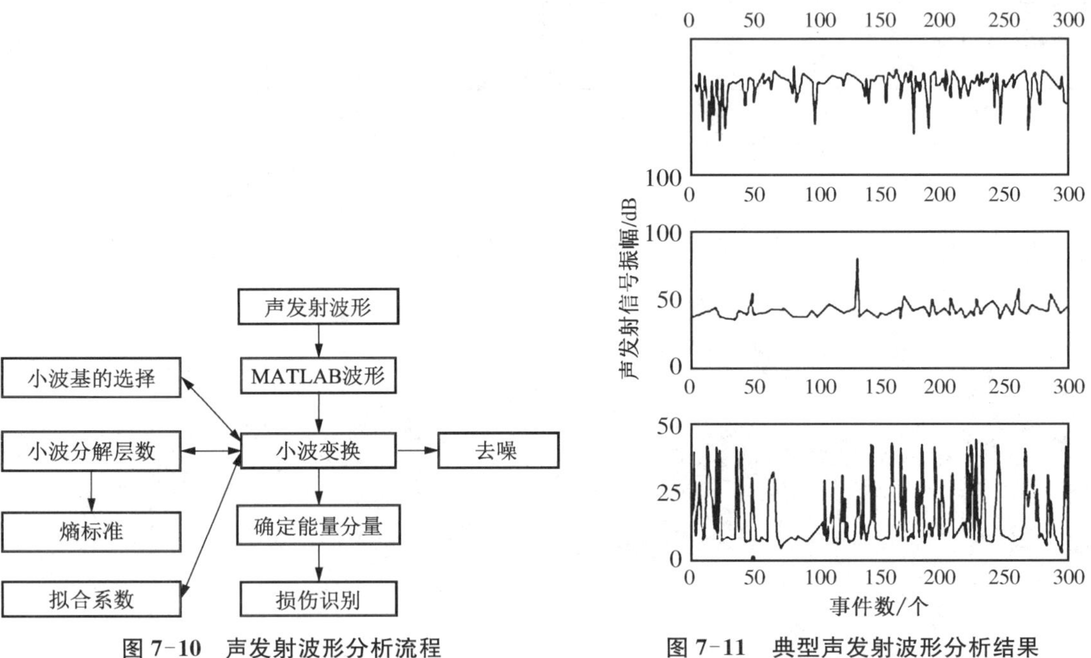

图 7-10　声发射波形分析流程

图 7-11　典型声发射波形分析结果

（3）频谱分析法。此法可以分为经典频谱分析和现代频谱分析，是声发射信号处理中常用的分析方法。两种频谱分析方法都是通过把声发射信号从时域转换到频域，在频域中研究声发射信号的各种特征，进而找到识别声发射源本征信息的。但频谱分析要求被分析的信号是周期性的平稳信号，并且频谱分析是一种忽略局部信息变化的全局分析方法，分析流程和结果分别如图 7-12 和图 7-13 所示。

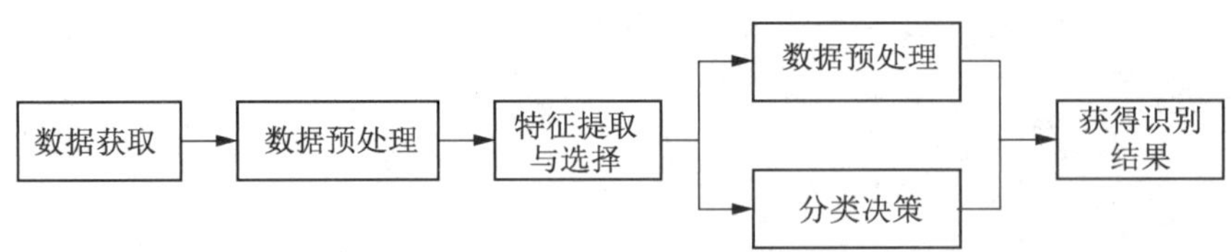

图 7-12　声发射频谱分析流程

目前声发射检测已经成为一种成熟的复合材料无损检测方法，被广泛应用于裂纹、纤维破损、分层以及纤维或基体断裂等损伤检测。欧美等发达国家将声发射技术作为飞机

全机地面静力/疲劳试验和飞机研制、生产过程中的重要检测手段。如美国应用声发射技术对 C－2 运输机、C－130 运输机、B－1 轰炸机、F111 飞机、F－15 飞机的疲劳裂纹进行监测，瑞典萨博集团(SAAB)利用声发射技术对 JAS－39 整机静力/疲劳试验进行监测。据统计，美国的 P－3、A4 等机型，英国的 VC－10 机型及欧洲空客公司的 A340 和 MD 机型等，都已将声发射技术作为重要的监测手段，实现了对飞机在飞行状态下的实时监测，提高了飞行安全，降低了维护成本和时间。

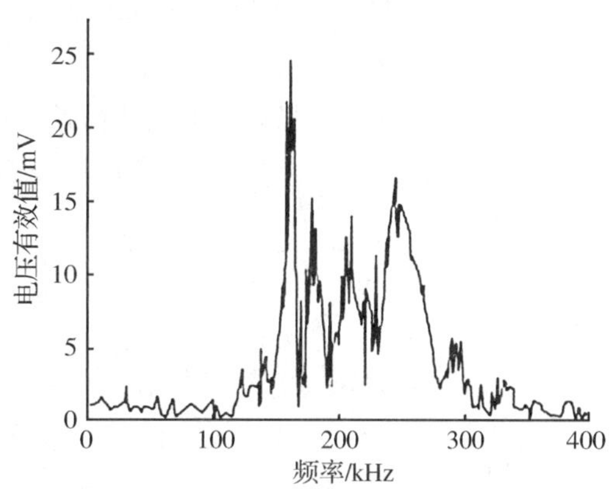

图 7-13　典型声发射频谱分析结果

三、振动模态检测技术

复合材料的振动模态测试是通过确定复合材料的固有频率、模态形态和振动模态的阻尼特性，从而识别出复合材料结构的模态参数的，可为复合材料结构的振动特性分析、振动故障诊断和预报以及结构动力特性的优化设计提供依据。

考虑到板的运动惯性力，复合材料层合板的振动方程如下：

$$\begin{cases}\delta N_{x,\,x}+\delta N_{xy,\,y}=0\\ \delta N_{xy,\,x}+\delta N_{y,\,y}=0\\ \delta M_{x,\,xx}+2\delta M_{xy,\,xy}+\delta M_{y,\,yy}=\rho\delta\omega,\ tt\end{cases} \tag{7-6}$$

其中：δ 表示从平衡状态开始的变分；$\delta\omega$ 为挠度，它是坐标 $(x,\ y)$ 和时间的函数；ρ 为板的单位面积质量；$\delta\omega_{,\,tt}$ 为加速度。

考虑到无横向载荷 (q) 并略去平面载荷 $(N_x,\ N_y,\ N_{xy})$，复合材料层合板的自由振动方程如下：

$$\begin{aligned}&D_{11}\delta\omega_{,\,xxxx}+2(D_{12}+2D_{66})\delta\omega_{,\,xxyy}+D_{22}\delta\omega_{,\,yyyy}\\&\qquad+4D_{16}\delta\omega_{,\,xxxy}+4D_{26}\delta\omega_{,\,xyyy}+\rho\delta\omega_{,\,tt}=0\end{aligned} \tag{7-7}$$

其中：D_{ij} 为弯曲刚度。

挠度采用代数多项式的形式近似，并代入式(7-7)，得到矩阵特征值问题，写成代数特征值方程组的形式：

$$([K]-\omega^2[M])\{\phi\}=\{0\} \tag{7-8}$$

其中：$[K]$ 为复合材料层合板总的刚度矩阵；ω 为特征值；$[M]$ 为复合材料层合板总的质量矩阵；$\{\phi\}$ 为待求位移向量。

复合材料振动模态测试需要识别出共振频率和振型

复合材料振动模态测试的基本步骤一般如下：

(1) 准备测试样品。选择适当的复合材料样品，并根据测试要求进行制备和加工。

(2) 安装传感器。将合适的振动传感器（如加速度计）安装在样品的表面或内部，以便捕捉振动信号。

(3) 激励振动。使用合适的激励方式（如机械激励或电磁激励）对样品进行振动，以激发样品的固有频率。

(4) 数据采集。使用数据采集系统采集传感器捕捉到的振动信号，并记录下来。

(5) 数据分析。对采集到的振动信号进行数据处理和分析，以确定样品的振动特性和模态形态。常用的分析方法包括频域分析、时域分析和模态分析等。

(6) 结果解释。根据分析结果，得出关于样品振动特性、固有频率、模态形态和阻尼特性的结论。

图 7-14 所示是利用非接触式三维扫描式激光测振仪对吸湿前后的亚麻纤维增强复合材料做振动模态检测，激励方式为力锤法。使用力锤在试件表面敲击一次，激光头的扫描测试就被触发。逐点测试结束后，进行数据分析。在商用有限元软件 ABAQUS 中建立模型后，定义频率提取分析步和模态动态分析步，从而进行模态分析。最后对比实验和有限元分析得到的不同阶的模态频率、模态阻尼和模态振型，分析吸湿对亚麻纤维增强复合材料模态参数的影响。

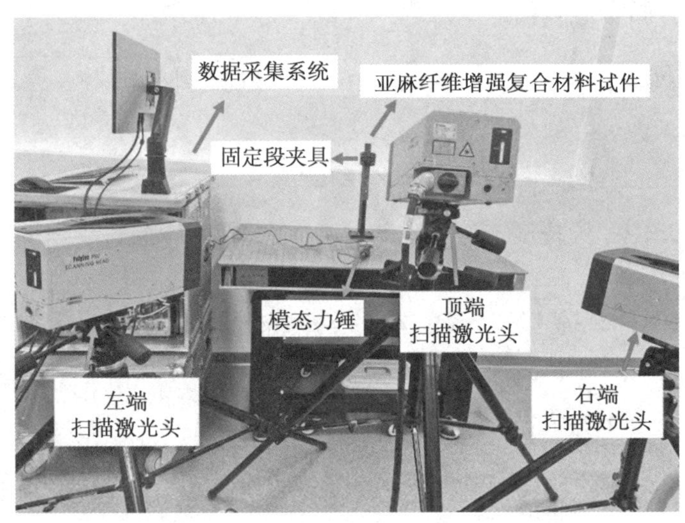

(a) 实验装置

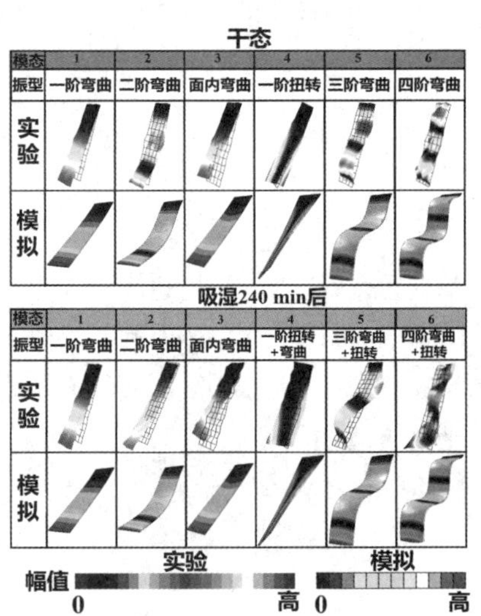

(b) 有限元预测和实验结果

图 7-14 基于三维扫描式激光测振仪的复合材料振动模态检测

图 7-15 显示了基于加速度传感器分析圆形分层损伤对碳纤维复合材料层合板的模态频率、模态振型的影响。利用 Rayleigh-Ritz 法，推算分层损伤对层合板频率属性的影响，为提高检测的便捷性奠定基础。损伤会导致碳纤维复合材料的振动频率降低，一阶模态频率变化不明显，二阶、三阶模态频率随着损伤区域半径的扩大而增大，频率的变化量

越来越大。这说明损伤的逐渐扩展会引起碳纤维复合材料的模态频率降低，同时降低的程度也越来越明显。

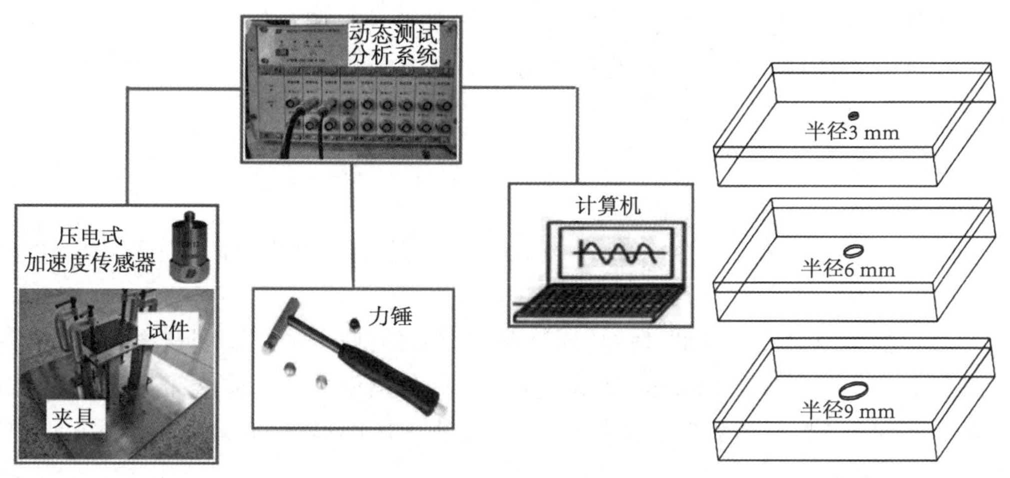

(a) 实验装置

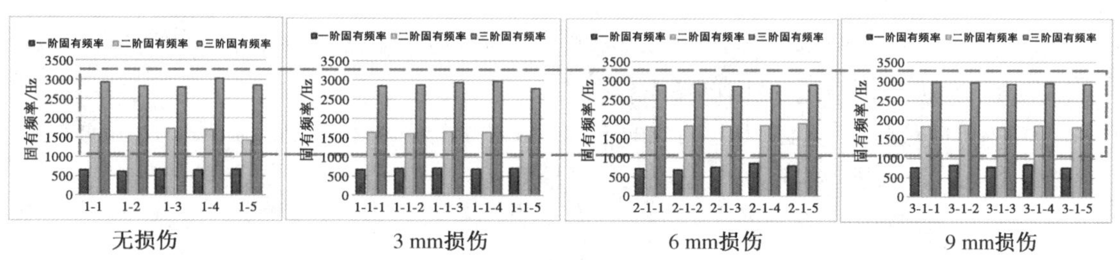

(b) 实验结果

图 7-15　基于加速度传感器的复合材料振动模态检测

四、红外热成像检测技术

任何高于绝对零度的物体都会向周围环境发出电磁热辐射，根据 Stefan-Boltzmann 定律，其大小除了与材料种类、形貌和内部结构等物体本身特性有关外，还与波长和环境温度有关。如果向被测复合材料注入热量，其中一部分热量必然向内部扩散，使复合材料表面的温度分布发生变化。对于无缺陷复合材料，当热流均匀注入时，热流能够均匀地向内部扩散或从表面扩散，因而表面的温度场分布也是均匀的；当复合材料内部存在隔热性缺陷时，热流会在缺陷处受阻，造成热量堆积，导致表面出现温度较高的局部热区；当复合材料内部含有导热性缺陷时，表面会出现温度较低的局部冷区。由以上三种情况可看出，当复合材料内部存在缺陷时，会在复合材料有缺陷区和无缺陷区形成温差，且该温差除了取决于复合材料的热物理性质外，还与缺陷的尺寸、缺陷与表面的距离及它的热物理性质有关。复合材料局部温差的存在必然会导致红外辐射强度不同，因此利用红外热像仪即可检测出温度变化状况，进而判断缺陷的情况。

红外热成像无损检测技术是建立在电磁辐射和热传导理论基础上的一种无损探伤技术。根据物体辐射的特点，可以将物体分为绝对黑体和灰体两类。而当被检测物体辐射都属于灰体辐射时，满足 Stefan-Boltzmann 定律。

$$W=\varepsilon\sigma T^{4} \tag{7-9}$$

其中：ε 为灰体发射系数；σ 为 Stefan-Boltzmann 常数；W 为物体辐射强度；T 为物体绝对温度。

热量从物体内温度较高的部位传递到温度较低的部位，或从温度较高的物体传递到与之接触的另一温度较低的物体，此热传递过程称为热传导。物体内部产生导热的起因在于物体各部分之间具有温度差，所以只要确定物体内部温度场，根据傅里叶定律，就能确定物体内的热流：

$$q(r,t)=-\lambda\nabla T(r,t) \tag{7-10}$$

其中：$q(r,t)$ 为温度降低方向单位面积、单位时间的热流量；λ 为被测物体导热系数；$T(r,t)$ 为被测物体内空间、时间温度分布。

式(7.10)揭示了热流量与温度之间的关系，对于稳态场和非稳态场都适用。通常用热传导微分方程来描述温度场时空域的内在联系：

$$\nabla^{2}T(r,t)+\frac{q_v}{\lambda}=\frac{\rho c}{\lambda}\nabla T(r,t) \tag{7-11}$$

其中：q_v 为加载热源项；ρ 为被测物体密度；c 为被测物体比热容。

图 7-16(a)和(b)所示分别为半无限大平板结构中缺陷边界的热量传输及固体材料内热传导过程。

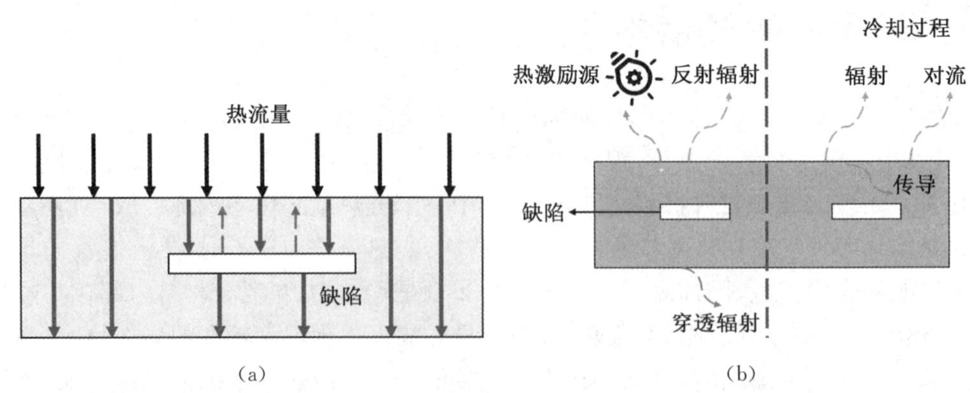

图 7-16 半无限大平板结构中缺陷边界的热量传输(a)及固体材料内热传导过程(b)

主动式红外热成像检测技术利用外界热源对待测试件进行热激励，同时利用红外热成像仪记录试件表面温度场的演化历程，并对获得的热波信号进行特征提取分析，从而达到检测材料表面损伤和内部缺陷的目的。主动式红外热成像检测技术由于具有更高的热对比度与检测分辨率，近年来受到极大的关注。根据外激励热源的不同，该技术又被分为光激励红外热成像、超声红外热成像与电涡流红外热成像等。图 7-17 总结了主动式红外热成像检测技术的主要分类依据及分类结果、基于超声红外热成像的复合材料缺陷检测原理。图 7-18 显示了复合材料平底孔缺陷的主动式红外热成像结果。

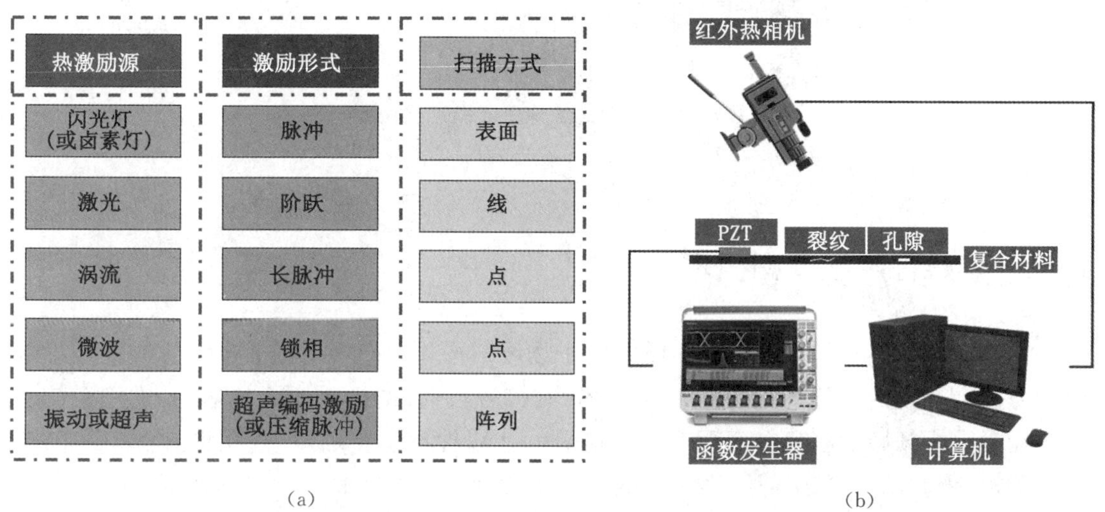

图 7-17 主动式红外热成像检测技术的主要分类依据及分类结果(a)及基于超声红外热成像的复合材料缺陷检测原理(b)

图 7-18 复合材料平底孔缺陷的主动式红外热成像结果

被动式红外热成像无损检测是利用物体与周围环境的温度差，在物体与环境进行热交换时，对物体表面发出的红外辐射进行检测的一种方式，这种检测方式不需要加载热源，一般应用于定性化分析。图 7-19 显示了被动式红外热成像无损检测的原理、装置和结果。

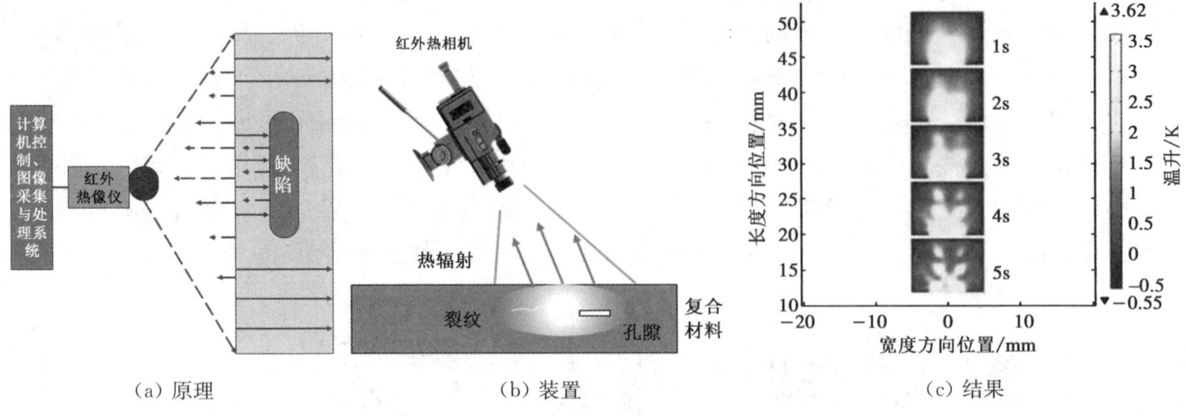

(a) 原理　　(b) 装置　　(c) 结果

图 7-19　被动式红外热成像无损检测

五、非线性声学检测技术

非线性声学检测是指声波在介质中由于物体结构非线性本构特征产生非线性声学效应的方法。介质的非线性来源包括材料损伤、接触松动、结构非弹性变形等，它们会使得声波在时域或频域上表现出不同于激励信号的非线性声学特征，如高次谐波、频率迁移、相位和幅值调制等。基于非线性声学的检测手段即利用上述非线性声学特征建立评价指标，通常损伤越严重则非线性声学现象更加明显。与基于声速变化、能量衰减等线性评价指标的传统检测方法相比，由结构非线性表现出来的声学特征对微小损伤和闭合裂纹更为敏感，可以深入到微观层面评估复合材料的性能退化，即使是较小的损伤，也会导致结构出现明显的非线性。因此，这种敏感特性常被用于复合材料疲劳损伤的早期检测和监测。然而，非线性声学检测作用机理相对于线性超声更加复杂，稳定开展非线性声学检测的难度也更高。

非线性谐波是非线性声学中非常普遍的一种现象，因而也是经常被用于无损检测的重要特征。考虑到待测复合材料构件的应力-应变关系（即 σ-ε 关系）呈非线性，可由胡克定律表述如下：

$$\sigma = E\varepsilon(1+\beta\varepsilon+\cdots) \tag{7-12}$$

其中：E 为弹性模量；β 为二阶弹性系数。

对于复合材料，其非线性应力-应变关系可以展开为多项式形式，如式(7-12)所示。

入射声波的一维波动方程可写作以下形式：

$$\rho\frac{\partial^2 u}{\partial t^2}=\frac{\partial\sigma}{\partial x} \tag{7-13}$$

其中：ρ 为介质的密度；x 为声波的传播距离；t 为声音传播时间；u 表示介质内位于 x 的

质点位移。

若考虑式(7-12)中非线性声学检测时介质的二阶弹性系数，则式(7-13)即入射声波的一维波动方程的解会表现为线性基频及非线性频率的叠加。

(1) 若入射信号为单列激励频率为 ω 的正弦波，则其透射、反射信号将包含频率为 ω 的基波和频率为 2ω 的二次谐波，即：

$$u = u(\omega, t) + u(2\omega, t) \tag{7-14}$$

(2) 若入射信号为激励频率为 ω_1 和激励频率为 ω_2 组合的正弦波，则其透射、反射信号除了包含基波和二次谐波以外，还包含两列信号频率的相加和相减，即：

$$u = u(\omega_1, t) + u(\omega_2, t) + u(2\omega_1, t) + u(2\omega_2, t) + u(\omega_1 + \omega_2, t) + u(\omega_1 - \omega_2, t) \tag{7-15}$$

高次谐波检测技术是非线性超声领域近年来研究较为广泛的内容之一，具有产生机制明确且易于实现的优点。高次谐波检测原理为当一个特定频率的激励源产生的声波在传播过程中与裂纹等非线性接触损伤相互作用时，会产生一系列高次谐波(图 7-20)。高次谐波的频率通常是激励频率的整数倍，其中包括二次谐波和三次谐波等。在无损检测中，常使用透射法及反射法来进行二次谐波等高次谐波的测量。首先利用信号发生器产生超声波，然后超声波经功率放大器放大，再通过入射换能器进入被测材料传播，采用接收换能器对声波的透射、反射信号进行接收，最后通过电脑进行频谱分析，观测谐波的产生，并计算非线性参数。二阶弹性系数 β 常用于评估物体结构状态，该非线性参数被定义为二次谐波幅值与基波幅值的比值。在已报道的研究中，高次谐波非线性特征已被应用于检测复合材料的裂纹、脱黏及疲劳等损伤。

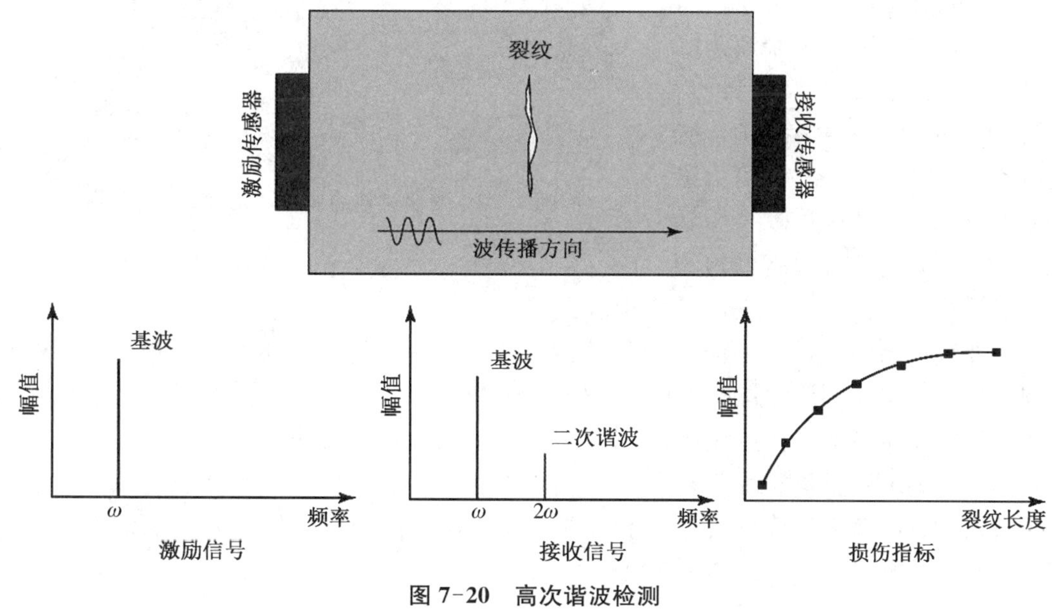

图 7-20 高次谐波检测

在高次谐波的基础上，通过增加入射波的个数，分别构成高频（high frequency，简称HF）及低频（low frequency，简称 LF）入射波，可激发出非线性结构内入射波之间的混频现象。此时，接收信号频率具有入射波频率的相加和相减，称为调制谐波（Sideband）（图 7-21）。对接收到的信号进行频谱分析时所采用的损伤评价指标，仍沿用高次谐波的理论基础，损伤评价指标被定义为调制谐波平均幅值与两个基波幅值的比值。

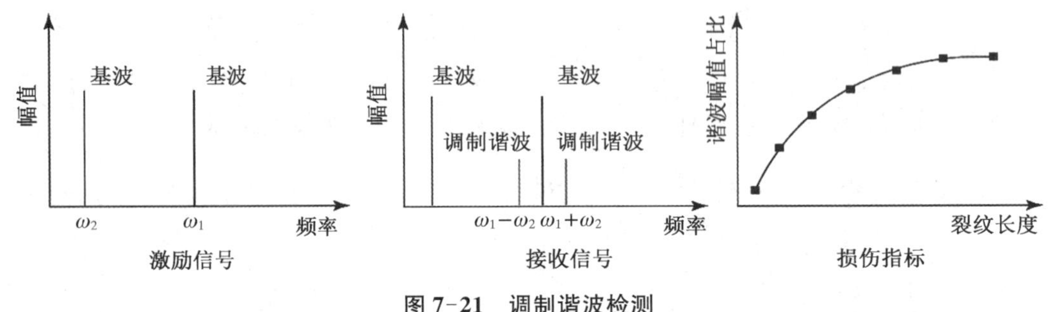

图 7-21 调制谐波检测

调制谐波的接收条件与高次谐波没有本质差异，其特点在于多列入射波的激发。就混频声场的激发而言，可以使用振动-超声组合入射，即可使用小型超声传感器搭配激振器激发信号，又称振动声调制（设备见图 7-22）；也可以使用双超声波入射方法进行混频激励，即将图 7-22 中的激振器替换为小型超声传感器（如 PZT）。振动声调制采用激振器激发低频宏观振动，可以有效提升信号能量。双超声波入射方法采用两个超声探头激发，具有轻便高效的特点。通过调控入射波信号种类、传感器位置、入射角度等条件，可以赋予双超声波入射法更高的灵活性，有利于应对复杂的结构检测需求。

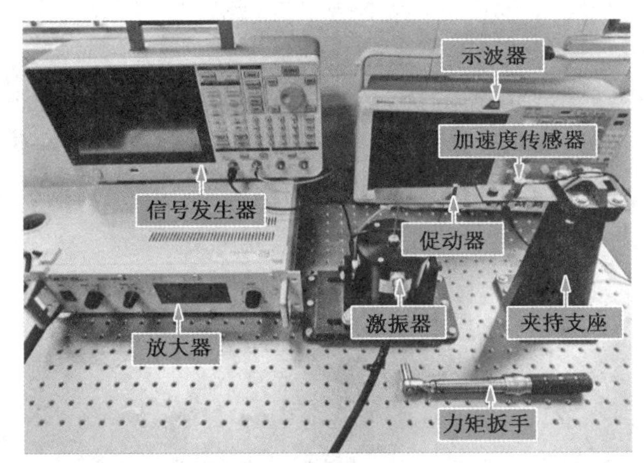

图 7-22 复合材料的调制谐波检测设备实物

在非线性结构中，除了接收信号幅值会出现非线性特征外，谐振频率在损伤结构中同样可能发生迁移。非线性超声检测技术通过测量试样的谐振频率，并根据试样的几何参数和密度计算试样的各种弹性常数。对于有损伤的试样，其谐振频率的变化量与激励超声信号水平的变化量呈非线性关系。此外，非线性超声检测还包括使用特定频率激发裂纹或界面的共振亚谐波等方法，检测结果见图 7-23，对特定损伤具有更高的敏感性，但也对结构特征或激发条件提出了更高的要求。

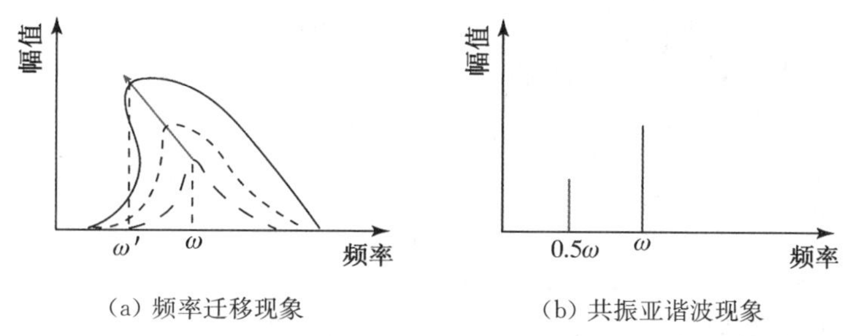

(a) 频率迁移现象　　(b) 共振亚谐波现象

图 7-23　其他非线性超声方法检测复合材料损伤结果

六、微波检测技术

微波检测的原理是基于材料对微波的吸收、反射、透射和散射。具体来说，当微波作用于材料时，一部分能量被材料吸收，一部分被材料反射或透射。但如果材料内部存在缺陷或异物，则作用于材料的微波会产生散射现象和衍射现象。通过检测和分析这些微波散射现象和衍射现象，可以推断出材料的特性和内部结构。不同材料对微波(电磁波)的吸收和反射特性不同，特别是材料的介电常数和电磁波的损耗因子可以用来区分材料的不同状态和特性。微波在不同介电常数和不同密度的材料中，传播速度不同，因此可以通过测量微波传播速度来推断材料的特性。微波遇到材料内部的缺陷或异物时会发生散射和衍射，通过检测和分析微波的这些散射和衍射现象，可以识别和定位材料缺陷。图 7-24 展示了微波检测原理，包括透射式和反射式。

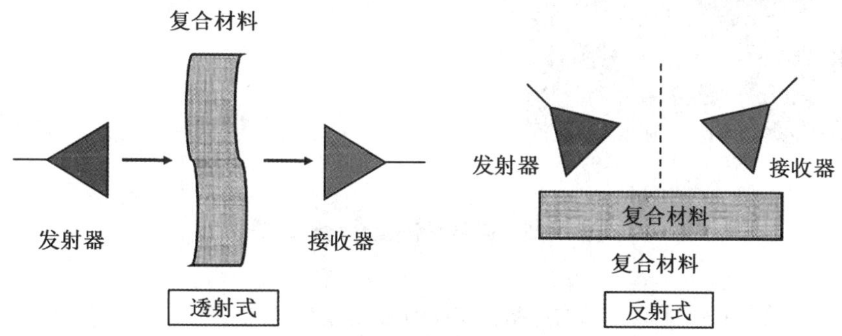

图 7-24　微波检测原理

在微波检测中，辐射天线(发射器)和复合材料之间的距离相对较近，电磁波照射在材料表面的一个小区域。微波信号穿过介质表面进入材料内部，其传播速度与介质的介电常数 ε、磁导率 μ、导电率 σ 和电磁波频率 ω 有关。传播速度的定义式如下：

$$v=\frac{1}{\sqrt{\frac{\mu\varepsilon}{2}\left[\sqrt{1+\left(\frac{\sigma}{w\varepsilon}\right)^{2}}+1\right]}} \tag{7-16}$$

再结合入射波与反射波的相位差，可以得到入射波与反射波的波程差 D：

$$D = v\frac{\theta_0}{w_0} = \frac{\theta_0}{w_0\sqrt{\frac{\mu\varepsilon}{2}\left[\sqrt{1+\left(\frac{\sigma}{w_0\varepsilon}\right)^2}+1\right]}} \tag{7-17}$$

其中：θ_0 和 ω_0 分别为相位差和信号角频率。

通过有限元微波共焦算法，就可以计算出被测复合材料中的缺陷可能存在的位置。

微波检测技术在复合材料领域具有多种具体应用，可用于对复合材料中的裂纹、分层、气泡等缺陷进行检测。利用能够穿透材料的微波进行深层检测，绝缘体和介质材料都适用。图 7-25 所示为利用微波检测技术对复合材料内部缺陷进行测试的结果。

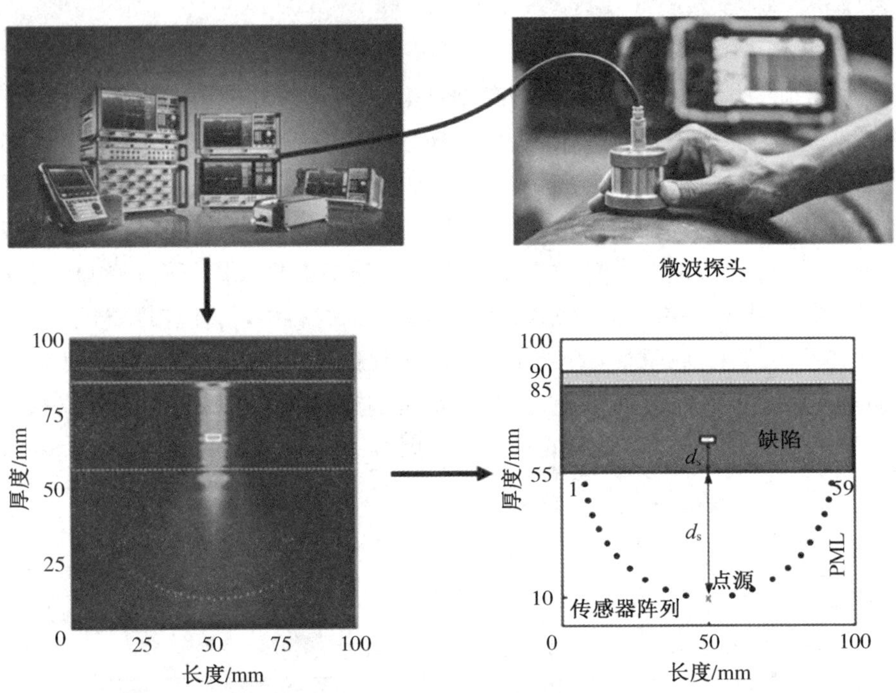

图 7-25　微波检测复合材料缺陷

在复合材料的成型制造过程中，微波检测可以用于检测工艺中的缺陷或不良部分，例如检测残余的应力、成型中的气泡或杂质等问题。微波检测可以用来评估复合材料结构中不同部件之间的黏结质量，及时发现黏结层中的空洞、脱黏等问题。复合材料通常涉及表面涂层和包覆层的应用，微波检测可以用来评估这些涂层的厚度、均匀性、附着力等指标。微波检测技术可对复合材料中的应力分布进行检测，有助于分析材料在使用过程中的受力情况，及时发现应力集中区域。这些应用领域展示了微波检测技术在复合材料方面的多样化和重要性。通过微波检测技术，工程师和研究人员可评估复合材料的结构完整性、内部缺陷情况以及性能特征，从而确保复合材料在各种工程应用中的质量和安全性。

随着微波技术的发展，这种检测方法在航空航天、汽车制造、土木工程等领域的应用越来越广泛。微波检测有许多优势，例如快速、非破坏性、非接触性、对内部结构的深层探测等。但微波检测也存在劣势，比如对材料的电磁特性要求较高、受到材料吸收和散射的影响、设备成本较高等。总之，微波检测技术作为一种非破坏性检测手段，广泛应用于工业和科研领域，能够帮助工程师和科学家对材料的结构和性能进行全面评估，为材料的安全性能和品质提供有力保障。

选取复合材料无损检测技术时，需考虑材料的应用环境、检测目的、材料特性、检测灵敏度要求、成本效益、操作便捷性以及检测结果的可靠性和可重复性要求。通常情况下，结合多种技术进行综合评估和验证，可以提高检测结果的准确性和可靠性。表 7-2 比较了常用复合材料无损检测技术。

表 7-2　常用复合材料无损检测技术

检测方法	优点	缺点
超声检测	非破坏性、高分辨率，能够检测到材料表面和内部缺陷，对材料影响小	对材料的声波传播特性和接触面要求较高，信号处理复杂
红外热成像检测	非接触性、全局检测，适用于大面积检测，对材料表面和内部缺陷敏感	受环境温度和背景的影响，不能穿透材料进行深层检测
振动模态测试	可以评估结构的振动特性、固有频率和模态形态，非破坏性	需要激励样品进行振动，对试验条件和仪器精度的要求较高
非线性超声检测	能够检测到微小的缺陷和裂纹，对材料的非线性响应敏感	需要对超声信号进行复杂的分析，对信号处理和噪声抑制的要求较高
微波检测	能够穿透材料进行深层检测，对绝缘体和介质材料都适用	对材料的电磁特性要求较高，受到材料吸收和散射的影响，设备成本较高

参考文献

[1] 杨红娟，杨正岩，杨雷，等. 碳纤维复合材料损伤的超声检测与成像方法研究进展[J]. 复合材料学报，2023，40(8)：4295-4317.

[2] 李锋，吕洪涛，刘志毅，等. 碳纤维复合材料层压板人工缺陷的水浸超声检测[J]. 无损检测，2022，44(1)：6-9+15.

[3] 张继敏，周晖，刘奎. 航空复合材料多层蜂窝夹芯结构的空气耦合式超声检测技术研究[J]. 复合材料科学与工程，2020(9)：74-78.

[4] 刘博. 新型光栅声发射传感器的研究[D]. 沈阳：沈阳工业大学，2023.

[5] 李小丽，张海兵，朱龙翔. 声发射技术在航空维修中的应用进展[J]. 国防制造技术，2017，(1)：64-66.

[6] Zhang Z, Guo S, Li Q, et al. Ultrasonic detection and characterization of delamination and rich resin in thick composites with waviness[J]. Composites Science and Technology, 2020, 189.

[7] 邵翔，张士晶，欧阳未，等. 飞机蜂窝复合材料板压缩过程的声发射定位研究[J]. 失效分析与预防，2013，8(3)：151-155.

[8] Zhang Z, Li Q, Cao A, et al. Defect identification in thick porous and wavy composites with hybrid use of ultrasound non-reciprocity and scattering [J]. Composites Science and Technology, 2022, 225.

[9] Zhang Z, Xiao Y, Su Z, et al. Continuous monitoring of tightening condition of single-lap bolted composite joints using intrinsic mode functions of acoustic emission signals: a proof-of-concept study[J]. Structural Health Monitoring, 2019, 18(4): 1219-1234.

[10] 郝俊才.应用光纤声发射传感器对复合材料进行损伤检测[D].哈尔滨:哈尔滨工业大学,2006.

[11] Zhang Z, Xiao Y, Xie Y, et al. Effects of contact between rough surfaces on the dynamic responses of bolted composite joints: multiscale modeling and numerical simulation [J]. Composite Structures, 2019, 211: 13-23.

[12] He Y, Xiao Y, Liu Y, et al. An efficient finite element method for computing modal damping of laminated composites: theory and experiment[J]. Composite Structures, 2018, 184: 728-741.

[13] Chen Y, Griffith D T. Experimental and numerical full-field displacement and strain characterization of wind turbine blade using a 3D scanning laser doppler vibrometer[J]. Optics & Laser Technology, 2023, 158.

[14] 刘亚鑫.基于振动模态分析复合材料分层损伤缺陷检测[D].天津:天津工业大学,2022.

[15] 江念,王召巴,金永,等.复合结构界面粘接质量的非线性超声检测[J].兵工学报,2014,35(3):398-402.

[16] Li W, Cho Y, Achenbach J D. Detection of thermal fatigue in composites by second harmonic lamb waves[J]. Smart Material Structures, 2012, 21(8): 85-93.

[17] Zhang Z, Liu M, Liao Y, et al. Contact acoustic nonlinearity (CAN)-based continuous monitoring of bolt loosening: Hybrid use of high-order harmonics and spectral sidebands[J]. Mechanical Systems and Signal Processing, 2018, 103: 280-294.

[18] Li W, Xu Y, Hu N, et al. Impact damage detection in composites using a guided wave mixing technique[J]. Measurement Science and Technology, 2020, 31(1).

[19] Meo M, Polimeno U, Zumpano G. Detecting damage in composite material using nonlinear elastic wave spectroscopy methods[J]. Applied Composite Materials, 2008, 15(3): 115-126.

[20] 吕鑫豪,叶子航,屈文忠,等.复合材料加筋结构脱粘损伤的亚谐波共振检测方法[J].强度与环境,2021,48(5):8-14.

[21] 邢贺民,马耀,段滋华.基于微波技术的复合材料无损检测[J].无损检测,2013,35(10):18-21.

[22] 杨森.泡沫填充蜂窝复合材料缺陷的微波近场检测研究[D].成都:电子科技大学,2023.

[23] 胡金花,李勇,谭建国,等.玻璃纤维增强复合材料局部减薄损伤的微波无损定量检测[J].传感器与微系统,2020,39(3):113-116.

第八章 纤维复合材料的连接技术

近年来，随着复合材料制备技术的不断发展，由碳纤维、玻璃纤维、芳纶纤维等增强纤维制造的高强度和高模量的新型复合材料已经取得很大的进展。但是，在实际应用中，若要发挥出复合材料的优异性能，仅仅有高性能的复合材料是远远不够的。复合材料使用时，必须构成有效的结构，还必须在制成结构后有效发挥出复合材料的优异性能，这就需要将各种复合材料零件连接成一个完整的结构。复合材料有提高结构整体性的优越条件，但尚存的连接处却需传递更大的载荷，这使得连接技术显得更加重要关键。

“连接”是复合材料使用中非常重要的一环。首先，复合材料增强结构的载荷传递必须有相应的连接方式才能解决，而连接部位通常是复合材料结构静强度和疲劳强度的薄弱环节，容易发生破坏失效。据有关资料介绍，在复合材料结构件中，有一半以上的破坏都发生在连接部位。其次，影响复合材料连接强度的因素比金属材料复杂得多，因为连接区域含有多种形状的间隔结构，容易引起局部的应力集中，所以复合材料连接部位的失效模式多，而且强度预测较困难。因此，必须对复合材料的连接予以重视。

复合材料具有比强度高、比刚度高、密度小、热膨胀系数小以及尺寸稳定性好等特点，但复合材料属脆性材料且呈各向异性，其加工、连接部位的设计及强度分析都比金属材料复杂得多。复合材料的连接方法有很多，比如机械连接（通过螺栓、铆钉等进行连接）、胶接、焊接（摩擦焊、超声波焊、电磁感应焊等）及混合连接等。根据复合材料的应用现状和前景，本章主要介绍螺栓连接、胶接、超声波连接以及共固化缝合连接等技术。

一、螺栓连接

螺栓连接是机械连接方式中的一种，具体来说，就是采用螺栓将两个或两个以上的被连接零件连接在一起的方法，如图 8-1 所示。螺栓连接是一种可用于重要部位和主承力连接区的关键接头以及可拆卸部位的高强度连接方法。

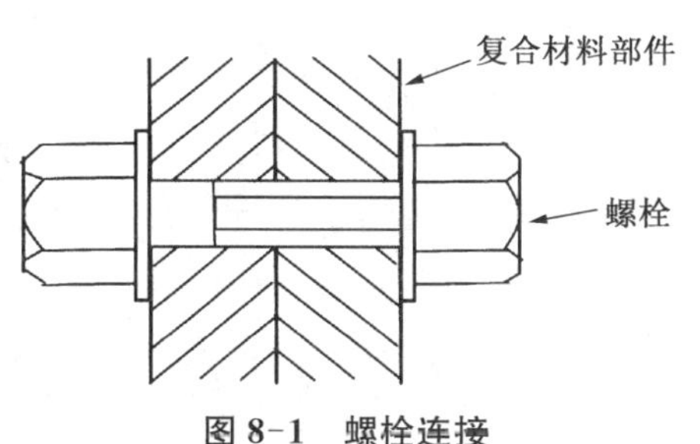

图 8-1 螺栓连接

（一）螺栓连接的优缺点

1. 螺栓连接的优点

（1）便于检查质量，保证连接的可靠性。

(2) 在制造、更换和维修中,可重复装配和拆卸。

(3) 对零件连接表面的准备及处理的要求不高。

(4) 受环境影响较小。

(5) 没有厚度限制。

(6) 对剥离应力不敏感。

2. 螺栓连接的缺点

(1) 制孔会导致孔周围的局部应力集中,降低连接效率。

(2) 为了弥补制孔后基本层压板的强度下降,层压板或孔周围的局部可能需要加厚,而且由于使用了紧固件,构件质量会增加。

(3) 由于增加了制件的工作量,生产成本可能会增加.

(4) 钢紧固件与复合材料接触时,会产生电偶腐蚀。

(5) 制孔可能会损伤复合材料。

(6) 连接复合材料时,常常需要加垫片。

(7) 与螺栓配合的金属件易疲劳。

(二) 螺栓连接的破坏模式

复合材料螺栓连接的破坏模式有单一型和组合型两类。单一型破坏模式主要有四种,分别是层合板的剪切破坏、劈裂破坏、拉伸破坏及挤压破坏(如图 8-2 所示,其中黑色箭头表示载荷方向)。

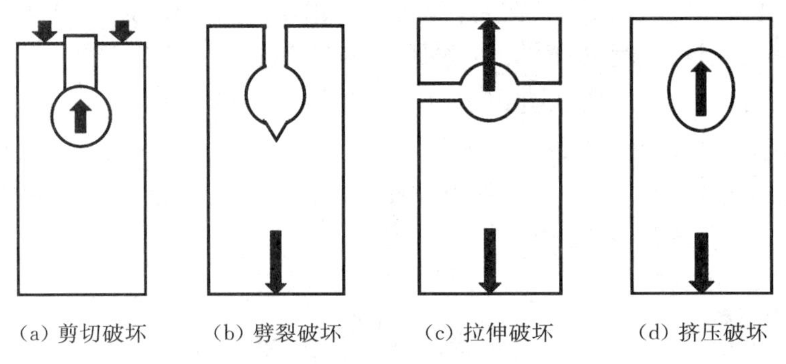

(a) 剪切破坏　(b) 劈裂破坏　(c) 拉伸破坏　(d) 挤压破坏

图 8-2　螺栓连接的失效形式

在上述四种破坏中,拉伸破坏会导致连接结构的突然破坏,其主要原因是螺栓连接件的宽度不够或垂直于载荷方向的纤维比例过大,使载荷方向的强度不够;挤压破坏是局部破坏,一般不会造成纤维复合材料连接结构的毁灭性破坏;剪切破坏和劈裂破坏是两种低强度破坏模式,其中剪切破坏是由于边距不够或载荷方向的纤维比例过大,因此垂直于载荷方向的强度不够,劈裂破坏则是由边距不够或 45°方向的纤维过少导致的。

组合破坏为两种或以上的单一型破坏模式同时发生的情况,比如拉伸-剪切(或劈裂)、挤压-拉伸、挤压-剪切和挤压-拉伸-剪切等。

(三) 螺栓连接形式

复合材料结构的螺栓连接形式,按有无起连接作用的搭接板可分为对接和搭接两类,按受力形式可分为单剪和双剪两类,按照螺栓连接结构的厚度可分为等厚度和变厚度两类,如图 8-3 所示。

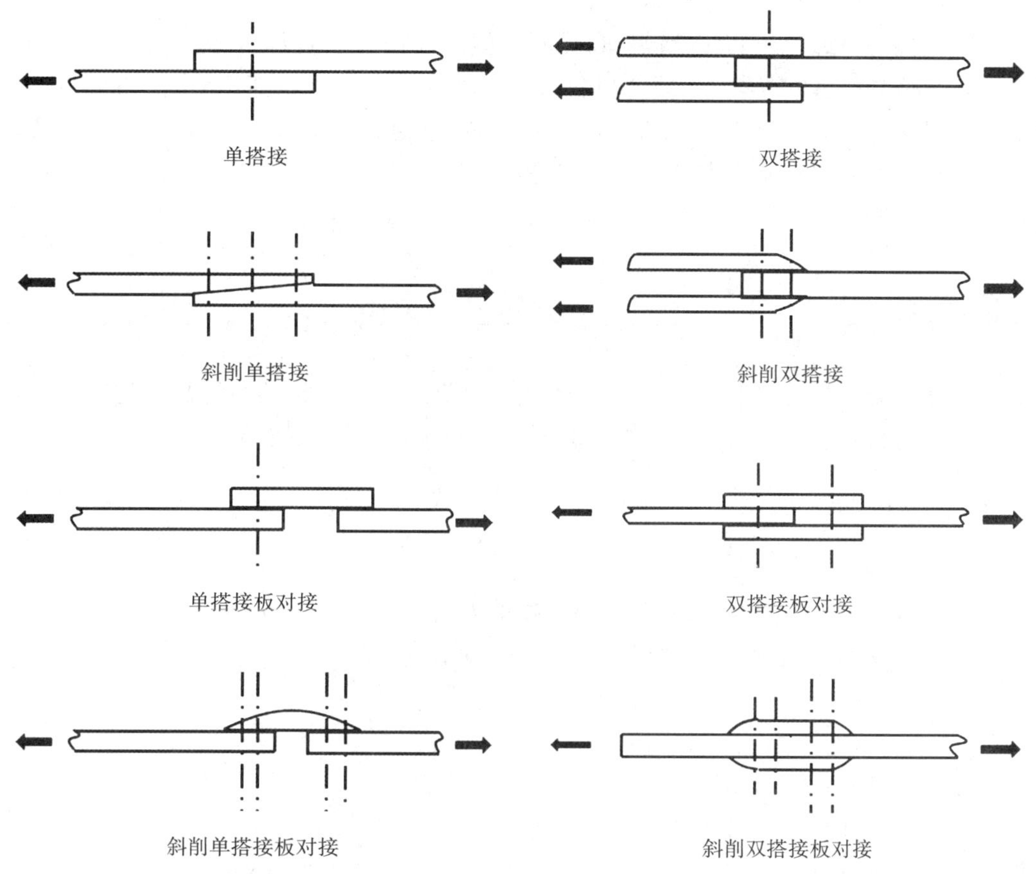

图 8-3　螺栓连接形式

选择螺栓连接形式时,应注意以下几点:

(1) 连接设计宜采用双剪连接形式。单剪形式的连接会产生附加弯曲,会降低接头的承载能力和连接效率,应尽量避免。

(2) 当采用不对称连接形式时(如单剪形式),应采用多排紧固件,同时尽可能地增大紧固件的排列间距,以降低因偏心加载而产生的弯曲应力。

(3) 纤维增强树脂基复合材料的塑性较差,采用多排紧固件连接时,会造成载荷分配的严重不匀。因此,多排紧固件连接尽量不多于两排紧固件。同时钉孔应尽可能采取平行排列,以提高连接强度。

(4) 设计合理的斜削连接有助于提高连接强度。设计不合理的斜削搭接连接的承载能力会比等厚度连接形式的承载能力更差,而设计斜削连接的关键是斜削搭接板的厚度和紧固件直径的选择。

（四）新型复合材料螺栓

虽然螺栓连接是复合材料常用的可靠连接方式之一，但传统的金属螺栓连接存在一定的弊端。一是金属与复合材料之间的热膨胀系数不同，这会降低金属螺栓与复合材料之间的接头性能；二是金属螺栓的密度大，不利于轻量化。为解决传统金属螺栓的不足，各国工作者开始研究新型复合材料螺栓。

新型复合材料螺栓主要包括碳/碳（C/C）复合材料螺栓、碳纤维增强碳化硅（C/SiC）复合材料螺栓、纤维增强树脂基复合材料（FRP）螺栓。尽管这些新型复合材料螺栓可以缓解金属螺栓连接复合材料的弊端，但复合材料螺栓的剪切性能较低，螺牙易被拉脱，导致其承受载荷的能力与防松能力明显低于金属螺栓。

二、胶接

胶接是复合材料普遍使用的一种连接方法。胶接是使用胶黏剂将复合材料连接，再经固化，使得材料达到一定强度的方法，是一种不可拆卸的连接技术。

（一）胶接的优缺点

1. 胶接的优点

（1）无钻孔引起的应力集中，基本层压板的强度不会下降。

（2）零件数目少，结构轻，连接效率高，可以降低制件的成本。

（3）抗疲劳、密封、减震及绝缘性能好。

（4）有组织裂纹扩展作用，破损安全性好。

（5）能获得光滑气动外形。

（6）不同材料连接时，无电偶腐蚀问题。

（7）没有磨蚀问题。

（8）刚性连接。

2. 胶接的缺点

（1）缺少可靠的无损检测方法，胶接质量控制比较困难，可靠性较差。

（2）胶接强度的分散性大，剥离强度较低，较难传递大载荷。

（3）胶接性能受湿、热、腐蚀介质等因素的影响较大，存在一定的老化问题。

（4）胶接前需做特殊的表面处理，工艺要求严格。

（5）胶接部件之间的配合公差要求严，需加温加压固化设备，修补较困难。

（6）胶接是永久连接，胶接后不可拆卸，材料回收再利用困难。

（7）难以胶接较厚的结构。

（8）可能有残余应力。

虽然从原则上看，与螺栓连接相比，胶接可以更好地降低应力集中，连接更有效，但是

在实际应用中，由于胶接质量难以检测和保证，所以胶接多应用于次要承力结构。

(二) 胶黏剂

结构胶黏剂不同于一般的胶黏剂，其具有耐高温、高强度、高耐久性等特点。目前，关于结构胶黏剂的分类，尚未有统一的定义及标准，常见的分类方法有如下几种：

(1) 按照功能分类：结构胶黏剂和非结构胶黏剂。

(2) 按照化学成分分类：热固性胶黏剂、塑性胶黏剂、弹性胶黏剂。

(3) 按照耐热性分类：通用型胶黏剂(≤80 ℃)、中温型胶黏剂(80～150 ℃)、高温型胶黏剂(≥150 ℃)。

(4) 按固化温度分类：室温固化型胶黏剂、中温固化型(120 ℃)胶黏剂、高温固化型(170 ℃)胶黏剂和低温固化型胶黏剂。

(5) 按应力-应变特性分类：韧性胶黏剂和脆性胶黏剂。

(6) 按供货状态分类：单组分胶黏剂、双组分胶黏剂和多组分胶黏剂。

(7) 按使用部位分类：板-板胶黏剂、板-芯胶黏剂、芯条胶黏剂和填充用胶黏剂等。

(8) 按物理形态分类：液状胶黏剂、膜状胶黏剂、糊状胶黏剂、粉状胶黏剂。

(9) 按胶黏剂主要成分分类：环氧树脂、聚酯树脂、酚醛树脂、有机硅树脂、聚酰亚胺树脂、聚酯树脂、双马来酰亚胺树脂、氰酸酯树脂、环氧酚醛树脂和聚苯并咪唑树脂，其优缺点如表 8-1 所示。

表 8-1　各类胶黏剂的优缺点

种类	优点	缺点
环氧树脂	工艺性能好，固化收缩性小，化学稳定性好，机械强度高	硬度一般，热强度低，耐磨性差
环氧酚醛树脂	耐热性好，强度高，超低温性能好	需热固化，呈多孔性，电性能不良
酚醛树脂	热强度高，耐酸性好，价格低，电学性能好，瞬间耐高温	需高温高压固化，造价高，有腐蚀性，收缩率较大
有机硅树脂	耐热，耐寒，耐辐射，电绝缘性好	强度低
聚酰亚胺树脂	耐热，耐水，耐火，耐腐蚀，长时间耐高温	需高温固化，造价高，有腐蚀性、多孔性
聚酯树脂	力学性能和电学性能好，价格低，耐沸水，耐热，耐酸，耐环境	仅用于次要承力构件
双马来酰亚胺树脂	耐热，电绝缘性良好，透波性强，耐辐射，阻燃性好，有良好的力学性能和尺寸稳定性	需高温高压固化，造价高
氰酸酯树脂	耐热性高，吸水率较低，电性能优异，透波率极高，透明度好	需高温高压固化，造价高
聚苯并咪唑	耐热性能优异，尤其是瞬间耐高温突出，耐酸碱介质，耐火焰且能自灭，有良好的力学性能和电绝缘性	固化温度高，制备工艺复杂，成本过高，黏结强度过低

选择胶黏剂时，可以从连接类型、连接功能、使用条件和生产工艺等几个方面考虑，主要因素如下：

(1) 环境要求，包括最高和最低温度、相对湿度以及气体或液体腐蚀、光照、辐射等条件。

(2) 所需胶黏剂种类，如膜状胶、糊状胶、液状胶、单组分、双组分等。

(3) 力学性能要求，如剪切、拉伸和剥离强度等。

(4) 耐久性要求，如疲劳、损伤、冲击、振动等。

(5) 最大允许成本。

(6) 胶层厚度或者间隙填充能力。

(7) 胶黏剂的固化速度和适用期。

(8) 是否需要经过有关部门的特殊认定。

(9) 可以接受的健康和安全标准。

(三) 胶接试样表面准备

复合材料的胶接可分为两类，一类是复合材料与复合材料之间的胶接，另一类是复合材料与金属件之间的胶接。不论是哪种胶接，在胶接前，都需要对被胶接材料表面进行处理，称之为表面准备。

被胶接件表面准备是胶接工艺的一个关键步骤，目的是获得良好的表面活性，以增加胶黏剂与复合材料的亲和力，从而提高胶接强度。表面准备的具体目的和功用如下：

(1) 彻底清除表面污物，完全排除或者防止弱层的形成。弱层包括金属基板的弱氧化、复合材料加工时残留的塑化剂和脱模剂以及其他表面污染物，比如灰尘、污垢、油脂和指纹等。

(2) 促进微观-力学连锁和表面的化学改性。形成有效的胶接，需要胶黏剂和被胶接件之间产生紧密的分子接触。正确的表面预处理能使分子接触达到最佳，这可通过被胶接件表面的化学改性实现。

(3) 增加胶接表面面积，形成具有特殊效果的表面形态，从而改变表面外形，使其变得粗糙。

(4) 涂底胶，以便保护被胶接件表面的完整性。通常需要在完成表面处理之后的数小时内涂底胶，底胶的表面能保护被胶接件长达几个月的时间。

通过表面准备，可以提高连接的力学性能，改进在恶劣环境下的连接耐久性，增加构件的服役寿命。一些难以胶接的材料，如聚烯烃、聚四氟乙烯等，经过表面准备后，可实现胶接。

表面准备的方法主要有如下五种：

(1) 机械打磨。机械打磨是指利用研磨材料除去材料表面的锈迹、污物、氧化皮等有害层，并生成粗糙的表面组织。机械打磨主要有砂纸打磨和喷砂打磨两种。需要注意的是，打磨后需要清洁表面，以确保表面没有残留的打磨材料。

(2) 溶剂脱脂。溶剂脱脂是指利用有机溶剂(如丙酮、甲苯等)、碱性溶液和蒸汽浴等方法去除表面残留的有机材料，如润滑油、蜡等。

(3) 化学处理。化学处理是指利用化学方法实现胶接件的表面制备,胶接试样的化学处理可分为两种:一种是利用活性的酸液或碱液,蚀刻或溶解试样表面,使其变得化学上活跃;另一种是利用电化学反应除去试样表面的残留污物,并在表面生成具有良好内聚强度的活化或钝化氧化层。

(4) 物理处理。物理处理是将胶接试件表面暴露于活性电荷或粒子中进行处理,比如电晕放电、等离子体、紫外线辐射等。

(5) 涂底胶。涂底胶是指在试件表面涂上一层底胶,以改变表面化学性质。

涂底胶的作用如下:

(1) 湿润胶接件,增加表面浸润性。

(2) 当胶黏剂不能黏合胶接试样时,帮助胶黏剂渗透于胶接件表面。

(3) 与胶黏剂共同形成黏着于胶接件表面的一层薄膜物质。

(4) 在胶接前(储藏时),保护用其他方法得到的试样表面。

(5) 增加连接强度和耐环境性。

高性能复合材料可分为两类,一类是含有可除去的由锦纶或涤纶织物制成的剥离层,另一类是不含剥离层。对于含有剥离层的复合材料,除去剥离层后,此类材料可直接用于胶接。对于不含剥离层的复合材料,需先对其表面进行机械打磨,然后利用丁酮或丙酮清洁表面并脱脂。

(四) 胶接设计

从强度观点考虑,胶接时应尽可能地使接头强度高于或不低于连接件,所以接头设计时应遵循以下基本原则:

(1) 选择合理的连接形式,尽量使胶层在最大强度方向受到剪切力,尽量避免胶层受到法向力,以防止发生剥离破坏。

(2) 尽量增加胶接面积,增大受载能力。

(3) 尽量减小应力集中。

(4) 在高温工作时,所选胶黏剂和连接件的热膨胀系数应相近。

(5) 尽量避免层合板连接端发生层间剥离破坏。

胶接方法一般分为共固化、共胶接和二次胶接三种。

(1) 共固化是指将两个或两个以上具有连接关系的零件经过一次固化成型而制成一个整体制件的工艺。在共固化的一个固化周期中,固化成型和胶接成整体制件是同时完成的。

(2) 共胶接又称为二步共固化,是指把一个(或多个)已经固化成型而另外一个(或多个)尚未完全固化的零件通过胶黏剂(一般为胶膜)在一次固化中固化并胶接成一个整体制件的工艺。

(3) 二次胶接是指将已固化的两个或多个复合材料零件通过胶黏剂再次进行固化,使它们连接成一个整体制件的工艺。

胶接形式可分为面内连接和面外连接两大类。

面内连接是指平面形搭接,以承受面内拉伸载荷为主,胶层承受剪切力。其基本形式包括四种(图 8-4):(a)单搭接和双搭接;(b)单搭接板和双搭接板对接;(c)单阶梯形和双阶梯形搭接;(d)单斜面和双斜面搭接。

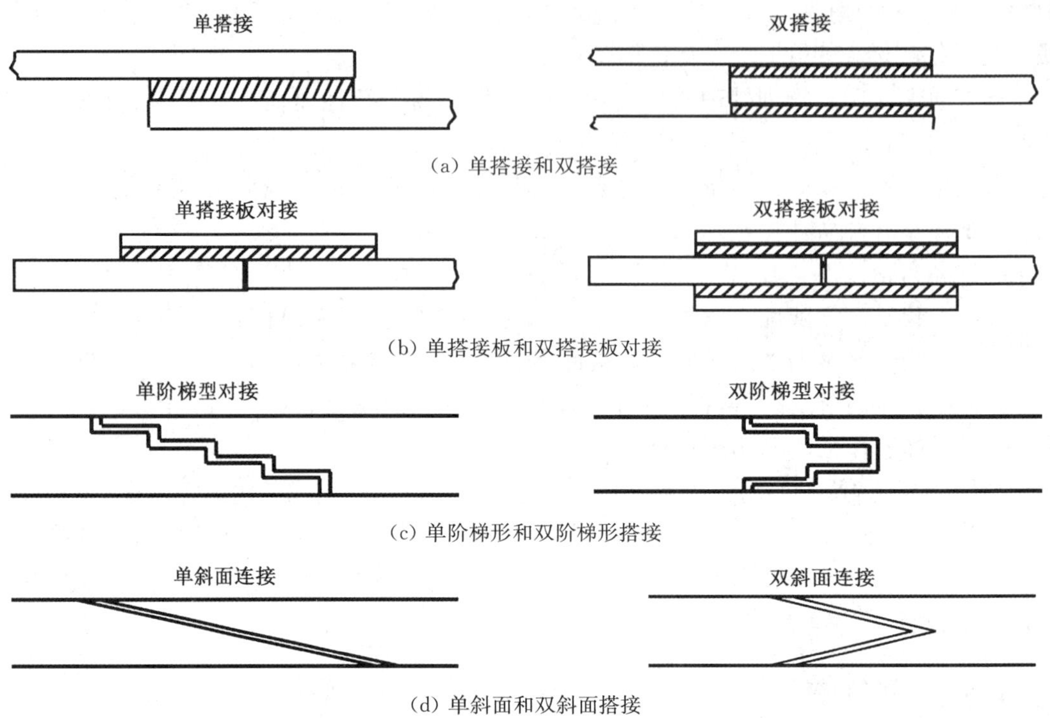

(a) 单搭接和双搭接

(b) 单搭接板和双搭接板对接

(c) 单阶梯形和双阶梯形搭接

(d) 单斜面和双斜面搭接

图 8-4　面内连接形式

面外连接用于正交形式的构件,主要承受面外拉伸载荷,通常称为拉脱载荷。其典型形式包括三种(图 8-5):(a)Pi 形连接;(b)T 形连接;(c)L 形连接。

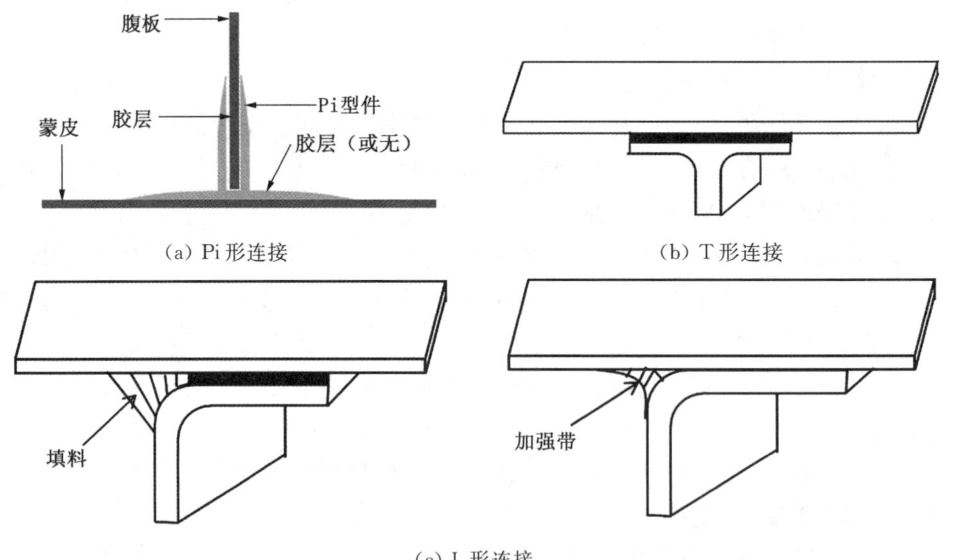

(a) Pi 形连接

(b) T 形连接

(c) L 形连接

图 8-5　面外连接形式

三、超声波连接技术

复合材料超声波连接是利用超声波焊技术，通过超声波频率(超过 16 kHz)的机械振动能量，将两个或两个以上的连接件连接在一起的方法。

使用超声波焊接复合材料连接件时，需要将两个或多个连接件夹在压电换能器和夹具之间。焊接时，压电换能器会将其接收的焊接系统输出的电信号转换成相同频率的机械振动，再由机械振动激发焊接界面上的分子间摩擦。分子间摩擦会产生大量的热能，使得焊接界面温度急剧上升，界面处的材料受到加热作用并最终形成液体(界面温度高于晶体熔点或非晶态聚合物的玻璃化转变温度)，熔化的材料在焊头振动与挤压作用下横向流动到未熔化的区域形成焊核。当这种区域面积足够大时，焊头停止振动，熔化的界面材料在固化压力下冷却，从而获得有效连接(图 8-6)。

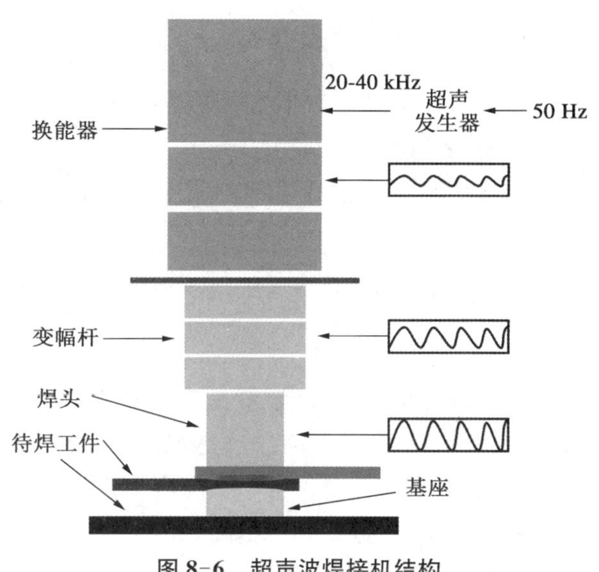

图 8-6　超声波焊接机结构

(一) 超声波焊接的种类

超声波焊接具有许多优点，其操作简单，易于控制，可实现自动化批量生产，加工效率高，无有害气体产生，绿色环保；接头表面无需预加工处理，接头强度接近母材强度；接头部分的变形程度小，不会影响产品外观；对材料的要求少，可实现异质塑料之间的连接。

按照超声波弹性振动能量传入加工件的方法不同，超声波焊接可分为两种类型。

(1) 振动能量由切向传递到工件表面，从而使焊接界面产生相对摩擦。这种方法适用于金属材料焊接。

(2) 振动能量从垂直于焊接表面方向传递到焊接区。这种方法适用于塑料焊接。

超声波焊接的接头一般是搭接接头。按照接头形式的不同，超声波焊接可分为点焊、缝焊、环焊和线焊等形式。

(1) 点焊。根据能量传递方式，点焊可分为单侧式和双侧式。单侧式点焊中，振动能量只通过上声极导入；双侧式点焊中，振动能量分别从上、下声极导入。按照振动能量传递方式，点焊有纵向振动式、弯曲振动式及轻型弯曲振动等几种，其中纵向振动系统主要用于小功率焊机，弯曲振动系统主要用于大功率焊机，轻型弯曲振动主要用于中小型焊机。

(2) 环焊。环焊采用扭转系统,可以一次形成封闭性焊缝。环焊的一次焊接面积较大,需要较大的功率,所以常采用多个换能器的反向同步驱动方式。

(3) 缝焊。超声波通过做旋转运动的圆盘状声极传输给工件,从而获得一条密封的连续焊缝。

(4) 线焊。线焊可以被看成点焊的延伸,它是利用线状声极或多个点状声极叠合在一起,在一个焊接循环内形成一条直线焊缝的焊接方法。

(二) 超声波焊接参数

超声波焊接参数主要包括焊接功率、振动频率、振幅、静压力及焊接时间等。

1. 焊接功率

焊接功率 P 取决于工件的厚度 δ (mm)和硬度 H (HV),可按下式计算:

$$P = k\delta^{3/2} H^{3/2} \tag{8-1}$$

式中:k 为系数。

2. 振动频率

超声波焊接时,振动频率 f 应根据工件的物理性能及厚度进行选择。焊接薄件时一般选用比较高的振动频率。这是因为在维持声功率不变的情况下,提高振动频率可以相应降低振幅,可避免薄件由于交变应力而产生焊点疲劳破坏的现象。

通常情况下,振动频率越高,焊接功率越小。这是因为随着振动频率的提高,高频振荡能量在传输路径上的损耗会增大。因此,大功率超声波焊机宜选用较低的振动频率,一般在 16～20 kHz,小功率超声波焊机多采用 25～80 kHz 的振动频率。

3. 振幅

声学系统输出的振幅 A 是超声波焊接时的重要参数。在实际应用中,由于超声波焊接时振动功率的测量有困难,因此常用振幅间接表示焊接功率。

焊接功率与振幅的关系可用下式表示:

$$P = \mu SFV = 4SFAf \tag{8-2}$$

式中:S 为焊点面积(m^2);V 为相对速度(m/s);A 为振幅(m);μ 为摩擦系数;f 为振动频率(Hz)。

在超声波焊接中,选用的振幅一般在 5～25 μm。

4. 静压力

静压力 F_W 用来直接向工件传递超声波能量,是直接影响功率输出及工件变形的重要因素。静压力的选择取决于材料的厚度、硬度、接头形式及超声波功率。

静压力过低时,大部分能量损耗在上声极与工件之间的表面摩擦上,导致超声波振动能量不能有效地传递到工件,不足以在两个工件的切合面产生摩擦热,因此不可能形成焊接。适当增加静压力,超声波振动能量的传递条件得到改善,焊接区温度升高,使得材料的流动性增加,塑性变形的面积及焊点尺寸也随之增加,从而使剪切力上升。当静压力增

加到一定值后，再增加静压力，反而会降低焊点的剪切力。

5. 焊接时间 t_W

超声波焊接时间是指功率输入工件的时间。焊接时间太短时，接头强度不足，甚至未焊合；焊接时间太长时，接头容易产生疲劳损伤。焊接时间由材料的性质、厚度以及其他工艺参数确定，高功率短时间焊接的质量优于低功率长时间焊接。当静压力、振幅增加及材料厚度较小时，超声波焊接时间可取较小的值。

四、共固化缝合连接

传统的复合材料层合板制件的层与层之间存在纯基体，没有纤维通过，属于层状结构，所以存在层间强度低、层间断裂韧性差和冲击损伤容限低等缺点。缝合可使得层合板在厚度方向有少量增强，属于准层状结构。缝合织物增强复合材料以其优良的层间性能和冲击损伤容限而备受各国航空航天界的关注，发达国家已将缝合复合材料应用于飞机制造。

缝合连接有两种情况：一种情况是沿着厚度方向，对层合板进行缝合；另外一种情况是利用缝线将两个或多个零件缝合在一起，然后进行固化。除非缝线强度很高，否则实际上起主要连接作用的是树脂的黏合，而不是缝线。缝线只是起辅助连接作用。

（一）缝合连接的特点

缝合连接是指采用缝线使二维织物构成准三维立体织物或把分离的数块织物连接成一个整体结构的技术。缝合连接是三维纺织结构技术中应用较多和较为成熟的一种技术，其适合在液态树脂浸入之前的干态纤维预成型结构件的增强，并且一般都与 RTM、RFI、VARI 等工艺一起使用。

缝合连接具有如下特点：

(1) 缝线具有抑制分层和损伤扩展的功能。

(2) 可采用 RTM、RFI 等低成本制造工艺浸润树脂和固化。

(3) 工艺简单，可采用工业缝纫机完成缝合，生产效率高，同时成本降低。

(4) 缝合连接可用于制备大型或异形零件。对于三维编织工艺很难一次性加工出来的大型或复杂或异形件，可采用先分段编织后缝合的工艺，得到完整结构的预成型件。

(5) 经过缝合连接的层合板本质上仍属于层合板，其厚度方向的少量纤维并不改变层合板每层的取向及层数，因此无需对制造二维织物的传统材料体系和工艺进行大范围的改动。

(6) 利用缝线将破坏的零件碎片缝合在一起，可避免后续更危险的灾难性破坏。

缝合连接也存在一些缺点：

(1) 需要专门的缝纫设备，投资大，制造成本增加。

(2) 大多数缝纫机不能缝合大的、厚的以及形状复杂的曲面预成型件。

(3) 缝合会导致面内纤维损伤，降低面内力学性能，并且缝合会导致二维织物中纤维

出现错位，使得复合材料因为出现不连续点而产生局部应力集中。

(4) 缝合会影响原来的纤维排列，使复合材料局部形成树脂块，与类似的二维复合材料相比，面内纤维体积含量降低。

(5) 对缝线材料的要求严格，材料品种有限。

(6) 缝合参数(缝合密度、缝线材料和密度等)对连接强度的影响尚未完全弄清楚。

(7) 尚未建立一个满意的确定强度和疲劳性能的计算方法。

(二) 缝合方式

这里主要介绍双边缝合和单边缝合两种方式。

双边缝合时，两条缝线可分为上表面线和底层线。缝合时，两条缝线相交形成结点，不易拆散。常见的双边缝合方式为锁式缝合、改进锁式缝合、链式缝合(图 8-7)。采用锁式缝合时，结点会在被缝合件中间产生，造成应力集中，影响材料性能。改进锁式缝合是让结点在被缝合件表面产生，可提高复合材料部件的层间强力和损伤容限。链式缝合的工艺技术类似于针织，操作复杂，缝线多次缠绕，目前应用较少。

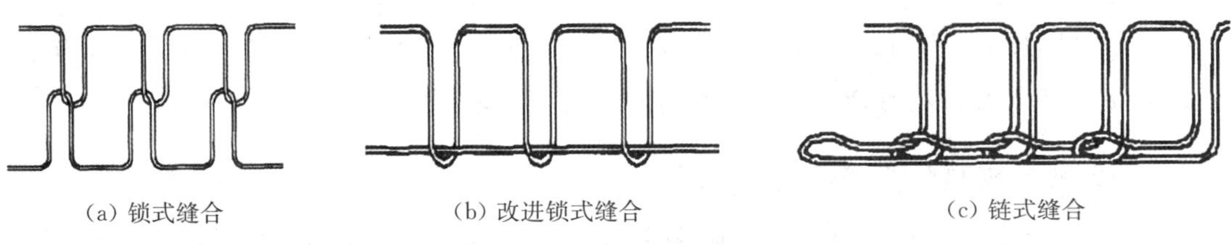

图 8-7　三种双边缝合方式

单边缝合方式包括弯针缝合、OSS 缝合和 Tufting 缝合。弯针缝合的特点是缝合过程中弯针只在被缝合件内部进行操作，无需多余的操作空间，适用于缝合曲率变化较大且厚度较小的大型预制件(图 8-8)。OSS 缝合是一种基于双针单线的缝合方式：引针带着一根缝线运动，钩针将其勾住并拉出，此缝线与表面线圈相交，在被缝合件表面形成结点，

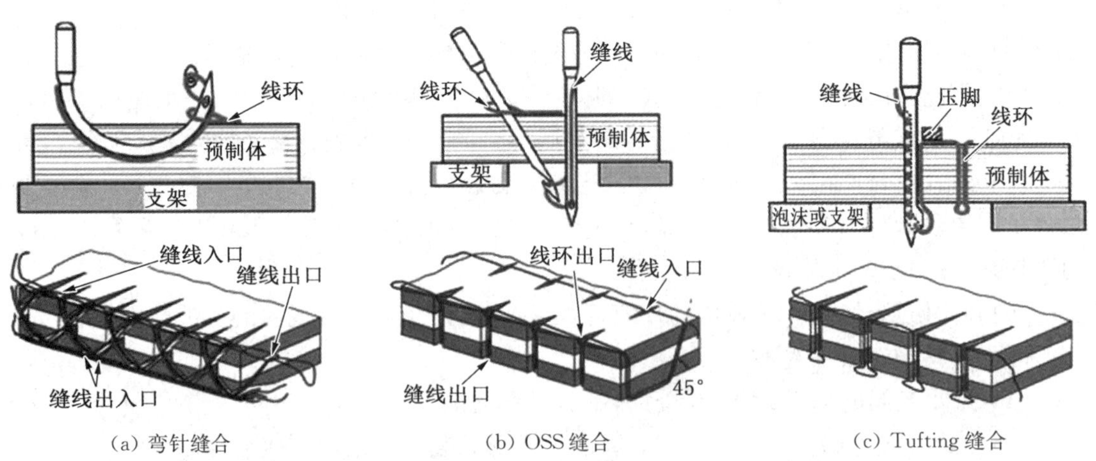

图 8-8　三种单边缝合方式

被缝合件内无结点，不易产生应力集中。OSS 缝合采用双针，可以调节引针的有效长度，因而缝合厚度的范围较大。Tufting 缝合是一种单针单线缝合方式，灵活性高，可应用于多种不同的预制件模具。Tufting 缝合是无底线缝合，缝线在纤维摩擦力的作用下留在预制体中，因此缝合时缝线上几乎不存在张力，适用于厚度较大的待缝合件。

(三) 缝合工艺参数

缝合工艺参数主要指缝线的种类、直径以及缝合密度。

选择缝线时，应充分考虑缝线的耐磨性及延伸性，常用的缝线种类有碳纤维缝线、芳纶缝线、玻璃纤维缝线和涤纶缝线等，其中芳纶缝线的韧性、耐磨性、强度较好，使用量最高。

对于缝线直径，缝合密度一定时，当缝线直径不超过 1 000 D 时，被缝合件的拉伸极限随缝线直径增加而增加；当缝线直径超过 1 000 D 时，缝线对被缝合件拉伸承载能力的影响开始减小。此外，缝线直径越大，复合材料的层间性能和抗冲击性能提高越明显，但复合材料内部纤维的弯曲损伤会增加，这会降低复合材料的拉伸及压缩强度。

缝合密度是指单位面积内缝合的针数。缝合密度高，可以提高复合材料的抗分层性能，但同时会增加复合材料内部纤维的损伤程度。缝合密度是缝合织物增强复合材料的拉伸模量和剪切模量的主要影响因素，且随着缝合密度增大，复合材料的拉伸/压缩弹性模量、剪切弹性模量降低。

(四) 缝合对复合材料力学性能的影响

虽然缝合可以使复合材料在厚度方向成为一个整体，提高复合材料的抗分层能力。但缝合时，针在厚度方向的来回移动会使材料内部的纤维产生屈曲损伤，造成树脂堆积，引起较明显的局部应力集中，导致面内力学性能有所降低。

有大量研究表明，缝合在针脚处造成的纤维弯曲、纤维断裂会降低材料的拉伸强度。另外，多名学者发现，与未缝合的复合材料相比，缝合后的复合材料制件的弯曲性能严重下降，且不论采用何种缝合方式，其弯曲性能均会下降。此外，缝合对复合材料压缩强度的影响，并不是简单降低或增加，而是有增有减。

参考文献

[1] B. B. 沃格别依，O. C. 西洛特金. 复合材料连接技术[M]. 北京：国防工业出版社，1991.

[2] 高航，刘学术，杨宇星. 碳纤维复合材料构件装配过程力学行为及顺应性连接原理[M]. 北京：科学出版社，2022.

[3] 程晖，樊新田，徐冠华，等. 航空复合材料结构精密干涉连接技术综述[J]. 航空学报，2021，42(10).

[4] 孙涛，周金宇. 碳纤维复合材料螺栓连接性能综述[J]. 现代制造工程，2018(9)：154－160.

[5] 谢鸣九. 复合材料连接技术[M]. 上海：上海交通大学出版社，2016.

[6] 张中原. 复合材料螺栓连接热适配技术研究[D]. 北京：中国运载火箭技术研究院，2019.

[7] 谭志勇，费庆国，吴宏伟，等. 复合材料与高温合金螺栓连接的热适配技术[J]. 东南大学学报(自然

科学版),2017,47(2):337-342.

[8] 冯吉才.异种材料连接研究进展[J].航空学报,2022,43(2).

[9] 李志勇.特种连接方法及工艺[M].北京:北京大学出版社,2012.

[10] Song C Y, Fan W, Liu T, et al. A review on three-dimensional stitched composites and their research perspectives[J]. Composites Part A: Applied Science and Manufacturing, 2022, 153.

[11] Chen C, Legrand X, Hong Y, et al. Investigation and prediction of laminate quality and interlaminar mechanical performance of the tufted sandwich composites with different core structures[J]. Composite Structures, 2023, 306.

[12] 杨龙英.不同缝合方式对缝合复合材料力学性能的影响研究[J].玻璃钢/复合材料,2018(6):99-103.

[13] 党艺旋,刘希艳,刘昱君.复合材料缝合技术的研究进展[J].纺织科技进展,2021(11):1-4.

[14] 田会方,刘丽君,陈培.复合材料单面双线缝合装置的设计[J].玻璃钢/复合材料,2018(2):83-86.

[15] 刘苏骅,李崇俊,嵇阿琳.Tufting缝合复合材料预制体的成型与研究进展[J].航空制造技术,2017(14):88-92+96.

[16] 封桥桥,文立伟,肖军,等.复合材料预制体单边弯针缝合装备技术研究[J].玻璃钢/复合材料,2019(11):86-94.

[17] 宦华松,文立伟,肖军,等.缝合复合材料T型加筋壁板拉伸性能研究[J].复合材料科学与工程,2020(3):90-97.

[18] 乔志炜,张方超,胡方田.缝合密度对复合材料性能影响研究[J].宇航材料工艺,2019,49(3):21-24.

[19] Teng X, Shi D, Jing X, et al. Experimental, analytical and numerical investigation on tensile behavior of twisted fiber yarns[J]. Chinese Journal of Aeronautics, 2021, 34(5): 278-288.

[20] 杨龙英,龚家谦,黄当明.缝合参数对缝合复合材料力学性能的影响研究[J].复合材料科学与工程,2020(1):52-59.

第九章 纤维复合材料的修复与回收

一、纤维复合材料的修复

复合材料在生产中的固化工艺环节容易受到模具结构、成型环境、物料性能、辅助设备等多种因素的影响，故而会产生分层、脱胶、压陷、空隙、翘曲、夹杂等缺陷；复合材料在飞机制造及使用过程中，也会发生分层、裂纹、脱胶、表面划伤、孔边磨损、冲击破坏等损伤。因此，复合材料出现缺陷和损伤在其实际生产和使用中是不可避免的，然而生产中一旦有不达标的缺陷或损伤制件，特别是制件较大或价格较昂贵时，直接将这些制件进行报废的做法是非常不经济的，应当在其能够满足生产和成本需求的范围内对其进行修复；另一方面，在复合材料制件的使用时间未达到报废年限时，若能对其受到损伤的部位进行及时修理，以恢复部件使用的功能性及安全性，也可以延长复合材料的使用寿命。

一般来说，复合材料的修复需要在有限的设备条件和最短时间内使结构恢复完整性，保证复合材料部件能够继续使用，即优质、高效、低成本。这对复合材料的修复技术提出了以下要求：

（1）结构强度恢复至大于规定的数值。

（2）结构刚度（包括变形、载荷分布以及传力路线等）满足使用规定。

（3）结构耐久性在规定的寿命期内满足抗疲劳、耐腐蚀、抗热老化、抗冲击等性能的规定。

（4）结构功能性保证复合材料结构密封、隐身及电性能。

（5）外形要求具备一定的美观度，例如表面平整等。

（6）重量不影响部件的动态响应并且尽可能小。

（7）用时少，经济性好。

（8）成本低。

在制定修复方案之前，还应根据复合材料的损伤评估确定损伤的类型及范围，以飞机复合材料结构为例，整个修复流程大致为发现损伤、损伤检测、损伤评估、判定可修性、确定修复方法、结构修复、修复检测、继续服役。

如表 9-1 所示，根据复合材料不同的损伤类型以及损伤部位的结构特点，应采用不同的修复方法。

表 9-1　常用复合材料修复方法及特点对比

<table>
<tr><th colspan="3">修复方法</th><th>适用范围</th><th>优点</th><th>缺点</th><th>主要材料</th></tr>
<tr><td rowspan="2">纤维断裂处的积层修复</td><td colspan="2">注胶修复</td><td>孔隙、小的分层、小的脱胶等</td><td rowspan="2">迅速恢复表面平整</td><td rowspan="2">修复非永久性，损伤可能发生扩展</td><td rowspan="2">黏结剂</td></tr>
<tr><td colspan="2">填胶修复</td><td>小的凹陷、蜂窝蒙皮的损伤等</td></tr>
<tr><td rowspan="6">局部增强修复</td><td colspan="2">机械连接修复</td><td>传递较大载荷的结构、损伤严重的结构、较厚的结构</td><td>恢复较大损伤的传力路径，抗剥离性好，受环境条件的影响小，允许拆卸再装配</td><td>结构增重大，开孔会形成应力集中</td><td>复合材料补片/金属补片、螺栓、铆钉</td></tr>
<tr><td rowspan="5">胶接修复</td><td>胶接贴补修复</td><td>适用于暂时性修理的情况包括：损伤不严重；损伤结构为平面或曲率较小的薄板，且承载较小</td><td>结构增重少，可设计性强，能提高损伤区的刚度等</td><td>对胶层的要求高，胶接固化时会产生残余应力</td><td>预浸料/预固化补片、胶黏剂</td></tr>
<tr><td>胶接挖补修复</td><td>结构修理</td><td>气动性能好，可以较大限度地恢复结构强度，效率高</td><td>操作复杂，需要较好的技术和设备</td><td>预浸料/预固化补片、胶黏剂</td></tr>
<tr><td>微波修复</td><td>外场结构</td><td>迅速有效，选择性加热，穿透性强</td><td>修复工艺尚未成熟</td><td>微波吸收剂</td></tr>
<tr><td>电子束固化修复</td><td>外场结构</td><td>常温固化速度快，工艺简便，环境污染小，固化应力对周围区域的影响小</td><td>材料层间剪切强度低，耐湿热性能差</td><td>复合材料补片</td></tr>
<tr><td>光固化修复</td><td>复杂结构、需快速修复的结构，尤其适用于航空设备战伤抢修</td><td>设备体积小、质量轻，通用性好，适用于狭窄空间，增重少</td><td>不能实现永久修复</td><td>黏结剂、光固化补片</td></tr>
</table>

(一) 纤维断裂各处的积层修复

纤维断裂各处的积层修复是指对复合材料中由纤维断裂造成的表面划痕、凹坑、局部蜂窝芯损伤、层合板结构和夹芯构中小面积内部分层或脱胶损伤进行修复。

1. 注胶修复

注胶修复适合用于修复层合板结构和夹芯结构中的小面积内部分层和层板中的气泡、脱胶等损伤。如图 9-1 所示，先对复合材料进行表面处理和钻孔，然后将流动性和渗透性好的低黏度树脂注入损伤区，再采用常温固化或加热固化，以修复复合材料中的损

伤。值得注意的是，为成功注入树脂，需要在复合材料损伤边缘加工出注射通道以及出胶通道，通道必须连通到损伤层，同时不能太深，以防止对材料中原来没有损伤的部位造成损伤。

2. 填胶修复

图 9-2 所示为填胶修复。将树脂或其他填料填充或灌注到复合材料损伤部位，使复合材料恢复完整性。填充物多为短切纤维-树脂混合物。填胶修复一般用于修复小范围的复合材料表面损伤以及蜂窝夹层结构中的损伤。

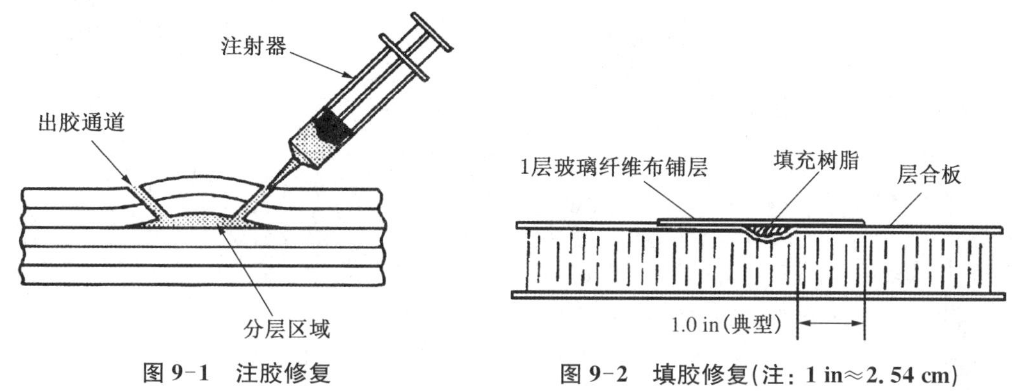

图 9-1　注胶修复

图 9-2　填胶修复(注：1 in≈2.54 cm)

(二) 局部增强式修复

局部增强式修复是对复合材料的损伤区域进行检测、打磨、测量，然后用补片对损伤区域进行局部加强的一种修复方式。复合材料的局部增强式修复一般分为机械连接修复和胶接修复。

1. 机械连接修复

如图 9-3 所示，机械连接修复是在损伤结构的外部使用补片，可以是金属板，也可以是复合材料层合板，通过螺栓连接、铆钉连接等方式，将补片与母体结构进行机械连接，使损伤结构中破坏载荷的传递路径得以恢复，适合外场紧急修复。但是采用铝合金等金属补片时，应注意电化学腐蚀问题。

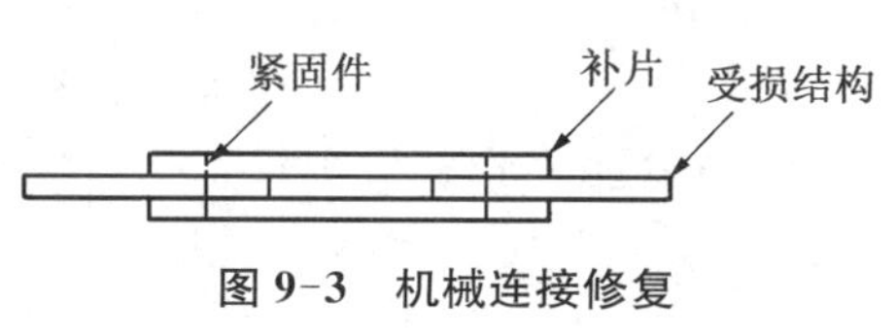

图 9-3　机械连接修复

由于复合材料具有各向异性，在螺栓孔或铆钉孔周边会产生应力集中，这会导致复合材料的性能受损。

2. 胶接修复

与机械连接修复相比，胶接修复不会产生孔，故而不会发生应力集中，因此更可靠。胶接修复的主要缺点是其操作过程需要严格控制，补片材料多为与母体相同的复合材料层合板，因此需要先进的工艺，而且胶接修复的连接方法设计复杂，有单搭接、双搭接、斜接、阶梯型搭接等。对于机械连接修复，技术人员通常不需要经过培训或具备相关经验，而对于胶接修复，培训和经验是必要的。因此，一般不建议在下述情况下进行胶接修复：

(1) 操作环境不能保证严格的清洁和处理步骤。

(2) 受损伤的结构不能承受胶接修复需要的高固化温度。

(3) 修复承受载荷很大的结构。

(4) 维修环境的相对湿度偏大，可能会影响胶黏剂的性能。

胶接修复除了如图 9-4 所示的贴补法和挖补法，还有微波修复、电子束固化修复、光固化修复等。

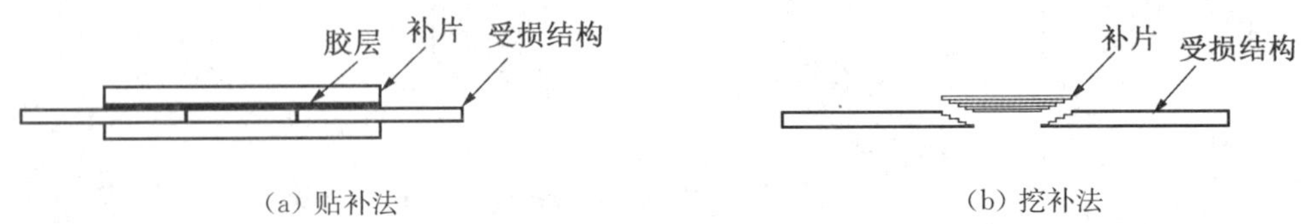

图 9-4 胶接修复

胶接贴补修复的一种方式是在损伤区域粘贴胶膜和补片，补片可以是预先固化好的复合材料层合板，也可以是金属板。该方法的优点在于施工简单，缺点在于对曲率较大的结构难以实施。胶接贴补修复的另一种方式是在损伤区域粘贴胶膜和一定层数的取向预浸料，通过胶膜和预浸料的同时固化，使结构恢复使用功能，修复过程中，可以根据具体情况保留损伤部位，或者将损伤部位切除再进行填充。此方法适用于厚度不大的层合板的修复。

胶接挖补法即采用嵌入式补片进行修复的方法，先挖去损伤部位的部分母体材料形成斜坡或台阶，再对复合材料进行干燥处理，然后与补片胶接，将复合材料修补完整。对受到冲击损伤的复合材料层合板和蜂窝结构进行胶接挖补修复是非常有效的，可以最大限度地恢复结构的强度。复合材料蜂窝结构在受到环境、疲劳等引起的损伤时，易发生面板穿孔和面芯脱胶等破坏情况，导致结构“工字梁”式承载能力急剧降低。对应不同损伤的蜂窝结构，需采用不同的方式进行挖补修复。例如，对于单侧损伤要进行单面挖补修复，对于穿透损伤要进行双面挖补修复(图 9-5)。

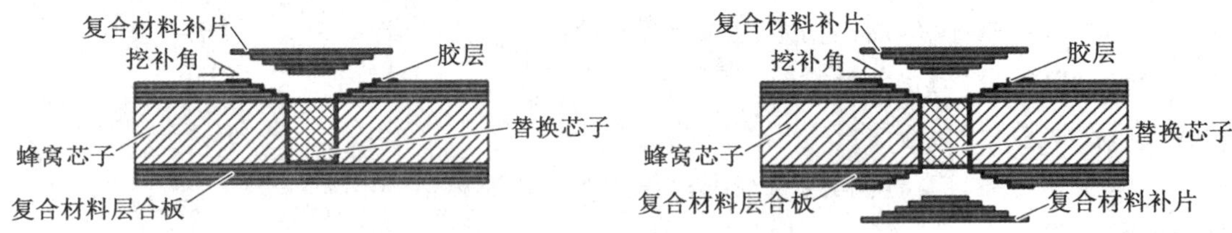

图 9-5 单面挖补修复和双面挖补修复

微波修复(图 9-6)利用微波独特的致热性，在修复区注入微波吸收剂，以提高修复区材料的导电磁率，同时使用特殊设计的微波施加器对粘贴于装备及零部件损伤部位的复合材料发射微波，使这些材料在数十秒内快速固化，从而将损伤或缺陷修复。

复合材料常使用含极性基团的树脂、黏结剂等物质，它们在微波施加器发射的 915×

10^6 Hz 或 2 450×10^6 Hz 的高频率微波作用下，因极性基团发生急剧运动而迅速升温。这一现象形成微波修复的物理学基础。微波修复在复合材料及其结构的外场与快速修复方面有突出优势。

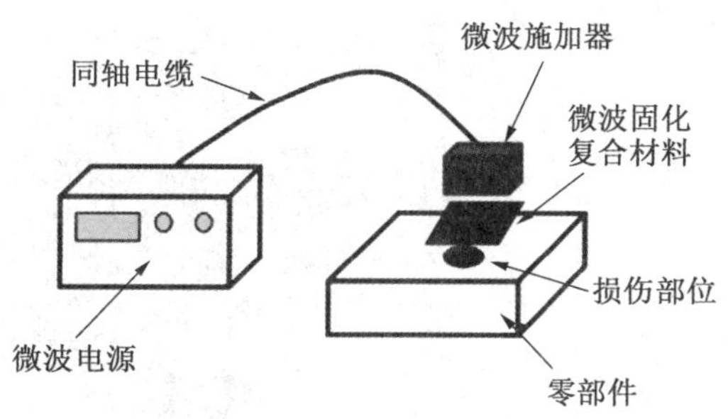

图 9-6 微波修复零部件损伤

微波修复的主要特点如下：

(1) 选择性加热。置于微波场内的材料能否吸收微波能或者吸收多少微波能，取决于材料本身的导电磁率。微波修复可以在对复合材料进行修复时将需要固化的树脂迅速加热而不影响其他部位，同时可以通过注入微波吸收剂提高修复区的导电磁率，从而获得更高的能量吸收效率和优良的修复质量。

(2) 场强高温与高频高温。介质吸收的微波能随微波功率源的电场强度和微波辐射频率的变化而迅速变化，这就是微波致热的“场强高温”与“高频高温”的特性。这一特性有利于实现修复区的快速加热。

电子束固化修复的机理是采用高能量电子束撞击目标分子，使目标分子产生一系列活泼粒了，激发活泼粒子释放能量，形成化学键，达到固化的目的。该方法可以在室温或接近室温及外部压力的条件下固化，电子束作用范围可以限制，这意味着可以在很大程度上减少对其他部位的影响。

光固化修复利用胶黏剂的光敏性，用紫外光照射修复部位进行固化，使补片与损伤部位连接，对损伤部位进行快速修复。光固化修复需要的操作空间小，适用于空间狭窄的内部损伤修复。

(三) 复合材料修复在车辆工程中的应用实例

目前，在汽车上使用的复合材料部件都是可以修复的，而且完全能达到受损前的状态。之所以会得出这样的结论，是因为在过去中，修复汽车复合材料所用的黏合剂等产品已得到极大的改进，维修的工艺技术也日臻成熟。从某种意义上讲，汽车复合材料的维修工序要比钢板材料更加简便和易于操作。

1. 汽车复合材料部件的双侧维修方法

在维修前，先在 SMC 部件正面的裂缝处劈出 V 型凹口，然后清理、打磨，并用溶剂清洗所有要维修的区域。当正面一侧准备好后，将 SMC 专用维修黏合剂充分地涂抹凹口。黏合剂涂好后，用刮板延展器抹平黏合剂修复部位，使其光滑、平整，待固化后再进行后处理。在需要维修部位的后部，使用维修复合材料的专用玻纤网状织物，其大小和形状应和需维修部位大致相同。在玻纤网状织物上涂抹黏合剂后，将其粘贴到需要维修部位的后部，将二者黏结在一起，直到黏合剂完全固化(图 9-7)。

2. 汽车复合材料部件的单侧维修方法

当受损的 SMC 制件呈 V 型时，先对其进行清理，在使用溶剂清洗待维修区域后，将专用的 SMC 维修黏结剂涂抹在待维修区域。当专用的 SMC 维修黏结剂被均匀地填充到

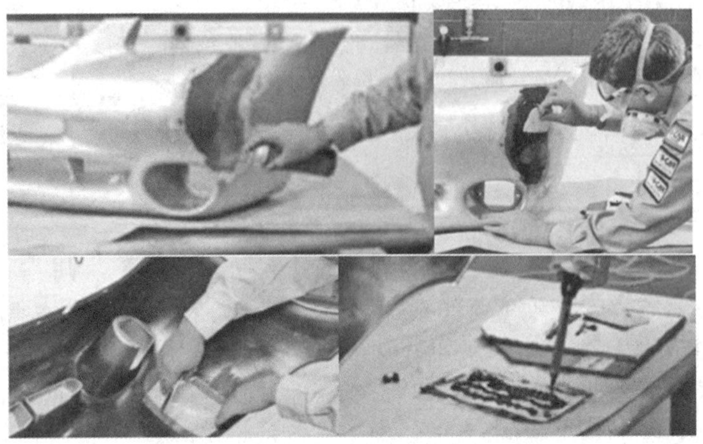

图 9-7 双侧维修

需要维修的部位上后，等待黏结剂固化，然后再用打磨机慢速地对黏结剂进行打磨。如果黏结剂涂抹有缺陷，可将修复用的填料涂抹在已固化的黏结剂上面，再进行后整理(图 9-8)。

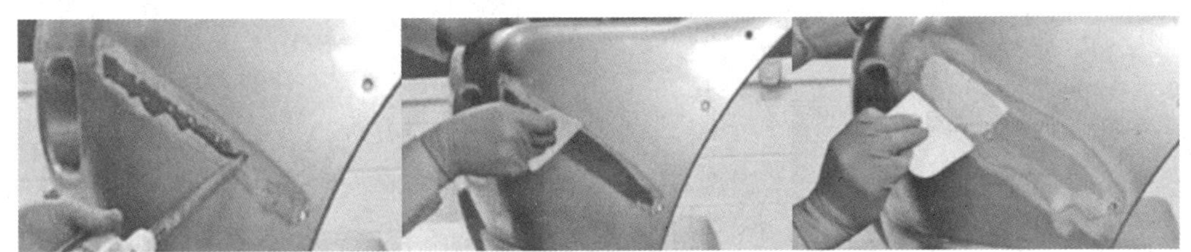

图 9-8 单侧维修

3. 碳纤维增强复合材料汽车覆盖件的激光修复技术

机器人激光焊接工艺的应用为大型 3-D CFRP 曲面制件的表面修复提供了精确切割的可能。激光切割具有自动化和非接触式的优点，特别适用于薄壁和易碎部件。在检测控制方面，利用激光扫描仪可生成处理表面的三维轮廓，从而测量烧蚀深度。光学断层扫描以及纤维层取向的光学检测也适用于火焰清理过程的自动检测。因此，可将这两种方法都集成到 CFRP 激光加工过程中。在汽车行业，在修复 CFRP 零件时，应优先采用原始材料，并结合材料结构特性进行修复，以达到制件的初始机械强度，并恢复初始表面结构。CFRP 制件一般是预浸料，通过高压釜制造而成，但是高压釜工艺的灵活性较低，不适合修复。非高压釜工艺采用预浸料修复的方式将压力和热量集中在需要维修的区域，进而降低能耗和维修成本。然而，非高压釜工艺不适用于真空环境，会引起气泡。因此，预浸料的制备和处理是非高压釜工艺成功修复的决定性因素。为实现均匀压缩，首先对预浸料进行预压缩，使预浸料达到非高压釜工艺所需的单层厚度和树脂量，然后使用非高压釜预浸料成型工艺进行处理。首先在烘箱或热压机中加热坯料，此时树脂的黏度会降低，导致织物轻微膨胀。通过毛细效应和树脂黏度的降低，会进一步促进纤维束的浸渍，以达到最佳浸渍状态。然后使用热压机对织物进行压缩，以达到所需的单层厚度。在该过程中，

多余的树脂被压出织物的纤维束并填充在织物空隙中。对于 3D 制件的修理，一般需要通过成型工艺将修复区域的轮廓和表面结构恢复到其原始状态。CFRP 成型模具具有较好的设计自由度和良好的热性能，只要原始轮廓的样品可用，预浸料就可以较快地适应待修复部件的轮廓。部件修复时，每个补片的形状和纤维方向根据待修复或填充部分的相应位置确定。根据轮廓的复杂程度，将补片单层或叠层放置于待修复部分；然后将待修复部分连同补片和成型工具一起在真空装置中密封；真空加热固化后再去除真空装置和成型工具。原始制件和修复制件的外观和表面结构几乎无法区分，具有较好的修复效果(图 9-9)。

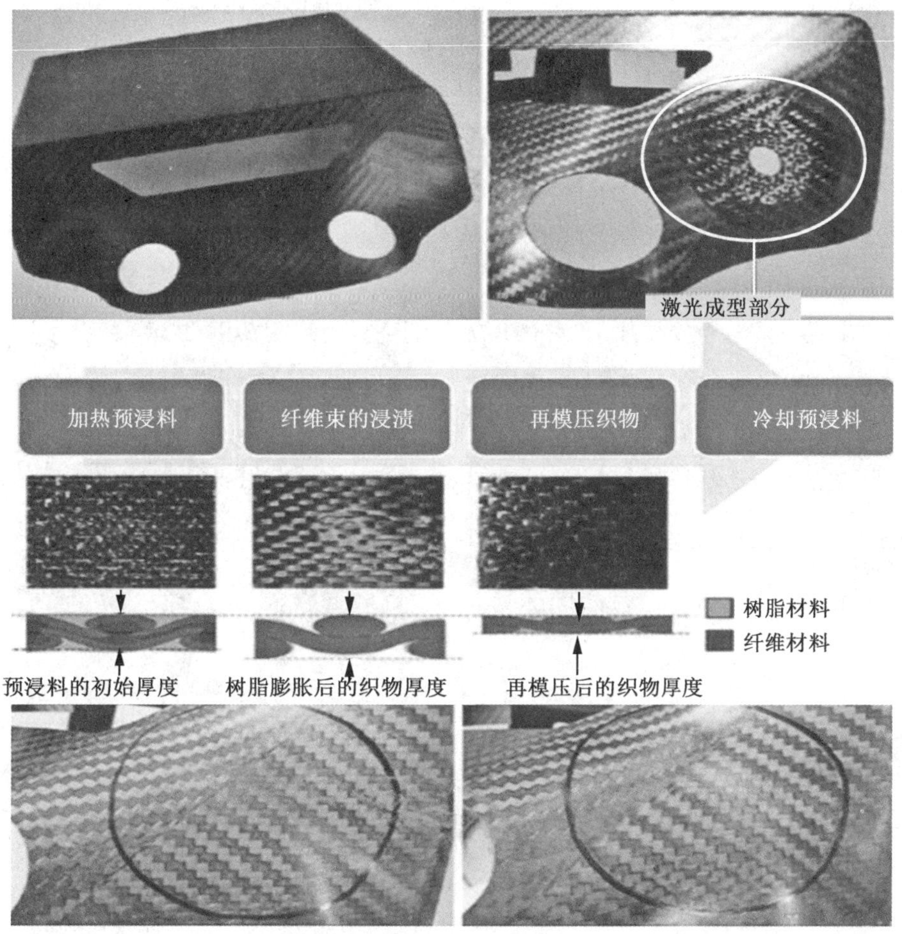

图 9-9　激光修复工艺

激光修复工艺具有与手动方法相当的烧蚀率，但自动化程度更高，同时无压力、无磨损，特别适合薄壁和柔性部件的修复。光学器件的加入使得大型复杂轮廓 3D 制件的激光切割成为可能。非高压釜工艺具有更好的工艺灵活性，预浸料以及 CFRP 成型工具的使用等，使得修复部件可完全达到原始部件的表面结构，无需额外的表面处理。

复合材料结构部件修复后的检测目的是评估修复部件的适用性，损伤情况一般采用无损检测的方法。

复合材料修复涉及力学、材料、工艺等众多学科，因其直接关系到结构部件的可用寿命及使用和维护成本，因此是一项关键性的技术，需要不断汲取新技术，向优质、高效和低成本的方向发展。成熟健全的修复技术是复合材料得以广泛应用的有力保障。

二、纤维复合材料回收技术

随着纤维复合材料的大量应用，降低环境负荷的呼声日益高涨，纤维复合材料的回收利用引起了很多关注。目前，绿色高附加值的回收技术已成为纤维复合材料应用的首要考虑因素之一。价格虽然较为昂贵但性能优异的碳纤维增强复合材料（CFRP）正在广泛应用于汽车制造、建筑结构、航空航天、体育器材等领域，全球碳纤维的产量也在稳步增长。然而，在 CFRP 的生产加工过程中，会产生大量的产品废弃物，如图 9-10 所示，常见的废弃物来源有过期的预浸料、生产加工中的边角料、复合材料制件的退役产品等。

(a) 过期预浸料

(b) 边角料

(c) 退役飞机机翼

(d) 退役游艇模具

图 9-10　CFRP 废弃物

此外，随着 CFRP 在各领域的广泛应用，一些产品会因寿命耗尽或损坏而“退役”。如飞机制件的寿命大概为 25～28 年，风叶发电叶片的寿命大概为 20～30 年，汽车制件的寿

命大概为10～15年。根据相关数据显示，到2025年，全球预计有8500架民用飞机退役；大约到2030年，风力发电叶片将迎来退役的高峰期。这些退役产品产生的CFRP废弃物，不仅引起了人们对废物处置和不可再生资源消耗的担忧，而且会给生态环境造成巨大的压力。

随着各国环保意识的提高，早期简单将CFRP废弃物填埋处理的方式已被淘汰，欧盟制定了相关政策法规，自2015年开始，要求汽车生产商必须确保，在汽车上使用的复合材料中，经处理后，至少有85%的复合材料可回收利用。2006年，日本着手开发针对碳纤维及产品的回收技术，代表性企业如东丽、东邦、三菱丽阳、帝人集团等碳纤维生产制造商以及岐阜县的碳纤维再生工业公司等，已实现碳纤维商业化回收。如由日本碳纤维制造商协会联合东丽、帝人集团和三菱丽阳在日本福冈建立的CFRP废弃物的回收生产线，年回收处理量为60 t。欧美等地的其他发达国家的碳纤维生产企业也已具备工业化回收碳纤维的能力，比如英国ELG碳纤维公司在回收工艺及产品商业化方面都是较为成熟的，与波音公司合作回收航空废料，在18个月内实现了172 t碳纤维废弃料的回收，回收的碳纤维可用于生产电子配件或汽车零部件。再如美国ATI公司采用真空高温热解和催化裂解相结合的方法回收CFRP，在500 ℃条件下，每小时可回收处理23 kg废料，树脂基体的降解率达到99%，而纤维力学性能损伤率仅为5%。

我国已提出大力发展绿色、低碳经济，提倡资源的可回收利用。2015年11月，我国工信部发布了《产业关键共性技术发展指南》，其中包含针对CFRP废弃物低成本回收的关键技术发展目标。一些国内拥有自主知识产权的碳纤维回收工艺也逐渐发展起来。上海交通大学成功开发了国内第一项拥有完全自主知识产权且具有一定规模化生产能力的热裂解回收碳纤维生产设备，且无需破坏废弃物的形状，即可回收保留一定长度的碳纤维。该技术可实现每年200 t碳纤维废弃物的回收量。上海治实合金科技有限公司自主研发了一种可实现无害化回收的设备。该技术首先在高温无氧气体中将树脂基复合材料中的树脂裂解，并产生可燃气体；再采用闭路循环技术将可燃气体加热燃烧，从而对处理容器进行补充加热，最终只排放二氧化碳和水，实现无害化回收处理。南通复源新材料科技有限公司也是一家为碳纤维复合材料行业提供绿色经济的固废处理服务的企业，它可以为全产业链各环节废弃物（废丝、废预浸料、废弃制品及边角料）提供处理解决方案，年处理量达1 500 t。

目前用于CFRP的回收方法主要有燃烧能量回收法、机械粉碎回收法、热分解法、化学溶解法等。

（一）燃烧能量回收

燃烧能量回收是将含有机物或者完全为有机物的废弃物通过焚烧等处理，将废弃物燃烧产生的热量转化为可利用的热能或电能的一种回收方法，其工艺过程如图9-11所示。但是，废弃物在焚烧过程中产生的废气及灰烬等会对环境造成污染，从可持续发展的角度来看，该方法不可取。

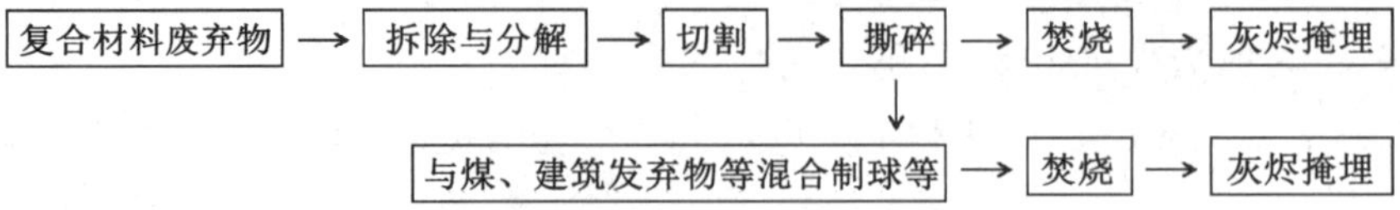

复合材料废弃物 → 拆除与分解 → 切割 → 撕碎 → 焚烧 → 灰烬掩埋

撕碎 ↓

与煤、建筑发弃物等混合制球等 → 焚烧 → 灰烬掩埋

图 9-11　燃烧能量回收工艺过程

(二)机械粉碎回收

机械回收主要分为三步:粉碎、研磨、分离。首先,采用低速切割机或者压碎机将复合材料切成长度为 50～100 mm 的碎片;接着,通过锤式粉碎机或者高速切割机,将碎片粉碎至更小的尺寸,如颗粒的粒径约为 10 mm 甚至 50 μm 左右;最后,在气旋的作用下,将纤维状颗粒(富含增强纤维)和粉末状颗粒(富含树脂)分离。回收后纤维状颗粒的尺寸大小决定了其再利用的潜在用途:,较大尺寸(如粒径约 2.5 cm)的颗粒,可用作建筑材料如轻质水泥板、农用盖板或隔热板等;较小尺寸(如粒径<1 cm)的颗粒,不仅可用于团状模塑料和热塑性塑料,还可作为增强材料用于屋面沥青、铺路材料、混凝土骨料等;更小尺寸(如粒径约 75 μm)的颗粒,可以作为片状模塑料、团状模塑料和热塑性塑料的填料。德国 ERCOM 公司和加拿大 Phoenix Fiberglass 公司首先将废弃的复合材料分解成密度为 330 kg/m^3、尺寸为 50 mm×50 mm 的碎片,再将其粉碎成粒径在 14 μm 左右的颗粒,经过风力作用实现有效分离,分别获得富含树脂的粉末及富含碳纤维的纤维状产物,并将纤维状产物与新的长纤维混合,继续用于基体增强。

机械粉碎回收法的成本较低,工艺也十分简单,但是回收得到的碳纤维强度会大幅降低,因此只能用于对材料强度要求不高的产品,如作为填料或者补强材料。但是,机械回收法不能分离出单根纤维,因此其应用有一定的局限性。

图 9-12　高压脉冲选择性破碎机

此外,目前还有高压破碎回收的方法。该方法将 100～200 kV 的电磁脉冲辐射到一个物体上,以剥离不同物质之间的界面,已经在从基板上分离电子元件等领域进行尝试。在水中向 CFRP 或 GFRP(玻璃纤维增强塑料)发射电子脉冲,可以使碳(或玻璃)纤维与树脂分离,增加脉冲数,可以减少附着在纤维上的残留物。该工艺采用的机器如图 9-12 所示。由于电子脉冲宽度很小,因此它消耗的电能比预期的少,但是据有关报道,它会比通常的机械粉碎方法多消耗 2～3 倍的能量。

(三)热解法

热解法是指在高温环境中使 CFRP 中的树脂热解,将树脂与碳纤维分离,进而实现碳纤维回收的一种方法。根据回收时是否存在氧气,热解法有两种工艺。

第一种是指在(几乎)没有氧气的条件下,将 CFRP 加热到 300～800 ℃(取决于树脂的类型),使得 CFRP 中的树脂分解,从而实现碳纤维与树脂的分离与碳纤维回收。高温使得树脂被分解成有机液体和有机气体,能够实现进一步的回收利用。日本岐阜县美浓加茂市的碳纤维再生工业公司(CFRI)开发了独有的热解法回收碳纤维的技术,其工艺过程主要分为两个阶段,其中 CFRP 在第一阶段即 500～600 ℃的温度下炭化,CFRP 在 460～550 ℃的温度下燃烧,在第二阶段引入少量的氧气。据报道,可以通过在第一阶段引入过热蒸汽来均匀且快速地加热 CFRP;在第二阶段,在 480 ℃下烧制 CFRP,与原始材料相比,再生碳纤维的拉伸强度保留了初始强度的 85%。由于将第一阶段中通过 CFRP 热分解产生的气体用作加热燃料,因此具有节能效率高、从外部添加的燃料少的特点。其回收流程如图 9-13 所示。Okubo 等使用不同热解温度得到的再生碳纤维制备成复合材料,并对比在 400 ℃、600 ℃、800 ℃下回收的再生碳纤维(RCF)与聚丙烯(PP)注塑成型试样的力学性能,由此发现,虽然随着温度升高,再生碳纤维的拉伸强度降低,但是当热解温度为 600 ℃时 RCF/PP 试样的拉伸强度最高,且几乎所有纤维都沿着充模方向排列,最终选择 600 ℃为碳纤维回收的热解温度。热解法由于回收效果较好、成本较低,是目前可以应用于工业大规模回收碳纤维的一种方法。

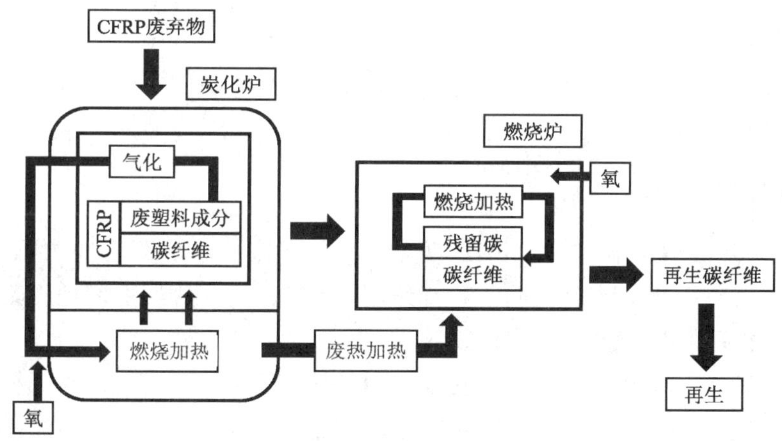

图 9-13　热解法回收碳纤维工艺流程

第二种是指在回收反应器(流化床)内采用高温空气对 CFRP 进行热解而分离出碳纤维的工艺。此回收工艺最初由英国诺丁汉大学 Steve Pickering 博士领导的研究团队开发,并主要用于从废旧复合材料中回收玻璃纤维,现在已经应用于碳纤维的回收。H. L. H. Yip 等对回收得到的碳纤维进行了表征,其采用的流床法回收工艺如图 9-14 所示。废旧的 CFRP 首先被送入装有加热空气的硅砂床中,树脂被热解挥发后,剩下干净的碳纤维单丝被释放在气流中，并在旋风分离器的作用下被分离。在 450～500 ℃的操作温度下，树脂不会完全氧化。热解气流还会经过第二个燃烧室，温度在 1000 ℃左右，此时树脂可以完全燃烧，并且有可能以热能的形式回收聚合物中的能量。对回收后的碳纤维进行表征后发现，其平均长度为 5.9～9.5 mm，拉伸强度约为原始碳纤维的 75%，但拉伸强度并无明显变化。此外。通过 XPS 测试发现，回收后的碳纤维表面的大部分含氧官能团被保留，与原始碳纤维的表面性能较为接近，可作为替代品循环使用。流化床法可以回收得到较为干净的碳纤维，但大多是短纤维，离散的纤维以随机方式排列，而且在回收过程中流化床内的沙粒和旋风分离壁的摩擦作用会对碳纤维表面造成破坏，造成纤维力学性能下降。因此，此类再生碳纤维大多用于短纤维注塑材料或者表面组织制品。

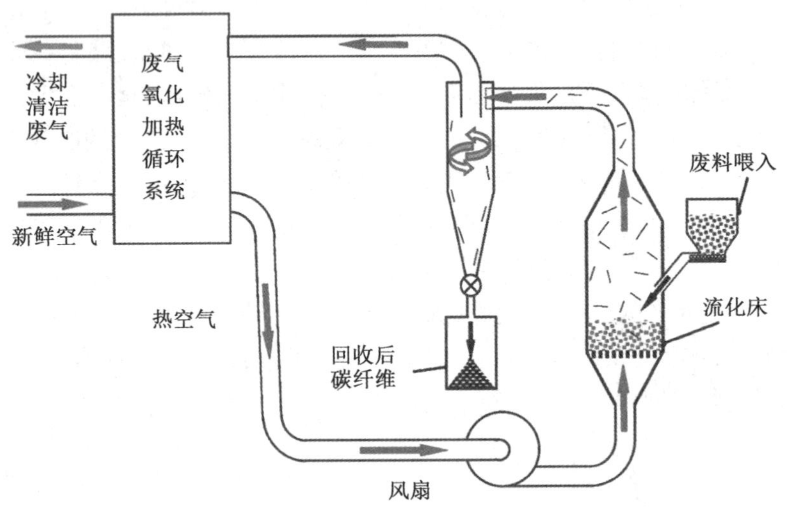

图 9-14　流化床法回收碳纤维工艺流程

（四）化学溶解法

化学溶解法是指采用溶剂将 CFRP 废弃物中的树脂分解成可溶性物质，进而实现碳纤维的回收。当采用化学溶解法回收碳纤维时，反应温度、压强、溶剂种类都会对回收过程以及回收后碳纤维的性能产生重要影响。

常温化学溶解法常用硫酸、硝酸、甲醇、氨水等作为反应性溶剂，以破坏树脂中的化学键，使得树脂被降解为可溶性的小分子物。如采用酯交换法的原理，在酸酐固化环氧树脂(EP)中，酯键和醇羟基之间的酯交换反应会导致化学键断裂，并溶解在单元醇溶剂中。不饱和聚酯树脂(UP)在以磷酸三钾作为催化剂、高沸点醇类作为溶剂的条件下，可与纤维分离。使用此方法回收的碳纤维性能可能会降低，但仍然可以满足使用要求。常温溶解法使用的溶剂，如硝酸、硫酸等，其腐蚀性较强，处理后产生的废液易造成环境污染，增加溶剂的回收成本，难以进行大规模工业化应用。

超临界流体状态是指当液体的温度和压力处于临界条件时，其物理和化学性能会产生变化，比如表现出较好的溶解性、较高的流动性和渗透性等特点。利用超临界状态下液

体的溶解性，可以分离 CFRP 中的树脂。超临界流体法采用的溶剂，如水和有机溶剂，既作为反应介质，也作为反应试剂。常用有机溶剂的超临界状态如表 9-2 所示。

表 9-2　常用有机溶剂的超临界状态

临界条件	甲醇	乙醇	正丙醇	丙酮	水
温度/℃	239	241	241	236	374
压力/MPa	8.08	6.14	5.17	4.70	22.12

Raul 等研究了碳纤维增强环氧树脂复合材料在超临界或近临界条件下以水为溶剂的回收工艺。当在 10～14 MPa 和 573～673 K 的超临界条件下进行回收时，去除树脂的质量分数在 48%～62%；当在 28 MPa 和 673 K 的超临界条件下进行回收时，树脂的去除率显著提高，其质量分数为 79.3%。在超临界条件下，进一步使用氢氧化钾作为催化剂，树脂去除率最高可达 95.3%，且再生碳纤维的拉伸强度为原始碳纤维的 90%～98%。

Idzumi 等研究了在超临界状态下采用不同种类的醇和酮作为溶剂时对含有胺固化环氧树脂的 CFRP 的回收效率。研究结果显示在 320 ℃时，胺固化环氧树脂可被多种超临界状态的溶剂（如甲醇、1-丙醇、2-丙醇、1-丁醇、2-丁醇、叔丁醇、丙酮或甲乙酮）分解，根据溶剂种类的不同，分解时间在 6～120 min，其中超临界丙酮表现出较高的树脂降解率，达 95.6%，而且回收的碳纤维仍保持原有的形态，碳纤维的拉伸性能几乎没有降低。与常温溶解法相比，超临界流体溶解法中的树脂分解较完全，且碳纤维的力学性能损失较小，但两种方法都会采用大量的溶剂，且处理时间较长，目前大多处于实验室研究阶段。

黄海鸿等利用一定配比的 KOH/正丁醇溶液，在间歇式反应釜中降解碳纤维增强双酚 A 环氧树脂基复合材料（CF/EP），如图 9-15(a)所示，并建立了各种因素与环氧树脂降解率关系的数学模型，进而对最佳回收工艺参数进行预测，得到了最佳回收工艺参数：反应温度 330 ℃、保温时间 60 min、投料比 0.024 g/mL。CF 及降解后的液体残留物如图 9-15(b)、(c)所示。通过对回收的碳纤维进行表面性能的测试发现，回收碳纤维表面基本无树脂残留，但纤维表面含少量的 K^+，纤维中 O/C 比值下降不明显，保证了回收碳纤维再利用时与新树脂基体间化学键合的效果。此外，回收碳纤维的力学性能损失较小，拉伸强度的保持率约为 93.58%，杨氏模量的保持率约为 94.87%。

(a) 降解前的 CF/EP

(b) 降解后的 CF

(c) 降解后的液体残留物

图 9-15　碳纤维双酚 A 环氧树脂基复合材料(CF/EP)降解

与常温溶解法相比，超临界流体溶解法对树脂的降解率更高，而且再生碳纤维的力学性能损失较小。但这两种方法的回收工艺耗时都较长，且溶剂的回收成本较高，目前还没有实现产业化。

(五) 再生碳纤维的应用

再生碳纤维产品如图 9-16 所示。直接的使用方法是将再生碳纤维进行研磨，然后制备成碳纤维粉。图 9-16(a)所示产品是由南通复原新材料科技有限公司生产的再生磨碎碳纤维。由于保留了碳纤维的导电性能及导热性能，该产品已被广泛用于镍氢和镍铬电池正负极材料、电子芯片、导电板等领域。

(a) ReCF™-GR 再生磨碎碳纤维

(b) 碳纤维增强热塑性树脂粒料

(c) 碳纤维/聚丙烯纤维非织造布

(d) 碳纤维/PA6 纤维混纺纱

图 9-16　再生碳纤维的产品

此外，可以将再生碳纤维与热塑性树脂结合使用。如图 9-16(b)所示，对于长度较短且无序的再生碳纤维，可以通过造粒的方式，将其制成碳纤维增强热塑性树脂粒料。这些粒料经过注塑成型、团状模塑和片状模塑等工艺，可加工成所需的产品形状。

由于再生碳纤维的长度较短且呈无序性，目前已采用纺织加工工艺将再生碳纤维与热塑性纤维混合，再制成非织造布、纱线、织物等形式的产品。专利 CN 111549451B 提供了一种碳纤维/热塑性纤维混合毡的制备方法，即将再生碳纤维与热塑性纤维经过预开松、混合、开松梳理形成纤维网，再经过交叉铺网，然后通过针刺或者热黏合加固的方式，形成混合纤维非织造布，如图 9-16(c)所示。此类非织造布通过热压加工，可形成碳纤维

增强复合材料。

Hengstermann 等将再生碳纤维(短切成长度为 40 mm 或 60 mm)与相同短切长度的 PA6 纤维按照不同比例进行混合，然后将碳纤维/PA6 纤维混合料输送到改进的罗拉梳理机上，加工成粗梳条子，再经并条机加工，最后将混纺纱线在织机上进行织造。此工艺可以生产 800～2 000 tex 的混纺纱线，而且为了减少对纤维的损伤，选择生产低捻度的混纺纱线。纤维长度为 60 mm、碳纤维与 PA6 纤维的混合比例为 30∶70 的纱线产品如图 9-16(d)所示。但是，此工艺使用的是废弃的原生碳纤维，尚未使用再生碳纤维。

在商业应用方面，由于再生碳纤维的生产成本比原生工业级碳纤维低 20%～40%，因此再生碳纤维具有较高的性价比，适用于要求高性价比的制造领域，尤其是汽车制造。宝马公司已将再生碳纤维制件用于实际生产，比如将再生碳纤维与热塑性纤维混合制成非织造布，并用于 i3 和 i8 汽车的车顶及座椅。艾达索高新材料芜湖有限公司也致力于利用再生碳纤维并制备短纤维产品(如非织造布、环氧碳纤维 SMC)，于 2017 年与 ELG 公司合作，为奇瑞的 eQ1 电动汽车提供碳纤维部件。

参考文献

[1] 陈绍杰. 复合材料结构修理指南[M]. 北京：航空工业出版社，2001.

[2] Duong C N, Wang C H. Composite Repair[M]. Oxford: Elsevier, 2007.

[3] 赵志彬，谢逸夫，刘志琪，等. 复合材料蜂窝结构渐进损伤评估及挖补修理研究[J]. 西北工业大学学报，2020，38(5)：1047-1053.

[4] 张万卿，李洪春，史勇. 挖补法修补复合材料层压板压缩性能[J]. 火箭推进，2020，46(4)：103-108.

[5] 许陆文，罗文琳. 复合材料的微波修复[J]. 南京航空航天大学学报，1996(2)：157-161.

[6] Lopata V, Sidwell D R. The manufacture and repair of high-performance composites using electron beam curing[J]. Materials & Processing Report, 1999, 14(2): 63-70.

[7] 李玉彬，张佐光，孙志杰，等. 环氧树脂电子束固化微观结构及其影响因素[J]. 北京航空航天大学学报，2007(8)：986-990+999.

[8] 陈浩，刘玉亭，刘成武，等. 光固化复合材料预浸料修理补片的研制[J]. 兵器材料科学与工程，2008(2)：91-94.

[9] 刘丽娟，徐梁华，王广林，等. 碳纤维增强混凝土复合材料的应用研究[J]. 化学建材，2002(2)：34-37.

[10] Khurshid M F, Hengstermann M, Hasan M M B, et al. Recent developments in the processing of waste carbon fibre for thermoplastic composites – A review [J]. Journal of Composite Materials, 2020, 54(14): 1925-1944.

[11] 惠林海，张璐，李华，等. 碳纤维增强树脂复合材料废弃物回收技术研究现状[J]. 工程塑料应用，2020，48(8)：149-152.

[12] 杜晓渊，程小全，王志勇，等. 碳纤维复合材料回收与再利用技术进展[J]. 高分子材料科学与工程，2020，36(8)：182-190.

[13] 上海交大填补国内碳纤维复合材料废弃物回收空白[J]. 玻璃钢/复合材料，2016(1)：98.

[14] 张建川，陆民宪. 聚合物基复合材料废弃物几种处理方法概述[J]. 材料工程，2009(S2)：186-92+95.

[15] Pimenta S, Pinho S T. Recycling carbon fibre reinforced polymers for structural applications: Technology review and market outlook [J]. Waste Management, 2011, 31(2): 378-392.

[16] Kamo T. 炭素繊維強化プラスチック(CFRP)のリサイクルの現状と課題[J]. Material Cycles and Waste Management Research, 2018, 29(2):133-141.

[17] 罗益锋. 碳纤维复合材料废弃物的回收与再利用技术发展[J]. 纺织导报, 2013(12):36-39.

[18] Okubo K, Fujii T, Nagata S. Extracting condition of carbon fibers recycled from waste CFRP — Appropriate temperature condition in extraction for injection molded polypropylene composite [J]. Zairyo/Journal of the Society of Materials Science, Japan, 2016, 65(8): 580-585.

[19] 李健民. 用常压溶解法回收再利用热固性树脂复合材料[J]. 粘接, 2006(4):52-54.

[20] Pinero-hernanz R, Dodds C, Hyde J, et al. Chemical recycling of carbon fibre reinforced composites in nearcritical and supercritical water [J]. Composites Part A: Applied Science and Manufacturing, 2008, 39(3): 454-461.

[21] Okajima I, Watanabe K, Haramiishi S, et al. Recycling of carbon fiber reinforced plastic containing amine-cured epoxy resin using supercritical and subcritical fluids [J]. Journal of Supercritical Fluids, 2017, 119:44-51.

[22] 黄海鸿, 张保玉, 赵志培. 超临界正丁醇对回收碳纤维复合材料的降解及表征[J]. 高等学校化学学报, 2017, 38(9):1687-1694.

[23] 阳玉球, 杨阳, 邵元祎. 一种碳纤维/热塑纤维混合毡及其制备方法以及一种碳纤维增强热塑性树脂基复合材料:CN 111549451B[P]. 2021-04-27.

[24] Hengstermann M, Raithel N, Abdkader A, et al. Spinning of staple hybrid yarn from carbon fiber wastes for lightweight constructions [C]. Proceedings of the 20th Symposium on Composites, 2015.

第十章 纤维复合材料在汽车上的应用案例

汽车轻量化是降低能耗、提升整车性能的有效路径。在国务院发布的《国家中长期科学和技术发展规划纲要》和《中国制造 2025》中，都将汽车轻量化列为发展重点方向。纤维复合材料具有质量轻、强度高等性能优势，在汽车行业迎来快速发展。

1953 年通用汽车公司的设计师 Harley Earl 创造了一种跑车——Corvette，旨在与英国和意大利的设计竞争。为节省模具成本，通用选择采用手工铺放玻纤复合材料的方式制作所有的车身面板，包括地板。位于美国俄亥俄州 Ashtabula 的 Molded Fiber Glass Co. 被通用选中，为其汽车产品制造车身。在密歇根州弗林特市，通用公司用手工方法在轧钢底盘上制造了 300 辆汽车。这开启了复合材料在汽车上应用的先河。1981 年，McLarenMP4/1 的设计师 John Barnard 设计了全世界第一个一体式碳纤维车架。该项技术被广泛地应用于 F1 方程式赛车活动。

复合材料特别是碳纤维复合材料最早是在赛车、跑车上应用的，因为其性能优越，逐步开始在常规车型上使用。

一、欧洲车系

（一）宝马

宝马汽车是碳纤维复合材料应用的典范。宝马为了掌握碳纤维及其复合材料在汽车上应用的核心技术，于 1999 年就尝试在 BMW Prototype Z22 中使用碳纤维制作乘员舱，并于 2003 年在宝马 5 系中应用碳纤维复合材料。但是，当时碳纤维复合材料的成本昂贵、工艺落后，难以满足汽车工业的要求。2009 年，宝马与欧洲最大的碳纤维生产商——德国西格里碳纤维公司（SGL）成立合资公司，并进行了深度合作。后来，宝马公司入股 SGL 公司，坚定了在汽车上应用碳纤维及其复合材料的决心。

在 2014 年 3 月的日内瓦车展上，宝马纯电动车宝马 i3 亮相，这款车型是宝马汽车 i 系列的首款量产车。该车型包含多种创新技术，如全碳纤维复合材料制造的乘员舱模块以及铝合金构造的底盘模块。宝马 i3 的碳纤维乘员舱＋铝合金底盘（“Life-Drive”模块架构）这一新能源汽车的模式（图 10-1），在行业内是一个里程碑式的发展。它由“Life”和“Drive”两个独立的模块组成，“Life”代表乘员舱部分，采用超轻量化且具备高强度的碳纤维复合材料构成，而“Drive”则将下车体、电池组、悬架系统和驱动系统纳入该模块。

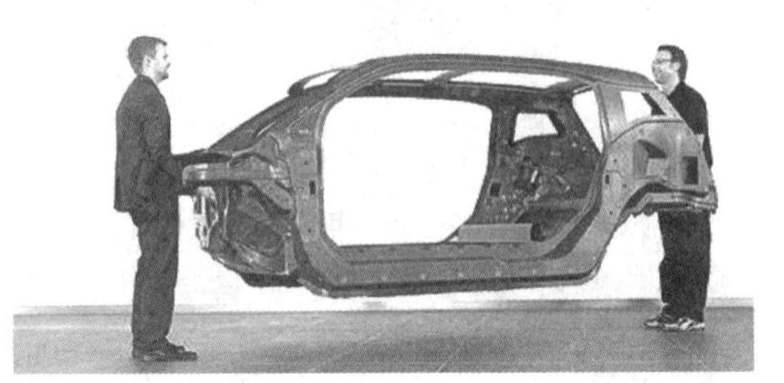

图 10-1　宝马汽车“Life-Drive”模块架构

因为应用了碳纤维复合材料，宝马 i3 的乘员舱仅需两个成年男子便可轻松抬起，车身轻量化能有效提高汽车燃油经济性及电动车的电能利用率。碳纤维复合材料在减轻车身质量的同时，也具有优异的防撞性能，宝马 i3 已通过严苛的 E-NCAP 碰撞性能测试，并获得 4 星级的评定，即使没有 B 柱，依然可以为车内乘员提供足够的保护。

宝马 i3 的乘员舱共由 34 个碳纤维部件组成，质量约 150 kg，碳纤维用量相当可观(图 10-2)。在这个车型上，宝马公司联合 SGL 公司，采用了 HP-RTM(高压 RTM)、湿法模压、预浸料模压等多种碳纤维复合材料生产工艺，并对复合材料与复合材料、复合材料与金属等的连接，以及其他碳纤维复合材料的应用进行了详细的研究。

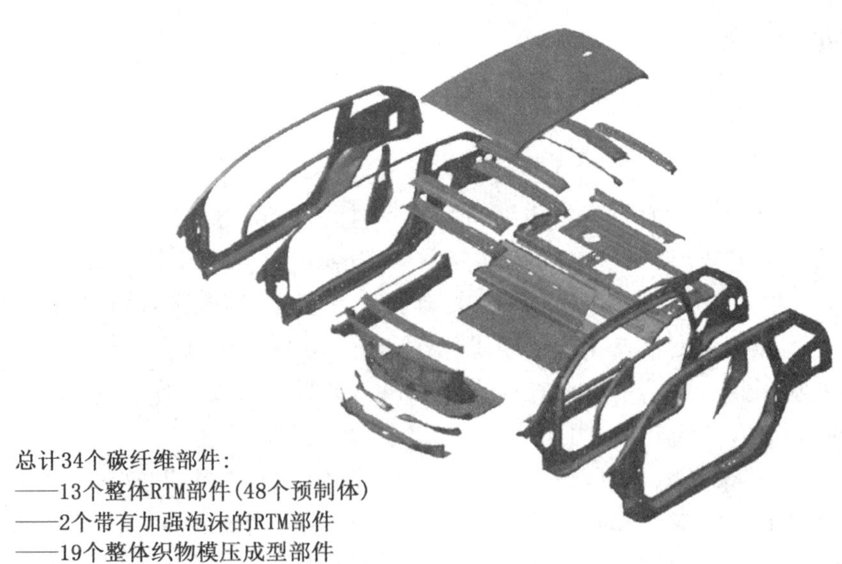

图 10-2　宝马 i3 碳纤维车身

宝马i3上市时官方发布i3车型的售价从34 950欧元起，约合28.3万元人民币，年销售量在3万辆以上，其家庭化的价格也一举打消了碳纤维汽车高不可攀的形象。

在宝马i3的基础上，宝马又推出了宝马i8，前者是纯电动轿车，后者是插电式混合动力跑车。宝马i8的设计和i3类似，都采用了“Life Drive”模块架构。

宝马i3类似于宝马公司在碳纤维复合材料方面研究的摇篮曲，在此基础上积累了大量经验。随后，宝马公司宣布在其7系(图10-3)上推广碳纤维及其复合材料。

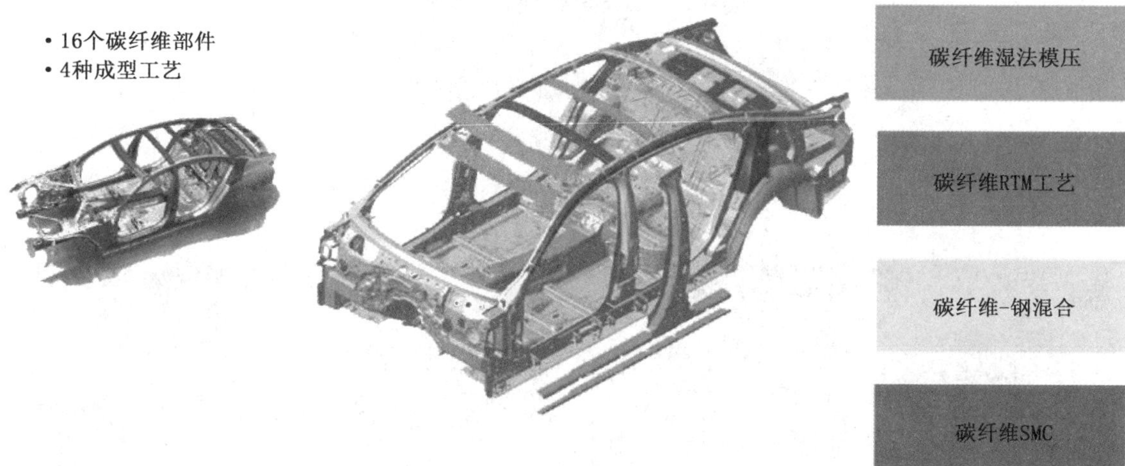

图10-3 宝马7系的碳纤维零部件应用

宝马7系共16个碳纤维部件，如加固车顶横梁结构以及B柱和C柱、底部侧围、中央通道和后部支撑等加强件，使用碳纤维复合材料和四种成型工艺(湿法模压、RTM、SMC，以及先制成一种复合材料/钢的混合部件，然后通过自动化的装配系统将其连接起来并铆接到钢制部件上)。宝马7系不再追求碳纤维的视觉效应，从外观上几乎看不到碳纤维，而是注重体现碳纤维的本质特性。如图10-4所示，宝马7系的“Carbon Core”技术使用了金属/碳纤维混合结构。该结构设计是把碳纤维复合材料包在金属材料中间，形成一个三明治结构，既保证足够的强度和轻质，也保证了足够的韧性。碳纤维复合材料因为其强度非常高，不仅可以用于车身结构中强度要求最高的B柱，还可以运用于汽车上重要的纵梁等其他部件(图10-5)。

(a) Carbon Core技术

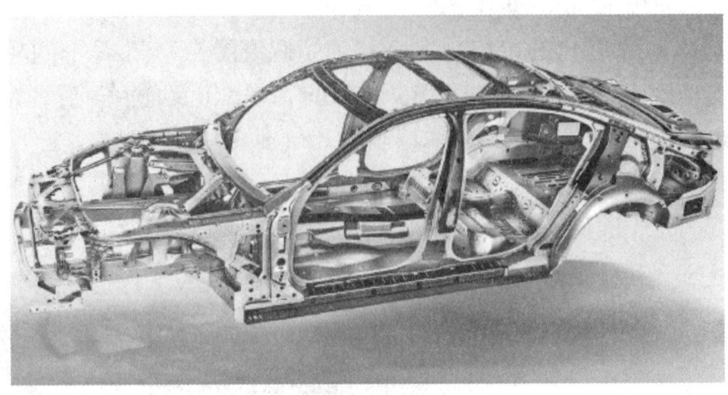

(b) 车身

图 10-4　宝马 7 系的 Carbon Core 技术和车身

B 柱的加强

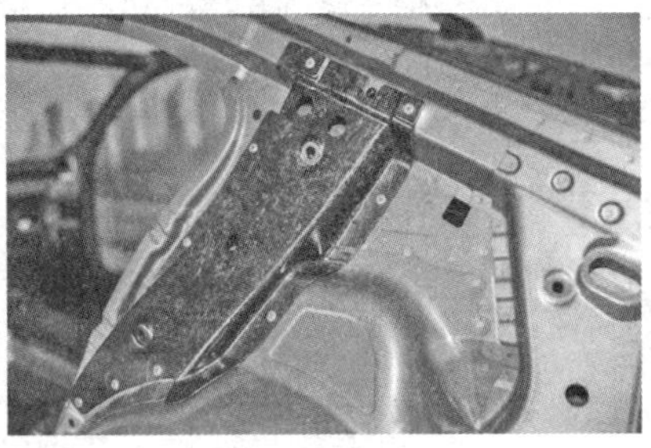

C 柱的加强

中央通道的加强

图 10-5　宝马 7 系上碳纤维加强件的应用

对于碳纤维复合材料和金属材料的连接，需要考虑电化学腐蚀和两者的热膨胀系数，所以，宝马公司还开发了针对碳纤维复合材料和其他材料的多种连接方式，如胶接、铆接等(图 10-6)。

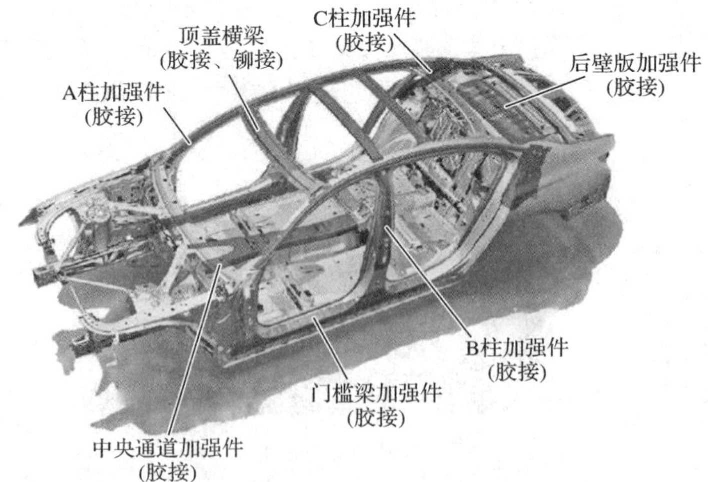

图 10-6　宝马 7 系碳纤维部件的连接方式

两种不同的金属材料连接时，例如钢和铝合金连接，它们之间存在很大的电势差，而且有电解质(附着在空气中的水汽)，因此会产生电化学腐蚀(图 10-7)。碳纤维不是金属，但它具有一定的导电性，和金属连接，很容易产生电势差，就有电化学腐蚀的风险。因此在异种材料胶接时，需要保证结构胶具备一定的胶层厚度，这样可以有效隔离两种材料，避免电化学腐蚀。

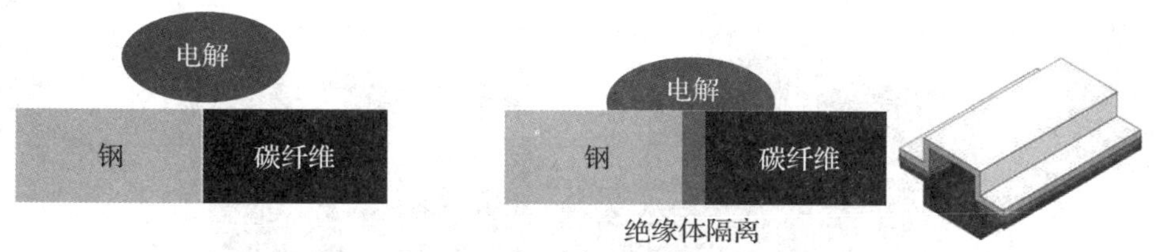

图 10-7 碳纤维与钢通过结构胶连接

对于复合材料与金属零部件的胶接，因为不同种材料具有不同的热膨胀系数，所以结构胶要具有良好的韧性，避免不同材料在热胀冷缩的过程中产生应力而失效。宝马公司研究发现，通过增加结构胶的厚度，可以实现更好的伸缩补偿量(图 10-8)、更高的断裂伸长率，但是黏结强度会有所降低，同时会增加结构胶的使用量，进而增加成本。

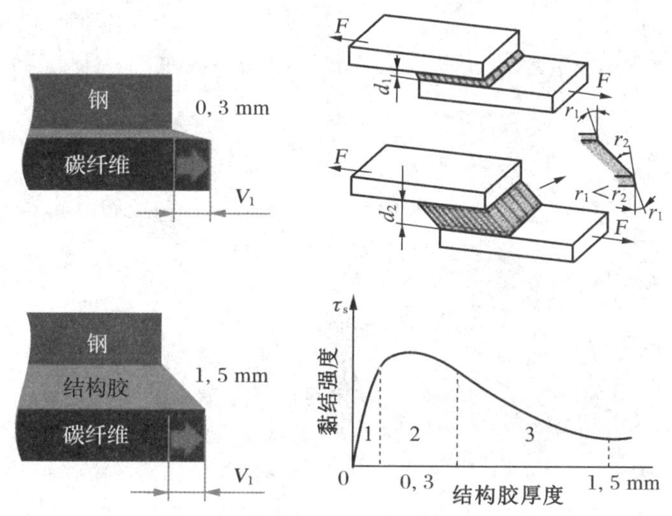

图 10-8 结构胶厚度对连接性能的影响

在上述思想的指导下，宝马公司提出了金属和 CFRP 连接时名为“Swimming”的概念，通过增加结构胶的厚度来提高胶接韧性，同时利用物理的铆接增加连接强度(图 10-9)。

宝马公司为了解决碳纤维在汽车上的批量化应用，进行了很多的细节研究，当碳纤维批量化应用的问题解决后，又针对碳纤维复合材料汽车零部件的特点，研制了专用的汽车装配生产线(图 10-10)。

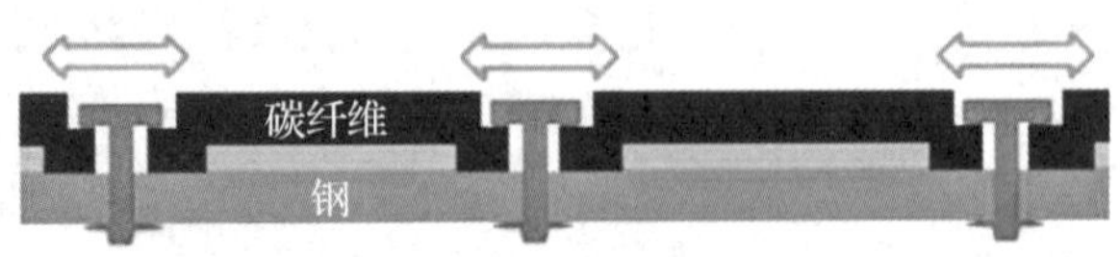

可移动连接

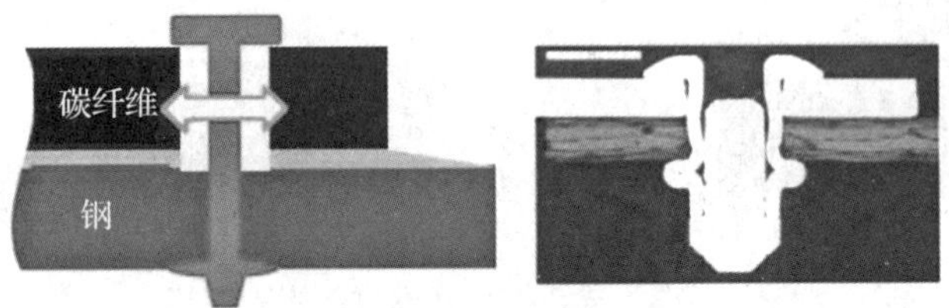

图 10-9　碳纤维与钢连接的“Swimming”概念

图 10-10　宝马汽车碳纤维复合材料零部件专用装配生产线

宝马公司花了很大的功夫研究了碳纤维及其复合材料在汽车上的应用，从一些高端车型的尝试，到宝马 i3 的突破性应用，再到其主流车型 7 系的规模化应用，一步一步地掌握了碳纤维及其复合材料在汽车上规模化应用的核心技术。

2020 年 11 月 11 日，宝马纯电动车型 BMW iX 全球首发，并启用了名为“Carbon Cage”（即碳纤维笼）的轻量化设计，可视作 Carbon Core（即碳纤维内核）的升级版本（图 10-11）。与 7 系的 Carbon Core 一样，iX 的 Carbon Cage 含有 CFRP 制备的车柱和车顶框架。此外，宝马公司在 iX 的次表面区域增加了交叉连接和可见部件，包括可见的侧框、

后尾门上的一个切槽(cutout)以及后备箱上的水道盖等，用于保护车辆的内部。这些复合材料部件，均采用 SGL 公司提供的碳纤维以及环氧树脂或者热塑性基体材料制成。

图 10-11 宝马 iX 的车身用材

除了在汽车内外饰及部分承力件上使用碳纤维复合材料外，宝马还在 M3/M4 上的传动轴尝试使用碳纤维，但是在 2017 年，公司宣布在未来的该车型中放弃使用碳纤维传动轴。主要原因是碳纤维传动轴的生产效率低，且造价不菲，而 M3/M4 的客户不会经常去跑赛道，即便采用碳纤维传动轴，对该车型的提速贡献也非常有限。

(二) 奥迪

奥迪公司对碳纤维在汽车上的应用(图 10-12)提出了三步走战略：首先开发出基础关键技术；其次实现高通量稳定化生产；最后综合产品轻量化和成本提出解决性方案。从 2012 年开始，奥迪公司按照这个思路，在 R8 和 A8 车型上进行尝试。

2012	2013	2014	2015	2016	2017
RS(MSS)轿跑 差异化设计	预研项目 RS(MSS)轿跑 整体设计	RS原型车 RS(MSS)Spyder 整体设计	RS(MSS)Spyder 整体式后墙与 B柱结构	A8原型车 (D5)	A8(D5) 整体设计 碳纤维后壁板

图 10 12 奥迪公司开发碳纤维复合材料的历程

奥迪的研发工作始于其模块化跑车系统(modular sports-car system，简称 MSS)，公司将该车身框架设计应用于奥迪 R8 Coupe、奥迪 R8 Spyder、奥迪 R8 LMS(赛车)及兰博基尼 Huracan 等众多车型(图 10-13)。奥迪将 MSS 作为一款工具,旨在将先进的碳纤维复合材料应用于白车身(body-in-white,简称 BIW),从而减轻车身质量,并提升车辆的性能。随着汽车电气化的不断推进,奥迪更坚定了这一构想。第一代奥迪 R8 车型采用了铝材,但奥迪公司决定在第二代 R8 中采用 MSS 项目研发的碳纤维复合材料。奥迪对白车身进行了多次研发及评估,首先对白车身的 23 项载荷工况进行识别,再加以区分,然后对白车身的各个部件施加各向异性应力,将数值设置到最大值,再从中找到适合采用碳纤维复合材料的部件。

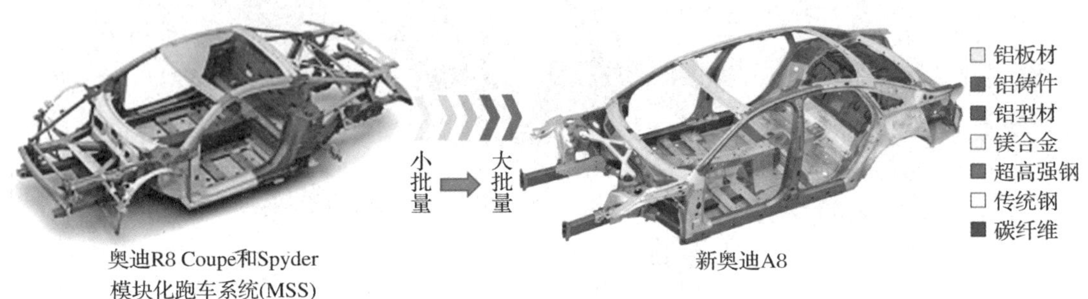

图 10-13 奥迪模块化跑车系统(MSS)

2017 年,奥迪公司开发了一款四座豪华车:奥迪 A8。该款车型采用了碳纤维复合材料后壁板(图 10-14)及后窗台板。这些部件是奥迪批量化应用碳纤维复合材料的重要步骤,采用了纤维铺放技术进行预成型(图 10-15),然后通过 HP-RTM 工艺制得。即利用自动铺丝机,实现高效的成型模拟技术,使得在铺丝之后进行的分段冲压成型过程能够准确地按照设计进行,这样,预成型过程做到快速、灵活,并实现了产品内部无间隙、表面无褶皱。

图 10-14 奥迪 A8 的碳纤维复合材料后壁板

图 10-15 奥迪公司采用纤维铺放工艺制备预成型件

将预成型件放入 HP-RTM 模具，然后高压注入树脂，并通过加热快速固化，然后出模，再经打孔、清洗及全自动化接合工艺，与其他金属部件结合，最终得到产品。如图 10-16 所示，各步骤之间的承接、流转全部由机器人完成。

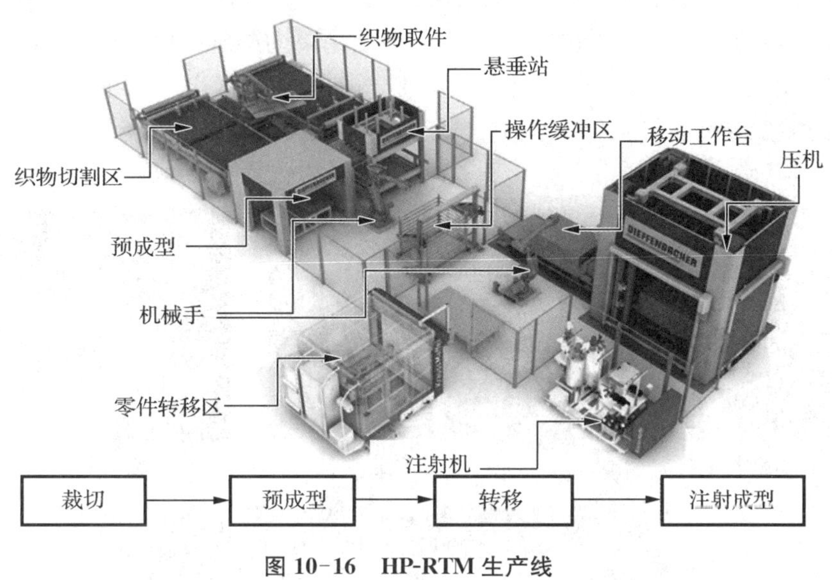

图 10-16　HP-RTM 生产线

二、美国车系

早在 1992 年，通用公司就发布了一款低排放概念车——Ultralite，该车具有鸥翼式车门，车身结构完全由碳纤维复合材料构成，无 B 柱，搭载 1.5 L 三缸二冲程发动机，可产生 82 kW 的动力，最高时速为 217 km/h，旨在展示先进材料和低油耗的优势。

图 10-17　通用公司的低排放概念车——Ultralite

2011 年，通用汽车与日本碳纤维制造商——帝人公司签署协议，双方联合开发碳纤维汽车零部件，但进展缓慢。2017 年，帝人收购美国 CSP(该公司是美国最大的汽车复合材料生产商，以玻纤复合材料为主)。帝人、CSP 及通用合作，利用帝人的热塑性碳纤维复合材料——Sereebo，开发其在汽车车身零部件中的应用，并于2019年在通用GMC Sierra皮卡上应用热塑性碳纤维复合材料厢体。相对于传统材料厢体，该厢体的质量减少了28 kg，可以规模化生产（图10-18）。

2020年，通用在发布的雪佛兰Corvett Stingray这款车型中，开发了一种采用弯曲拉挤工艺生产的后保险杠梁（图10-19）。该产品使用单向碳纤维丝束、无卷曲碳纤维织物做增强材料，以聚氨酯做基体材料，利用多型腔弯曲拉挤技术生产，既达到了轻量化效果，又满足了碰撞要求，同时满足了电泳中238 ℃循环烘烤加工条件。

复合材料中间层

模压工艺

模压后的零部件

图10-18　通用GMC Sierra皮卡

三、日本车系

（一）丰田

丰田作为世界上第一家产量超过千万的车企，在汽车行业具有重要的地位，而日本又是碳纤维研发和生产能力都比较强的国家，因此，人们对碳纤维及其复合材料在丰田汽车上的应用充满了期待。

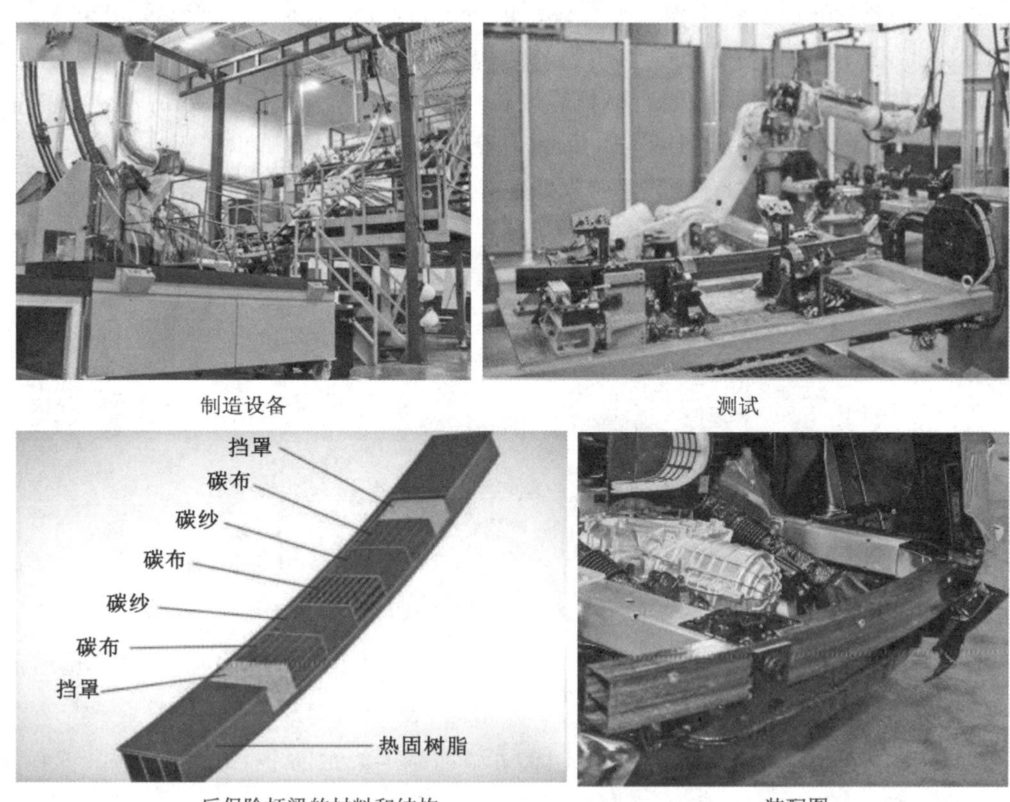

制造设备　　测试

后保险杆梁的材料和结构　　装配图

图 10-19　雪佛兰 Corvett Stingray 车型上由弯曲拉挤工艺生产的后保险杠梁

丰田普锐斯是一款很多年前就开发成功的车型，作为混合动力系统奠基者，普锐斯有很多特色。在 2017 年款普锐斯的研发中，三菱丽阳、丰田共同开发了碳纤维复合材料制备的汽车后尾门（图 10-20）。不同于传统的碳纤维复合材料工艺，这种汽车后尾门采用的是

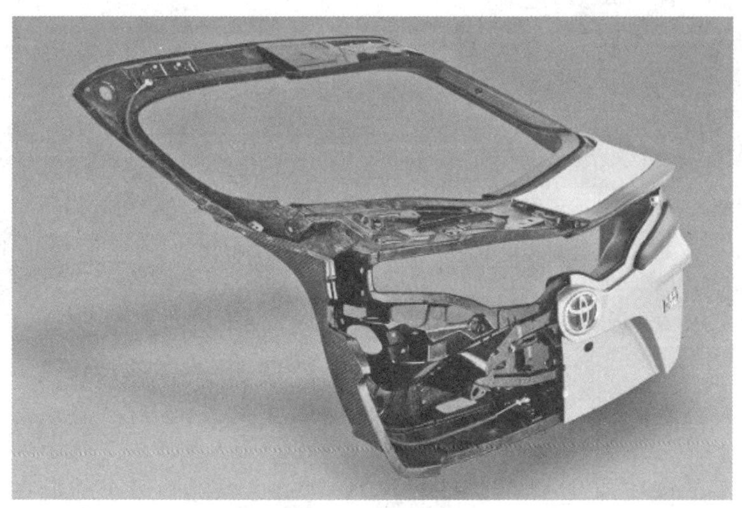

图 10-20　丰田普锐斯车型的碳纤维后尾门（三菱丽阳公司 PCM 制备）

三菱丽阳公司开发的预浸料压缩成型(prepreg compress molding,简称 PCM,图 10-21)工艺。PCM 工艺利用快速固化预浸料作为主体构件,周边的连接部分利用短纤维模塑料,在模具中共同模压得到。这款复合材料后尾门与丰田 GT-R 车型上搭载的铝合金制品相比,质量减少了 40%,与碳纤维热压罐成型产品相比,生产成本降低了 50%。PCM 工艺是一种快速的碳纤维生产工艺,其生产周期在 2~4 min,可以实现商业化应用。

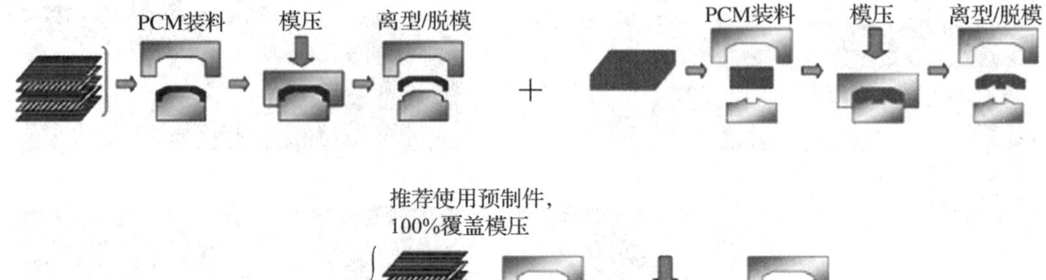

图 10-21　PCM 工艺过程

三菱丽阳还利用类似工艺生产了丰田雷克萨斯豪华跑车即 LC500/LC500h 的车门板和行李箱内板,以及"GR 雅力士"车顶材料。

丰田汽车应用碳纤维的颠覆性产品是 2014 年上市的"Mirai",该车是丰田首款量产的氢燃料电池车(图 10-22)。正如其名,Mirai 被丰田汽车视为"未来之车"。

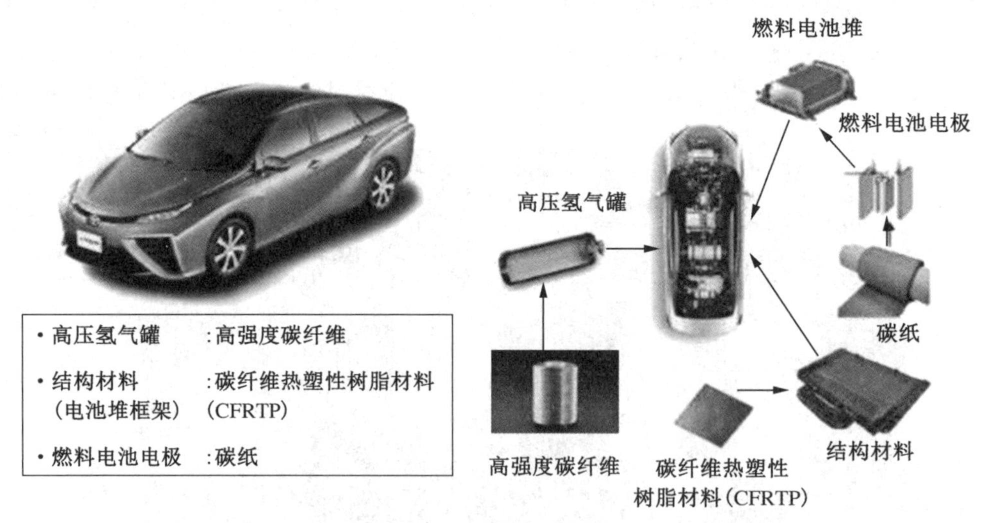

图 10-22　Mirai 车型里使用的碳纤维复合材料高压氢气罐

"Mirai"车型的成功开发,体现了日本人的一些独到之处,以及他们在碳纤维研究上的优势,他们把碳纤维的轻量化、功能化的特点充分发挥出来,而且避开了常规的锂电池

新能源车的竞争。“Mirai”使用的碳纤维部件是由缠绕工艺生产的气瓶及由模压工艺制备的电池堆框架等，碳纤维用量达到 40～50 kg，而且这些应用方式很大程度地脱离了传统，形成了自身发展的特点。在大多数车企把重点放在电动车上时，丰田公司独辟蹊径，花大力气开发新能源车。Mirai 的成功探索了一条新能源汽车的新路，也引起了全世界的关注。

四、国内车系

国内碳纤维在汽车上的应用发展相对较慢，国内碳纤维在 2010 年以前和国外的差距较大，生产的碳纤维价格较高，国内的品牌汽车也处在发展初期，不具备应用碳纤维部件的技术储备。碳纤维在汽车上的应用，仅限于一些发烧友改装汽车或特定项目。

2012 年，国务院发布《节能与新能源汽车产业发展规划（2012—2120 年）》，确定了发展新能源汽车的国家战略。发展新能源汽车是我国从汽车大国迈向汽车强国的必由之路，是应对气候变化、推动绿色发展的重要举措。2021 年，我国新能源汽车迎来爆发式增长，年销量超过 350 万辆，新能源汽车市场已从政策驱动转向消费者需求拉动。但是，新能源汽车由于电池增重、电池能量密度有限等产生的“续航里程焦虑”问题日益凸显，对汽车轻量化的需求更为迫切。伴随新能源汽车的快速发展，汽车轻量化迎来新的发展机遇。

在 2014 年北京国际车展上，中国科学院宁波材料技术与工程研究所与奇瑞汽车联合推出了碳纤维插电式混合动力车——“艾瑞泽 7”，该车车身采用碳纤维复合材料，外壳质量减轻 10%，油耗降低 7%，车身总体减重达 30%～40%。

为了进一步推进碳纤维在汽车上的示范应用，2016 年，在科技部“十三五”重点研发计划中，长安汽车牵头承担了国家重点研发计划“新能源汽车”专项“轻量化纯电动轿车集成开发技术”项目，最终成功开发了碳纤维-铝合金混合结构车身（图 10-23），实现车身减重 31.3%（147 kg），同时整车通过 C-CNAP 碰撞五星安全检测，实现了高性能与轻量化。

图 10-23　长安汽车开发的碳纤维-铝合金混合结构车身

目前,国内主流车企在碳纤维应用方面基本保持较为谨慎的态度。虽然几乎所有的车企都在关注宝马公司的动向,甚至有车企购买宝马汽车进行拆解,但真正研发和应用还相对较慢。传统车企的四大工艺(冲压、焊装、涂装、总装)是经历了百年的经验积累,而碳纤维复合材料在汽车上的应用几乎完全颠覆了传统的汽车制造工艺。比如新势力车企,这些具备一定技术的非传统车企,进入造车队伍,积极发展新材料和新能源,正在加快碳纤维复合材料在新能源汽车领域的研发步伐。

2018 年 6 月 30 日,前途 K50 在前途汽车苏州生产基地正式量产。前途 K50 定位为跑车,车身全部采用新型复合材料,由铝合金车身框架和碳纤维覆盖件共同构成。动力方面,前途 K50 搭载前后双电机四驱系统,综合最大功率达 320 kW,百公里加速仅需 4.6 s,最高车速达 200 km/h。该车型是国内首款碳纤维汽车。前途 K50 整车应用了 29 个碳纤维复合材料外覆件(图 10-24),总质量仅 46.7 kg 左右,前途汽车公司开创性地探索出碳纤维批量生产工艺,成功地在苏州生产基地打造出中国第一条碳纤维汽车零部件生产线。该生产线高度自动化生产的零部件中,碳纤维含量达到了更高的标准,轻量化效果更明显。

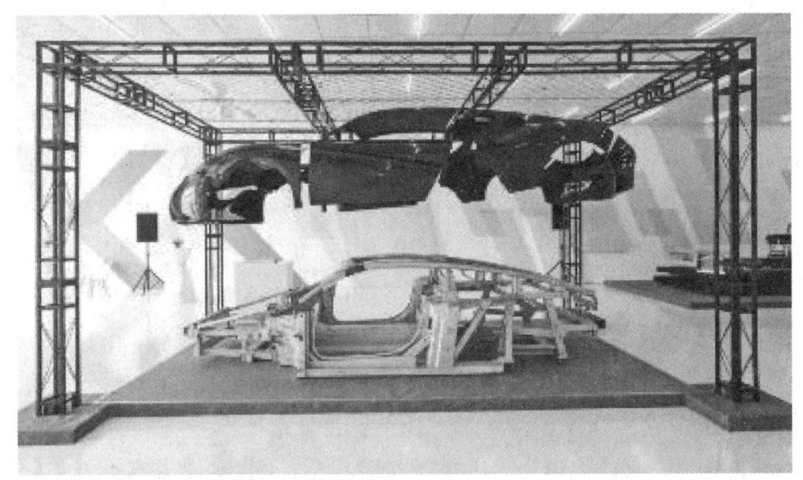

图 10-24　前途 K50 的碳纤维复合材料车身

2018 年 12 月 15 日,蔚来汽车正式发布第二款量产车型——蔚来 ES6,综合工况为续航里程 510 km、百公里加速时间 4.7 s、百公里制动距离 33.9 m,整车抗扭刚度高达 4930 N·m/(°),这比肩赛车的优良性能离不开其由高强度铝和碳纤维复合材料构成的车身结构。蔚来 ES6 后端大部分的关键负载由碳纤维复合材料承受。蔚来 ES6 上的碳纤维部件包括后地板总成(图 10-25)、座椅板总成、后地板横梁总成这三大部件,采用湿法模压工艺成型,生产速率可达 1.5 min/件,可满足汽车行业的生产节拍要求。

蔚来 ES6 的碳纤维复合材料应用,是中国碳纤维行业的一个重大突破。蔚来 ES6 的碳纤维部件从 2019 年 6 月开始交付,当年累计交付 11 433 套。截至 2022 年 4 月,蔚来 ES6 的碳纤维部件累计交付已突破 10 万套,是国内首个真正意义上的碳纤维及其复合材料在汽车上大批量应用的案例。

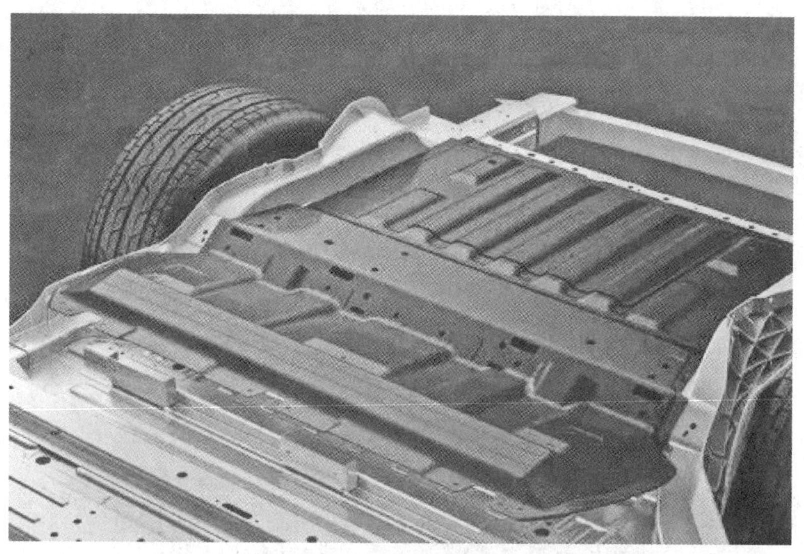

图 10-25　蔚来 ES6 的碳纤维部件(后地板总成)

除车身结构件以外,碳纤维及其复合材料在汽车外饰件上的应用也是热点发展趋势,其中碳纤维尾翼是非常经典的案例。碳纤维的立体外观,可提升整车运动感和科技感,同时可减轻 50%的零部件重量。另外,外饰件需要高质量的外观效果,因此需在原材料、成型工艺和喷涂三个环节协同处理,这样才能达到 A 级面效果。目前,碳纤维后尾翼已应用于领克 03+、长城魏 VV7、上汽名爵 6XPower、特斯拉 Model Y 等车型(图 10-26)。

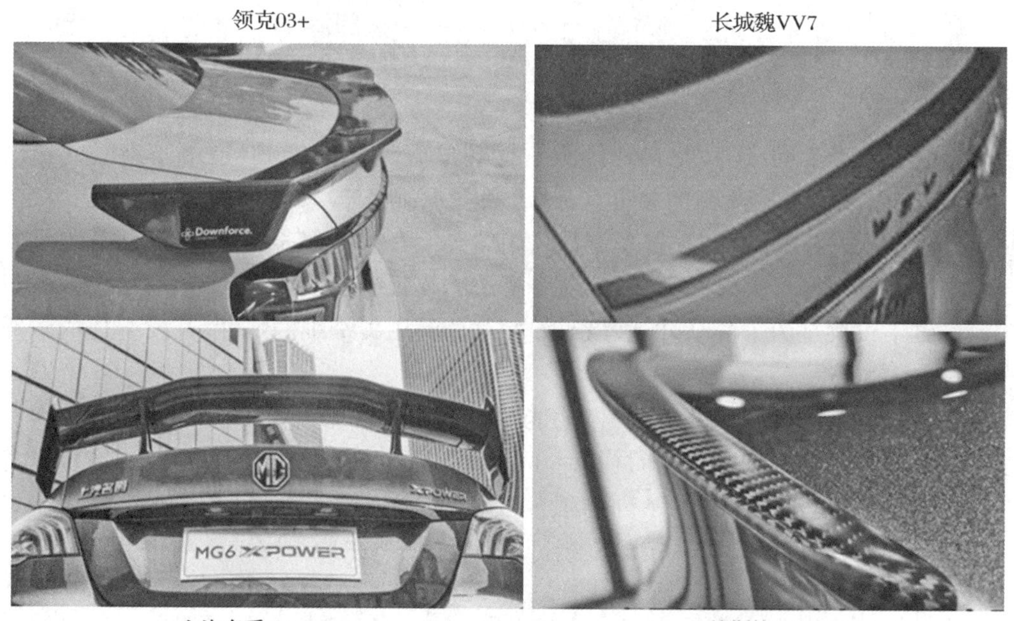

图 10-26　碳纤维后尾翼的应用案例

2021 年 9 月，小鹏汇天发布载人飞行汽车“旅航者 X2”(图 10-27)，其机身主要采用碳纤维，这进一步拓宽了碳纤维在汽车行业的应用，该车型既可满足短途空中出行需求，也可为低空观光游览、救援医疗等提供服务。旅航者 X2 的空机质量(含电池)约 560 kg，其中机身碳纤维零部件质量约 85 kg，设计飞行高度在 1 000 m 以下，最大飞行速度为 130 km/h。2022 年 10 月，旅航者 X2 在迪拜首次公开飞行成功，标志着碳纤维在飞行汽车上的应用迈上了新的台阶。

图 10-27　小鹏汇天飞行汽车“旅航者 X2”

五、展望

碳纤维在汽车上的应用，起初是因为它优越的轻量化性能，但是由于当时的价格昂贵，碳纤维应用成为高档汽车的象征。目前，很多顶级豪车(如布加迪威龙、迈巴赫、兰博基尼、劳斯莱斯、法拉利)的高配置车型都采用碳纤维。正是在这种情况下，碳纤维及其复合材料在改装车市场有很大的需求，碳纤维酷炫的外观吸引了众多消费者的目光。但是，应用碳纤维不仅仅是为了汽车外观好看，如何充分利用碳纤维的特性，开发合适的碳纤维汽车部件，才是重点。

从好看的碳纤维到好用的碳纤维，才能真正回归碳纤维本性。汽车工业对成本和生产节拍都有严格要求，因此在选择材料时，不仅要考虑材料本身的性能，还要结合其特性及应用部位进行综合考量，开发不同的工艺以及对应的装备。经过多家车企和汽车材料供应商的努力，目前已经取得一定的成绩，期待不久的将来取得突破性的进展。

第十一章 碳纤维复合材料应用在赛车中的研发案例

一、世界主要赛车赛事简介

（一）世界一级方程式锦标赛（F1）的技术演进与材料创新

作为国际汽联（FIA）认证的最高级别开轮式赛车赛事，F1 自 1950 年创立以来，始终是汽车轻量化技术的试验场。现行技术规则（2022 年版）规定单体壳车身必须采用碳纤维增强环氧树脂基复合材料（CFRP），其比强度达到 245 MPa・cm^3/g，比传统钢制结构减重 60％以上。动力单元中，奔驰 AMG HPP 研发的 MGU-K 电机壳体采用镁合金蜂窝结构，实现了 17％的惯性矩优化。中国在该领域的研究已进入应用阶段，例如上海交通大学团队开发的陶瓷基复合材料（CMC）制动盘，在周冠宇驾驶的阿尔法・罗密欧 C42 赛车上，实现了 800 ℃工况下摩擦系数稳定性提升 12％。

（二）世界耐力锦标赛（WEC）与材料耐久性验证

勒芒 24 小时耐力赛作为 WEC 核心分站，为复合材料疲劳性能研究提供了极端工况数据库。LMDh 组别规则要求车身底板使用预浸料碳纤维/聚醚醚酮热塑性复合材料，在连续 20 h 的高载荷下，仍保持 0.05％的蠕变率。丰田 Gazoo Racing 的 GR010 HYBRID 赛车采用三维编织碳纤维储氢罐，其爆破压力达到 87.5 MPa，较传统铝合金方案减重 41％。中国耀莱成龙 DC 车队的 LMP2 赛车，曾搭载中国科学院宁波材料所研发的玄武岩纤维/环氧树脂刹车导管，在 2017 年赛季，实现了制动系统温度梯度下降 18 ℃。

（三）世界拉力锦标赛（WRC）以及轻量化抗冲击技术

WRC Technical Regulations 2022 规定赛车必须通过 40 项结构碰撞测试，其中碳纤维/凯夫拉混杂复合材料防滚架的能量吸收值需达到 285 kJ/m^3。现代汽车运动部研发的 i20 N Rally1 赛车，其悬架连杆采用选择性激光熔融（SLM）成型的 Ti-6Al-4V 钛合金构件，在保持 350 MPa 屈服强度的同时，实现了 28％的轻量化。中国领克车队在 TCR 组别中应用的连续纤维增强热塑性（CFRT）车门结构，通过 ISO 178:2019 弯曲测试，结果显示，其比刚度达到 12.4 GPa・cm^3/g，较传统钢制车门提升 63％。

(四) 电动方程式(FE)以及电池包轻量化解决方案

根据 FIA Formula E Gen3 技术规范,赛车电池包能量密度需达到 280 W·h/kg,壳体须满足 ECE R100.02 的防火标准。DS 钛麒车队采用的碳纤维/聚苯硫醚复合电池壳体,通过 UL 94 V-0 阻燃认证,壁厚减少至 2.1 mm,仍保持 35 kN 的抗冲击性能。中国蔚来 EP9 在纽博格林赛道上创纪录时,其电池模组框架采用石墨烯增强铝基复合材料,使整体热管理系统质量降低 19%。当前的研究热点集中于高压快充场景下的碳纳米管/环氧树脂电磁屏蔽层开发,目标是在 800 V 架构下将 EMI 衰减值提升至 60 dB 以上。

(五) 达喀尔拉力赛的极端环境材料挑战

在达喀尔拉力赛中,"T1+"组别是国际汽车联合会(FIA)定义的原型越野车组别(T1 组)的技术升级版本,专为应对高强度越野环境而优化设计。T1+组别规则要求赛车在沙漠环境中每百公里耗水量不超过 5 L,催生了新型复合材料冷却系统。丰田 Hilux 达喀尔赛车的进气歧管采用短切碳纤维/聚醚酰亚胺复合材料,在 55 ℃环境温度下,仍维持 0.32 MPa 的爆破压力。中国蓝旗车队研发的玄武岩纤维/聚四氟乙烯轴承衬套,在沙特赛段中表现出抗沙尘磨损性能提升 40%。目前,浙江大学团队在试验碳化硅纤维/铝锂合金混杂制动盘,目标是将摩擦系数的热衰退程度显著降低。

二、碳纤维复合材料在赛车部件上的应用实例

(一) 动力系统应用实例

1. 丰田 FT 发动机

Scheurer 瑞士公司受委托,为新一代的赛车系列——Castro Toyota Racing Series (CTRS)制造碳纤维增强 3D 打印部件。Scheurer 瑞士公司为丰田提供的高品质碳纤维增强 3D 打印部件被应用在新一代的丰田 FT 发动机上(图 11-1)。CTRS 的第三代赛车以地区 3 级方程式赛车专用的塔图乌斯底盘为基础,由 2 L 涡轮 8AR FTS 发动机提供动力,这种赛车版的 8AR FTS 发动机也被用于丰田和雷克萨斯的道路车辆。

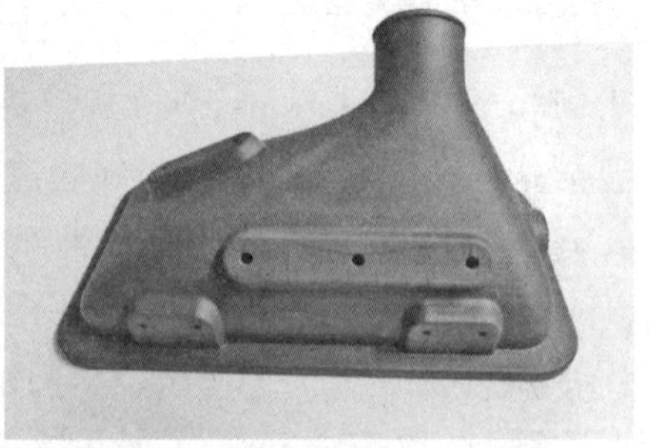

图 11-1 FT 发动机及其 3D 打印的发动机覆盖件

2. Joanneum Racing Graz 变速箱

2016 年底，奥地利 Joanneum Racing Graz 赛车的研究人员选择奥地利 BRP-Rotax 发动机备件公司的一款涡轮增压发动机 Rotax600 ACE 进行优化开发。由于 Rotax600 ACE 不具备集成变速箱的能力，齿轮箱内部构件必须与相应的变速箱壳体一样进行定制化开发。为满足轻量化的需求，研究人员选用了轻质 CFRP 层压板制作变速箱壳体，如图 11-2 所示。但纤维增强塑料在应用时存在不耐高温和油液腐蚀的问题，因此研究人员采用了玻璃化转变温度达 185 ℃的耐高温环氧树脂，通过预浸料在高压釜中固化成型。结构方面，采用模拟软件 3DS Simulia Abaqus 中的有限元方法进行铺层计算和结构优化。同时，通过纤维取向的设计，在局部通过加强筋进行强度优化。

图 11-2　轻质 CFRP 层压板制作的变速箱壳体

（二）车体框架应用实例

最早出现的一体式碳纤维车架来自赛车场。1981 年，McLaren MP4/1 的设计师 John Barnard 设计了全世界第一个一体式碳纤维车架。在如今的超级跑车系列中，McLaren F1、Ferrari F50、Ferrari Enzo、Bugatti EB110SS 使用的都是一体式碳纤维车架。

1. 碳纤维单体壳

单壳体是 F1 驾驶舱的专业名称。单体壳技术由来已久。早在 1923 年法国赛车大奖赛(GP)的赛场上，被称为航空工程和汽车设计制造先锋的路易·布莱里奥就发布了自行设计的单体壳式结构的赛车。事实上，单体壳技术就是蛋壳原理的仿生应用。它不同于传统车身利用内部框架结构进行承载的方式，而是通过壳体表面实现承载，车身上其他零部件直接与单体壳连接。这带来的好处是车身质量大大减少，承载重物的作用力被均匀分散到每个面，获得了传统承载式结构无法比拟的扭转刚度。

单壳体材料结构被形象地称为“三明治”结构(图 11-3)：两个外层为碳纤维复合材料，中间是蜂窝状铝板。在每一克质量都需要反复推敲的 F1 赛车上，车队常常选用强度大、质量轻的碳纤维复合材料和蜂窝状铝板材料，在高温高压下覆合，制备出单壳体材料。碳纤维单体壳如图 11-3 所示，通过改变中间蜂窝的高度，可以调节整个系统的刚度。蜂窝状铝板因为呈六边形中空结构，其质量是很轻的。本田车队的测试表明，相比于没有中间蜂窝状铝板的单纯碳纤维复合材料，加入厚度为碳纤维复合材料 3 倍的蜂窝状铝板之后，整体质量仅增加了 6%，但是整体刚度变为原来的 37 倍。同时，在事故发生的时候，蜂窝状铝板的变形和断裂可以吸收大量撞击能量。

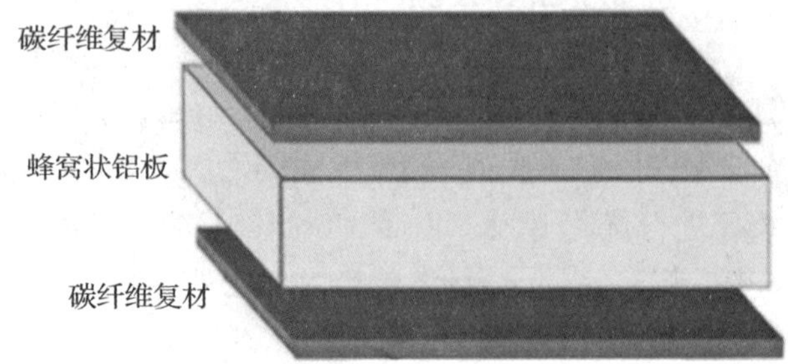

图 11-3 碳纤维单体壳及“三明治”结构

2. 赛车底盘

McLaren MP4/1 是第一个真正意义上将碳纤维复合材料应用于整个底盘设计的赛车(图 11-4)。通过增加相关材料链轴部位的负荷,应用了碳纤维复合材料的赛车,其刚度/质量比值大大提高,这可使赛车变得更轻,跑得更快、更安全。

图 11-4 McLaren MP4/1 赛车

3. 赛车车身

新款福特 GT 液态碳纤维版赛车是由福特与北美 Multimatic 改装公司合作打造的,该车的轻质化碳纤维车身采用了一种特殊的透明涂层,精细、密集的碳纤维编织纹路清晰可见(图 11-5),不仅大大减少了车身的质量,同时还增强了车身的强度和刚度。

图 11-5 新款福特 GT-液态碳纤维版赛车

（三）小结

碳纤维复合材料在赛车部件上的应用主要聚焦于轻量化、高安全性以及便于定制化生产。除了上述零部件方面的应用外，其他声称使用碳纤维的汽车，更多的是将碳纤维复合材料应用在装饰部分，如：福特和保时捷生产的 GT 型赛车的车身发盖已全部采用碳纤维复合材料（图 11-6），奔驰的 57S 型轿车以碳纤维替代了原来的木质内饰（图 11-7），通用雪佛兰为所有的 Corvette C7 配备了碳纤维发动机罩（图 11-8）。

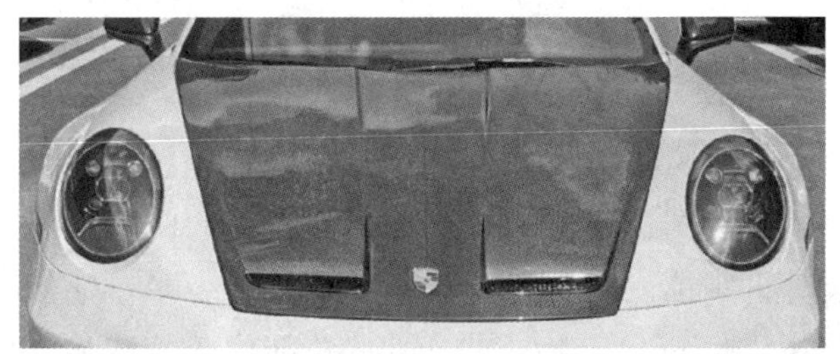

图 11-6　福特和保时捷生产的 GT 型赛车的碳纤维复合材料发盖

图 11-7　奔驰 57S 型轿车的碳纤维内饰

图 11-8　雪佛兰 Corvette C7 汽车的碳纤维发动机罩

三、碳纤维复合材料在赛车整车上的应用实例

（一）Silvia S14 漂移赛车

意大利北部 Brill Steel 赛车公司的 Enrico 从一副日产 Silvia S14 车架着手，打造了该公司概念中的 Silvia S14 漂移赛车形象（图 11-9）。该车的内饰由碳纤维构成，包括一体成型的碳纤维复合材料仪表台以及碳纤维复合材料门板。大型碳纤维尾翼对漂移车的帮助不亚于引擎的高扭力输出，夸张的外形不仅能够带来视觉上的冲击，更能够提供足够的下压力，令驱动轮的负重更大而与地面接触更紧密，提供更多的抓地力，能够通过摩擦产生更多的白烟，也能在评分活动中获得更好的成绩。

图 11-9　Silvia 漂移赛车及其碳纤维内饰

（二）GT-R 改装赛车

GT-R 作为日本的国宝级跑车，自问世以来，赢得了无数荣誉，并实至名归地获得了“战神”的头衔。这样一款赛车自然在车迷心中有着不可取代的地位，而对于“战神”的改装升级也一直是改装界的神话。图 11-10 展示 Bulletproof Automotive 改装的一辆平衡至上的全碳纤维 GT-R。Bulletproof Automotive 总部位于美国洛杉矶，是高端改装部件的国际领先分销商和完整定制汽车的制造商。众所周知，GT-R 最大的弊病就是车身质量过大，所以这也成为 Bulletproof Automotive 改装的首要目标。为此，Bulletproof Automotive 为 GT-R 全车提供了 Overtake 碳纤维套件，从引擎盖、前保险杠、前翼子板到车门、车顶、后翼子板、后保险杠、后备箱盖再到尾翼，几乎目所能及的所有部分都换成碳纤维材质。车内所有可更换部分也替换为碳纤维材质，与之相匹配的是 Alcantara 面料包裹，运动气息十足。Bulletproof Automotive 还为 GT-R 安装了 Overtake 避震系统和 Overtake Carbon SL 系列的碳纤维刹车盘。

图 11-10　Bulletproof 改装 GT-R 赛车

（三）Q1R 赛车

Rossion Automotiv 基于 Noble M400 开发了赛车版 Q1R，仅制造了三辆，并且全车身采用了碳纤维材质（图 11-11）。Q1R 的机身完全是碳纤维本色，还配备了车灯、雨刷、后视镜及定制版 18 英寸锻造合金车轮。总体而言，该款车的齿轮相对较小，轴距为 96 英寸（约合 2 438 mm），总长度为 162 英寸（约合 4 115 mm），质量仅为 1 800 磅（约合 816 kg），比 Smart For Two 还轻。其碳纤维内饰如图 11-12 所示。

图 11-11　Q1R 赛车的碳纤维车身

图 11-12　Q1R 赛车的碳纤维内饰

（四）印度力量 F1 赛车

印度力量 F1 赛车（图 11-13）整车采用碳纤维复合材料，其前后翼使用的碳纤维材料的强度高于钢材，能够更好地保障赛车手的安全。

图 11-13　印度力量 F1 赛车

(五) KTM X-Bow GTX 赛车

KTM 的一款全新的四轮 X-Bow GTX 赛车大量采用了碳纤维复合材料，车重仅 1 048 kg，马力推重比为 1. 98 kg/hp。驾驶舱的内饰部分，仪表被集中在方向盘上，能看到的地方全部由碳纤维复合材料打造而成(图 11-14)。

图 11-14　KTM X-Bow GTX 赛车及其驾驶舱

(六) SCG 003 超级赛车

超跑品牌 SCG (Scuderia Cameron Glickenhaus)发布的 003 超级赛车(图 11-15)，包括 003S(Stradale，街道版)和 003C(Competizione，赛道版)，采用了碳纤维单体壳车身，运用当前尖端的轻量化材料和设计理念。车身外部采用与 F1 赛车相同的高压真空成型的碳纤维复合材料，车内则采用碳纤维单体壳座舱设计，SCG 003C 的整备质量仅 1 350 kg。

图 11-15　SCG 003 超级赛车

(七) Toyota GR Supra GT4 50 赛车

Toyota GR Supra GT4 50 赛车(图 11-16)为 GR Supra GT4 的街道版，全球限量 6 台。该车的分流器、后视镜盖和尾翼均由碳纤维复合材料制成。此外，这款车的内饰采用碳纤维仪表板，并带有碳纤维框架的座椅。

(八) 三菱 lancer evolution X 改装车

日本著名的拉力赛车选手福永修先生对三菱 Lancer Evolution X 进行了改装(图 11-17)，将部分金属部件替换为碳纤维复合材料部件。

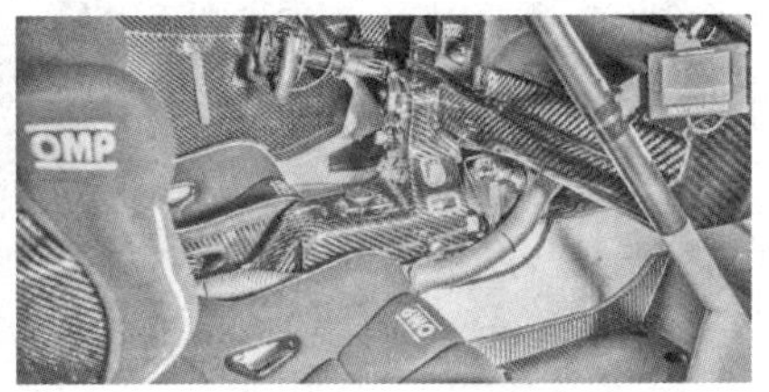

图 11-16　Toyota GR Supra GT4 50 赛车的外观及内饰

图 11-17　改装的三菱 Lancer Evolution X 赛车

改装的三菱 Lancer Evolution X 赛车的车门采用热压成型的 CFRP 层合板替换了原来的金属内板，如图 11-18 所示。CFRP 层合板的来源有两种：一是在瓦楞纸板上铺设碳纤维织物，然后用环氧树脂复合而成，见图 11-18(b)；二是采用日本 YOHO 公司的碳纤维/聚丙烯纤维毡，经热压制得 HAYATE@ 板材，见图 11-18(c)。

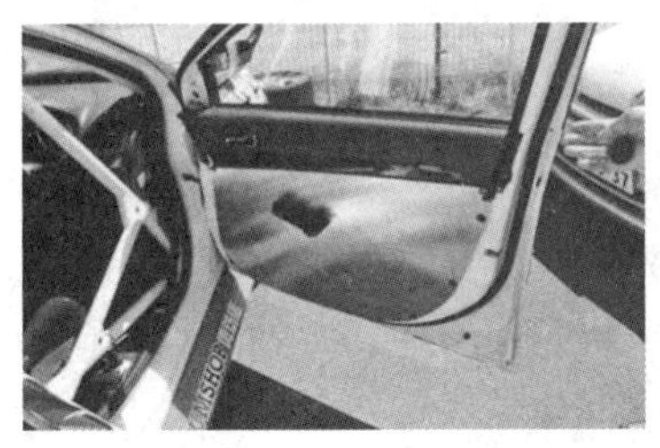

(a) 金属门板

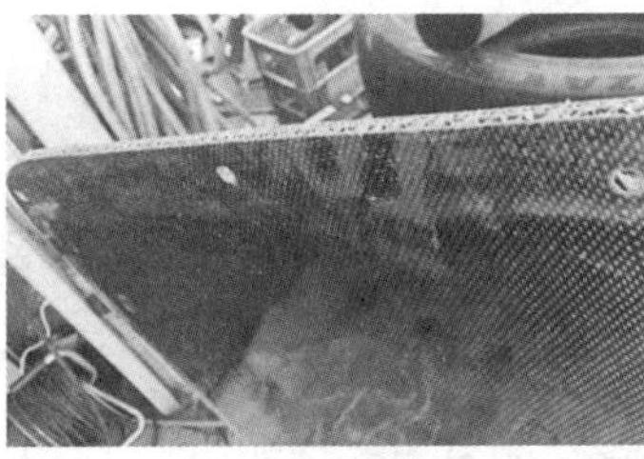

(b)（瓦楞纸板+CF)FRP

(c) 热压成型 CFRP

图 11-18　不同形式的三菱 Lancer Evolution X 赛车门板

三菱 Lancer Evolution X 赛车改装尝试了使用编织方式制作 CFRP 发动机罩支撑杆。发动机罩里面设置支撑杆，是为了减少车体的变形。但支撑杆很重，在保持力学性能的同时，需要寻求尽量轻量化。同时，支撑杆的连接装置复杂，无法简单地直接使用铺层或模压复合材料。该赛车改制后的支撑杆如图 11-19 所示。

(a) 支撑杆在发动机的位置

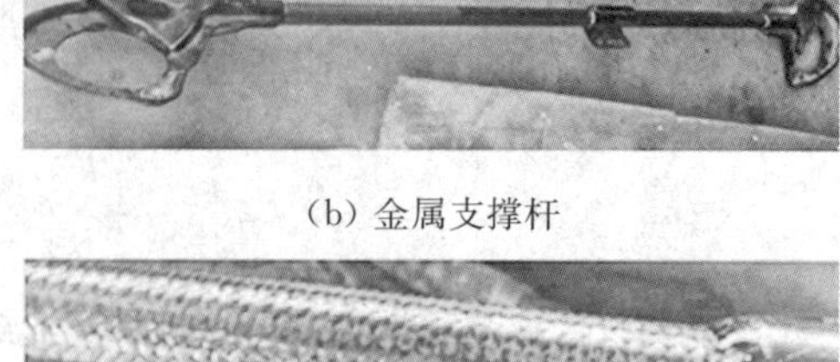

(b) 金属支撑杆

(c) CFRP 支撑杆

图 11-19　三菱 Lancer Evolution X 赛车的发动机罩支撑杆

三菱 Lancer Evolution X 赛车改装初始采用了如图 11-20 所示的 CFRP 增强板和硬铝材相结合的方式来减轻车辆底部挡板的质量。铝材由原先的 6 mm 厚度降低为 3 mm，然后集成 CFRP 增强板，再用螺钉固定。CFRP 增强板中的树脂为环氧树脂，增强材料为碳纤维织物，采用真空-手糊成型的方法固化。此方案既能显著减少整车质量，又能有效防止车辆底部受到碎石等障碍物的损害。

(a) 替换前的铝制底板

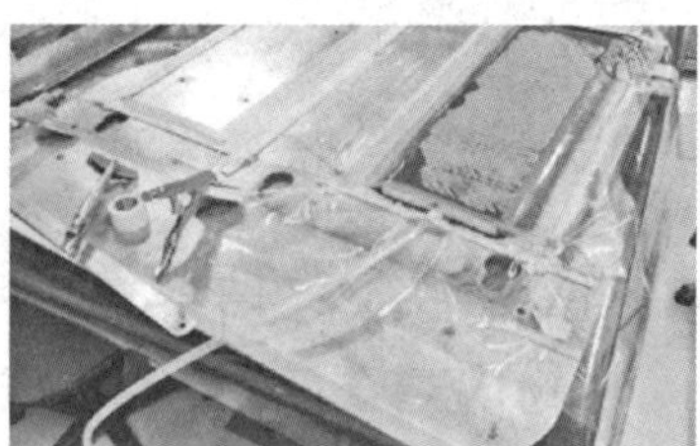

(b) CFRP 成型

(c) CFRP 增强板

图 11-20　不同形式的 Lancer Evolution X 赛车的底板

更进一步，Lancer Evolution X 赛车的底板材料由铝材全部替换为 CFRP 板材，如图 11-21 所示。CFRP 板材由碳纤维/聚丙烯纤维非织造布通过热压成型的方式制备而成。

图 11-21　不同材料的 Lancer Evolution X 赛车底板：CFRP 底板(左)；金属底板(右)

在连接技术方面，Lancer Evolution X 赛车尝试使用 CFRP 螺丝替换金属螺丝，如图 11-22 所示。

图 11-22　Lancer Evolution X 赛车的 CFRP 螺丝

（九）小结

除了 F1 赛车，越来越多的超级跑车已经开始采用碳纤维复合材料，希望在轻量化的同时保证车辆的安全性能。另外，碳纤维复合材料的应用对车辆其他性能的提升也会产生积极的影响。例如在运动性能方面，无论是在车辆的提速、制动还是在拐弯时，更轻的质量都能够带来车辆更好的表现。再者，由于碳纤维复合材料制品具有高强度和高刚度，将碳纤维复合材料应用在汽车的半轴和传动轴上，能够达到更优的传动效率。除此以外，不同于金属，碳纤维拥有耐疲劳、耐腐蚀的特性，在正常使用情况下，汽车上的碳纤维部件拥有更长的寿命。

四、碳纤维复合材料在本田中国节能竞技大赛中的应用案例

（一）大赛概况

本田节能竞技大赛于 1981 年在日本创办，至今有四十余年的历史。该大赛有极高的乐趣性和广泛的参与性，在日本，每年有学校代表队（来自初中、高中和大学等）、企业代表队以及来自社会的共约 500 支车队参与，创作出具有新颖构思和创意的赛车。

作为继日本、泰国之后的第三个举办地，中国于 2006 年在上海举办了试行大赛。2007 年 11 月 11 日，第一届 Honda 中国节能竞技大赛在上海国际赛车场圆满举行。

节能、环保是汽车领域一直在努力解决的重要课题之一。节能竞技大赛创始人曾说："节能竞技大赛的宗旨在于让肩负着人类未来的年轻人通过思考和实践来体会如何更有

效地利用资源，如何把我们生存的这个星球更完好地传递给下一代。”简单的竞技规则，为每个人提供了一个参赛的机会。通过体验比赛过程，培养年轻人丰富的创意和动手能力，体验学习和创造带来的乐趣。

本田节能竞技大赛分为电车和油车两个组别，并按照高校和企业分组进行比赛。电车组规定赛车以不低于 30 km/h 的时速行驶，不设行驶时间和距离限制，均以圈数为计测单位，车辆每圈的平均时速不得低于 30 km/h。油车组是将参赛团队设计制作的汽车在规定时间、规定路线下，行驶一定距离，并由此换算出一升油能够行驶的公里数，耗油量少则胜出，其中要求参加比赛的车辆均搭载由五羊本田提供的 125cc 化油器四冲程发动机。

本田节能车大赛是一个综合考验参赛队员动手能力、创新意识、团队协作能力和心理强度的比赛。在比赛过程中，每一个队员都有着无可替代的作用。任何一个环节出了问题，整个比赛过程就可能无法继续下去。队员们要熟悉赛车构造，对电路情况了如指掌，避免电器元件损坏，同时减小多余阻耗。转向、刹车以及动力系统装配要确保万无一失。从比赛的节能宗旨出发，除了降低风阻，轻量化技术是保证车辆减少油耗和用电量的有效技术途径。

目前，乘用车轻量化设计已被广泛应用，尤其是在新能源汽车领域。轻量化的设计能有效增加电动汽车的续航里程，同时也能给驾驶者带来更好的驾驶体验。研究表明，当车辆减重 10%时，电动汽车可以节省 4%～5%的电量。因此，对于更看重能耗的节能车来说，轻量化设计是比赛获胜的一大关键因素。而使用轻质高强的碳纤维复合材料代替传统钢材是汽车轻量化的一种有效方案。碳纤维复合材料已经被各参赛队伍广泛应用在 Honda 中国节能竞技大赛中。

（二）节能车基本结构

节能车整体由车壳、车架、车轮、动力系统、刹车系统、速度调节系统及转向调节系统构成。

1. 车壳

目前参加比赛的大部分车壳是由轻量化材料制成，一般采用类水滴型的设计，在较小风阻的同时还具有一定的上升力，减小车轮与赛道的摩擦。车壳尺寸严格控制在比赛规则要求的范围内。车壳前端及两侧开窗，能为车手提供充足的驾驶视野。

2. 车架

车架根据车手身高以及前后轴距和左右轮距的要求确定合适尺寸，是整车稳定性和安全性的保障结构。碳纤维复合材料车架整体采用轻量化结构加工装配而成，与车壳装配在一起。车手的驾驶舱处是主要承力部位，在该部位使用横梁增强。车手的驾驶舱处两侧加斜梁，防止车手在驾驶过程中身体偏出。

3. 转向系统

节能车的转向系统采用齿轮齿条副的设计方式，方向盘末端链接齿轮，在方向盘转动时，齿轮带动齿条运动，再带动前轮间连杆的移动，从而实现前轮的转向。两轮间的连杆

是由一根双头螺纹杆和两个鱼眼轴承构成的，可以通过调节螺纹杆的松紧来控制阿卡曼角的大小，从而减少转向过程中的能量损失。

4. 刹车系统

节能车的刹车系统采用前轮碟刹，后轮 V 刹的方式，前轮的碟刹为油刹，为了方便车手的操作，采用一个油泵(刹车把手)来控制两个前轮的碟刹，因此在油路之间添加了一个三通装置，来达成此效果。在安装前轮的刹车系统时，需先将两个刹车卡钳分别安装在左右两个羊角上，同时保证卡钳与刹车盘之间不要剐蹭，因此在安装时需要不断地进行调试。后轮 V 刹的安装，先要在后轮两侧的车架上用结构胶固定两块碳板，并在碳板上打孔，用来放置 V 刹。两个刹车把手则是将其安装在方向盘的两侧，方便车手控制。

5. 动力系统

节能车采用的动力系统为中置电机后轮驱动的形式，通过链轮系统来传递电机的动能。在安装动力系统时，要为电机预先设定好相应的电机支架，同时为了匹配比赛所要求节能车的最低平均速度 30 km/h，需根据电机的功率，选取相应的链轮大小，保证节能车的极速要在 35 km/h 左右。在电机控制器的安装时，先将控制器安装在车手驾驶位的后方，从控制器上分别接出相应控制电机的线路集成于方向盘上，便于车手操作。

6. 速度调节系统

速度调节器固定在方向盘把手上，与电机相连通，采用拨片的形式通过改变电阻来改变电流，进而改变速度。电流电压实时显示器与电机连通安装在方向盘上，车手可通过电流显示确定车速。

7. 车轮

为减小摩擦阻力，车轮采用 I 铝合金辐条、轮毂以及 IRC 的光头胎。全车共需三个车轮，前端安装两个，后端在车架中线处安装一个。前轮设计有一个微小的向内倾斜度，防止转弯时侧翻。

节能车大赛的目的在于以更低的能耗，行驶最远的距离，这一目的与现在乘用车的发展方向如出一辙。而车身结构轻量化是达成这一目的的重要方式。碳纤维复合材料凭借其轻质高强的优势成为汽车轻量化的首选材料之一。

在汽车的各个部件中率先使用碳纤维复合材料的多为一些次承力部件，主要包括引擎盖，车门壁板，扰流板，电动车的电池壳等。研究表明，在相同结构强度的条件下，由碳纤维增强复合材料制成的结构部件相比较钢结构部件质量减少约 50%，有效地提高了汽车动力学的动态性能。其次是一些主承力部件，包括车辆的大梁、传动轴以及轮毂等，这些部件对于碳纤维复合材料的设计和工艺提出了更高的要求，它们不仅要承受车辆的所有重力，同时对于传动轴和轮毂来说，它们还需要承受动力系统的输出扭矩。

(三) 轻质高强碳纤维复合材料在车壳上的应用

近年来由于轻质高强碳纤维复合材料的发展，越来越多的参赛队伍在节能车上大量使用碳纤维复合材料，但主要应用在一些次承力结构上，例如车壳、隔板等。东华大学民用航空复合材料协同创新中心的 CCAC 车队，基于碳纤维树脂基复合材料设计与成型方

面的优势，除了在车壳上应用了碳纤维复合材料，还在主承力车架上设计和使用了碳纤维复合材料，显著减轻了车辆整体质量，并取得了优异效果(第十三届 Honda 中国节能竞技大赛获得学校 EV 冠军)。

下文以 CCAC 车队电动节能车为例，介绍轻质高强碳纤维复合材料在次承力部件车壳和主承力部件车架上的应用。

1. 车壳设计

整个节能车的车壳采用三维建模软件进行 CAD 建模设计，在比赛要求范围内确定出阻力最小的流线型车壳(图 11-23)。此外，考虑到车壳材料、车壳与车架的连接、车手的视野范围、行驶时的稳定性等多方面因素，对车壳的结构进行优化，如车窗位置、加强筋的形状以及部分特殊位置的局部加强。

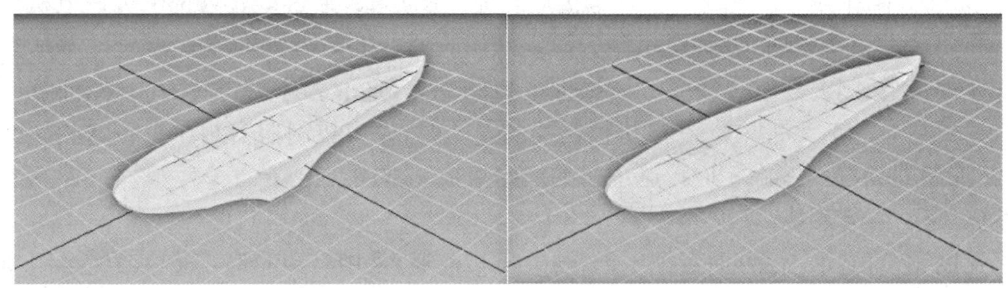

图 11-23　节能车上车壳和下车壳三维设计效果

车壳由上、下车壳组成，保证了车体的密封性，并减小了阻力，且上、下车壳的形式便于车手打开车体，符合赛规要求。

根据结构设计要求，采用 T300 级 3K 平纹编织预浸料，上下壳均主要铺设三层，局部加强铺放四层。考虑到外观等方面因素，将模具设计为阴模，从而保证制得外壳的表面足够光滑，既减小阻力又起到美观作用。

2. 制作工艺

由于节能车车壳是次承力部件，对力学性能要求不高，因此采用低成本的预浸料袋压工艺制作。制作流程如图 11-24 所示。先将预浸料根据所需制作样件的大小裁剪，然后对金属模具进行清理并涂抹脱模剂，之后将裁减好的预浸料铺贴在模具上。铺贴时要保证预浸料和模具紧密贴合，避免产生气泡和架桥。最后在模具外围打上真空袋，抽真空，经过一段时间的预压实后放入烘箱加热固化。

预浸料袋压工艺的特点在于均匀加压，可做一些尺寸较大、形状不太复杂的制件。其次，阳模成型的产品内部尺寸准确、光滑，但外表面质量精度较差，故能制作对于单面平整度要求较高的制件。另外，其工艺成本相对于热压罐成型较低。

节能车的车壳为壳状薄板型制件，同时车壳体积较大，长度接近 2 m，并且要求外表面光滑平整，空气阻力较少，但对力学性能的要求不高。由于上述性能需求，以及成本因素的考虑，预浸料袋压工艺成为制作节能车车壳的首选。袋压工艺在其他预浸料领域也被广泛应用，主要原因在于工艺简单、成本较低，目前是航空低成本制造技术之一。

图 11-24　预浸料袋压成型工艺流程

碳纤维复合材料轻量化车壳的工艺流程如图 11-25 所示。首先将模具在清洗后涂抹脱模剂(至少三遍);模具处理后将提前备好的预浸料按建模需要进行切割;按照设计方案进行预浸料的铺叠;铺放隔离膜、透气毡,真空袋密封;之后在真空泵作用下使车壳在烘箱中加热固化;冷却后脱模;切割、打磨,安装连接配件;喷漆、最终制得成品车壳(图 11-26)。

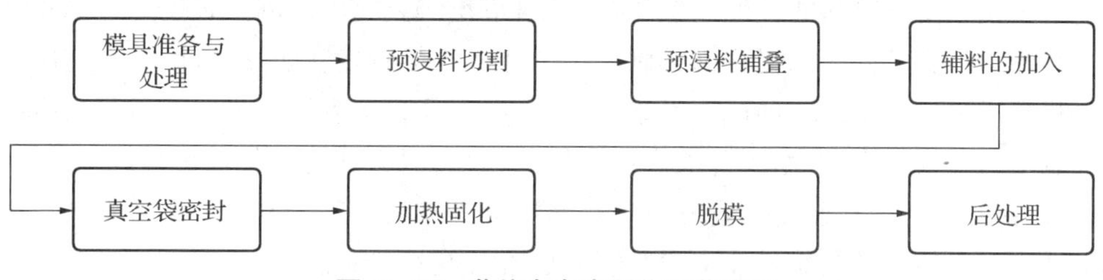

图 11-25　节能车车壳制作工艺流程

图 11-26　碳纤维复合材料车壳成品

(四) 轻量化碳纤维复合材料在车架上的应用

1. 车架设计

车架作为节能车的主承力部件,需要集成下壳体、转向系统、动力系统、车轮等部件。因此,车架结构的设计、材料选择以及车架的制造工艺,都十分重要。

车架主体采用传统的桁架结构(图 11-27),使用碳纤维复合材料方管作为主要材料,设有车轮和发动机/电机的固定处。

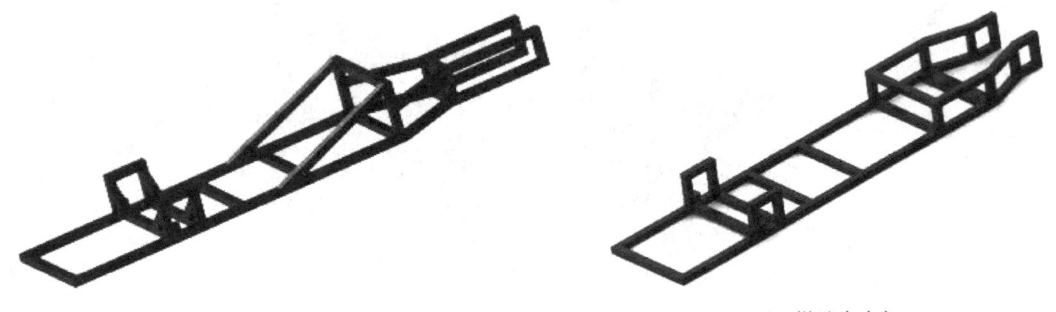

(a) 电动车车架　　(b) 燃油车车架

图 11-27　节能车车架三维设计效果

2. 碳纤维复合材料车架成型工艺

考虑到车架是主承力部件,选择能给产品带来更好力学性能的成型工艺——拉挤成型工艺。相较于复合材料的其他成型工艺,拉挤成型工艺突破了制品长度对设备的限制,可以生产任意长度等截面的复合材料制品。节能车车架长度接近 2 m,因此,采用拉挤成型工艺制备所需的车架正方形截面管结构(碳纤维复合材料方管),是一个较好的选择。

目前,复合材料拉挤成型工艺被广泛应用,主要是因为其自动化水平高、成型速度快、成本较低,并且由此工艺制备的管材、棒材、工字梁等结构具有较好的力学性能,能作为主承力构件。对于传统的汽车行业来说,这种低成本、高性能、高效率的成型方式,使得碳纤维复合材料能有效替代传统汽车主承力部件的钢材,满足汽车轻量化的发展需求。

碳纤维复合材料方管之间的连接是车架制作的难点。这是因为车架并非由碳纤维一体成型,碳纤维复合材料方管之间的连接处往往是整个车架最薄弱的地方,极容易产生应力集中,会导致车架损坏,对车手的安全造成威胁。同时,为了进一步减轻重量,车架采用包覆铺贴单向碳纤维预浸料的方式,使碳纤维复合材料方管之间紧密连接。

碳纤维复合材料轻量化车架的具体工艺流程,如图 11-28 所示。采用 30 mm×30 mm拉挤成型的多轴向碳纤维复合材料方管作为主要结构材料,通过3D 打印制备的聚酯连接件内嵌配合连接。在作为主要承力件的碳纤维复合材料方管内埋入铝块,以增强车架的局部承载能力;采用单向预浸料、织物预浸料,将连接处紧密缠绕加固,并用真空袋压法使预浸料在烘箱中成型固化;最后将固化后整体的车架进行钻孔、磨平毛刺等处理,得到最终成品(图 11-29)。

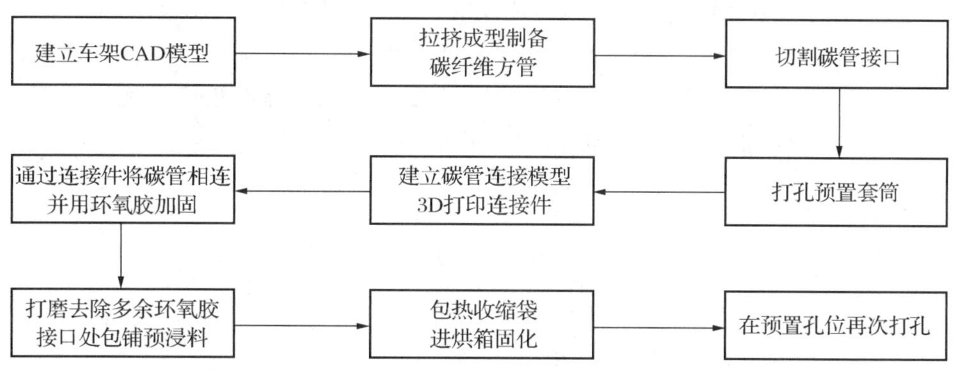

图 11-28　碳纤维复合材料车架成型工艺流程

图 11-29　碳纤维复合材料车架

（五）小结

能源危机是当今社会面临的重大难题之一。汽车工业代表着一个国家工业发展的水平，然而，汽车工业的发展必然会带来大量能源的消耗和环境污染的问题。如何平衡汽车工业发展和能源问题是近年来的热点话题。本田节能车大赛就是一个寻求两者平衡点的赛事项目。回顾本田节能车大赛历年的比赛以及世界上的各种赛车赛事，无论是油车或者是电车，其能耗的最低值都在不断地被刷新。这些奇迹的发生，不仅离不开车辆工程行业的进步，更离不开材料行业的飞速发展。尤其是近年来轻质高强的碳纤维复合材料的飞速发展，让赛车的碳纤维使用率在不断提高，也造就了赛车能耗的不断降低以及极致速度的不断提高。

赛车追求的不断降低的能耗与当今乘用车的发展趋势是相同的。赛车大量使用碳纤维复合材料的轻量化设计理念，同样可运用于大规模量产的乘用车，但目前制约其大规模应用的主要原因是碳纤维的价格较高以及成型工艺的不成熟。随着碳纤维制造工艺的发展和成型工艺的成熟，相信在不久的将来，碳纤维复合材料就能够被广泛运用于传统车辆制造，从而更好地节约能源和改善环境问题。